བོད་ཀྱི་གནའ་རབས་ཅོང་དྲིལ་ཞིབ་འཇུག

西藏古钟历史文化研究

ཉི་བསྟན་གྱིས་བརྩམས།

བོད་ལྗོངས་བོད་ཡིག་དཔེ་རྙིང་དཔེ་སྐྲུན་ཁང་།

图书在版编目(CIP)数据

西藏古钟历史文化研究 ：藏文 / 尼旦著. -- 拉萨 ：西藏藏文古籍出版社，2018.10
ISBN 978-7-5700-0178-1

Ⅰ. ①西… Ⅱ. ①尼… Ⅲ. ①钟-文化研究-西藏-古代-藏语 Ⅳ. ①K875.24

中国版本图书馆 CIP 数据核字(2018)第 165249 号

西藏古钟历史文化研究

作　　者	尼　旦
责　　编	拉巴扎西
出版单位	西藏藏文古籍出版社
发行单位	西藏自治区新华书店
印　　刷	拉萨市明鑫印刷有限公司
开　　本	880×1230　1/32
印　　张	7.875
版　　次	2018 年 12 月第 1 版
印　　次	2018 年 12 月第 1 次印刷
印　　数	01-3,000
书　　号	ISBN 978-7-5700-0178-1
定　　价	22.00 元

སྔོན་འགྲོའི་གཏམ།

《བོད་ཀྱི་གནའ་རབས་རྩོང་དྲིལ་ཞིབ་འཇུག》ཅེས་པའི་དཔེ་དེབ་འདི་ནི་བོད་ཀྱི་གནའ་རབས་རྩོང་དྲིལ་གྱི་ལོ་རྒྱུས་རིག་གནས་ལ་དམིགས་སུ་ཞིབ་འཇུག་བྱས་པའི་འབྲས་བུ་གསར་པ་ཞིག་ཏུ་མངོན། དཔེ་དེབ་འདིར་རྩོང་དྲིལ་གྱི་འབྲེལ་ཡོད་ནང་དོན་ལ་རྒྱལ་ཁབ་ཕྱི་ནང་གི་མཁས་དབང་རྣམས་ཀྱིས་ཞིབ་འཇུག་གནང་པའི་དཔྱད་འབྲས་ཀྱི་རྨང་གཞིའི་སྟེང་ཉམས་ཞིབ་པ་རང་ངོས་ནས་ཞིབ་དཔྱད་གཏིང་ཟབ་བྱས་ཏེ་རྩོང་དྲིལ་གྱི་འབྲེལ་ཡོད་ནང་དོན་འཕྲུས་སྒོ་ཇེ་ཚང་དུ་བཏང་ཐུབ་པ་བྱུང་འདུག་པས། འདི་ནི་མིག་སྔར་རྩོང་དྲིལ་དང་འབྲེལ་བའི་ཞིབ་དཔྱད་ཀྱི་འབྲས་བུ་ཕུང་ཆ་ཚང་བ་ཞིག་ཡིན་པར་སྙམ་བཞིན་ཡོད།

འདི་ཡང་བདག་གི་ཤེས་རབ་ཞིབ་འཇུག་སློབ་མ། བོད་ལྗོངས་སློབ་གྲྭ་ཆེན་མོའི་རིག་གཞུང་སློབ་གླིང་གི་ལོ་རྒྱུས་དགེ་རྒན་ཆེན་མོ་གཞོན་པ་ཉི་བསྟན་ལགས་ཀྱིས་ཤེས་རབ་ཞིབ་འཇུག་སློབ་མའི་དམ་བཅའི་དཔྱད་རྩོམ་གྱི་རྨང་གཞིའི་སྟེང་། སྤུ་རྒྱལ་བཙན་པོའི་དུས་སུ་བཞེངས་པའི་ཧྲག་རིང་དགའ་ལྡན་བྱིན་ཆེན་གཙུག་ལག་ཁང་གི་རྩོང་དྲིལ་དང་། བསམ་ཡས་དབུ་རྩེའི་གཙུག་ལག་ཁང་གི་རྩོང་དྲིལ། ཡར་ལུང་ཁྲ་འབྲུག་གཙུག་ལག་ཁང་གི་རྩོང་དྲིལ། བྲག་ཡེར་པའི་རྩོང་དྲིལ། ལྷ་རྩེ་བྲ་གཞོངས་གཙུག་ལག་ཁང་གི་རྩོང་དྲིལ་བཅས་ལྔ་དང་། མན་ཆད་རྒྱལ་རབས་ཀྱི་དུས་སུ་དགའ་

ལྡན་ཕོ་བྲང་གིས་སྲིད་དབང་སྐྱོང་བའི་སྐབས་བཞེངས་པའི་གནམ་བདག་ཆོས་ཙོང་དང་། ལྷ་ས་བོང་བ་རིའི་སྦྲིན་རིང་ལྷ་ཁང་གི་ཙོང་དྲིལ་གཉིས་བཅས་ཁྲོན་ཙོང་དྲིལ་ཁག་བདུན་བརྗོད་བྱ་གཙོ་བོར་བཟུང་ནས། ལོ་ངོ་བརྒྱད་ཙམ་གྱི་སློབ་ཞོར་དུས་ཚོད་ནང་རྒྱ་བོད་དབྱིན་གསུམ་གྱི་དཔྱད་གཞིའི་ཡིག་རིགས་ལ་དཔྱད་ཞིབ་དང་། འབྲེལ་ཡོད་མཁྱེན་ལྡན་པར་བཅར་འདྲི། ས་ཡུལ་དངོས་ཀྱི་བརྟག་དཔྱད་གཤིབ་བསྡུར་གྱི་འབྲས་བུ་སོགས་ལ་བརྟེན་ནས། བོད་དུ་ཙོང་དྲིལ་བཞེངས་པའི་སྲོལ་ཇི་ལྟར་དར་ཚུལ་སྐོར་དང་། ཙོང་དྲིལ་ལུགས་སུ་བླུགས་པའི་ལས་ཐབས་ཀྱི་སྐོར། ཙོང་དྲིལ་གྱི་རིག་གནས་མཚོན་དོན་སྐོར། ཙོང་དྲིལ་གྱི་བཟོ་བཀོད་ཁྱད་ཆོས་དང་ལོ་རྒྱུས་རིག་གནས་ཐད་ཀྱི་རིན་ཐང་། དེ་བཞིན་ཙོང་དྲིལ་དེ་དག་བཞེངས་པའི་ལོ་དུས་དང་དེ་འབྲེལ་ལོ་རྒྱུས་ཀྱི་རྒྱབ་ལྗོངས་སོགས་ལ་དཔྱད་ཞིབ་ཟབ་ནན་གནང་ཡོད་པ་མ་ཟད། ཙོང་དྲིལ་གྱི་ཁ་ཡིག་གི་མ་ཕྱི་གཞིར་བྱས་རྒྱ་ཡིག་དང་། བོད་ཡིག དབྱིན་ཡིག ལ་ཏིང་གི་བསྒྱུར་ཡིག་བཅས་རྣམ་པ་བཞིའི་ཐོག་ནས་བོད་ཀྱི་གནའ་རབས་ཙོང་དྲིལ་དེ་དག་ངོ་སྤྲོད་དང་ཙོང་དྲིལ་གྱི་ཁ་ཡིག་གི་ནང་དོན་ལ་དབྱེ་ཞིབ། བརྡ་དག་སོགས་གསལ་འགྲེལ་ཞིབ་ཕྲ་གནང་འདུག འདི་ནི་བོད་རིག་པའི་ཞིབ་འཇུག་གི་ཁྱབ་ཁོངས་སུ་ཙོང་དྲིལ་དང་འབྲེལ་བའི་དཔྱད་གཞི་ལེགས་པོ་ཞིག་མཁོ་འདོན་གནང་འདུག །

ལྷག་པར་དུ་ལྷ་རྩེ་བྱ་གཤོངས་གཙུག་ལག་ཁང་གི་ཙོང་དྲིལ་དང་། གནམ་ཆོས་ཙོང་དྲིལ་གཉིས་ལ་ཞིབ་དཔྱད་གནང་བའི་འབྲས་བུ་ནི་བོད་ཀྱི་ཙོང་དྲིལ་ཞིབ་འཇུག་ཐད་སྟོང་ཆ་གསབ་ཐུབ་པ་ལྟར་གྱི་དགེ་མཚན་ལྡན། དེས་ན《བོད་ཀྱི་གནའ་

རབས་ཅོང་དྲིལ་ཞིབ་འཇུག》ཅེས་པའི་དཔེ་དེབ་འདི་ནི་བོད་རིག་པ་ཞིབ་འཇུག་ལ་མཚོན་ན་རིན་ཐང་ངེས་ཅན་ལྡན་ཞིང་བོད་ཀྱི་ལོ་རྒྱུས་ཉམས་ཞིབ་པ་དག་གིས་ཀྱང་དགའ་བ་སྐྱེས་འོས་པའི་དོན་ཞིག་ལགས་སོ། །

དགེ་མིང་ཚེ་བརྟན་བཀྲ་ཤིས་ཀྱིས།

༢༠༡༨ལོའི་ཟླ་བ༡༠པའི་ཚེས༢༨ཉིན།

前 言

金石学是我国古代专门研究古器物的一门学科，其主要研究对象为古代青铜器和石碑。对于西藏金石研究来说，始于20世纪。

20世纪初期英国人李吉生和意大利人图齐等开始涉足西藏古代金石学研究领域，起初主要工作围绕抄录刻文、断代研究。之后国内学者王尧先生、美籍华人李芳桂先生、巴桑旺堆先生、恰嘎·旦真先生、杨铭先生的著作《吐蕃金石录》《古代西藏碑文研究》《吐蕃碑文与摩崖石刻考证》《古藏文研究》《吐蕃统治敦煌与吐蕃文书研究》相继问世，这些著作中收录西藏古代钟铭文，其主要的贡献在于搜集钟铭文基础上、对其古藏文的考究和注释以及古藏文语法特征等研究。

在梳理西藏金石学领域的研究成果时，不难发现西藏古代的碑文研究成果颇丰，不仅有以上几部著作可供参考，而且对碑文的个案研究的学术论文相继在不同学术期刊上刊录。相比之下，古代西藏钟铭研究方面相对薄弱，从当下的研究成果来看，基本上停留在吐蕃时期铸造的桑耶寺佛钟、叶巴寺佛钟、昌珠寺佛钟的铭文介绍和断代研究层面，特别是近年来新发现的吐蕃者龙甘丹兴庆寺钟和学术界未能关注的西藏拉孜甲雄寺钟和保存于大昭寺的清代天主教钟等还有待深入研究。同时在国内，有关传统文化中的“物像”研究引人注目，成果接踵而出。对古钟也引起学术界的关注，学者开始提出“古钟文化”、“钟玲文化”等概念，对于古代西藏钟的历史文化研究，有它的区域性文化特点和特殊的文化内涵。

本文基于西藏苯佛伏藏文献，以及西藏王统史、教法史、传记、地域方志等第一手资料，并结合田野调查过程中获得的民间口传资料和多方探听与寻找的可利用线索，以四种学科理论知识开展研究工作。

一、通过金石学，收录和考证铭刻文，解决两个方面的问题，即：证经补史和互证历史史事。

二、通过史学，其阐述西藏铸钟的历史沿革，探究历史背景，反应历史人物、事件，对历史现象做出解释。

三、通过文化人类学，勾勒藏族先民的智慧、信仰、创造精神、道德规范。所谓“器以藏礼”，西藏的古钟的文化内涵可以归结为三点，即：藏族古代传统建筑之礼器；统治阶级身份象征之器物；藏传佛教祈愿功德之供器。

四、通过语言学，展现语言的结构和演变规律。

以上四种方法交叉运用，试图对西藏古代钟铭历史文化进行较全面的梳理、分析、归纳和总结，有些方面深化补充，批驳修正。

དཀར་ཆག

སླེང་གཞི།

གཅིག ཁ་བྱང་གི་གསལ་འགྲེལ།

དེབ་འདིའི་ཁ་བྱང་ལ་གནའ་རབས་བོད་ཀྱི་ཚོང་དྲིལ་ཞིབ་འཇུག་ཅེས་ཡུལ་དུས་གཉིས་ཀྱི་ཚོད་བཀག་བྱས་ཡོད་དེ། དུས་ཀྱི་ངོས་ནས་བོད་ཀྱི་གནའ་རབས་ཞེས་པ་ལོ་རྒྱུས་རིག་པའི་དུས་མཚམས་དབྱེ་སྟངས་ནས་བརྗོད་ན། ད་བར་ཡོངས་གྲགས་སུ་བོད་དུ་དབྱིན་འགོག་དམག་འཁྲུག་གི་དོན་རྐྱེན་བྱུང་བའི་དུས་ཏེ། སྤྱི་ལོ1888ལོའི་སྔ་རོལ་གྱི་དུས་ཡུན་དག་ལ་བོད་ཀྱི་གནའ་རབས་དུས་ཞེས་དང་སྤྱི་ལོ1888ལོའི་ཕྱིར་རོལ་ནས1951ལོར་བོད་ཞི་བས་བཅིང་འགྲོལ་བཏང་བའི་བར་དུ་ཉེ་རབས་དང་། དེ་ནས་ད་བར་དུ་དེང་རབས་ཞེས་འཇོག་སྲོལ་ཡོད།

དེབ་འདིའི་བརྗོད་གཞིར་གྱུར་བའི་བོད་ཀྱི་ཚོང་དྲིལ་དེ་དག་བཞེངས་པའི་དུས་ཚོད་ནི། བཙན་པོ་སྲོང་བཙན་སྒམ་པོའི་སྐུ་དུས་ནས་རྒྱལ་དབང་སྐུ་ཕྲེང་བརྒྱད་པ་འཇམ་དཔལ་རྒྱ་མཚོའི་སྐུ་དུས་ཀྱི་སྤྱི་ལོ1793ལོ་བར་ཡིན་ཕྱིན། དུས་ཀྱི་ངོས་ནས་བརྗོད་ན་བོད་ཀྱི་གནའ་རབས་དུས་སུ་ཡིན་པས་ཁ་བྱང་དུ་དེ་ལྟར་བཏགས་པ་དང་། ཡུལ་གྱི་ངོས་ནས་བརྗོད་ན་ཚོང་དྲིལ་བདུན་པོ་དེ་དག་མདོ་སྨད་དཔའ་རིས་ཁུལ་དང་བོད་དབུས་གཙང་གཉིས་ནས་ཐོན་པ་ཞིག་ཡིན་པས། 《དེབ་ཐེར་དཀར་པོ་》ཡི་དགོངས་པ་ལྟར། སྤུར་རྒྱལ་པོའི་མངའ་འོག་ཏུ་ཡོད་པའི་མངའ་རིས་ལ་བོད

ཅེས་བརྗོད་པའི་དབང་གིས་མིང་དེ་ལྟར་ཐོགས་པ་ཡིན། གཞན་ཡང་ཙོང་དྲིལ་ཞེས་དོན་གཅིག་མིང་གི་རྣམ་གྲངས་སུ་གྱུར་བའི་མིང་འདི་གཉིས་ལྷན་དུ་སྦྱར་དགོས་དོན་ནི་ཙོང་གི་ཁ་ཡིག་ནང་འཁོད་པར་གཞིགས་ན། ཛག་རོང་དགའ་ལྡན་ཕྱིན་ཆེན་གཙུག་ལག་ཁང་གི་ཙོང་གི་ཁ་ཡིག་ཏུ་དྲིལ་ཆེན་པོ་ཞེས་དང་། བསམ་ཡས་གཙུག་ལག་ཁང་གི་ཙོང་གི་ཁ་ཡིག་ཏུ་ཙོང་ཞེས་གང་རུང་སྤྱད་ཡོད་པས། འདིར་གནའ་དུས་ཀྱི་མིང་བརྡའི་སྤྱོད་སྲོལ་བཞིན་ཁ་བྱང་དུ་ཙོང་དྲིལ་ཞེས་སྤྱད་ཡོད་པ་དང་། ཞིབ་འཇུག་གི་བྱ་ཡུལ་ཡང་ཙོང་ངམ་དྲིལ་ཆེན་པོ་ཡིན་པ་ལས། ཆོས་པའི་ཕྱག་ཚན་དུ་སྤྱོད་པའི་དྲིལ་བུ་དང་། དགོན་སྡེའི་རྒྱ་ཕིབས་ཀྱི་ཟུར་ན་ཐོགས་པའི་ལྷུང་དྲིལ། རྟ་བོང་སོགས་ཀྱི་སྐེར་བཏགས་པའི་དྲིལ་བུ་སོགས་ནི་མ་ཡིན་ནོ།

གཉིས། ཙོང་དྲིལ་གྱི་ཞིབ་འཇུག་གནས་བབས།

བོད་ཀྱི་ལོ་རྒྱུས་ཞིབ་འཇུག་ལ་མཁོ་བའི་རིན་ཐང་གི་དཔྱད་གཞིར་གྱུར་བ་ནི་སྔོན་ཕྱིན་མཁས་པས་མཛད་པའི་ཆོས་འབྱུང་དང་། རྒྱལ་རབས། བསྟན་བཅོས། ཏུན་ཧོང་གཏེར་ཡིག་སོགས་དཔེ་རྙིང་དང་། དེ་བཞིན་ལོ་རྒྱུས་ཀྱི་དུས་བབས་གང་དེའི་གནས་ཚུལ་ཡི་གེའི་གཟུགས་སུ་བཀོས་པའི་ལོ་རྒྱུས་ཀྱི་དངོས་དཔང་དུ་གྱུར་བའི་ཆེས་ག་སྟོགས་ཆེ་བའི་རྡོ་རིང་དང་བྲག་བཀོས། དྲིལ་བུ། ལི་ཡུལ་གྱི་ཁྲམ་བྱང་སོགས་ཡོད། དེ་རྣམས་ནི་ཕྱིས་ཀྱི་ལོ་རྒྱུས་རྩོམ་འབྲི་བྱེད་མཁན་ནམ་ལོ་རྒྱུས་སློབ་སུ་ཞིག་གིས་ཚོད་དཔག་དང་། བཅོས་བཟོ་བྱས་པའི་ལྷད་ཕྲན་བུ་ཙམ་ཡང་མ་ཞུགས་པས་རྙོག་འཛིང་ཆེ་བའི་ལོ་རྒྱུས་ཀྱི་གནད་དོན་དུ་མ་སེལ་ཐུབ། དེར་བརྟེན་གནའ་རྫས་དེ་རིགས་ལ་ཞིབ་འཇུག་བྱ་རྒྱུ་གལ་འགངས་ཤིན་ཏུ་ཆེ་བ་ཞིག་རེད། དངོས་དཔང་དེ་

རིགས་ལས་རྡོ་རིང་གི་ཡི་གེར་དུས་རབས་16ནས་འགོ་བཙམས་ཏེ། དཔའ་བོ་གཙུག་ལག་ཕྲེང་བའི་《ཆོས་འབྱུང་མཁས་པའི་དགའ་སྟོན་》ནང་དུ་རྡོ་རིང་གི་མ་ཡིག་འགའ་ཞིག་དྲངས་ནས་ལོ་རྒྱུས་གསུངས་པའི་རྒྱུ་ཆར་སྤྱོད་ཡོད་པ་དང་། དུས་རབས་18ནང་ལོ་རྒྱུས་སྨྲ་བའི་དཔའ་བོ་ཀ་ཐོག་རིན་འཛིན་ཚེ་དབང་ནོར་བུས《རྒྱལ་བའི་བསྟན་པ་རིན་པོ་ཆེ་བྱང་ཕྱོགས་སུ་འབྱུང་བའི་རྩ་ལག་བོད་རྗེ་ལྷ་བཙན་པོའི་གདུང་རབས་ཚིག་ཉུང་དོན་གསལ་ཡིད་ཀྱི་མེ་ལོང་》ནང་དུ་ཡང་དེ་བཞིན་སྤྱོད་པས། ཕྱིས་ཀྱི་ལོ་རྒྱུས་ཞིབ་འཇུག་པ་རྣམས་ལ་དཔྱད་གཞི་དུ་མ་མཁོ་འདོན་གནང་ཡོད།

དེ་རྗེས་དུས་རབས་ཉེ་ཤུ་ཙམ་ནས་འགོ་བཙུགས་ཏེ། རྒྱལ་ཁབ་ཕྱི་ནང་གི་མཁས་པ་རི་ཆན་ཧྲན་དང་། དབང་རྒྱལ། གཉའ་གོང་དཀོན་མཆོག་ཚེ་བརྟན། གོ་ཤུལ་གྲགས་པ་འབྱུང་གནས། ལི་ཕང་ཀུས། པ་སངས་དབང་འདུས། ཆབ་འགག་རྡ་མགྲིན། གོང་བ་བློ་འབུམ་རྒྱལ་སོགས་ཀྱིས་སྔ་ཕྱིར་བཙལ་འཚོལ་དང་བསྡུ་རུབ། དེ་བཞིན་གནའ་ཡིག་དང་གནའ་རྫས། ལོ་རྒྱུས་དང་རིག་གནས་སོགས་སྐོར་ལ་ཞིབ་འཇུག་དུ་མ་གནང་ཡོད། ད་བར་བཙལ་རྙེད་བྱུང་བའི་བཙན་པོའི་དུས་ཀྱི་རྡོ་རིང་ལ་ཆ་མཚོན་ན།

ཞོལ་རྡོ་རིང་ཕྱི་མ། (ད་ལྟའི་གནས་ཡུལ་པོ་ཏ་ལའི་མདུན་ངོས་སུ་གནས། བཞེངས་དུས་སྤྱི་ལོ763ལོ། དེ་ནི་ད་བར་གསལ་རྟོགས་ཐུབ་པའི་ལོ་ཚིགས་ངེས་གཏན་ཡོད་པའི་ཡི་གེའི་གཟུགས་རྡོ་རིང་དུ་བརྐོས་པ་ཐོག་མ་དེ་ཡིན་)

བསམ་ཡས་དབུ་རྩེའི་གཙུག་ལག་ཁང་གི་རྡོ་རིང་།(གནས་ཡུལ་བསམ་ཡས་དབུ་རྩེ་ལྕགས་གསུམ་གཙུག་ལག་ཁང་གི་མདུན་ངོས། བཞེངས་དུས་སྤྱི་ལོ768ལོ་)

འཇང་ས་ཐམ་ཀ། ཚོའི་རྡོ་རིང་། (གནས་ཡུལ་ཡུན་ནན་ས་ཐམ་གྲོང་ཁྱེར་ནུབ་བྱང་ཕྱོགས་ཀྱི་ཧེ་ཀོའུ་གྲོང་བརྡལ་ཀ། ཙོ་གྲོང་ཚོ། ད་ལྟ་ལི་ཅང་གྲོང་ཁྱེར་སྟོན་པའི་རིག་གནས་དངོས་མང་བཤམས་སྟོན་ཁང་དུ་ཉར་ཚགས་བྱས་ཡོད། བཞེངས་དུས་ནི་ཞིབ་འཇུག་པའི་ཁྲོད་དུ་ལོ་ཚིགས་ངེས་ཚུལ་མི་འདྲ་བ་གསུམ་སྟེ། སྤྱི་ལོ768ལོ779ལོ791ལོ་བཅས་གསུམ་ཡོད་)

འཕྱོངས་རྒྱས་སྟག་རྩེའི་རྡོ་རིང་། (གནས་ཡུལ་ལྷོ་ཁ་གྲོང་ཁྱེར་འཕྱོངས་རྫོང་འཕྱོངས་རྒྱས་གྲོང་བརྡལ། བཞེངས་དུས་ནི་སྤྱི་ལོ797ལོ་སྟེ་བཙན་པོ་ཁྲི་སྲོང་ལྡེའུ་བཙན་གྱི་འདས་ལོ་དེ་ཡིན་)

ཀོང་པོ་སླང་དཀར་གི་རྡོང་རིང་། (གནས་ཡུལ་ནི་ཉིང་ཁྲི་གྲོང་ཁྱེར་སྨན་གླིང་རྫོང་སླང་དཀར་གྲོང་ཚོ། བཞེངས་དུས་ནི་བཙན་པོ་ཁྲི་སྲོང་ལྡེའུ་བཙན་གྱི་སྐུ་དུས། སྤྱི་ལོ742 – 797བར་)

དབུ་སྟོད་ཞྭ་ལྷ་ཁང་གི་རྡོ་རིང་དང་པོ་དང་གཉིས་པ། (གནས་ཡུལ་ནི་ལྷ་ས་གྲོང་ཁྱེར་མལ་གྲོ་གུང་དཀར་རྫོང་དབུ་རུ་ཞྭ་ལྷ་ཁང་གི་མདུན་ངོས། ཞྭ་ལྷ་ཁང་གི་རྡོ་རིང་དང་པོའི་བཞེངས་དུས་ནི་བཙན་པོ་ཁྲི་ལྡེ་སྲོང་བཙན་སད་ན་ལེགས་མཇིང་ཡོན་གྱི་སྐུ་དུས་ཏེ། སྤྱི་ལོ798 – 815བར་གྱི་ལོ་ཞིག ཞྭ་ལྷ་ཁང་གི་རྡོ་རིང་གཉིས་པའི་བཞེངས་དུས་ནི་སྤྱི་ལོ821ལོ་)

རྒྱལ་སྡེ་སྐར་ཆུང་ལྷ་ཁང་གི་རྡོ་རིང་། (གནས་ཡུལ་ལྷ་ས་གྲོང་ཁྱེར་སྟོད་ལུང་གྲོང་གསར་ཁྲུལ་ར་མ་སྒང་གྲོང་ཚོའི་རྒྱལ་སྡེ་སྐར་ཆུང་ལྷ་ཁང་གི་གཡས་ངོས་སུ་གནས། འདིར་ཕྱིས་སུ་སངས་རྒྱས་ལྷ་ཁང་ཡང་བརྗོད། བཞེངས་དུས་ནི་སྤྱི་ལོ798 –

815བར་གྱི་ལོ་ཞིག)

ཁྲི་ལྡེ་སྲོང་བཙན་བང་སོའི་མདུན་གྱི་རྡོ་རིང་། （ལྷོ་ཁ་གྲོང་ཁྱེར་འཕྱོངས་རྒྱས་རྫོང་འཕྱོངས་རྒྱས་གྲོང་བརྡལ་སུ་གནས། བཞེངས་དུས་ནི་སྤྱི་ལོ815ལོ་ཙམ་)

སྟོད་ལུང་ལྕང་བུའི་རྡོ་རིང་། （གནས་ཡུལ་ལྷ་ས་གྲོང་ཁྱེར་སྟོད་ལུང་བདེ་ཆེན་ཆུས་མཚུར་ཕུ་དགོན་གྱི་མདུན་ངོས་ཀྱི་ཐང་ཆེན་དུ་གནས། བཞེངས་དུས་ནི་བཙན་པོ་ཁྲི་རལ་པ་ཅན་གྱི་སྐུ་དུས་སྤྱི་ལོ815 –836བར་གྱི་ལོ་ཞིག་)

དཔོན་ཞང་རྡོ་རིང་།（གནས་ཡུལ་ནི་ལྷ་སའི་ར་ས་འཕྲུལ་སྣང་གཙུག་ལག་ཁང་གི་མདུན་ངོས་སུ་གནས། རྡོ་རིང་དེར་ཁྲང་ཆེང་མཐུན་སྒྲིལ་རྡོ་རིང་དང་དཔོན་ཞང་འདུམ་པའི་རྡོ་རིང་། གཙུག་ལག་ཁང་མདུན་གྱི་རྡོ་རིང་སོགས་ནི་རྡོ་རིང་བཞེངས་དུས་དང་། ནང་དོན། གནས་ཡུལ་སོགས་གང་དེའི་ཁྱད་ཆོས་ལས་མིང་དེ་ལྟར་ཐོགས་ཡོད། བཞེངས་དུས་ནི་བཙན་པོ་ཁྲི་གཙུག་ལྡེ་བཙན་ནམ་ཁྲི་རལ་པ་ཅན་གྱི་སྐུ་དུས་སྤྱི་ལོ823ལོ་)

ཕུ་ཧྲེང་རྡོ་རིང་། （གནས་ཡུལ་མངའ་རིས་ས་ཁུལ་སྤུ་ཧྲེང་རྫོང་ཁོངས་ཙོག་རོ་དང་བཞི་སྡེ་གྲོང་ཚོ་བར་གྱི་ལམ་འགྲམ་དུ་གནས། བཞེངས་དུས་སྤྱི་ལོ826ལོའམ838ལོ་)

ཁྲམ་ཆེན་རྡོ་རིང་།（གནས་ཡུལ་གཞིས་རྩེ་གྲོང་ཁྱེར་ལྷ་རྩེ་རྫོང་ཁྲམ་ཆེན་གྲོང་ཚོར་གནས། བཞེངས་དུས་སྤྱི་ལོ815 –841བར་གྱི་ལོ་ཞིག་)

པ་ཙི་སི་ཐན་སི་ཁ་ཏུའུ་རྫོང་གི་རྡོ་རིང་། （པ་ཙི་སི་ཐན་རྒྱལ་ཁབ་སི་ཁ་ཏུའུ་རྫོང་དུ་གནས། ཆགས་གྲུམ་འགའ་ལས་མེད། བཞེངས་དུས་ནི་བཙན་པོའི་རྒྱལ་

རབས་སྟོབས་ཤུགས་འཕེལ་བའི་དུས་ཞིག་ཅེས་པ་ལས་དུས་ཚོད་ངེས་གཏན་ཞིག་ད་བར་བརྗོད་དཀའ་)

བཙན་པོའི་དུས་ཀྱི་རྗོ་རིང་དེ་དག་གི་ནང་དོན་ལ་གཞིགས་ན་བཙན་པོའི་མཛད་པར་བསྔགས་པ་དང་། བློན་ཆེན་པ་ཅན་གྱི་མཛད་རྗེས་ལ་བསྔགས་པ་དང་བདག་རྐྱེན་གནང་བ། ཆོས་ལ་སྐྱུལ་བའི་བཀའ་གཙིགས། མནའ་འབྲེལ་ཆིངས་བཞག་པ་སོགས་གཙོ་བོ་བཙན་པོས་ཆབ་སྲིད་སྐྱོང་ཐབས་སྐོར་མཚོན་པར་བྱས་ཡོད།

མི་ཡུལ་གྱི་ཁྲམ་བྱང་ལ་མཚོན་ན། ཤིན་ཅང་ཁུལ་དུ་ཁྲམ་བྱང་འབོར་ཆེན་ཐོན་པ་ནི་《སྤུ་རྒྱལ་དུས་ཀྱི་ཁྲམ་ཡིག་བསྡུས་མ་》ཞེས་པའི་ནང་དུ་ཁྲམ464ཙམ་བསྡུས་ནས་སྐུ་ཞབས་དབང་རྒྱལ་ལ་སོགས་པས་ཞིབ་འཇུག་གནང་ཡོད། བོད་ལྗོངས་ལ་མཚོན་ན་སྣང་རྫོང་གི་སློབས་རིའི་བང་སོ་ལས་ཡི་གེ་“ ཧུ་” ཞེས་འབོད་པའི་ཁྲམ་བྱང་རྒྱང་བུ་ཞིག་ཐོན་ཡོད་པ་ནུ་བར་ཐོས་པ་ཙམ་ལས་སྤྱིར་ན་བོད་ལྗོངས་ཁུལ་དུ་གནའ་རྫས་དེ་རིགས་མཇལ་རྒྱུ་དཀོན། ཁྲམ་བྱང་དེ་དག་གི་ནང་དོན་ནས་བརྗོད་ན་བཙན་པོའི་དུས་ཀྱི་ཁྲལ་རིགས་ཚོང་གཉེར་གྱི་རྩིས་ཐོ་སོགས་བཀོད་ཡོད།

ད་ནི་དེབ་འདིའི་བརྗོད་བྱར་གྱུར་བའི་ཙོང་དྲིལ་གྱི་ཞིབ་འཇུག་གནས་ཚུལ་ལ་ཉམས་ཞིབ་རོབ་ཙམ་བྱས་ན། སྤྱིར་རྒྱལ་ཁབ་ཕྱི་ནང་དུ་ཙོང་དྲིལ་ལ་ཞིབ་འཇུག་གནང་མཁན་མི་ཉུང་ཙམ་ཡོད་ཀྱང་། དེ་དག་གཙོ་ཆེ་བ་རྒྱལ་ནང་གི་ཞིང་ཆེན་ཁག་ལ་གནའ་རྫས་རྟོགས་ཞིབ་བྱས་ནས་རྙེད་འདོན་ཐུབ་པའི་ཙོང་དྲིལ་ཁོ་ན་ཙམ་ལས་བོད་ཀྱི་ཙོང་དྲིལ་ལ་དམིགས་བཀར་གྱིས་ཞིབ་འཇུག་གནང་བ་མཐོང་དཀའ། 《བོད་ཀྱི་རྗོ་རིང་དང་དྲིལ་བུའི་ཁ་བྱང་》སོགས་དེབ་ཐེར་ནང་སྤུ་རྒྱལ་དུས་ཀྱི་ཙོང་དྲིལ་ཁག

གསུམ་སྟེ། བསམ་ཡས་དབུ་རྩེའི་གཙུག་ལག་ཁང་གི་ཚོང་དང་། ཁྲ་འབྲུག་གཙུག་ལག་ཁང་གི་ཚོང་། བྲག་ཡེར་པའི་ཚོང་བཅས་ཀྱི་ཁ་ཡིག་བསྡུས་ཏེ། མ་ཡིག་གི་ཐ་སྙད་དཀའ་འགྲེལ་གནང་བ་ཙམ་ལས་ཞིབ་འཇུག་གཏིང་ཟབ་གནང་མེད་ལ། དཔྱད་རྩོམ་ཁག་ཅིག་གི་ནང་དེའི་སྐོར་འཁོད་ཡོད་ཀྱང་ཚོང་དྲིལ་དང་འབྲེལ་བའི་ལོ་རྒྱུས་རིག་གནས་ཐད་ཕྱོགས་ཡོངས་ཀྱི་བསམ་གཞིགས་བྱས་ནས་དཔྱད་པ་གནང་བ་དེ་བས་དཀོན། དེ་ཡང་《ཐུའུ་ཀན་གྲུབ་མཐའ་》ལས“ གཞན་སྡེའི་འདོད་ཚུལ་ཕྱོགས་ཙམ་མི་ཤེས་པར། །རང་གི་བསྟན་དང་སྟོན་པ་སྐྱོན་མེད་དུ། །ཅི་ཙམ་སྨྲས་ཀྱང་ནེ་ཙོའི་འདོན་པ་བཞིན། །ཚིག་ཏུ་ཟད་ཀྱི་ངེས་པ་འདྲེན་མི་ནུས། །” ཞེས་གསུངས་པ་བཞིན། ཁོ་བོས་འདིར་རང་ནུས་གང་འཛོན་གྱིས་རྒྱལ་ནང་དུ་ཚོང་དྲིལ་ལ་ཞིབ་འཇུག་བྱས་པའི་གྲུབ་འབྲས་ལ་དཔྱད་གཞི་དང་ཐབས་ལམ་ལ་སློབ་སྦྱོང་ཞུས་ཏེ། ད་བར་བོད་ཁུལ་དུ་ཤེས་རྟོགས་ཐུབ་པའི་ཚོང་དྲིལ་འགའ་ཞིག་གཙོ་བོར་བཟུང་སྟེ། བཙན་པོའི་དུས་ཀྱི་ཚོང་དྲིལ་དང་དགའ་ལྡན་ཕོ་བྲང་གི་ཆབ་སྲིད་སྐྱོང་བའི་དུས་སུ་བཞེངས་པའི་ཚོང་དྲིལ་རྣམས་ཀྱི་ལོ་རྒྱུས་རིག་གནས་ཀྱི་རྩ་བའི་སྒྲོམ་གཞི་ཞིག་མགོ་འདོན་བྱ་ཁུལ་ཡིན་པས། མཁྱེན་ལྡན་པ་རྣམས་ཀྱིས་བརྗོད་བྱ་འདིར་མུ་མཐུད་དེ་བགྲོ་གླེང་དང་། འདིར་ནོར་འཁྲོལ་བྱུང་རིགས་ལ་ཡོ་བསྲང་གིས་དགོངས་འཆར་ལྷུག་སྤྲོལ་ཡོང་པའི་འདུན་པ་དང་། དེ་བཞིན་རང་ཅག་བོད་ཀྱི་ཞིབ་འཇུག་པས་དེ་དང་དེ་ལྟ་བུའི་རིག་གནས་ཤུལ་བཞག་ལ་དོ་སྣང་གནང་རྒྱུའི་འདུན་པ་བཅས་དེབ་ཆུང་འདི་རྩོམ་སྒྲིག་བྱས་པ་ཡིན།

རང་ཉིད་ཀྱིས་ཉམས་ཞིབ་བྱས་པར་གཞིགས་ན། མེས་རྒྱལ་ནང་སའི་ཁུལ་དུ་

ཅོང་དྲིལ་ལ་ཞིབ་འཇུག་གནང་བའི་དུས་ཡུན་ནི་དུས་རབས20ནས་འགོ་ཚུགས་པ་དང་ཞིབ་འཇུག་གནང་མི་ཡང་མི་ཉུང་བ་བྱུང་ཡོད་ལ། ཞིབ་འཇུག་གི་གྲུབ་འབྲས་ཀྱང་གཡུར་དུ་ཟ་བ་ཐོབ་འདུག རྒྱལ་ནང་དུ་ཅོང་དྲིལ་ལ་ཞིབ་འཇུག་བྱེད་པའི་དུས་སྐབས་གཙོ་ཆེ་བ་གསུམ་དུ་དབྱེ་བ་སྟེ།

༧ མན་ཆིང་དུས་མཇུག་ནས་དུས་རབས20པའི་ལོ་རབས50བར།

དུས་སྐབས་དེའི་ནང་སྲོལ་རྒྱུན་གྱི་ཅོང་དྲིལ་ལ་ཞིབ་འཇུག་བྱེད་པའི་ཐབས་ཤེས་ཏེ་ཅོང་དྲིལ་གྱི་ཁ་ཡིག་ཕོ་ནར་ཞིབ་འཇུག་བྱེད་པའི་ཁྱབ་ཁོང་ལས་གྲོལ་ཏེ་སྐུ་ཞབས་ཝང་ཀོའོ་ཝེའི་(王国维) སོགས་པས་ཅོང་དྲིལ་གྱི་ཁ་ཡིག་ཞིབ་འཇུག་དང་ལོ་རྒྱུས་རིག་པ་གཉིས་དམ་དུ་འབྲེལ་ནས་ཞིབ་འཇུག་གི་ཐབས་ལམ་གསར་པ་ཞིག་གཏོད་ཡོད།① འོན་ཀྱང་ཅོང་དྲིལ་ལ་སོགས་ལྷགས་རིགས་ཀྱི་འབྱུང་འཕེལ་གྱི་ལོ་རྒྱུས་དང་དུས་མཚམས་འབྱེད་པའི་ཐབས་ཤེས་རྣལ་མ་ཞིག་བཙལ་འཚོལ་ཐུབ་མེད། ཕྱིས་སུ་ཅོང་དྲིལ་ལ་སོགས་ལྷགས་རིགས་ཀྱི་ཞིབ་འཇུག་སྐོར་ལ་རང་ཚུགས་ཀྱི་རིགས་པའི་གཞུང་ལུགས་ཤིག་གྲུབ་པར་རྨང་གཞི་གཏིང་མཁན་ནི་ཀྲུང་གོའི་ལོ་རྒྱུས་རིག་པ་མཁས་ཅན་སྐུ་ཞབས་ཀོའོ་མོ་རོའོ་(郭沫若) ཡིན། ཁོང་གིས་གནའ་ཡིག་ཞིབ་འཇུག་རིག་པ་དང་ལོ་རྒྱུས་རིག་པ། གནའ་རྫས་རིག་པ་སོགས་རིག་གཞུང་དུ་མ་དཔྱད་ནས་ཀྲའུ་རྒྱལ་རབས་ཤར་ནུབ་གཉིས་ཀྱི་དུས་སུ་བྱུང་བའི་ལྷགས་རིགས་ཀྱི་གནའ་རྫས་དག་ལ་དུས་མཚམས་དབྱེ་འབྱེད་གསལ་ལ་དཔྱད་པ་ཞིབ་ཚགས་གནང་

---

①关晓武《20 世纪国青铜编钟研究及其制作应用》ཞེས་པ་《内蒙古师范大学学报》2008. 05 428 页

བའི་སྐོར་ཁོང་གི་བརྩམས་ཆོས《两周金文辞大系图录考释》《彝器形象学试探》《商周彝器通考》①ལས་རྟོགས་ནུས། ཁོང་གི་ཞིབ་འཇུག་གྲུབ་འབྲས་འདི་དག་གིས་དབྱེར་གསུམ་ཚ་བས་གཅེས་ནས་རྙེད་པར་གྱུར་བའི་མེ་ཏོག་ར་བར་སྤྲང་ཆར་སིལ་བུ་བྲན་པ་ལྟར་བདུད་རྩིའི་གསོས་སུ་སྨིན་པས། དེ་ལ་རྗེས་སུ་ཡི་རངས་དང་ཞིབ་འཇུག་གནང་མཁན་ཡང་ཇེ་མང་དུ་སོང་ཡོད།

༢ དུས་རབས20པའི་ལོ་རབས50ནས་ལོ་རབས80བར།

བར་སྐབས་དེའི་ནང་རང་རྒྱལ་གྱི་དཔལ་འབྱོར་འཕེལ་རྒྱས་ཀྱི་གོམ་བགྲོད་དང་བསྟུན་ནས་གནའ་ཡིག་ཞིབ་འཇུག་རིག་པ་དང་། གནའ་རྫས་རྟོག་ཞིབ་རིག་པ། ལུགས་རིགས་བཅོ་སྦྱངས་རིག་པ། ཚན་རྩལ་རིག་པ་སོགས་ཆར་ཤུལ་གྱི་ཤ་མོ་བཞིན་གཅིག་མཇུག་གཉིས་མཐུད་དུ་འཚར་ལོངས་བྱུང་སྟེ། དེང་རབས་ཀྱི་ཚན་རྩལ་ལ་བརྟེན་ནས་ཞིབ་འཇུག་གི་ཚད་གཞི་གསར་པ་ཞིག་ཏུ་སླེབས་ཡོད།

བར་སྐབས་དེར་ཐོབ་པའི་གྲུབ་འབྲས་ཀྱི་དཔེ་མཚོན་ལྟ་བུ་ནི་སྤྱི་ལོ1987ལོར་བརྟོག་འདོན་ཐུབ་པའི་གནའ་ཤུལ་ཙང་རྒྱལ་རྒྱུད་(曾侯乙)②ཀྱི་ཙོང་དྲིལ་དེ་རྣམས་ཡིན། ཙོང་དྲིལ་དེ་རྣམས་ལས་རོལ་དབྱངས་འགྱུར་ལུགས་སྣ་ཚོགས་བརྡུང་དཀྲོལ་ཐུབ་པས། གནའ་རབས་ཀྱི་རོལ་མོར་ཞིབ་འཇུག་བྱེད་རྒྱུར་ཆ་རྐྱེན་གང་ལེགས་བསྐྲུན་ཡོད་ལ། ཙོང་དྲིལ་དེ་རྣམས་ཀྱིས་སྐབས་དེའི་དཔལ་འབྱོར་གྱི་གནས་བབས་དང་།

①关晓武《20 世纪国青铜编钟研究及其制作应用》《内蒙古师范大学学报》2008. 0542 页

②关晓武《20 世纪国青铜编钟研究及其制作应用》《内蒙古师范大学学报》2008. 05 428 页

ལྕགས་རིགས་བཅོ་སྦྱོངས་ལག་རྩལ་སོགས་ཚད་ཇི་ཙམ་སླེབས་པ་ར་སྤྲོད་ཐུབ་ཡོད། མདོར་ན་དུས་སྐབས་དེའི་ནང་རིགས་པའི་གཞུང་ལུགས་མང་པོ་བེད་སྤྱད་ནས་ཟུར་ངོས་མི་འདྲ་བ་ནས་ཅོང་དྲིལ་དང་དེའི་རིག་གནས་ལོ་རྒྱུས་སོགས་ལ་ཞིབ་འཇུག་བྱེད་པའི་དུས་ཞིག་ཡིན།

༣ དུས་རབས20ཡི་ལོ་རབས80ནས་ད་བར།

རིག་གཞུང་ཚན་ཁག་མང་པོ་འཐུས་ཚང་དུ་སོང་བ་དང་ཆབས་ཅིག་ཅོང་དྲིལ་གྱི་ཞིབ་འཇུག་ཚད་གཞི་ཕྱོགས་ཡོངས་ནས་གཏིང་ཟབ་ཏུ་ཕྱིན་ཡོད་ལ། སྐབས་དེར་རྒྱལ་ནང་གི་གནའ་རྫས་རྟོགས་ཞིབ་ལས་བྱུང་བའི་ཅོང་དྲིལ་ཙམ་མ་ཟད། ལྷག་པར་གྲངས་ཉུང་མི་རིགས་ཁུལ་གྱི་ཅོང་དྲིལ་དང་ནང་པའི་དགོན་སྡེའི་ནང་ཉར་ཚགས་བྱས་ཡོད་པའི་ཅོང་དྲིལ་ལ་ཞིབ་འཇུག་གནང་འགོ་ཚུགས། དེའི་དུས་ཀྱི་བརྩམས་ཆོས་གྲགས་ཆེ་བ་དག་མཚམས་སྦྱོར་ཞུས་ན།

1.《出访归来话钟玲—中西钟玲文化比较研究》[编著:夏明明《北京文博》1997年03期]

2.《北京古钟文化纵谈》[编著:全锦云 北京文物精粹大系—古钟卷 北京出版社2000年]

3.《中国古钟史话》[于凯 中国旅游出版社 1999年1月 第一版]

4.《吐蕃金石录》[王尧 文物出版社出版 1982年10月第一版]

5.《中国少数民族钟玲文化初探》[《中央民族大学学报》2005年第4期 论文 作者:庚华]

6.《钟玲象征文化》[编著:庚华 辽宁民族出版社 2008 年 8 月第 1 版]

7.《话说佛钟》[《五台山研究》2002 年第四期 论文 作者:崔正森]

8.《关于永乐大钟若干问题的探讨》[《中国历史文物》2004 年地期 论文 作者:高凯军]

9.《佛教法器漫谈—钟》[《世界宗教文化》2002 年第 1 期](论文 作者:宽昌)

10.《吐蕃简牍石刻综述》[《西藏研究》](编著:顾祖成)

11.《藏族金石文献源流》[《西藏民族学院学报》(哲学社会科学版)1990 年 04 期](论文 作者:李永明)

བར་སྐབས་དེའི་ནང་གོང་གི་བརྩམས་ཆོས་སོགས་ཀྱི་གྲུབ་འབྲས་ཐོབ་པ་མ་ཟད། ཅོང་དྲིལ་གྱི་ལོ་རྒྱུས་རིག་གནས་ལ་བདག་སྐྱོང་ཡོང་①ཆེད་པེ་ཅིན་ཅོང་ཆེན་དགོན་པར་ཆེད་དུ་ཅོང་དྲིལ་གྱི་འགྲེམ་སྟོན་ཁང་དང་ཞིབ་འཇུག་གི་ལྟེ་གནས་ཡང་བཙུགས་ཡོད། ད་ནི་བོད་ཀྱི་ཅོང་དྲིལ་ལ་ཞིབ་འཇུག་གནས་བྱས་པའི་ཚུལ་དམིགས་སུ་བཀར་ནས་བརྗོད་ན། གཤམ་གྱི་བརྩམས་ཆོས་དེ་དག་དཔེ་མཚོན་ལྟ་བུར་གྱུར་ཡོད་དེ།

《བོད་ཀྱི་རྡོ་རིང་ཡི་གེ་དང་དྲིལ་བུའི་ཁ་བྱང་》【བསོད་ནམས་སྐྱིད། མི་

---

①北京大钟寺,别名觉生寺,该寺设有以钟为主题的博物馆,该馆成立于 1985 年,收藏文物 700 件,是一座具有钟铃收藏,陈列,研究,开发利用等多动能的专题性博物馆。

རིགས་དཔེ་སྐྲུན་ཁང་། སྤྱི་ལོ1984ལོའི་ཟླ་བ2པའི་པར་གཞི1】

《བོད་ཀྱི་ཡིག་རྙིང་ཞིབ་འཇུག》【ཁ་སྐྱང་བཀྲ་ཤིས་ཚེ་རིང་སོགས། མི་རིགས་དཔེ་སྐྲུན་ཁང་། སྤྱི་ལོ2003ལོའི་ཟླ་བ6པའི་པར་གཞི1】

《སྤུ་རྒྱལ་བཙན་པོའི་སྐབས་ཀྱི་བརྡ་རྙིང་ཡིག་ཆ་སློབ་གསར་སྟོང་གི་འཇུག་སྒོ》【གོང་བ་ཀླུ་འབུམ་རྒྱལ། མི་རིགས་དཔེ་སྐྲུན་ཁང་། སྤྱི་ལོ2006ལོའི་ཟླ་བ8པའི་པར་གཞི1】

《ཀྲུང་གོའི་ལོ་རྒྱུས་རིག་གནས་གྲགས་ཅན་གྲོང་ཁྱེར་ལྷ་ས་》【དབང་འདུས་ཚེ་རིང་སོགས། བོད་ལྗོངས་མི་དམངས་དཔེ་སྐྲུན་ཁང་། སྤྱི་ལོ2008ལོའི་ཟླ་བ4པའི་པར་གཞི1】

《དགའ་ལྡན་དགོན་པ་དང་བྲག་ཡེར་པའི་ལོ་རྒྱུས་》【གྲོང་ཁྱེར་ལྷ་ས་སྲིད་གྲོས་ལོ་རྒྱུས་རིག་གནས་དཔྱད་ཡིག་རྒྱུ་ཆ་རྩོམ་འབྲི་ཨུ་ཡོན་ལྷན་ཁང་ནས་རྩོམ་འབྲི་བྱས། སྤྱི་ལོ1994ལོའི་པར་མ་】

《གྲོང་ཁྱེར་ལྷ་སའི་ལོ་རྒྱུས་རིག་གནས།—སྟག་རྩེ་རྫོང་》【གྲོང་ཁྱེར་ལྷ་ས་སྲིད་གྲོས་ལོ་རྒྱུས་རིག་གནས་དཔྱད་ཡིག་རྒྱུ་ཆ་རྩོམ་འབྲི་ཨུ་ཡོན་ལྷན་ཁང་ནས་རྩོམ་འབྲི་བྱས། སྤྱི་ལོ1994ལོའི་པར་མ་】

《A CORPUS OF EARLY TIBETAN INSCRIPTIONS》【H. E RICHARDSON ROYAL ASLATIC SOCIETY 1985】

《吐蕃简牍综录》【王尧 陈践 文物出版社 1986 年 3 月第一版】

《古代西藏碑文研究》【（美国）李方桂　柯蔚南　著　王启龙　译　西藏人民出版社 2006 年 7 月第一版】

《藏族金石文献源流》【李永明　西藏民族学院学报　1995 年第 4 期】

《西藏考古》【（意大利）G．杜齐　西藏人民出版社　2004 年 5 月第二版】

གཞན་ཡང་དཔྱད་རྩོམ《 བསམ་ཡས་ཀྱི་རྡོ་རིང་དང་དྲིལ་བུའི་སྐོར་གླེང་བ་》【འཇམ་དབྱངས། བོད་ལྗོངས་ཞིབ་འཇུག སྤྱི་ལོ1984ལོའི་དུས་དེབ4】

《 བོང་བ་རིའི་ཀོན་ཏེས་ལྷ་ཁང་གི་སྐོར་ངོ་སྤྲོད་བྱས་པ་》【 ཕུན་ཚོགས་ཚེ་བརྟན། བོད་ལྗོངས་ཞིབ་འཇུག སྤྱི་ལོ1985ལོའི་དུས་དེབ1】

《磨盘山关帝庙铜钟》【何周德　西藏研究　1986 年第 4 期】

《桑耶寺综述（下）》【何周德　西藏研究　1988 年第 4 期】

《藏学文献研究综述（二）》【吕桂珍　西藏研究　1998 年第 4 期】

གོང་དུ་འཁོད་པའི་བརྩམས་ཆོས་ནང་མང་ཆེ་བ་ནི་སྤུ་རྒྱལ་དུས་ཀྱི་ཅོང་དྲིལ་ཁག་གསུམ་ཙམ་གྱི་ཁ་ཡིག་བསྡུས་པ་དང་ཚིག་འགྲེལ་ཞུས་པ་ཙམ་ལས་གཏིང་ཟབ་པའི་ཞིབ་འཇུག་གནང་མེད་ལ། དཔྱད་རྩོམ་ཁག་ཅིག་གི་ནང་དེའི་སྐོར་འཁོད་ཡོད་ཀྱང་ཅོང་དྲིལ་དང་འབྲེལ་བའི་ལོ་རྒྱུས་རིག་གནས་ཐད་ཕྱོགས་ཡོངས་ནས་བསམ་གཞིགས་བྱས་ཏེ་དཔྱད་པ་གནང་བ་དེ་བས་དཀོན།

གསུམ། བོད་ཀྱི་ཅོང་དྲིལ་ལ་ཞིབ་འཇུག་བྱེད་པའི་དཀའ་གནད།

དེ་ཡང་བོད་ཀྱི་ཅོང་དྲིལ་ལ་ཞིབ་འཇུག་ཚགས་ཚུད་པ་མ་བྱུང་བའམ་ཞིབ་

འཇིག་གི་འཁོར་ལུས་ཡོད་པར་རྒྱ་མཚན་འགའ་ཡོད་པར་སེམས་ཏེ།

༧ བོད་དུ་ད་བར་གསལ་རྟོགས་ཐུབ་པའི་ཅོང་གི་གྲངས་ཚད་ནི་རྗེ་རིང་དང་། བྲག་བཀོས། ཁྲམ་བྱང་སོགས་དང་བསྡུར་ན་ཤིན་ཏུ་ཉུང་བ་སྟེ། ད་བར་བརྩལ་རྙེད་ཐུབ་པའི་ཅོང་གི་གྲངས་ཚད་ནས་བརྗོད་ན། སྤུ་རྒྱལ་བཙན་པོའི་དུས་སུ་བཞེངས་པའི་རྡག་རིང་དགའ་ལྡན་བྱིན་ཆེན་གཙུག་ལག་ཁང་གི་ཅོང་དང་། བསམ་ཡས་གཙུག་ལག་ཁང་གི་ཅོང་། ཁྲ་འབྲུག་གཙུག་ལག་ཁང་གི་ཅོང་དྲིལ། བྲག་ཡེར་པའི་ཅོང་། ལྷ་རྗེ་བྱ་གཤོངས་གཙུག་ལག་ཁང་གི་ཅོང་བཅས་ལྔ་ཙམ་དང་། ཆིང་རྒྱལ་རབས་སྐབས་བོད་དུ་དགའ་ལྡན་ཕོ་བྲང་གིས་སྲིད་དབང་སྐྱོང་བའི་དུས་སུ་བཞེངས་པའི་གནམ་དག་ཆོས་ཅོང་། ལྷ་ས་པོང་བ་རིའི་སྤྲིན་རིང་ལྷ་ཁང་གི་ཅོང་བཅས་གཉིས་ཙམ་ལས་མེད། དེ་ལྟར་གྲངས་ཉུང་བའི་སྣང་ཚུལ་དེ་ཡང་། བོད་ཀྱི་སྲོལ་རྒྱུན་ལྟ་བར་རྒྱུ་རིན་ཆེན་རིགས་ལས་གྲུབ་པ་དང་། སྐྱེ་ཆེན་དམ་པའི་ཕྱག་བཟོ་ལས་གྲུབ་པའི་སྐུ་གསུང་ཐུགས་བརྟེན་མིན་ན། རིན་ཐང་ཆེ་བའི་དངོས་པོར་མི་ཚུད་ལ། ལྕགས་རིགས་ལས་གྲུབ་པའི་ཅོང་ལྟ་བུ་ཡང་དེ་ལྟར་བཞིན་ལོ་རྒྱུས་ཀྱི་ཆུ་རྒྱུན་ནང་སྣར་ཆེར་མི་འཛིན་ཞིང་། དངོས་པོ་དེ་རིགས་ལ་བདག་གཉེར་བྱ་རྒྱུའི་སྲོལ་སྐྱོང་དང་རིག་དངོས་ཀྱི་འདུ་ཤེས་ཞན་པས་ད་ལྟའི་སྣང་ཚུལ་འདི་ལྟ་བུ་བྱུང་བ་མིན་ནམ་སྙམ། དཔེ་ཙམ་བརྗོད་ན། སྔར་འཕན་ཡུལ་ན་ལན་ཏྲ་ཕྱག་བཏབ་སྐབས། ཅོང་ཆེན་པོ་ཞིག་ས་འོག་ནས་ཐོན་ཡོད་ཀྱང་། སྐབས་དེར་དད་ལྡན་གསེར་སྐྱ་རྣམས་ཀྱིས་ཅོང་དེ་ལུགས་བླུགས་ནས་ཐུབ་པའི་སྐུ་བརྙན་ཞིག་བཞེངས་པས། གནའ་རྫས་རིན་ཐང་ཅན་དེ་ཡང་འཕྲལ་མར་འགྲོ་བརླག་སོང་བ་སོགས་ལས་ཤེས་ནུས།

༢ ཚོང་སྡེར་དུ་འཁོད་པའི་ཡིག་གེའི་ནང་དོན་ནས་བརྗོད་ན། ཕྱི་རྒྱལ་དུས་བཞེངས་པའི་ཛག་རོང་དགའ་ལྡན་ཕྱིན་ཆེན་གཙུག་ལག་ཁང་གི་ཚོང་དང་། བསམ་ཡས་གཙུག་ལག་ཁང་གི་ཚོང་། ཁྲ་འབྲུག་གཙུག་ལག་ཁང་གི་ཚོང་དྲིལ། བྲག་ཡེར་པའི་ཚོང་བཅས་ནི་ནང་པ་སངས་རྒྱས་ཀྱི་བསྔོ་སྨོན་གྱི་ཚིག་བཀོད་པ་ཤ་སྟག་དང་། ལྷ་རྩེ་བྲེ་གཤོངས་གཙུག་ལག་ཁང་གི་ཚོང་སྟེང་དུ་ཡི་གེ་གང་ཡང་བཀོད་མེད་པས། དགོས་ངེས་ཀྱི་ལོ་རྒྱུས་ཀྱི་ཆ་འཕྲིན་ཆེས་ཉུང་བར་མངོན། ཆིང་རྒྱལ་རབས་ཀྱི་དུས་སུ་བཞེངས་པའི་གནམ་བདག་ཆོས་ཚོང་ནི་གནམ་བདག་ཆོས་ལུགས་ཀྱི་སྟོན་པར་བསྔོ་བ་ཕུལ་བའི་ཚིག་དང་། ལྷ་ས་པོང་བ་རིའི་སྤྲིན་རིང་ལྷ་ཁང་གི་ཚོང་ནི་གོར་པོད་དམག་འཁྲུག་སྐབས་སུ་ཆིང་རྒྱལ་རབས་ཀྱི་གོང་མ་ཆན་ལུང་(ལྷ་སྐྱོང་རྒྱལ་པོ་) གིས་བོད་དུ་མངགས་པའི་དཔོན་རིགས་ཀྱི་མཚན་དང་དཔོན་གནས་ཙམ་ལས་བཀོད་མེད་པས། སྐབས་བབས་ཀྱི་ལོ་རྒྱུས་གནས་ཚུལ་ཞིབ་གསལ་མངོན་མ་ཐུབ་པ་བཅས་སོ།

༣ ཚོང་གི་ཁ་ཡིག་ནང་ལོ་རྒྱུས་ཀྱི་ལོ་ཚིགས་གསལ་པོ་མེད་པས། ལོ་དུས་གང་དུ་བཞེངས་པར་ངེས་ཤེས་རྙེད་དཀའ་ལ། ཚོང་དེ་དག་གི་ནང་ནས་བྲག་ཡེར་པའི་ཚོང་དང་། གནམ་བདག་ཆོས་ཚོང་ལྟ་བུར་ཆ་མཚོན་ན་བསྔོ་སྨོན་གྱི་ཚིག་ཁོ་ན་བཀོད་པ་ལས་གཞན་གྱི་ཆ་འཕྲིན་གསལ་རྒྱུ་མེད་ཅིང་། བྲེ་གཤོངས་ཀྱི་ཚོང་ལྟ་བུར་བརྗོད་ན་ཚོང་ཐོག་ཏུ་ཡི་གེ་སོགས་གང་ཡང་བཀོད་མེད་པས། བཞེངས་དུས་ལོ་ཚིགས་དེ་བས་ཤེས་དཀའ། ཚོང་གཞན་རྣམས་ལ་མཚོན་ན་ལོ་རྒྱུས་ཀྱི་མི་སྣའི་མཚན་སོགས་པའི་ཆ་འཕྲིན་ཡོད་ཀྱང་། ལོ་རྒྱུས་མི་སྣ་དེ་དག་གི་སྐུ་ཚེའི་སྟོད་སྨད་བར་གསུམ་གྱི་དུས་ག་གེ་མོར་བཞེངས་པའི་ཞིབ་ཕྲའི་ལོ་ཚིགས་མི་གསལ་བས། ལོ་རྒྱུས

ཞིབ་འཇུག་པ་ཞིག་གི་ངོས་ནས་བརྗོད་ན་ལོ་ཚིགས་ལ་རྩིངས་ན་ཞིབ་འཇུག་ཀྱང་བྱ་ཐབས་བྲལ་བ་ནི་བརྗོད་མི་དགོས་པ་ཞིག་ཡིན།

༤ སྔོན་ཕྱིན་བོད་ཀྱི་ལོ་རྒྱུས་དང་རིག་གནས་ལ་ཞིབ་འཇུག་གནང་མཁན་རྣམས་ཀྱིས་དཔྱད་གཞིའི་ཡིག་རིགས་ཙམ་ལས་དངོས་རིགས་ལ་རྟག་དཔྱད་བྱས་ཏེ། ལོ་རྒྱུས་དང་རིག་གནས་སྨྲ་བའི་སྲོལ་རྒྱ་ཆེར་མ་དར་བ་དང་། རིག་དངོས་བརྟག་དཔྱད་ཆེད་དུ་གནའ་ཤུལ་སློག་པ་དང་། བང་སོ་བྲུ་བ་སོགས་ཀྱི་གོམས་སྲོལ་མེད་ཅིང་། གལ་སྲིད་དེ་ལྟར་བྱས་ན་རྣམ་རྟག་ཏུ་བརྩི་གི་ཡོད། དེ་ལས་ལྡོག་ཏེ་ས་བཙུད་མི་ཉམས་པའི་ཆེད་དུ་ནོར་གཏེར་དང་བུམ་གཏེར་སོགས་སྦ་སྲོལ་ཡོད་པས་རིག་དངོས་དུ་མ་མཇལ་བར་དཀོན། དེ་བཞིན་རང་ཅག་བོད་དུ་དེང་རབས་ཀྱི་གནའ་རྫས་རྟོག་ཞིབ་ཀྱི་ཆེད་ལས་ཀྱི་མི་སྣ་དཀོན་པས་དེའི་སྐོར་གྱི་དཔྱད་འབྲས་ཉུང་བ། གཞན་ཡང་བློ་འདྲི་ཡུལ་དཀོན་ལ། གནའ་རྫས་རྟོགས་ཞིབ་ཀྱི་ཆེད་རྩོམ་ཡང་ལག་སོན་དཀའ་བ་བཅས་སོ། དེས་ན་ཁོ་བོས་མཐའ་ཚོད་ཀྱི་ལུང་རིགས་དང་བྲལ་ནའང་རང་གིས་དེའི་སྐོར་སློབ་སྦྱོང་དང་བསམ་གཞིགས་བྱས་པའི་ཚུལ་ཙུང་ཟད་གླེང་བར་བྱ་སྟེ།

ས་བཅད་དང་པོ། བོད་ཀྱི་ལུགས་མགར་གྱི་བྱུང་བ་དང་དེའི་འབྲེལ་ཡོད་ཤེས་བྱ།

དང་པོ། བོད་ཀྱི་ལུགས་མགར་གྱི་བྱུང་བ།

གཅིག བོད་ཀྱི་མགར་ལུགས་ལག་རྩལ་གྱི་བྱུང་བ།

དེ་ཡང་མགར་གྱི་ལག་རྩལ་ནི་བོད་ཀྱི་རིག་གནས་ཆེ་བ་ལྔའི་ཡ་གྱལ་བཟོ་རིག་པའི་ཁོངས་སུ་གཏོགས་ཤིང་། བོད་ཀྱི་མཁས་པ་རྣམས་ཀྱིས་བཟོ་རིག་ལ་རྣམས་གྲངས་གསུམ་དུ་དབྱེ་ཡོད་དེ། སྒྲ་པ་ཤེས་རབ་རིན་ཆེན་གྱིས“བཟོ་ནི་ལུས་དང་ངག་དང་ཡིད་བཟོའོ་”①ཞེས་གསུངས་པ་ལྟར་ལུས་བཟོ་རིག་པ། ངག་བཟོ་རིག་པ། ཡིད་བཟོ་རིག་པ་བཅས་གསུམ་དུ་བསྡུས་ཡོད་ཅིང་། བོད་ཀྱི་མགར་ལས་ནི་ལུས་བཟོའི་ཁོངས་སུ་གཏོགས་ལ། བོད་ཀྱི་བཟོ་རིག་པའི་ནང་གསེར་སྐུ་གསུང་ཐུགས་རྟེན་གྱི་རིགས་གང་ཞིག་ཡིན་ནའང་བྲིས། འབུར། ལུགས། བརྐོས་བཅས་རྣམས་གྲངས་བཞིའི་ཁོངས་སུ་མ་འདུས་པ་མེད་ལ། དེ་དག་གི་ནང་ནས་ཀྱང་ལུགས་བླུགས་པའི་བཟོ་རྩལ་ནི་མགར་གྱི་བཟོ་རྩལ་ལས་ཁྱད་འཕགས་ཅན་ཞིག་ཡིན། ལུགས་བཟོའི་ལག་རྩལ་ལས་གྲུབ་པའི་ཅོང་ལྟ་བུར་མཚོན་ན། ཅོང་ཅི་རིགས་ཤིག་ཡིན་ཡང་བཞུ་བའི་ཁམས་ཀྱི་རིན་པོ་ཆེའི་རིགས་ལས་གྲུབ་པའི་ལུགས་སུ་བླུགས་པའི་མགར་གྱི་

①བཀྲ་ཤིས་འོད་ཟེར་གྱིས་བརྩམས། 《མགར་གྱི་བསྟན་བཅོས》མི་རིགས་དཔེ་སྐྲུན་ཁང་ནས1988ལོའི་ཟླ་བ་བཞི་པར་པར་དུ་བསྐྲུན། ཤོག་གྲངས5པར་གསལ།

ལས་ཐབས་ལས་གྲུབ་པ་ཞིག་ཡིན་ཕྱིན། བོད་ཀྱི་ལུགས་མགར་གྱི་རིག་གནས་ལ་རྒྱུ་མ་ཕུ་འདྲེད་བྱ་རྒྱུ་ཤིན་ཏུ་གལ་ཆེ་ཞིང་། དེ་ཡང་ཐོག་མར་བོད་ཀྱི་མགར་ལ་རྒྱུན་རིང་གི་ལོ་རྒྱུས་ཡོད་པར་ངེས་ཤིང་། དེ་ཡང་མིའི་རིགས་ཀྱི་ཤེས་རིག་འཕེལ་རྒྱས་ཀྱི་ཆོས་ཉིད་ལ་གཞིགས་ན། ཐོག་མར་རྙིང་སྐྱོབས་ཀྱི་རིག་པ་ལས་རྡོ་བཅགས་ཏེ། འཚོ་བའི་ཡོ་བྱད་བཟོ་བ་དང་། དེ་ནས་སྦྱངས་སྐྱོབས་རིག་པ་ལས་རྡོ་བརྡར་ཏེ་དཔེབས་ལེགས་ལ། སྤྱོད་སྒོ་ཆེ་བའི་ཡོ་བྱད་སྣ་ཚོགས་བཟོས་ཡོད། དེ་ནས་རིམ་བཞིན་ཤེས་རབ་འཕེལ་ཏེ་སེམས་ཅན་གྱི་དུས་པར་ལས་སྔོན་བྱས་ནས། འཚོ་བའོ་ཡོ་བྱད་དང་རྒྱན་ཆ་སོགས་བཟོ་ཐུབ། མཐར་ཟངས་རྡོ་བཞུ་བའི་ལས་ཐབས་ཤེས་ཏེ། གསེར་དངུལ་ཟངས་ལྕགས་ཀྱི་འཚོ་ཆས་ཀྱང་བཟོ་ཤེས་པའི་མིའི་རིགས་ཀྱི་ཤེས་རིག་འཕེལ་བའི་ཆོས་ཉིད་ལས། བོད་ལུགས་ཀྱི་མགར་གྱི་རིག་གནས་དེ་བྱུང་བར་མངོན།

བན་བོན་གཉིས་ཀྱི་གནའ་བོའི་ཡིག་ཚང་དག་ཏུ་མགར་གྱི་ལས་ཐབས་ཀྱི་བྱུང་ཚུལ་དང་། དེའི་རིགས་པའི་གཞུང་ལུགས་ཀྱང་མི་ཉུང་བ་བྱུང་ཡོད་དེ། དེ་ཡང་བོན་གྱི་བསྟན་བཅོས《དྲི་མེད་རྩ་བའི་མདོ་》ལས"བཟོ་ལ་རྣམ་པ་ལྔ་ཡིན་ཏེ། །དྲ་ཞིང་དྲུབ་པ་རྣམ་པ་ལྔ། །གདུགས་སུ་ཕུབ་དང་གདན་དུ་བཏིང་། །ཡོལ་དུ་བྲེས་དང་ལུས་ལ་གསོལ། །བཙོག་ཅིང་སྦྱར་ལ་རྣམ་པ་གཉིས། །ཐོགས་སུ་ཕུབ་དང་གང་མཐོ་སྤྱད། བཞུ་ཞིང་བླུགས་ལ་རྣམ་པ་གསུམ། །ལྷ་སྐུ་ལྷ་རྫས་འདོད་ཡིན་ནོ། །བརླུང་ཞིང་ཐར་ལ་རྣམ་པ་གསུམ། །མཛེས་དང་བརྗིད་དང་འདོད་ཡོན་རྫས། །བྲི་ཞིང་བཀོད་ལ་རྣམ་པ་གཉིས། །རོལ་མོ་ཅན་དང་བཀོད་པ་ཅན། །འདི་ལྟར་བཟོ་རིག

བཀོད་པ་རྣམས། །ལྷ་སྲས་གར་མས་ཐུགས་ལ་ཞོག"①ཅེས་གཉེན་རབ་མི་བོ་ཆེའི་དུས་སུ་བཟོ་རིག་པའི་ཤེས་རིག་གི་བྱུང་ཚུལ་བསྟན་ཡོད། དེ་བཞིན་བོད་ཀྱི་གནས་ལྔ་རིག་པའི་ཡ་གྲུལ་བཟོ་རིག་གཙོ་ཐལ་སྐྱི་དང་བྱེ་བྲག་བསྟན་པའི་བསྟན་བཅོས་ནི《བསྟན་འགྱུར་》དང་། སྔོན་བྱོན་མཁས་པ་དུ་མའི་གསུང་འབུམ་གྱི་ཁྲོད་དུ་ཡོགས་སུ་བཞུགས་པ་དང་གསེབ་ཚགས་སུ་གནས་པ་ཅི་རིགས་བྱུང་ཞིང་། དེ་དག་ལས་གྲགས་ཆེ་བ་ནི《རིག་པ་བཟོ་ཡི་ལས་ཚོགས་ཕྲན་ཚེགས་འདོད་རྒུར་བསྒྱུར་བ་ཕྲ་ཕབ་འོད་ཀྱི་སྣང་བརྙན་》དང་《བཟོ་རིག་པ་ཏྲ་ཉེར་མཁོ་སྣ་ཚོགས་》《པ་ཏྲ་ག་ཞེས་པ་རིག་པ་བཟོ་ཐམས་ཅད་ཀྱི་རྒྱུད་》《བཟོ་རིག་ཁ་ཤས་ཀྱི་པ་ཏྲ་ལག་ལེན་མ་》《རྒྱ་བོད་ཀྱི་ནོར་རྫས་རིས་བརྟགས་ཤིང་དཔྱད་པའི་དཔྱད་དོན་ཡིད་ཀྱི་འདོད་འཛོ་》སོགས་བྱུང་ཡོད། གནའ་རྫས་རིག་པའི་ཐད་ནས་བརྗོད་ན། བོད་དུ་ལྕགས་དང་ཟངས་བཞུ་བ། སོལ་བ་བསྲེགས་པ་སོགས་ཀྱི་ལས་ཀའི་འགོ་ཚུགས་མཚམས་ནི། བོད་ཀྱི་རྡོ་ཆས་གསར་མའི་དུས་སུ་ཡིན་པ②ལྷ་ས་ཆུ་གོང་གི་གནའ་ཤུལ་ནས་རྙེད་པའི་གནའ་

①ནམ་མཁའི་ནོར་བུ། 《ཞང་བོད་ལོ་རྒྱུས་ཏི་སེའི་འོད་》ཀྲུང་གོའི་བོད་ཀྱི་ཤེས་རིག་དཔེ་སྐྲུན་ཁང་། 1996ལོའི་ཟླ་བ5པའི་པར་གཞི་དང་པོ། ཤོག་གྲངས119ལ་གསལ།

②在考古学上,吐蕃王朝建立以前西藏高原远古各部落的文化遗存还很难与文献记载一一对应,所以,有学者试图采用“早期金属时代”这个概念来指代自公元前一千年以迄公元6世纪吐蕃王朝兴起之前这一历史阶段,而将其与公元7世纪初至公元10世纪的吐蕃王朝时代加以区别(注:这一概念是由童恩正先生提出的。他认为由于西藏石器时代时代终止于何时,铜器时代和铁器时代开始于何时等问题因材料限制而无法确定,建议暂时只能将公元前一千年至公元6世纪这一时期称之为“早期金属时代”。参见童恩正《西藏考古综述》,《文物》1985年第9期)。

ཟངས་ཟངས་ཀྱི་མདའ་རྩེ་（铜镞）① གཅིག་དང་ཟངས་ཀྱི་མེ་ལོང་ལྕགས་ཡུ་མ（铁炳铜镜）② བཅས་གཉིས་ཡིན། དེ་ཡང་《བོད་ལྗོངས་ལྷ་ས་ཆུ་གོང་གྲོང་བརྡལ་གྱི་གནའ་བོའི་ཤུལ་རྗེས་བང་སོའི་བསྟོག་འདོན་བགྱིས་སྐོར་གྱི་སྙན་ཞུ》ཞེས་པ་ལས་ལི་ཟངས་ཀྱི་མདའ་རྩེ་དེ་ནི་ཟངས་དང་གཤའ་སྦྱོར་འཚམས་པ་དང་ཚད་ལྡན་གྱི་ཟངས་དང་གཤའ་ཡི་ལི་མ་ཡིན་ཞིང་། བརྟུང་ལུགས་རྒྱག་ཐབས་ལ་བརྟེན་ནས་བཟོ་བསྐྲུ་བཟོས་པ་ཞིག་ཡིན་ལ། ལི་ཟངས་ཀྱི་མདའ་རྩེ་དེ་ནི་ས་ཆ་དེ་གའི་ཐོན་རྫས་ཤིག་ཡིན། དེ་ལས་སྐབས་དེར་ཚན་རིག་དང་ལྡན་པའི་ལྕགས་བཞུའི་རིགས་པའི་གཞུང་ལུགས་ཤིག་ཡོད་པ་གསལ་བཤད་བྱ་ཐུབ་པ་དང་འབྲེལ་ས་མཐོའི་ཐོག་ཏུ་ལྕགས་རིགས་བཞུ་བརྟུང་བགྱིད་པའི་ལོ་རྒྱུས་འགོ་བཙམས་ཟིན་པའམ་ཡང་ན་དེ་ལས་སྔ་བ་མེད་དམ་

①《拉萨曲贡》遗址考古报告显示，在拉萨曲贡遗址中发掘铜镞 1 件，出自H12，编号 H12:33. 铜镞出土时保存完好，表面为锈蚀曾覆盖，器体为扁平叶片形。长 3.55 厘米，宽 1.34 厘米，厚 0.13 厘米，铜镞经北京科技大学冶金史研究室鉴定，为标准的锡青铜组织，铜锡比例分别为 83.67% 和 12.51%。金相观察结果表明，铜镞为铸造青铜组织，其材料为治练所得，不是自然铜；成型采用的是铸造方式，不是锻打。

②墓中出土的这枚带柄铜镜，学术界也有不同推测，拉萨曲贡遗址发现的铁炳铜镜，不同于我国黄河、长江流域及东亚地区传统的园板具钮系统，而与流行于西亚、中近东及中亚诸古文明中的带柄镜相似。研究者认为，在西藏北面的新疆以及东南面的四川、云南都曾经发现过这类带柄镜，连同西藏在内，恰好连成一个半月形的分布带。从年代上来看，又以新疆发现的铁柄镜最早，故推测西藏曲贡史室墓出土的这枚铁柄镜可能系从新疆等周邻地区传入，显示出西藏与周邻文化间曾有着密切的交往与联系（注：关于这枚带柄镜的研究，可参见以下几篇论文：霍巍《西藏曲贡村石室墓出土的带柄铜镜及相关问题初探》，《考古》1994 年第 7 期；赵慧民《西藏曲贡出土的铜柄铁镜的有关问题》，《考古》1994 年第 7 期；霍巍《再论西藏带柄铜镜的有关问题》，《考古》1997 年第 11 期）。

སྣམ་ཞེས་པའི་གླིང་ཕྱོགས་དེ་ལས་བོད་ཀྱི་ལུགས་མགར་གྱི་ལག་རྩལ་ལ་མ་མཐར་ཡང་ལོ་ངོ་4000ཡན་གྱི་ལོ་རྒྱུས་ཡོད་པ་ནི་རིག་པས་དེད་ཐུབ། གཞན་ཡང་ལྕགས་ཡུ་མེ་ལོང་དེར་གཞིགས་ན། སྣན་ཁུའི་ནང་དེ་ནི་ཀྲུང་གོའི་གནའ་རབས་ཀྱི་ཐང་རྒྱལ་རབས་དང་སུང་རྒྱལ་རབས་ཀྱི་དུས་སུ་མེ་ལོང་ཡུ་ཅན་བཟོ་སྐྱོད་ཡོད་ཙུང་ལོ་ངོ་ཆིག་སྟོང་ལྷག་གི་ཕྱི་བ་ཡོད་ཅིང་། ཆུ་གོང་གི་ལི་ཟངས་མེ་ལོང་དེ་ནི་སྤྱི་ལོའི་སྔོན་གྱི་ལོ2900དུས་ཡོ་རབ་གླིང་དང་ཨེ་ཤ་གླིང་གི་དབུས་རྒྱུད་དང་ལྷོ་རྒྱུད་སོགས་ཀྱི་ས་འོག་ནས་ཐོན་པའི་ལི་ཟངས་མེ་ལོང་དང་ཐལ་ཆེར་རིགས་གཅིག་ཏུ་གནས་པས། དེ་ནི་ཨེ་ཤ་གླིང་གི་དབུས་རྒྱུད་ནས་དར་ཡོང་བ་ལས་བོད་ལྗོངས་ས་མཐོ་རང་གི་ཐོན་རྫས་ཤིག་མིན་པར་བརྗོད་ཡོད་ཀྱང་། སྐབས་དེ་ཙམ་ལ་ལྷ་སའི་ཆུ་གོང་དུ་འཚོ་གནས་བྱེད་པའི་གནའ་མི་རྣམས་ཀྱི་ལུགས་མ་ལས་གྲུབ་པའི་ལྕགས་རིགས་རྣམས་འཚོ་བའི་ནང་སྤྱོད་བཞིན་ཡོད་པ་གསལ་བཤད་བྱེ་ཐུབ།

གོང་དུ་འཁོད་པའི་ལྷ་སའི་ཆུ་གོང་གི་ཟངས་ཀྱི་མདའ་མགོ་དང་ཟངས་ཀྱི་ལྕགས་ཡུ་མེ་ལོང་མ་དེ་གཉིས་ཕུད། ཉེ་བའི་ལོ་ཤས་རིང་བོད་ཀྱི་གནའ་རྫས་རྟོག་ཞིབ་ལ་ཐོབ་པའི་གྲུབ་འབྲས་ལ་གཞིགས་ན། མངའ་རིས་རྩ་མདའ་རྫོང་གི་ཕྱི་དབང་དང་དུར་དཀར་དུར་ས་ནས་ཟངས་ཆས་གཅིག་དང་ལྕགས་ཀྱི་རལ་གྲི་གཅིག་རྙེད་སོན་བྱུང་བ་དེར། སོལ་འགྱུར་བཅུ་བཞི་ཡིས་དུས་ཚོད་ཚད་ལེན་བྱས་པ་ལྟར་ན། ད་བར་ལོ་ངོ2725－2170ཡས་མས་སོང་བ་དང་། སྣ་དཀར་རྩེའི་བྲག་རྒྱུའི་ནས་གསེར་གྱི་དངོས་ཆས་ཆུང་ངུ17དང་ཟངས་ཆས་ཆུང་ངུ47རྙེད་སོན་བྱུང་བ་དེར། ཉུང་མཐར་ལོ་ངོ2000－2500ཡས་མས་སོང་བ། ཆབ་མདོ་གོ་འཇོ་སྐྱ་འབེལ་གྱི་རྡོ་

སྒྲོམ་དུར་ས་ནས་ཟངས་ཀྱི་གྲི་ཆུང་2དང་ཟངས་ཀྱི་རྣ་ལོང་2ལྕགས་ཀྱི་རལ་གྲི1རྙེད་སོན་བྱུང་བ་དེར། ད་བར་ལོ་ངོ2500 – 2000ཡས་མས་སོང་ཟིན་པ། མངའ་རིས་རྩ་མདའ་གད་པ་སེར་ཏུལ་གྱི་དུར་ས་ནས་ཟངས་ཀྱི་ཨ་ལོང་སྒོར་མོ1དང་ཟངས་གི་ཐོག་བུ་རླུམ་ཕྱེད1རྙེད་སོན་བྱུང་བ་དེར། ད་བར་ལོ་ངོ2500 – 2000ཙམ་སོང་ཡོད་པ་དང་། དེ་རྗེས་དུར་ས་དེ་རང་ནས་ཟངས་ཀྱི་མཛུབ་དཀྲིས1དང་ཟངས་དྲིལ་ཆུང་ཆུང་1ལྕགས་ཆས1རྙེད་སོན་བྱུང་བ་དེར། ད་བར་ལོ་ངོ3000ཙམ་ཡོད་པ། སྣར་རྫོང་སྣར་མིན་འཚེར་གུ་ཏུ་གྲུམ་དགོན་གྱི་ཉེ་འདབས་སུ་ཡོད་པའི་དུར་ས་ནས། གསེར་གྱི་ཞལ་འབག་དང་ཟངས་ཀྱི་སྣ་རེ། གསེར་ཆུ་བླུགས་པའི་དངུལ་ལེབ་མོ། ལྕགས་ཀྱི་མདུང་དང་མདའ་མགོ་སོགས་རྙེད་སོན་བྱུང་བ་དེར། ད་བར་ལོ་ངོ1800ཙམ་སོང་ཡོད་པ། མངའ་རིས་རྩ་མདའ་རྫོང་མཐོ་ལྡིང་གྲོང་ཚོའི་ཆུ་འཐག་དུར་ས་ནས། གསེར་བརྡུང་མའི་ཞལ་འབག་སྲབ་བུ1ཟངས་ཀྱི་གྲི་ཆུང་1ལྕགས་གི་མདའ་མགོ1རྙེད་སོན་བྱུང་བ་དེར། ད་བར་ལོ་ངོ1800 – 1700ཡས་མས་སོང་ཡོད་པ། ལྷ་ས་གྲོང་ཁྱེར་སྟོད་ལུང་ཆུས་དགའ་གྲོང་ནས་རྙེད་སོན་བྱུང་བའི་ལྕགས་རྒྱལ་མ་དེར། ད་བར་ཕལ་ཆེར་ལོ་ངོ3000ཙམ་ཡོད་པ། ལྷོ་ཁ་གྲོང་ཁྱེར་གྱི་ལྷོ་བྲག་མཐིང་ནས་ཟངས་ཆས་ཆབ་ལོང་སྒོར་མོ1ཟངས་ལེབ་ཆུང་ངུ1ཟངས་ཀྱི་མཛུབ་དཀྲིས་དང་འདྲ་བ1རྙེད་སོན་བྱུང་བ་དེར། ད་བར་ལོ་ངོ3000ཙམ་སོང་ཡོད་པ་སོགས་ཉེ་བའི་ལོ་ཤས་ནང་གནས་རྫས་མི་ཉུང་བ་གསར་དུ་ཐོན་དང་འཐོན་མུས་ཡིན། དེ་དག་གི་ལོ་དུས་ལ་གཞིགས་ན། སྤྱིར་ལོ་ངོ3000 – 2000བར་དང་དེའི་ནང་གསེར་དང་། དངུལ། ཟངས། ལྕགས་བཅས་ཀྱི་རྒྱུ་ལས་གྲུབ་པའི་དམག་གི་ཡོ་བྱད་

དང་། འཚོ་བའི་མཐོ་ཚད། རྒྱན་ཆའི་རིགས་སོགས་སྣ་ཚོགས་ཡོད། དངོས་དཔང་དེ་དག་གིས་བོད་ཀྱི་གདོད་མའི་ལོ་རྒྱུས་གླེང་སྐབས། ཤེས་རིག་ཇི་ལྟར་དར་ཚུལ་ལ་ངེས་ཤེས་གསར་པ་ཞིག་རྙེད་ཐུབ་ལ། བོད་དུ་ལྕགས་རིགས་བཙོ་སྦྱོང་གི་ལག་རྩལ་དུས་ཇི་ཙམ་ནས་བྱུང་བར་སྒྲུབ་བྱེད་ཁུངས་མ་ཞིག་སྤྲུན་ནུས། དུས་སྐབས་དེར་གནའ་རྫས་རིག་པ་མཁས་ཅན་ཐུང་ཨན་ཀྲན་(童恩正)གྱིས་ལྕགས་རིགས་དུས་རབས་སྔ་མ་(早期金属时代)①ཞེས་བོད་ཀྱི་ལོ་རྒྱུས་ཐོག་ལྕགས་རིགས་ཀྱི་དུས་མཚམས་འགོ་ཚུགས་པར་གསུངས་པ་དང་། དེ་ནས་དུས་རབས་6པའི་ནང་ལྕགས་རིགས་ཀྱི་དུས་སྨ་མ་མཇུག་རྫོགས་པར་འདོད་དོ།

---

①སྐུ་ཞབས་ཐུང་ཨན་ཀྲན་(童恩正)གྱིས་གནའ་དཔྱད་རིག་པའི་ཐབས་ལམ་ནས་བོད་ཀྱི་གནའ་བོའི་ལོ་རྒྱུས་ལ་དུས་སྐབས་ཆེན་པོ་གསུམ་དུ་དབྱེ་བ་ཡིན་ཏེ། རྡོ་ཆས་དུས་རབས་དང་། ལྕགས་རིགས་དུས་རབས། སྤུ་རྒྱལ་བཙན་པོའི་དུས་རབས་ཞེས་གསུམ་ཡིན། དུས་རབས་དེ་དག་ཀྱང་མིའི་རིགས་ཀྱི་ཤེས་རིག་གི་འཕེལ་ཕྱོགས་དང་བསྟུན་ནས་དབྱེ་བ་ཡིན་མོད། དུས་རབས་དེ་དག་བར་གྱི་དབྱེ་མཚམས་ནི་གྲིས་བཅད་པ་བཞིན། ལོ་དུས་དེ་ནས་རྡོ་ཆས་ཀྱི་དུས་དང་། དེ་རྗེས་ལྕགས་ཆས་ཀྱི་དུས་རབས་ཞེས་བརྗོད་པ་ནི་དཀའ། དེ་ཡང་གཙོ་བོ་མིའི་རིགས་ཀྱི་ཐོན་སྐྱེད་ཡོ་བྱས་ནང་རྡོ་ཆས་དང་ལྕགས་རིགས་གང་ཞིག་གཙོ་ཕལ་དུ་སྤྱོད་མིན་ལ་གཞིགས་ཏེ་བཞག་པ་ཡིན་སྐད།

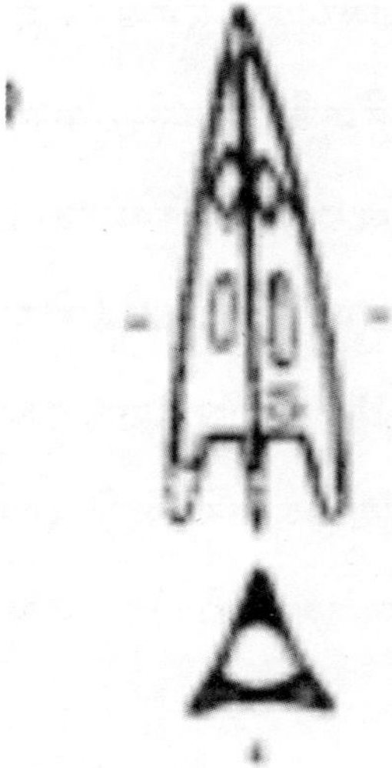

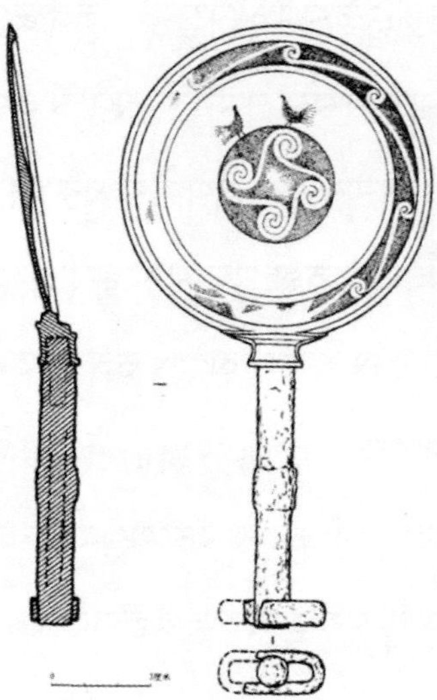

ཆུ་གོང་གནའ་ཤུལ་ལས་ཐོན་པའི་ལྕགས་ཡུ་མེ་ལོང་མའི་ལག་གྲིས་རི་མོ།

ཆུ་གོང་གནའ་ཤུལ་ལས་ཐོན་པའི་ཟངས་ཀྱི་མདའ་རྩེ།

དེ་བཞིན་བོད་ཀྱི་ལོ་རྒྱུས་དེབ་ཐེར《ཆོས་འབྱུང་མཁས་པའི་དགའ་སྟོན་》ལས"བོད་ཀྱི་འཕྲུལ་བློན་མཛངས་པའི་མི་བདུན་གྱི། །ཐོག་མར་གྱུར་པ་རུ་ལས་སྐྱེས་འདི་ཡིན། །མཛངས་པའི་ལས་སུ་ཤིང་བསྲེགས་སོལ་བ་བྱུང་། །དེ་ཡིས་རྗེ་བཞུ་གསེར་དངུལ་ཟངས་ལྕགས་བྱུང་།"①ཞེས་བོད་ཀྱི་མགར་གྱི་ལག་རྩལ་ནི་བཙན་པོ་གྲི་གུམ་དུས་ནས་བྱུང་ཚུལ་གསུངས་ཀྱང་། བོད་ཀྱི་གནའ་རབས་ཡིག་ཚང་ནང་དུ།

①《ཆོས་འབྱུང་མཁས་པའི་དགའ་སྟོན།》དཔའ་བོ་གཙུག་ལག་ཕྲེང་བས་བརྩམས། མི་རིགས་དཔེ་སྐྲུན་ཁང་གིས། 2006ལོའི་པར་ཐེངས་དང་པོ། ཤོག་གྲངས89ལ་གསལ།

དེའི་སྤྱི་རོལ་གྱི་དབང་མཛད་བཅུ་གཉིས་ཀྱི་དུས་སུ་སྣ་རེ་དང་རལ་གྲི་ལ་སོགས་པའི་མཚོན་བྱའི་རིགས་བྱུང་ཡོད་པའང་བསྟན་ཡོད་པ་བཅས་བོད་དུ་གནའ་བོའི་དུས་ནས་ལྕགས་རིགས་དང་། ལུགས་མའི་ལག་རྩལ་དར་ཡོད་པར་སེམས།

གཉིས། སྤུ་རྒྱལ་དུས་སུ་ལུགས་བཟོའི་ལག་རྩལ་དར་ཚུལ།

དེ་ཡང་ལུགས་མ་གང་ཞིག་ཡིན་ཡང་བཞུ་བའི་ཁམས་ཀྱི་རིན་པོ་ཆེའི་རིགས་ལས་གྲུབ་པ་ཡིན་ཏེ། ཟི་མ་དང་། གསེར། དངུལ། ཟངས། ལྕགས་སོགས་བསྲེས་ཏེ་བླུགས་པས་ཁྲོ་ལྕགས་སོགས་གྲུབ། ལུགས་སུ་བླུགས་པའི་ཐབས་ལས། ཕྱི་གཟུགས་དང་ཡི་གེ་སོགས་མ་དཔེ་དང་ཁྱད་མེད་ཡོང་བ་ཡིན་ཏེ། "ཐོག་མར་འཇིམ་པ་དང་བྱེ་མ་བསྲེས་པའི་འདྲ་དཔེ་ཞིག་བཟོས་ཐོག་གཞི་ནས་ལུགས་དཔར་བཟོ་དགོས་པ་དང་། ལུགས་དཔར་དེའི་ནང་རྒྱུ་ཆ་བླུགས་ནས་ལུགས་བརྒྱབ་ན་མ་དཔེ་ངོ་མ་དང་ཁྱད་མེད་ཡོང་"①ཞེས་འཁོད། དེས་ན་ལུགས་སུ་བླུགས་པའི་སྲོལ་སྤུ་རྒྱལ་དུས་སུ་ཇི་ལྟར་བྱུང་ཚུལ་ཐད། སྤུ་རྒྱལ་རྒྱལ་རབས་རིམ་བྱོན་ལས་བཙན་པོ་བཞི་ཡི་སྐུ་དུས་སུ་ལུགས་སུ་བླུགས་པའི་སྐོར། རྒྱ་བོད་ཡིག་རྒྱུས་དེབ་ཐེར་ནང་རགས་པ་ཙམ་གསལ་བ་རྣམས་ཀྱང་བསྒྲིགས་ན།

༡ འབྲོང་གཉན་ལྡེ་རུའི་སྐུ་དུས།

བཀའ་ཐང་སྡེ་ལྔའི་ནང་མ་འོངས་རྒྱལ་བརྒྱུད་ནོར་སྐལ་ཇི་ལྟར་སྦས་པའི་ཚུལ་ལས"བོད་རྒྱལ་གདུང་རབས་སུམ་ཅུ་པ་འབྲོང་གཉན་ལྡེ་རུའི་སྐུ་ལ་སྟོན་ནད་བྱུང་

①དུང་དཀར་བློ་བཟང་འཕྲིན་ལས་ཀྱིས་བསྒྲིགས། 《དུང་དཀར་ཚིག་མཛོད་ཆེན་མོ་》ཀྲུང་གོའི་བོད་རིག་པའི་དཔེ་སྐྲུན་ཁང་། 2002ལོའི་པར་གཞི་དང་པོ། ཤོག་གྲངས་11ལ་གསལ།

ནས་ཞང་ཕུའི་མདའ་རུ་བང་སོ་བརྩིགས་པའི་རེའུ་མིག་དགུ་པའི་དབུས་མར་རྒྱལ་པོའི་སྐུ་གཟུགས་དང་མཉམ་པའི་གསེར་གར་ལུགས་ཀྱི་སྐུ་བརྙན་རྒྱལ་པོའི་ན་བཟའ་གསོལ་བ་བཞེངས་ནས་ཟངས་མོ་ཆེ་མཚལ་གྱིས་བཀང་བའི་ནང་དུ་བཞུགས་ཚུལ"①འཁོད་ཡོད། མི་རིགས་གང་འདྲ་ཞིག་ཡིན་རུང་རང་གི་རྒྱལ་པོ་སོགས་མཐོ་རིམ་མི་སྣའི་བང་སོར་དུར་རྫས་བཅུག་སྲོལ་ཡོད་ལ། དུར་རྫས་དེ་དག་ཀྱང་དུར་འཇུག་གི་གྲུས་ལུགས་དང་བསྟུན་པ་ཞ་སྟག་ཡིན། དེར་བརྟེན་བོད་ཀྱི་བཙན་པོ་འཁྲིང་གཉན་ལྡེ་རུའི་བང་སོའི་ནང་དུ་ལུགས་སུ་བླུགས་པའི་རྒྱལ་པོའི་སྐུ་ཚད་དང་མཉམ་པའི་སྐུ་བརྙན་ཞིག་ཕུལ་བ་དེས་བོད་ཀྱི་བཙན་པོའི་དུར་འཇུག་གི་གྲུས་ལུགས་ཤིག་མཚོན་ནུས་ལ། བོད་དུ་སྐུ་བརྙན་སོགས་ལུགས་སུ་བླུགས་པའི་ལག་རྩལ་དེ་ཡང་སྐབས་དེར་ཚད་གཞི་ངེས་ཅན་ཞིག་ཏུ་སླེབས་པ་ཤེས་ཐུབ།

༢ བཙན་པོ་སྲོང་བཙན་སྒམ་པོའི་སྐུ་དུས།

"བོད་ཀྱི་བཙན་པོ་སྲོང་བཙན་སྒམ་པོས་ཐང་ཐེ་ཙུང་ལ་ལུགས་བཟོའི་གསེར་གྱི་ངང་པ་ཞིག་མཚམས་སྐྱེས་སུ་བསྐུར།"②ཞེས་འཁོད་པར་གཞིགས་ན། སྤྱིར་གྲུས་ལུགས་ནང་མཚམས་སྐྱེས་སུ་ཕུལ་བའི་དངོས་པོ་ཞིག་ཡིན་ན། དེ་ནི་ཡུལ་དེའི་ཐོན་ཁུངས་ཀྱི་དངོས་ཟོག་ཞིག་དང་། རིན་པོ་ཆེ་སྣ་ཚོགས། ཡང་ན་མི་རིགས་སམ་ཡུལ་དེའི་བཟོ་རྩལ་ལས་མཆོག་ཏུ་གྱུར་བའི་དངོས་པོ་ཞིག་ཡིན་པ་ནི་སྨོས་མི་དགོས། དེས་

---

①དཀོན་མཆོག་བསྟན་འཛིན་གྱིས་བརྩམས། 《བཟོ་གནས་སྒྲ་རྟེའི་ཆུ་ཐིགས་》ཀྲུང་གོའི་བོད་ཀྱི་ཤེས་རིག་དཔེ་སྐྲུན་ཁང་། 1994ལོའི་ཟླ་བ8པའི་པར་གཞི་དང་པོ། ཤོག་གྲངས139ལ་གསལ།

②《旧唐书 · 吐蕃传》(旧唐书 · 列传第一百四十六吐蕃上)后普 刘昫,引子中国藏学网。

ན་བཙན་པོ་སྲོང་བཙན་སྒམ་པོས་ཐང་རྒྱལ་རབས་ཀྱི་གོང་མ་ཐང་ཐེ་ཙུང་ཀུ་རི་ཡ་ལས་རྣམ་པར་རྒྱལ་བའི་མཚམས་སྐྱེས་སུ་བོད་ཀྱི་ལུགས་བཟོ་ལས་ཐུལ་དུ་བྱུང་བའི་གསེར་གྱི་ངང་པ་ཞིག་ཕུལ་བའི་ཐོག་ནས་དུས་རབས་བདུན་པ་ཙམ་དུ་བོད་ཀྱི་ལུགས་བཟོའི་ལག་རྩལ་དེ་ཚུ་ཚད་མི་དམན་པ་ཞིག་ཏུ་སླེབས་ཟིན་པ་རང་བཞིན་གྱིས་རྟོགས་ཐུབ། དེ་བཞིན《ཆོས་འབྱུང་མཁས་པའི་དགའ་སྟོན་》ལས་རྒྱལ་པོ་སྲོང་བཙན་སྒམ་པོའི་དུས་སུ་ཡར་ལུང་ཁྲ་འབྲུག་གཙུག་ལག་ཁང་དུ་གསང་བ་འདུས་པའི་ལྷ་བཅུ་དགུ་བཞེངས་པའི་འཁོར་སེམས་དཔའ་རྣམས་ལི་ཡུལ་གྱི་སྤྲུལ་པའི་བཟོ་བོས་ལི་ལས་ལུགས་སུ་བླུགས་ཞེས་འཁོད་པས་སྐབས་དེའི་མཐའ་འཁོར་གྱི་ཡུལ་གྲུ་ལི་ཡུལ་སོགས་ལས་ལུགས་བཟོའི་ལག་རྩལ་བོད་དུ་དར་བའི་རྣམ་པ་ཞིག་ཀྱང་མཚོན་ཡོད།

༣ བཙན་པོ་ཁྲི་ལྡེ་གཙུག་བཙན་གྱི་སྐུ་དུས།

《ཐང་ཡིག་གསར་མ་》ཞེས་པའི་ནང་“ རྒྱལ་པོ་ཁྲི་ལྡེ་གཙུག་བཙན་གྱིས་སྲིད་དབང་བཟུང་སྐབས་བོད་ཀྱི་མཐའ་མཚམས་ཏེན་ཁྲིས(云南滇池)ཟེར་བའི་མཚོའི་འགྲམ་དུ་བོད་དམག་གིས་ལྕགས་ཀྱི་ཀ་བ་རིང་པོའི་ངོས་སུ་སྐབས་དེའི་དམག་དོན་ལོ་རྒྱུས་འཁོད་པ་ཞིག་བཙུགས་” ཞེས་འཁོད་པར་གཞིགས་ན། མགར་གྱི་ལས་ཐབས་ལས་བརྡུང་མགར་དང་ལུགས་མགར་ཞེས་གཙོ་ཆེ་བ་གཉིས་ཏེ། ལྕགས་ཀྱི་ཀ་བ་རིང་པོ་དེ་ལྟ་བུ་ནི་བཞུ་བའི་ཁམས་ཀྱི་ལྕགས་རིགས་ལུགས་སུ་བླུགས་པའི་མགར་གྱི་ལས་ཐབས་ལས་གྲུབ་པ་ཞིག་ཡིན་པ་དང་། དེ་བཞིན་ས་མཚམས་ཀྱི་རྟགས་སུ་གྱུར་བའི་ལྕགས་ཀྱི་ཀ་བ་རིང་པོ་དེ་ཡང་བོང་ཆེ་བའི་དངོས་པོ་ཞིག་ཡིན་པ་རིག་པས་རྟོགས་ཐུབ་པས། དུས་རབས་བརྒྱད་པ་ཙམ་ལ་བོང་ཆེ་བའི་ལྕགས་རིགས་དག་ལུགས་སུ་བླུགས་

པའི་ལག་རྩལ་དར་ཡོད་པ་ཤེས་ཐུབ།

༤ བཙན་པོ་ཁྲི་སྲོང་ལྡེའུ་བཙན་གྱི་སྐུ་དུས།

བཙན་པོ་ཁྲི་སྲོང་ལྡེ་བཙན་དུས་སུ་བསམ་ཡས་གཙུག་ལག་ཁང་བཞེངས་སྐབས་གསེར་གྱི་བང་མཛོད་གསུམ་ན། གསེར་དངུལ་ཟངས་ཆས་སོགས་པས་བཀང་ལ། ཇོ་མོ་ཚེ་སྤོང་བཟས་དབུ་ཚལ་གསེར་ཁང་རྡོ་རྗེ་དབྱིངས་ཀྱི་དཀྱིལ་འཁོར་གྱི་ནང་ཟུར་བཞི་ན་གསེར་གྱི་སེང་གེ་ལུག་ཙམ་པ་བརྒྱད་བཟོས་ཞེས་སྦ་བཞེད་དུ་གསུངས། དེ་བཞིན《ཆོས་འབྱུང་མཁས་པའི་དགའ་སྟོན་》ལས་ཁྲི་སྲོང་ལྡེ་བཙན་གྱི་ཇོ་མོ་གསུམ་གྱི་ཡ་གྱལ་འབྲོ་བཟའ་ཁྲི་རྒྱལ་མོ་བཙུན་གྱིས་དགེ་རྒྱས་གཙུག་ལག་ཁང་དུ། ཁོང་མོར"སྲས་མི་མངའ། ཡབ་མེད་འགྲོ་ཡུལ་དུ་ཐག་རིང་བས་ཕྱིས་གསོ་མི་མི་འོང་ཞེས་མཆི་ནས་ལྷ་ལུགས་མ་བྱས"①ཞེས་བཙན་པོ་དེའི་སྐུ་དུས་ནི་བཙན་པོའི་ཆབ་སྲིད་རྩེར་སོན་པའི་དུས་ཡིན་ལ། སངས་རྒྱས་བསྟན་པ་སྤེལ་བར་དཀའ་སྤྱད་གཏོང་ཕོད་ཅན་ཞིག་ཡིན་པས། སྐབས་དེར་ལྷ་ཁང་སོགས་མང་དུ་བཞེངས་ལ། ལུགས་སུ་བླུགས་པའི་སྐུ་བརྙན་ཡང་མང་དུ་བཞེངས་ཚུལ་བསམ་ཡས་དཀར་ཆག་སོགས་སུ་འཁོད་ཡོད་པས། སྐབས་དེར་ལུགས་བཟོའི་ལག་རྩལ་ཡང་བཙན་པོ་གོང་མ་རྣམས་ལས་ལྷག་པ་ཞིག་བྱུང་ཡོད་ལ། ལུགས་བཟོའི་ལག་རྩལ་རྒྱ་ཁྱབ་ཏུ་སོང་ཡོད་པའང་རྟོགས་ཐུབ། དེ་རྗེས་བཙན་པོ་ཁྲི་རལ་པ་ཅན་གྱི་སྐུ་དུས་སུ་ལུགས་བཟོའི་ལག་རྩལ་ཇི་ལྟར་དར་ཚུལ་གཤམ་གྱི་དོན་ཚན་གསུམ་པར་འཆད་རྒྱུ་ཡིན།

---

①དཔའ་བོ་གཙུག་ལག་ཕྲེང་བས་བརྩམས། 《ཆོས་འབྱུང་མཁས་པའི་དགའ་སྟོན་》མི་རིགས་དཔེ་སྐྲུན་ཁང་། 2006ལོའི་ཟླ་བ་1པོའི་པར་གཞི་དང་པོ། ཤོག་གྲངས185ལ་གསལ།

དེ་ནས་རིམ་བཞིན་བཙན་པོའི་རྒྱལ་རབས་ཕྱིར་རྗེས་ཀྱི་དུས་རབས་11ཡས་མས་ནས་བོད་རིགས་ལུགས་པ་མཁས་ཅན་མང་པོ་བྱུང་ཡོད་པ་དེ་རྣམ་ཀྱིས་ལྷ་སྐུ་ལུགས་མ་མང་པོ་བཞེངས་གནང་བའི་སྐོར་བོད་ཀྱི་ བླ་མ་མང་པོ་ཞིག་གི་རྣམ་ཐར་ནང་ལྷ་སྐུ་ལུགས་མའི་བཟོ་རྩལ་མཁས་པ་ཚོའི་མིང་ཡང་གསལ་པོར་བྲིས་ཡོད། ལྷག་པར་དུ་རྗེ་ཙོང་ཁ་པ་སྐུ་འཚོ་བཞུགས་སྐབས་ལྷོ་ཁ་སྣེའུ་ཆུང་དུ་འབྲུངས་པའི་ལྷ་བཟོ་སྤྲུལ་སྐུ་སྣེའུ་ཆུང་བ་ཞུ་བ་དེས་རིན་པོ་ཆེ་སྣ་ཚོགས་ལུགས་སུ་བླུགས་པའི་ཡི་དམ་རྡོ་རྗེ་འཇིགས་བྱེད་སོར་བཞི་ཙམ། ཞལ་དགུ་ཕྱག་སོ་བཞི་པའི་ཕྱག་སོ་སོའི་ཕྱག་མཚན་མི་འདྲ་བ་རྣམས་ལ་ལག་པ་འཆང་ན་འགྲུལ་བསྐྱོད་བྱེད་ཐུབ་པའི་བཟོ་རྩལ་ཧ་ཅང་ངོ་མཚར་ཆེ་བ་མཇལ་སྤྱོང་བ་དང་། དུས་རབས་17ནང་ཕོ་བྲང་དམར་པོ་བཞེངས་སྐབས་བོད་ལུགས་ལྷ་སྐུ་མང་པོ་ཞིག་སྔ་རབས་ཀྱི་བཟོ་རྩལ་ལེགས་གྲས་ལ་དཔེ་བལྟས་ནས་བཞེངས། ཞེས་མཁས་དབང་དུང་དཀར་རིན་པོ་ཆེའི་ཚིག་མཛོད་ལས་གསུངས།

གཉིས་པ། བོད་ཀྱི་ལུགས་མགར་གྱི་འབྲེལ་ཡོད་ཤེས་བྱ།

བོད་ཀྱི་ལུགས་མགར་གྱི་ཤེས་བྱ་མཚམས་སྦྱོར་ཞུ་བར་རང་ཉིད་མགར་གྱི་ལས་ལ་སྦྱོང་བ་མེད་པས། སྐབས་དེར་དགོས་པའི་དབང་གིས་བཟོ་རིག་པའི་དཔེ་རྙིང་གྲགས་ཆེ་བ་འགའ་དང་། དུས་རབས་གོང་མར་ཐེབས་པའི་མགར་གྱི་ལག་ལེན་ལ་མཁས་ཤིང་ཉམས་མྱོང་ཕུན་སུམ་ཚོགས་པ་མ་ཟད། མགར་གྱི་བསྟན་བཅོས་རྩོམ་ནུས་པའི་བཀྲ་ཤིས་རིན་ཆེན་མཆོག་གི་《མགར་གྱི་བསྟན་བཅོས་》གཞིར་བྱས་ཏེ། ལུགས་མགར་གྱི་ཤེས་བྱ་དག་མཚམས་སྦྱོར་དང་། དུས་མཚུངས་དེང་རབས་ཀྱི་རྫས་འགྱུར་རིག་པའི་ཤེས་བྱ་དང་འབྲེལ་ནས་གསལ་འགྲེལ་དང་ཁ་གསབ་ཕྲན་ཙམ་ཞུ་འདོད་པ་ལ།

གཅིག ལུགས་སྣོད་ཀོང་བུའི་སྦྱོར་བ།

ཙོང་ལྷ་བུ་ལུགས་སུ་བླུགས་པའི་ལས་གཙོ་བོ་ཞིག་ནི་ལུགས་ཀོང་ལེགས་པར་བཅོས་དགོས་ཏེ། 《རིག་པ་བཟོ་ཡི་གནས་ཀྱི་ལས་ཚོགས་ཕྲན་ཚེགས་འདོད་རྒྱུར་སྒྱུར་བ་ཕྲ་ཕབ་འོད་ཀྱི་སྣང་བརྒྱན་》ཞེས་པ་ལས“དང་པོ་ལུགས་ཀྱི་སྣོད་ཀོང་བུའི་སྦྱོར་བ་ནི། བཞུ་སྣོ་ཀོང་བུའི་གཞི་ཀ་བཟང་། །གཞི་ཀ་ལ་ཡང་དཀར་ནག་གཉིས། །དཀར་པོ་ཙུ་གང་མདོག་འདྲ་བ། །གསེབ་ནས་རྗེ་རུས་འབྱུང་བ་ཡོད། །ནག་པོ་མཐིང་ཚེར་སོལ་ཕྱེ་འདྲ། །འདི་གཉིས་ས་ཡི་མདོག་ཡིན་ལ། །དེ་བཞིན་རྗེ་ཡི་རིགས་ཀྱང་བྱུང་། །མ་རྙེད་ས་སྤྱིན་གང་རིགས་ལ། །ཕུལ་གང་སོལ་ཕྱེ་དེ་དང་མཉམ། །རྐ་སྤུན་ཕུལ་ཕྱེད་ཞིབ་པར་བཏགས། །འདམ་ཐག་ཉེ་མ་གཅིག་ལ་བྱ། །

དེ་ནས་གང་འདོད་ལུགས་ཀོང་འཚོས། །འཐས་པར་བཙག་རྟུང་ནན་དང་བཙས། །སྲབ་མཐུག་མེད་པར་རན་ཚོད་བཙོས། །སྐམ་ནས་རྒྱབ་རྒྱ་ཕྱེ་མ་དང་། །རྩྭ་བསྲེས་ལྷེ་ཀུ་ཞོ་ཙམ་བྱུགས། །ས་རྡོའི་རིགས་ན་མ་ངེས་ཕྱིར། །འཇུ་སྐྱོན་བྱུང་ན་སོལ་བ་བསྐྱེད། །སྣ་ཐུང་གཞན་དུ་མ་འཁྲིགས་ན། །ར་ལུག་རིལ་མ་ཧ་སྦྲུན་བསྣན། །ལག་ལེན་རྒྱུས་ཡོད་མ་རྙེད་ན། །གཉལ་གྱི་ཐོང་བ་ནག་པོ་ཞེས། །ས་དེ་ཞིབ་བཏགས་ཕུལ་གང་ལ། །ཡོ་རོའི་ཁུ་དཀར་ཞེས་བྱའི་རྫོ། །རྩམ་པ་ཙམ་བཏགས་ཕུལ་དོ་སྦྱར། །དེ་ཕྱོགས་དེ་ཡང་མ་རྙེད། །ཡོ་རོའི་ཡུལ་གྱི་ཀོ་ཆུའམ། །བྱ་རྫོ་ཁུ་དཀར་ཞེས་བྱ་བ། །དེ་ཉིད་ཕུལ་གང་ནས་ཙམ་བརྡུངས། །སྤོད་ཕྱི་བྲ་ཡི་ཛ་དམར་པོ། །བཟང་བ་ཁྲག་སྐམ་འདྲ་བ་སྟེ། །ཕུལ་ཕྱེད་ཞིབ་བཏགས་དེ་གཉིས་བསྲེས། །ཆུ་སྦྲུས་འཇམ་པ་སླ་མོ་བྱེད། །གཡའ་འབུར་མེད་པའི་གཏུན་མཁྲིགས་སར། །བརྡུང་ལ་ཁུར་དཀར་རྫོ་དེ་ནི། །རྫིང་ཞིབ་རྩམ་པ་ཙམ་བྱུང་ན། །དུལ་བའི་ཚད་ཡིན་དེ་བས་ལྷག །མི་བཏགས་མི་སྦྱར་མན་ངག་དང་། །དམ་ཚིག་ཡིན་པས་གནད་དུ་ཆེ། །དེ་ནས་ལུགས་ཀོང་གང་འདོད་འཚོས། །གལ་སྲིད་མ་རྙེད་ཁམས་ཀྱི་ནི། །བྲག་ཡབ་ཕྱོགས་ཀྱིས་ཁེ་ཞེས། །ས་མེན་རྫོ་མེན་སྤོ་དོད་ཆེར། །དེ་ཉིད་ཕུལ་གསུམ་ཛ་བཟོའི་ས། གང་ལེགས་ཕུལ་གང་བསྲེས་འདམ་བཏགས། །དེས་ནས་ཧ་སྦྲུན་ཕུལ་ཕྱེད་དང་། སོལ་བ་ཕུལ་ཕྱེད་བསྲེས་འདམ་བཏགས། །ཡང་ན་གཡའ་མ་དཀར་རམ་སྤོ། །སོ་མི་སག་པ་རྫོ་ཡི་རྒྱུ། འདྲ་ཡང་རྫོ་ནག་ཡོད་པ་འབྱུང་། །དེ་ཡང་ཕྱེད་གྱི་སོལ་བ་དང་། །དེ་རྣམས་ཧ་སྦྲུན་དེ་ཕྱེད་ས། །སྲིན་པོ་བསྲེས་ལ་བཏགས་ཀྱང་རུང་། །དེ་དག་གང་ཡིན་ལུགས་ཀོང་དེ། འབེབས་ལ་མཁས་ལ་གལ་ཆེ་བ། །ལུགས་ཐབ་ཁོང་

དུ་སོལ་མེ་སྦར། །ལུགས་ཀོང་ལེགས་པར་རླན་མེད་དེ། །རིམ་པས་བསྲེས་ནས་དལ་གྱི་བསྲེགས། །ཕྱི་ནང་ཕྱོགས་བསྐྱུར་རིམ་པས་བསྲེགས། །ཁོལ་བུར་མ་ལུས་དཀར་སང་དུ། འགྲོ་བར་བྱ་དེར་གས་བྱུང་ན། །སྤ་ཕྱིར་འདམ་གྱི་ཞལ་བས་གསོ། །འབེབ་མོ་རང་འབེབ་མི་བྱ་གནད་”①ཅེས་ལུགས་སྐྱོད་གྲུབ་པའི་བསྲེས་སྦྱོར་གྱི་རྒྱུ་ཆར་སོལ་ཕྱེ་དང་། ཏ་བྲུན། ར་ལུག་གི་རིལ་མ། རྩྭ། འདམ་སོགས་ཡོད་ལ་དེ་དག་ཕན་ཚུན་བསྲེས་སྦྱོར་བྱེད་པར་ལས་ཀྱི་རིམ་པ་དང་རྒྱུ་ཆ་ལེགས་ཉེས་ཡོད་ཅིང་། གལ་སྲིད་ལག་ལེན་རྒྱུས་ཡོད་པ་མ་རྙེད་ན། ཐབས་གཞན་དུ་ལྷོ་ཁའི་གཉལ་གྱི་བོང་བ་ནག་པོ་ཞེས་པའི་ས་རྒྱུ་ཞིག་དང་ལོ་རོའི་ཁུལ་གྱི་ཁུ་དཀར་ཞེས་པའི་རྡོ་གཉིས་རྩམ་པ་བཞིན་ཞིབ་པར་འཐག་ན་ལུགས་ཀོང་གི་རྒྱུ་ཆ་ཚོག་པ་དང་། གཞན་ལོ་རོའི་ཁུ་དཀར་ཞེས་པའི་རྡོ་དང་གྲ་ཡི་རྫ་དམར་པོ་གཉིས་ཞིབ་པར་འཐག་ནས་བསྲེས་སྦྱོར་བྱས་ན་ལུགས་ཀོང་གི་རྒྱུ་ཆ་ཚོག ཡང་ཁམས་བྲག་ཡབ་ཀྱི་ས་ཁེ་ཞེས་ས་མིན་རྡོ་མིན་ཞིག་དང་། ཏ་བྲུན། སོལ་ཕྱེ་ཕན་ཚུན་བསྲེས་སྦྱོར་རན་པ་བྱས་ཚེ་ལུགས་ཀོང་འཚོས་པའི་རྒྱུ་ཆར་ཚོག་པ་སྔོན་ཕྱོན་སྨྱོང་བ་ཅན་རྣམས་ཀྱིས་གསུངས།

གཉིས། ལུགས་རྒྱག་སྟངས།

ལུགས་སུ་བླུགས་པའི་ལག་རྩལ་གྱི་ཤེས་བྱ་ལ་ཡང་གསེར་ཟངས་ལྕགས་རིགས་སོགས་བརྟུང་བའི་མགར་ཐབས་དང་མི་འདྲ་བར། དེ་ལ་རང་རང་གི་ཁྱད་ཆོས་ཡོད་པ་ནི། རྡོ་རྗེ་མཁའ་འགྲོ་ལས། “ཀུན་ལའང་འཁར་བའམ་ཡང་ན་ནི། །ལྕགས་

①《བཟོ་རིག་ཉེར་མཁོ་བདམས་བསྒྲིགས་》བོད་དང་པོ། ཆབ་སྤེལ་ཚེ་བརྟན་ཕུན་ཚོགས། བོད་ལྗོངས་བོད་ཡིག་དཔེ་རྙིང་དཔེ་སྐྲུན་ཁང་། 1990ལོའི་ཟླ་བ12ཀྱི་པར་གཞི་དང་པོ། ཤོག་གྲངས77 – 79ལ་གསལ།

གསུམ་ལས་བྱུང་དྲིལ་བུ་སྟེ། །འཁར་བ་ལས་བྱུང་སྒྲ་སྙན་བྱེད།”① ཅེས་དང་། 《མགར་གྱི་བསྟན་བཅོས་》ལས། “ལུགས་མགར་གྱི་ཤེས་བྱ་ལ་རྣམ་གྲངས་ལྔ་ཡོད་པ་ལ་བྱེ་དཔར་བཟོ་བ། ལུགས་གོང་འཚོས་པ། ལུགས་རྒྱག་སྟངས། ལུགས་མ་ལ་མདོག་འདོན་པ། ལུགས་མ་དཀྲུགས་རྒྱག་པ།”② བཅས་ཡིན། དེར་གཞིགས་ན་ཐོག་མར་བྱེ་མ་ལ་རྫ་དང་། སྲོག་ཆགས་ཀྱི་ཕུང་པོ། རྡོ་ཐུག །ལྕི་ཐལ། སྤུ་ཉག་གང་ཡང་མ་འདྲེས་པ་ཞིག་ལ་ལུགས་པར་བཟོ་བ། དེ་ནས་ལུགས་གོང་བཟོ་བ(མགར་གྱི་བསྟན་བཅོས་ནང་དུ་ལུགས་མ་ཆུང་ངུའི་རིགས་ཀྱི་ལུགས་གོང་བཟོ་བའི་ཤེས་བྱ་འཚམས་འགྲོར་ཞུས་ཡོད་ཀྱང་། ལུགས་ཤིན་ཏུ་ཆེ་བའི་གྲས་ཅོང་ལྷ་བུ་རྣམས་ཕལ་ཆེར་ས་དོང་དྲིལ་བུའི་དབྱིབས་འདྲ་དྲུས་ནས་བཟོ་བ་མིན་ནམ་སྙམ)དང་ལྕགས་རིགས་ཀྱི་རྒྱུ་ཕན་ཚུན་སྦེབ་སྦྱོར་བྱས་ནས་ཁ་དོག་འདོན་པ། དེ་ནས་དཀྲུགས་རྒྱབ་ནས་ཕྱིའི་བཟོ་དབྱིབས་འདོན་པ་བཅས་ལག་ལེན་རིམ་པ་ལྟར་བརྒྱུད་དགོས་པ་ཡིན།

གསུམ། ཅོང་གི་རྒྱུ་ཆ་དང་རྒྱུ་ཆའི་ལྷན་སྦྱོར་གྱི་བྱེད་སྟངས།

སྔོར་ད་བར་མཐོང་རྒྱུ་ཡོད་པའི་ཅོང་རྣམས་ཀྱི་རྒྱུ་ཆར་གཞིགས་ན། གཙོ་བོ་ཟངས་དང་གཤའ་སོགས་ལས་གྲུབ་པ་ཡིན་ཏེ། རྒྱུ་ཆ་དེ་དག་ཕན་ཚུན་བསྲེས་སྦྱོར་བྱེད་སྐབས། རྒྱུ་ཆ་མི་འདྲ་བའི་བསྡུར་ཚད་མི་གཅིག་པ་ལ་བརྟེན་ནས་ཟངས་ལྕགས

①རྗེས་དཀར་ཨོ་རྒྱན་བརྟོན་འགྲུས་ཀྱིས་བརྩམས། 《རྟགས་ཆས་ཀྱི་རྣམ་བཤད་》ཀྲུང་གོ་བོད་རིག་པ་དཔེ་སྐྲུན་ཁང་། 2006ལོའི་པར་ཐེངས་དང་པོ། ཤོག་གྲངས24ལ་གསལ།

②《མགར་གྱི་བསྟན་བཅོས།》བཀྲ་ཤིས་འོད་ཟེར་གྱིས་བརྩམས། མི་རིགས་དཔེ་སྐྲུན་ཁང་ནས1988ལོའི་ཟླ་བ་བཞི་པར་པར་དུ་བསྐྲུན། ཤོག་གྲངས83ལ་གསལ།

ཀྱི་དངོས་པོ་སྲ་མཉེན་ཅི་རིགས་བྱུང་བ་ཡིན། དེ་ཡང་རྒྱ་ནག་གི་ཁྲུན་ཆུའུ་དུས་སུ་གྲུབ་པའི་ཆེས་སྔ་བའི་དེབ་ཐེར་《考工记》ཞེས་པ་ལས།

“金有六齐(金即铜,在化学上称铜锡合金为齐):六分齐金,而锡居一,谓之钟鼎之齐;五分其金,而锡居一,谓之斧斤之齐;四份其金,而锡居一,谓之戈戟之齐;三分其金,而锡居一,谓之大刃之齐;五分其金,而锡居二,谓之削杀矢之齐;金锡半,谓之鉴燧之齐”①ཞེས་ལྕགས་རིགས་ལས་གྲུབ་པའི་དངོས་ཆས་དག་ལ་ཟངས་དང་གཤའ་མའི་བསྲེས་སྦྱོར་གྱི་བསྡུར་ཚད་མི་གཅིག་པ་ཡོད་ཚུལ་བསྟན་ཡོད།

དེར་དེང་གི་རྫས་འགྱུར་རིག་པ་མཁས་ཅན་གྱིས་རྒྱ་ནག་ཡུལ་དུ། སོ་འཐག་ནས་ཐོན་པའི་ཙོང་སོགས་ཀྱི་ལྕགས་རིགས་དག་ལ་ཚོད་ལྟ་བྱེད་སྐབས། རྒྱུ་ཆའི་བསྡུར་ཚད་དག་སྦྱིར་དེབ་ཐེར་དེར་འཁོད་པ་དང་གཅིག་མཚུངས་སུ་གནས་ཡོད་ལ། རྫས་འགྱུར་རིག་པ་མཁས་ཅན་གྱིས་དེང་གི་ཚན་རིག་ཞིབ་འཇུག་གི་ཐབས་ལམ་ནས་རྒྱུ་ཆའི་བསྲེས་སྦྱོར་གྱི་བསྡུར་ཚད་ཁ་གསལ་དུ་བཀོད་ཡོད་པ་གཤམ་གསལ།

“钟鼎之齐,铜 85.78% ,锡 14.29% ;

斧斤之齐,铜 83.33% ,锡 16.67%

戈戟之齐,铜 80% ,锡 20%

刀刃之齐,铜 75% ,锡 25%

削杀矢之齐,铜 71.43% ,锡 28.57%

---

①刘基文《古青古铜收藏艺术》河南大学出版社 。

鉴燧之齐，铜 66.66%，锡 33.33%”①

དེ་ལྟར་ན། ཙོང་ལུགས་སུ་བླུགས་སྐབས་ཟངས་(铜)ཀྱི་རྒྱུ་ཆ་གཙོ་བོར་སྤྱོད་དགོས་ལ། གཤའ་(锡)ཡི་རྒྱུ་ཆ་ཙུང་ཟད་ལྷན་སྦྱོར་བྱ་དགོས་པར་མངོན། གཤའ་ཡི་རྒྱུ་ཆའི་བསྡུར་ཚད་14.29% －33.33% བར་རིམ་པར་མང་དུ་བསྲེས་ན་དངོས་པོ་དེ་རིམ་པ་བཞིན་སྲ་རུ་འགྲོ་བ་དང་དེ་ལས་ལྷག་ན་མཉེན་དུ་འགྲོ་བའི་ཆོས་ཉིད་ཡོད། དེའི་ཆོས་ཉིད་ལས་ཙོང་ལུགས་སུ་བླུགས་པ་ཚད་ལྡན་ཞིག་དགོས་ན། རྒྱུ་ཆར་ཟངས་ཀྱི་བསྡུར་ཚད85.78% དང་གཤའ་ཡི་བསྡུར་ཚད14.29% ཙམ་བསྲེས་དགོས་པ་ཡིན། གཞན་བོད་ཀྱི“ སྐུ་རྟེན་དང་མཆོད་སྡོང་སོགས་ཀྱི་རྒྱུ་ཆ་ལས་འགངས་ཆེ་ཤོས་ནི་ལི་མ་ཞེས་པ་དེ་རིགས་ཡིན་ཞིང་། ལི་མའི་སྐུ་རྒྱུ་མང་ཆེ་བ་ཟངས་ལ་ཚ་གསེར་བྱུགས་པ་ཡིན་ལ་ཁག་ཅིག་ལི་དངོས་སམ་འཁར་བ་ལས་གྲུབ་པ་ཡང་བྱུང་། ལི་མའི་ཐོན་ཁུངས་ནི། རྒྱ་གར་གྱི་ཤར་ལི་ནུབ་ལི་གཉིས་དང་། བལ་པོའི་ལི་ལ་སྔོན་པར་གཉིས། ཁ་ཆེའི་ལི་ལ་དབུས་ནུབ་རང་གསུམ་སོགས་ཡོད་པ་”②
གསུངས་ཡོད།

བཞི། ལུགས་མའི་མདོག་འདོན་སྟངས།

༡ དཀར་ཤས་ཆེ་བའི་མདོག་འདོན་སྟངས།

《བཟོ་རིགས་པ་ཏྲ་ཉེར་མཁོ་སྣ་ཚོགས་》ལས“ སྐུ་འདྲ་ལུགས་རྒྱབ་ལི་མ་བྱེད་

---

①刘基文《古青古铜收藏艺术》河南大学出版社。

②《མགར་ གྱི་ བསྟན་ བཙོས། 》 བཀྲ་ ཤིས་ འོད་ ཟེར་ གྱིས་ བརྩམས། མི་ རིགས་ དཔེ་ སྐྲུན་ ཁང་ནས1988ལོའི་ཟླ་བ་བཞི་པར་པར་དུ་བསྒྲུན། ཤོག་གྲངས7པ་ལ་གསལ།

འདོད་ན། ཟངས་དམར་སྲང་བརྒྱད་ལ་ཏི་ཚ་སྲང་གང་སྐྱོད་གཤའ་ཞོ་གང་བཅས་ལྷན་དུ་བཞུ་བས་འགྲུབ། དེ་སྟེང་དངུལ་ཞོ་གང་དོ་གསུམ་སོགས་བསྣན་པས་མདོག་དཀར་ཤས་ཆེ་བ་འདྲ་མིན་རེ་འབྱུང་།" ཞེས་འཁོད།①

༢ མདོག་སེར་པོ་འདོན་སྟངས།

《བཟོ་རིགས་པ་ཧྲ་ཉེར་མཁོ་སྣ་ཚོགས》ལས་" ལི་སེར་འདོད་ན་གསེར་སྐར་ལྔ་སྐར་བདུན་ཞོ་གང་སོགས་དང་། ཏི་ཚ་ཞོ་གསུམ་ནས་དགུའི་བར་བསྣན་པས་རིམ་པས་སེར་ཤས་ཆེ།"②ཞེས་བསྡེབས་སྦྱོར་དེ་ལྟར་བགྱིས་ན་ལུགས་མའི་ཁ་མདོག་སེར་ཤས་ཆེ་བ་ཡོང་གི་ཡོད།

༣ མདོག་དམར་པོ་འདོན་སྟངས།

《བཟོ་རིགས་པ་ཏྲ་ཉེར་མཁོ་སྣ་ཚོགས》ལས་" ལི་དམར་འདོད་ན། ཟངས་ཞོ་ལྔ་སྲང་གང་ཞོ་བཅོ་ལྔ་རྣམས་བསྣན་པས་ཁྱད་པར་མི་འདྲ་བ་རེ་རེའི་བྱུང་།"③ ཞེས་བསྡེབས་སྦྱོར་དེ་ལྟར་བགྱིས་ན་ལུགས་མའི་ཁ་དོག་དམར་ཤས་ཆེ་བ་ཡོང་གི་ཡོད།

དམིགས་སུ་དྲིལ་བ་ལུགས་སུ་བླུགས་སྐབས་མདོག་དཀར་པོ་འདོན་སྟངས་ལ་གསེར་དང་། ཟངས། ཏི་ཚ། དངུལ། སོགས་བསྡེབས་སྦྱོར་ཚད་གཞི་ཡོད་དེ།

---

①《བཟོ་རིག་ཉེར་མཁོ་བདམས་བསྒྲིགས》པོད་དང་པོ། ཆབ་སྲིལ་ཚེ་བརྟན་ཕུན་ཚོགས། བོད་ལྗོངས་བོད་ཡིག་དཔེ་རྙིང་དཔེ་སྐྲུན་ཁང་། 1990ལོའི་ཟླ་བ12པར་པར་གཞི་དང་པོ། ཤོག་གྲངས151ལ་གསལ།

②《བཟོ་རིག་ཉེར་མཁོ་བདམས་བསྒྲིགས》པོད་དང་པོ། ཆབ་སྲིལ་ཚེ་བརྟན་ཕུན་ཚོགས། བོད་ལྗོངས་བོད་ཡིག་དཔེ་རྙིང་དཔེ་སྐྲུན་ཁང་། 1990ལོའི་ཟླ་བ12ཀྱི་པར་གཞི་དང་པོ། ཤོག་གྲངས151ལ་གསལ།

③《བཟོ་རིག་ཉེར་མཁོ་བདམས་བསྒྲིགས》པོད་དང་པོ། ཆབ་སྲིལ་ཚེ་བརྟན་ཕུན་ཚོགས། བོད་ལྗོངས་བོད་ཡིག་དཔེ་རྙིང་དཔེ་སྐྲུན་ཁང་། 1990ལོའི་ཟླ་བ12ཀྱི་པར་གཞི་དང་པོ། ཤོག་གྲངས151ལ་གསལ།

《བཟོ་རིགས་པ་ཧ་ཞེར་མགོ་སྣ་ཚོགས》ལས། དེ་ཡང་“སྐད་ལི་བྱེད་ན། ཟངས་སྤྱང་རྡོ་རེ་ལ་སྦྱོད་གཤའ་ཞོ་རེ་བསྲེས་པས་ཡོང་ལ། དེ་ཡང་འཕྲི་བསྣན་དཀར་ཞོ་རེ་གཉིས་གང་འདོད་བསྒྱུར་ཚོག སྐད་ལ་མི་ཕན་ཡང་གདངས་བཟང་བ་དང་འཐོལ་བ་འདོད་ན་གསེང་དངུལ་ཚུང་ཟད་བསྲེས་པས་འགྲུབ། དེ་ནི་དྲིལ་བུའི་ལི་དཀར་བྱ་ཐབས་སོ།” ཞེས་ཕྱག་མཚན་དྲིལ་བུའི་མདོག་འདོན་པར་ཐབས་འདི་ལྟར་སྤྱད་པས། ཚང་ལྷ་བུའི་ཐོངས་ཆེ་བའི་རིགས་ལུགས་སུ་བླུགས་ན་ལྕགས་རིགས་རྒྱུ་ཆ་མི་འདྲ་བའི་བསྡུར་ཚད་ཡང་རིམ་བཞིན་སྤར་དགོས་སྙམ།

ས་བཅད་གཉིས་པ། བཙན་པོའི་དུས་སུ་ཚང་བཞེངས་པའི་ལོ་རྒྱུས།

གོང་དུ་བོད་ཀྱི་ལུགས་མགར་གྱི་བྱུང་བ་དང་དེའི་ལས་ཐབས་ཀྱི་ཤེས་བྱ་དག་ངོ་སྤྲོད་བྱས་ཁུལ་ལགས་ཤིང་། སྐབས་བབས་ཀྱི་བརྗོད་བྱར་གྱུར་བ་ནི་ཚོང་ལུགས་སུ་བླུགས་པའི་སྐོར་ཡིན་པས་བོད་ཀྱི་ཆོས་འབྱུང་རྒྱལ་རབས་དང་གནའ་རྫས་ཀྱི་དངོས་དཔང་མཉམ་སྦྲོད་ཀྱི་ཞིབ་འཇུག་ཐབས་ལམ་ཐོག་ནས་བརྗོད་པར་འདོད་དེ། དེ་ཡང་སྤྱི་ལོའི་དུས་རབས་15ཙམ་དུ་གྲུབ་པའི་《བོད་ཀྱི་ནོར་རྫས་ཀྱི་རིས་བརྟགས་ཤིང་དཔྱད་པའི་དཔྱད་དོན་ཡིད་ཀྱི་འདོད་འཇོ་》ལས་ཐོག་མར་"བོད་ཀྱི་རྒྱལ་པོ་ཁྲི་བདུན། ལེགས་དྲུག་དང་། རྒྱལ་པོ་གནམ་ལྡེ་ལ་སོགས་རྒྱལ་པོའི་རབས། ཉེར་དྲུག་ཐམ་ཐོ་ཐོ་རི་གཉན་བཙན། དེ་ལྟར་དམ་པ་ཆོས་ཀྱི་ཚུལ་མ་དར། གདོལ་བོན་པོ་ནའི་དུས་ཡིན་མཆོད་པ་ཡང་། ཤང་དང་དྲིལ་བུ་རིགས་ཀྱི་བྱེ་བྲག་རྣམས། ཁྲོ་ལེ་ནག་པོ་ལས་གྲུབ་བཟོ་བཀོད་ཞེས། དེ་བས་གཞན་པའི་མཆོད་པའི་ཡོ་བྱད་དཀོན། ཐོ་ཐོ་རིའི་རིང་ལ་བོད་ཀྱི་བཟོས། སྒྲུབ་པའི་བཟོ་བཀོད་གོང་དང་མཐུན་པ་ལས། ཁྱད་པར་ཆེ་བའི་ངོ་མཚར་མེད་རྗེས་ཐོས།"①ཞེས་པ་ལས་དྲིལ་བུའི་བཟོ་རྩལ་དེ་ནི་

①《བཟོ་རིག་ཉེར་མཁོ་བདམས་བསྒྲིགས་》པོད་དང་པོ། ཆབ་སྤེལ་ཚེ་བརྟན་ཕུན་ཚོགས། བོད་ལྗོངས་བོད་ཡིག་དཔེ་རྙིང་དཔེ་སྐྲུན་ཁང་། 1990ལོའི་ཟླ་བ12ཀྱི་པར་གཞི་དང་པོ། ཤོག་གྲངས253ལ་གསལ།

སྐབས་དེ་ཙམ་ལ་བོད་ཀྱི་ཆབ་སྲིད་ཀྱི་ལྟེ་བའི་ཡུལ་ཡར་ཀླུང་ཁུལ་དུ་དར་ཡོད་པ་ཡིག་ཚང་དེ་ལས་ཤུགས་སུ་བསྟན་ཡོད། ཞང་ཞུང་གི་ཤེས་རིག་ལ་མཚོན་ན། ཞང་ཞུང་གི་ཡུལ་དུ་རོལ་མོའི་བྱེ་བྲག་དུ་མ་ཞིག་ཡོད་པ་ནི། གཤེན་རབ་ཀྱི་མཛོད་མདོ་རྣམས་སུ་གསལ་ལ། དེ་དག་གི་ནང་ནས་ཆེས་མངོན་གསལ་ཆེ་བ་ནི་ཡུལ་རྒྱ་ལག་འོད་མའི་གླིང་ན། ཡབ་རྒྱལ་པོ་ཀ་ཛ་ལ་དང་ཡུམ་གསལ་འོད་མ་གཉིས་ལ་སྲས་གོང་ཙེ་འཕྲུལ་གྱི་རྒྱལ་པོ་འཁྲུངས་པ་དེ་རྒྱལ་སར་ཕེབས་པའི་ཚེ། རྒྱལ་ཁམས་ཀྱི་མི་ཀུན་འདུས་ཏེ། ལེགས་སྐྱེས་སུ་རོལ་མོའི་བྱེ་བྲག་སྣ་ཚོགས་པ་ཞིག་འདུ་བྱས་བྱས་པའི་ཚུལ་མདོ་དྲི་མེད་གཟི་བརྗིད་[ཐོབ་ད128ཤ62བ5]ལས"རོལ་མོ་སྣ་ཚོགས་པ་བསྒྱུར་ཏེ། དེ་ནས་ཡང་ལ་ལ་ནི་དར་ཕྱར་རོ། །ལ་ལ་ནི་དུང་འབུད་དོ། །ལ་ལ་ནི་རྔ་བརྡུང་ངོ། །ལ་ལ་ནི་གཤང་བཀྲོལ་ལོ། །ལ་ལ་ནི་གླིང་བུ་འབུད་དོ། །ལ་ལ་ནི་པི་ཝང་བཀྲོལ་ལོ། ལ་ལ་ནི་ཅིང་ཆེན་སྒྲོགས་སོ། །ལ་ལ་ནི་ཙང་ཆེན་བརྡུང་ངོ"①ཞེས་ཅིང་ཆེན་②དང་

---

①ནམ་མཁའི་ནོར་བུས་བརྩམས།《ཞང་བོད་ལོ་རྒྱུས་ཏི་སེའི་འོད》ཀྲུང་གོའི་བོད་ཀྱི་ཤེས་རིག་དཔེ་སྐྲུན་ཁང་། 1996ལོའི་ཟླ་བ5པའི་པར་གཞི་དང་པོ། ཤོག་གྲངས123ལ་གསལ།

②གནའ་དུས་སུ་ཞང་ཞུང་ན་གྲགས་ཆེ་བའི་རོལ་ཆས་ཀྱི་བྱེ་བྲག་ཅིག་ཡིན་པ་ནི། གཤེན་རབ་ཀྱི་མཛོད་པ་སོགས་སུ་དུས་སྟོན་སྣ་ཚོགས་རྣམས་སུ་རོལ་ཆས་དེ་རིགས་བེད་སྤྱོད་བྱས་པའི་ཚུལ་མང་དུ་བཤད་ཡོད་ལ། རོལ་ཆ་དེ་བེད་སྤྱོད་བྱེད་སྟངས་དཔེ་ཆ་འདིར"ཅིང་ཆེན་སྒྲོགས"ཞེས་གསལ་ཞིང་། དཔེ་ཆ་གཞན་དྲི་མེད་གཟི་བརྗིད་[མདོ་ཀ་ཤ283]ལས"ལ་ལས་ནི་ཅིང་ཆེན་འདེགས་སོ"ཞེས་སོགས་མི་འདྲ་འགའ་ཡོད་ཚུལ་མཁས་དབང་ནམ་མཁའི་ནོར་བུའི《ཞང་བོད་ལོ་རྒྱུས་ཏི་སེའི་འོད》ཀྱི་མཆན་འགྲེལ་ནང་དུ་གསལ།

ཅང་ཆེན་[1]ཞེས་རོལ་ཆ་རིགས་གཉིས་ཡོད་པ་ནི་ལུགས་སུ་བླུགས་པའི་རོལ་ཆ་ཞིག་ཡིན། དེ་ཡང་རོལ་ཆ་དེ་གཉིས་དང་གནའ་རབས་ཀྱི་རྒྱ་ནག་གི་ཅོང་གི་རིགས་ལས། 钲 དང་ 钟 ཞེས་པའི་རོལ་བྱའི་མིང་དང་སྒྲ་ཏ་ཅང་ཉེ་ལ་བེད་སྤྱོད་བྱ་ཚུལ་ཡང་སྤྱིར་འདྲ་བ་ཞིག་མཐོང་བས། སྤྱི་ལོའི་གོང་གི་དུས་རབས་གཉིས་པ་དང་གསུམ་པ་ཙམ་དུ། ཞང་ཞུང་དང་རྒྱ་ནག་གི་བར་ལ་རིག་གནས་ཀྱི་འབྲེལ་བ་བྱུང་ཡོད་པར་སེམས་ལ། ལུགས་བཟོ་ལས་གྲུབ་པའི་ཅོང་དྲིལ་གྱི་བཟོ་རྩལ་དེ་ཡང་དུས་དེ་ཙམ་ལ་ཕལ་ཆེར་བྱུང་བ་མིན་ནམ་སྙམ།

ཉེ་བའི་དུས་ཀྱི་གནའ་རྫས་རྟོགས་ཞིབ་ཀྱི་འབྲས་བུར་གཞིགས་ན། རྩ་མདའ་རྫོང་གད་པ་སེར་རུལ་དུར་སའི་ནང་ནས་ཟངས་དྲིལ་ཆུང་ངུ་ཞིག་གསར་རྙེད་བྱུང་བ་དེར་ད་བར་ལོ་ངོ3000ལྷག་གི་ལོ་རྒྱུས་ཡོད་ཚུལ་གསུངས་ཡོད། [2]གོང་དུ་དྲངས་པའི་བན་བོན་གཉིས་ཀྱི་ཡིག་ཚང་དང་གནའ་རྫས་དེ་དག་ལས། ཕྱིས་སྤུ་རྒྱལ་བཙན་པོའི་དུས་སུ་ཅོང་ལུགས་སུ་བླུགས་པའི་བཟོ་རྩལ་གྱི་རྨང་གཞི་ཞིག་བོད་རང་དུ་ཡོད་པ་ཡང་ངམ་ངམ་ཤུགས་ཀྱིས་ཤེས་ལ། ཅོང་ལུགས་སུ་བླུགས་པའི་ལས་ཐབས་དེ་ཡང་སྔར་གྱི་རོལ་མོའི་གྲས་སུ་གྱུར་བའི་དྲིལ་བུའི་བཟོ་རྩལ་དེ་གཞིར་བཟུང་ནས་བྱུང་ཡོད་པ་རིག་པས་དེད་ནུས། གཤམ་དུ་བོད་དུ་ཅོང་ལུགས་སུ་བླུགས་པའི་ལག་རྩལ་དེ་

①གནའ་དུས་ཞང་ཞུང་ན་གྲགས་ཆེ་བའི་རོལ་ཆས་ཤིག་སྟེ། དེ་ཉིད་བེད་སྤྱོད་བྱེད་སྐངས་ནི་མཛད་མདོ་སོགས་ཡིག་ཆ་ཕལ་མོ་ཆེར“ཅང་ཆེན་བརྡུང”ཞེས་མཁས་དབང་ནམ་མཁའི་ནོར་བུས་མཆན་འགྲེལ་བཏབ་པར་གསལ།

②2017ལོའི་བོད་རང་སྐྱོང་ལྗོངས་གནའ་དཔྱད་སྙན་ཞུའི་ཚོགས་འདུ་ནས་ཐོས།

བཙན་པོའི་དུས་སུ་དངོས་སུ་དར་བ་དང་། ལོ་རྒྱུས་ཀྱི་ཆུ་རྒྱུན་ནང་འཕེལ་འགྲིབ་ཇི་ལྟར་བྱུང་ཚུལ་རིམ་བཞིན་གླེང་བར་བྱ་སྟེ།

དང་པོ། བཙན་པོ་སྲོང་བཙན་སྒམ་པོའི་(617 – 650)དུས་སུ་ཙོང་བཞེངས་ཚུལ།

《བོད་ཀྱི་ནོར་རྫས་ཀྱི་རིས་བརྟགས་ཤིང་དཔྱད་པའི་དཔྱད་དོན་ཡིད་ཀྱི་འདོད་འཇོ་》ལས་བཙན་པོ་སྲོང་བཙན་གྱི་སྐུ་དུས་སུ་ཙོང་ལུགས་སུ་བླུགས་པའི་ལག་རྩལ་བྱུང་ཚུལ་ལ"འཇིག་རྟེན་མགོན་པོ་སྲོང་བཙན་སྒམ་པོའི་དུས། ཧུ་བཞིའི་གཙུག་ལག་ཁང་སོགས་ཇི་སྙེད་བཞེངས། ……བོད་བཟོས་ཁྲི་ནག་ལྕགས་ཀྱི་རྐྱེན་སྦྱར་ནས། རྫ་མའི་གཟུགས་འདྲ་ཁ་བུབ་སྤྱང་འཕྲུལ་དུ། བྱས་པ་རྔ་དང་དབྱུག་པས་བསྣུན་པ་ན། གླང་པོའི་སྐད་སྒྲ་འབྱུང་ལ་ཙོང་ཞེས་བྱ། དྲིལ་བུ་ཚང་སྣོ་མེད་པ་གདང་བུ་ལ། བརྡགས་ནས་བསྐྱོད་ཚེ་ཅིག་ཅར་སྒྲ་འབྱིན་པའི། དྲིལ་གདང་ཞེས་དང་བར་སྣོར་བརྡགས་པ་ཡི། གཙུག་ལག་ཁང་གི་རྒྱལ་གྱུར་མ་ཧུ་འབྱུང་། དེ་སྐབས་རྒྱ་ནག་ལས་བྱུང་རོལ་མོ་ནི། འདམ་མ་མགོ་ཕོར་གཉིས་ཀ་རྒྱ་ཆེ་བ། འདོམ་སྟོར་ཙམ་གྱི་ཁྲོན་ལྡན་མ་བྱུང་བ། དེ་དག་ཡ་རེ་ས་ལ་གཏིབས་པའི་ཕྱིར། བོད་ཀྱི་ཡུལ་འདིར་ས་ཚ〈ཙོང〉ཞེས་གྲགས"①ཞེས་དང་། ཡང་《ལྡེའུ་ཆོས་འབྱུང་》ལས། "ཡང་འདུལ་བཞི་ལ་འཁྱོང་བརྟགས་པ་བརྒྱད། ཤར་སེང་གེ་དཀར་མོའི་དཔྲལ་སྟེང་དུ་རྡོ་རྗེ་འགྱུར་མེད་ཀྱི་ལྷ་ཁང་། དེ་ལ་འཁྱོང་མྱང་དཀར་ཆུའི་ལྷ་ཁང་། ལྷོ་སྟག་སྐྱ་བོའི་མཆེ་སྟེང་དུ། བུམ་ཐང་ལུང་གི་ལྷ་ཁང་།

---

① 《བཟོ་རིག་ཉེར་མཁོ་བདམས་བསྒྲིགས་》པོད་དང་པོ། ཚལ་སྤེལ་ཚེ་བརྟན་ཕུན་ཚོགས། བོད་ལྗོངས་བོད་ཡིག་དཔེ་རྙིང་དཔེ་སྐྲུན་ཁང་། 1990ལོའི་ཟླ་བ་12ཀྱི་པར་གཞི་དང་པོ། ཤོག་གྲངས255ལ་གསལ།

དེའི་འཁོར་དུ་རྨ་ཤ་རྨའི་ལྷ་ཁང་། ནུབ་ཕྱི་དམར་མའི་མཆུ་སྟེང་དུ། མང་ཡུལ་བྱང་སྤྲིན་དང་། དེའི་འཁོར་དུ་མྱང་སྤྲིན་ལྷ་ཁང་། བྱང་ནུས་སྨལ་ནག་པོའི་སྟེང་དུ། སྦྲ་བདུན་རྩེ་དང་དེ་ལ་འཁོར་གཉེན་གསལ་ལྷ་ཁང་།"①ཞེས་འཁོད། 《རྫོན་གྱི་གཏམ་མེ་ཏོག་ཕྲེང་བ་》ལས།"ར་བཞིའི་གཙུག་ལག་ཁང་ཆེན་པོ་བཞི་བཞེངས་པ་ནི། ལག་པ་གཡས་མནན་པའི་ཕྱིར། གྲོམ་པ་རྒྱང་སྣམ་དག་སྒྲིབ་མེད་ཀྱི་གཙུག་ལག་ཁང་བཞེངས། དེའི་འཚོང་དུ་འབྲེའི་གཙུག་ལག་ཁང་བཏབ། ལག་པ་གཡོན་པ་མནོན་པའི་ཕྱིར། ཁྲ་འབྲུག་གི་བྱམས་པ་མི་འགྱུར་གཙུག་ལག་ཁང་བཞེངས། དེའི་འཚོང་དུ་རྩང་<བཙན>ཐང་གི་གཙུག་ལག་ཁང་བཞེངས། རྐང་པ་གཡོན་པ་མནན་པའི་ཕྱིར་ཀ་རྩལ་གྱི་གཙུག་ལག་ཁང་བཞེངས། འཚོང་དུ་ཤི་ཧྲང་གི་གཙུག་ལག་ཁང་བཞེངས། རྐང་པ་གཡོན་པ་མནན་པའི་ཕྱིར། གཙང་གྲང་གི་<འགྲམ་གྱི་>གཙུག་ལག་ཁང་བཞེངས། དེའི་འཚོང་དུ་འབྲོམ་སྐྱེར་ཚུང་གི་ལྷ་ཁང་བཞེངས། ཡང་མཐའ་འདུལ་ཡང་འདུལ་གྱི་གཙུག་ལག་ཁང་ཆེན་པོ་བཞི་དང་། འཚོང་དུ་བཅས་བཞེངས"②ཞེས་གསལ་བ་ལས། བཙན་པོ་སྲོང་བཙན་སྒམ་པོའི་སྐུ་དུས་སུ(སྤྱི་ལོ617–650)མཐའ་འདུལ་ཡང་འདུལ་གྱི་གཙུག་ལག་ཁང་བཅུ་གཉིས་བཞེངས་སྐབས་ཙོང་ལུགས་སུ་བླུགས་ཡོད་ཚུལ་གསལ། དེས་ན་བོད་དུ་ཙོང་ལུགས་སུ་བླུགས་པའི་ལག་རྩལ་ནི། མ་མཐར་ཡང་དུས་རབས་བདུན་པའི་སྔོན་ནས་བྱུང་ཡོད་པ་ར་སྤྲོད་ཐུབ་ཡོད།

---

①《ལྡེའུ་ཆོས་འབྱུང་》མཁས་པ་ལྡེའུ། བོད་ལྗོངས་བོད་ཡིག་དཔེ་རྙིང་དཔེ་སྐྲུན་ཁང་། 2010ལོའི་པར་ཐེངས་གཉིས་པ། ཤོག་གྲངས271ལ་གསལ།

②《བོད་ཀྱི་ལོ་རྒྱུས་དེབ་ཐེར་ཁག་ལྔ》བོད་ལྗོངས་བོད་ཡིག་དཔེ་རྙིང་དཔེ་སྐྲུན་ཁང་། 2005ལོའི་པར་ཐེངས་གཉིས་པ། ཤོག་གྲངས16–17ལ་གསལ།

གཉིས་པ། བཙན་པོ་ཁྲི་ལྡེ་གཙུག་བཙན་(མེས་ཨག་ཚོམ704–754)དུས་སུ་ཅོང་བཞེངས་ཚུལ།

བཙན་པོ་ཁྲི་ལྡེ་གཙུག་བཙན་མེས་ཨག་ཚོམ་སྐབས་ཀྱི་ཧག་རོང་
དགའ་ལྡན་བྱིན་ཆེན་གཙུག་ལག་ཁང་གི་ཅོང་།

ཅོང་འདི་ནི་བཙན་པོ་ཁྲི་ལྡེ་གཙུག་བཙན་ནམ་མེ་ཨག་ཚོམ་དུས། སྤྱི་ལོ704—754སུ་ཞང་བློན་ལྷ་སྲ་རྒྱལ་སློབས་སྤུད་ཞེས་པ་བུ་གཉིས་ཀྱི་སྐུལ་ཏེ་དགེ་སློང་ཆོས་ཕྲིན་གྱིས་ལུགས་སུ་བླུགས། ཅོང་འདི་ཐོག་མར་སྐུ་ཞབས་ལྷ་མཆོག་རྒྱལ་གྱིས་ཀུན་སྲུའུ་དཔའ་རིས་ཁྲུལ་ནས་གསར་དུ་རྙེད་པ་ཞིག་ཡིན་ཞིང་ད་བར་བོད་དུ་ལྕགས་རིགས་སོགས་སུ་བོད་ཡིག་བརྐོས་པའི་དངོས་རྫས་ཐོག་མ་དེ་ཡིན།

ཅོང་གི་ཁ་ཡིག་ཏུ། ༡། །བོད་ཀྱི་ལྷ་བཙན་པོ་ཁྲི་ལྡེ་གཙུག་བརྟན་མཆེད་ཀྱི་སྐུ་ཡོན་དུ་བསྔོསྟེ༔ཞང་ལྷ་སྲ་རྒྱལ་སློབས་སྤུད་ཀྱིས་ཧག་རོང་དགཱ་ལྡན་བྱིན་ཅེན་གཙུག

ལག་ཁང་གི་རྒྱན་དུ་དྲི་ལ་ཆེན་པོ་ཅིག་ཕུལ་བའི་ཡོན་ཀྱིས་ཡོན་བདག་དང་སེམས་ཅན་ཐམས་ཅད
ལྷན་སྐྱེ་དང་དེ་བྱང་ཆུབ་ཀྱི་རྒྱུ་བ་པར་སྨོན་ཏོ། དྲི་ལ་འདི་ལྷུགས་སྐོང་ × × གིས་ཡི་གེ་བྲི
སྟེད་གེ་སློང་ཆོས་བྱིན་གྱིས་བསླུགས་སོ། ཞེས་བཀོས།

ཅོང་འདི་ནི་ཞང་བློན་ལྷ་སྲ་རྒྱལ་སློབས་ཀྱིས་གཙུག་བཙན་པོ་ཁྲི་ལྡེ་གཙུག་བཙན་དང་གཅེན་ལྷ་བལ་པོ་ཡི་སྐུ་ཡོན་ལ་བསྔོ་བའི་སྨོན་ཚིག་ཅོང་ཐོག་ཏུ་ཡི་གེར་བཀོས་པ་ཞིག་ཡིན་པས་དུས་རབས་བརྒྱད་པའི་དུས་སུ་ཅོང་ལུགས་སུ་བླུགས་པའི་སྲོལ་དར་ཁྱབ་ཆེ་ལ། བསྔོ་སྨོན་གྱི་ཚིག་སོགས་ཅོང་ཐོག་ཏུ་བཀོད་པའི་སྲོལ་ཡང་ཐོག་མར་བྱུང་བར་མངོན།

མ་གཞི་བྲག་དང་། རྡོ་རིང་། ལྷུགས་ཆས་སོགས་སུ་ཡི་གེ་འཁོད་པ་མདོ་དབུས་ཁམས་གསུམ་གྱི་ཡུལ་གྲུ་དུ་མར་མཇལ་རྒྱུ་ཡོད་ཀྱང་། ལོ་ཚིགས་ངེས་བརྟན་ཡོད་པའི་དངོས་རྫས་ནས་བརྗོད་ན། ད་བར་འཚོལ་རྙེད་ཐུབ་པའི་དངོས་རྫས་ལས་ཅོང་འདི་སྔ་ཤོས་སུ་ངོས་འཛིན་ན་སྒྱུར་མི་ཐད་པ་མེད་སྙམ། ཅོང་འདིའི་ལུགས་བཟོའི་ལག་རྩལ་ནས་བརྗོད་ན། ཅོང་འདིའི་ཕྱི་ངོས་སུ་བོད་ཡིག་དང་སྟག་མགོའི་གཟུགས་བརྙན་འཁོད་ཡོད་པས། དེ་ནི་ཅོང་ལུགས་སུ་བླུགས་པའི་ཐོག་ཡི་གེ་སོགས་རི་མོའི་བཀོས་རིས་ཀྱི་ལག་རྩལ་དར་ཡོད་པ་གསལ་བཤད་བྱ་ཐུབ། དེ་བཞིན་བོད་དབུས་སུ་བཙན་པོ་ཁྲི་ལྡེ་གཙུག་བཙན་གྱི་སྐུ་དུས་སུ་ཅོང་བཞེངས་པའི་དངོས་དཔང་ཞིག་ད་བར་མ་རྙེད་ཀྱང་། 《ཆོས་འབྱུང་མཁས་པའི་དགའ་སྟོན་》ལས“མཁར་བྲག་གི་ལྷ་ཁང་ནི་རྨང་ནས་བསྐྲུན། མགྲིན་བཟང་གི་ལྷ་ཁང་ནི་བཤིག་སྟེ། ཅོང་ནི་

མཆིམས་བུའི་གཡའ་ལ་བསྐྱལ་ཏེ་དེ་ཉིད་ཕྱིས་བསམ་ཡས་དགེ་རྒྱས་ཀྱི་ཅོང་ལགས་” ① ཞེས་པར་གཞིགས་ན། བཙན་པོ་དེའི་སྐུ་དུས་སུ་བཞེངས་པའི་མཁར་བྲག་གི་ལྷ་ཁང་དང་མགྲིན་བཟང་ལྷ་ཁང་བཞེངས་སྐབས་ཅོང་བཞེངས་པའི་སྲོལ་ཡོད་པ་ཤུགས་ལས་ཤེས་ནུས།

གསུམ་པ། བཙན་པོ་ཁྲི་སྲོང་ལྡེའུ་བཙན་(742 – 797)དུས་སུ་ཅོང་བཞེངས་ཚུལ།

དཔལ་བསམ་ཡས་མི་འགྱུར་ལྷུན་གྱི་གྲུབ་པའི་གཙུག་ལག་ཁང་གི་ཅོང་།

①《ཆོས་འབྱུང་མཁས་པའི་དགའ་སྟོན་》དཔའ་བོ་གཙུག་ལག་ཕྲེང་བས་བརྩམས། མི་རིགས་དཔེ་སྐྲུན་ཁང་གིས། 2006ལོའི་པར་ཐེངས་དང་པོ། ཤོག་གྲངས162ལ་གསལ།

བཙན་པོ་ཁྲི་སྲོང་ལྡེའུ་བཙན་གྱི་སྐུ་དུས་སུ་བསམ་ཡས་གཙུག་ལག་ཁང་བཞེངས་སྐབས《བོད་ཀྱི་ནོར་རྫས་ཀྱི་རིས་བརྟགས་ཤེས་དཔྱད་པའི་དཔྱད་དོན་ཡིད་ཀྱི་འདོད་འཛོམ》ལས“ཁྲི་སྲོང་ལྡེ་བཙན་རིང་ལ་བསམ་ཡས་སོགས། བཞེངས་དུས་མཆོད་བྱེད་མེ་ཤེལ་ཆུ་ཤེལ་དང་། གཟི་མཆོང་གསེར་དང་ཡོལ་གོ་དུ་མ་བྱུང་། མ་ག་ཧླ་དང་པལ་ཆེན་ཀསྨི་རིའི། བཟོ་བོས་གཏད་པའི་ས་ཚོ〈ཚོང་〉ཁ་གཡེལ་བར། ཁ་ཆེ་བྲོ་གཞོག་ཅེས་སུ་བོད་དུ་གྲགས།”①ཞེས་དང་།

དེ་བཞིན《སྦ་བཞེད》ལས“འབྲོ་བཟའ་ཁྲི་རྒྱལ་མོ་བཙུན་གྱིས་སྣང་བ་མཐའ་ཡས་གཙོ་འཁོར་དགུར་མཛད་པ་ལུགས་སྟོད་དུ་བཏབ་ནས་གཙང་པོ་ལ་སྤྱན་དྲངས་པས། འཁོར་གཉིས་ཆབ་ལ་ཤོར། འཁོར་དྲུག་པོ་ལ་གཡས་ན་རིགས་གསུམ་མགོན་པོ། གཡོན་ན་སངས་རྒྱས་སྨན་གྱི་བླ། སངས་རྒྱས་ཀུན་ཏུ་བཟང་པོ། མི་གཡོག་མགོན་པོ་གསུམ་བཞུགས་སུ་གསོལ། སྲས་མི་མངའ་བ་དང་། ཡབ་མེད་འབྲོ་ཡུལ་ཐང་རིང་བས་ཕྱིས་གསོ་མི་མི་འོང་ཞེས་མཆི་ནས་ལུགས་མ་བྱས།”②ཞེས་འཁོད། ཡང་《སྦ་བཞེད》ལས། “དེ་ལྟར་ན་ལྷེར་ཚོ་བདུན་ཙུ་དོན་བརྒྱད། མདོའི་རྒྱུད་རིས་བཅུ་བཞི། ཀ་བ་སྟོང་དང་རྩ་གཉིས། སྒོ་མོ་ཆེ་སུམ་བཅུ་སོ་དྲུག །སྒོ་ཆུང་ཆུང་བཞི་བཅུ་ཞེ་གཉིས། གྲུ་སྐྱས་ཆེན་པོ་དྲུག ཚོང་ཆེན་པོ་བརྒྱད། དང་དང་(དར་ཐང་)

---

①《བཟོ་རིག་ཉེར་མཁོ་བདམས་བསྒྲིགས》པོད་དང་པོ། ཆབ་སྤེལ་ཚེ་བརྟན་ཕུན་ཚོགས། བོད་ལྗོངས་བོད་ཡིག་དཔེ་རྙིང་དཔེ་སྐྲུན་ཁང་། 1990ལོའི་ཟླ་བ12ཀྱི་པར་གཞི་དང་པོ། ཤོག་གྲངས256ལ་གསལ།

②སྦ་གསལ་སྣང་གིས་བརྩམས《སྦ་བཞེད》མི་རིགས་དཔེ་སྐྲུན་ཁང་། 1980ལོའི་པར་གཞི་དང་པོ། ཤོག་གྲངས54ལ་གསལ།

ཆེན་པོ་གསུམ་ལ་སོགས་དང་།”①ཞེས་འཁོད།

《ཆོས་འབྱུང་མཁས་པའི་དགའ་སྟོན་》ལས“ལུགས་མའི་སྟོད་དུ་ཙོང་བཞེངས”ཞེས་པ་དེ་དག་ལས་གཙུག་ལག་ཁང་དང་བཙན་པོའི་ཕོ་བྲང་གཅིག་ཕྱོགས་སུ་གནས་པའི་བསམ་ཡས་དབུ་རྩེའི་གཙུག་ལག་ཁང་ལྷ་བུར་མཚོན་ན། ཙོང་ལུགས་སུ་བླུགས་ནས་ཕོ་བྲང་གི་ཕྱོགས་བཞི་མཚམས་བརྒྱད་དུ་བཏགས་པའི་སྲོལ་ནི་བོད་ཀྱི་སྲོལ་རྒྱུན་ཨར་བསྐྲུན་གྱུས་སྲོལ་རིག་གནས་ནང་གི་གྲུབ་ཆར་གྱུར་ཡོད། དེ་ལས་ཙོང་ལུགས་སུ་བླུགས་པའི་ཆུ་ཚད་ཀྱང་མཐོ་པོར་སླེབས་ཡོད་པ་ཤེས་ནུས།

བཞི་པ། བཙན་པོ་ཁྲི་ལྡེ་སྲོང་བཙན་སད་ན་ལེགས་མཇིང་ཡོན་(798－815)གྱི་དུས་སུ་ཙོང་བཞེངས་ཚུལ།

བཙན་པོ་ཁྲི་ལྡེ་སྲོང་བཙན་དགུང་ལོ18ཙམ་ལས་མ་བཞུགས་ཙང་བཙན་པོ་ཁྲི་ལྡེ་སྲོང་བཙན་གྱི་དུས་སུ་ཙོང་ལུགས་སུ་བླུགས་པའི་སྲོལ་ཡབ་མེས་ཀྱི་དུས་ལས་དར་ཁྱབ་ཆེ་བར་མངོན་ཏེ། ཁོང་གི་སྐུ་དུས་སུ་ད་བར་བཙལ་རྙེད་ཐུབ་པའི་གྲགས་ཆེ་བའི་ཙོང་ཆེན་ལུགས་སུ་བླུགས་པ་གཉིས་ཏེ། ཁྲ་འབྲུག་གཙུག་ལག་ཁང་གི་ཙོང་དང་བྲག་ཡེར་པའི་ཙོང་གཉིས་ཡིན།

དེ་ཡང་ཁྲ་འབྲུག་གཙུག་ལག་ཁང་གི་ཙོང་ལ་མཚོན་ན། ཇོ་མོ་བྱང་ཆུབ་ཀྱིས་བཀས་བསྐུལ་ནས་དགེ་སློང་རིན་ཆེན་ཞེས་པས་ལུགས་སུ་བླུགས་པ་ཙོང་གི་ཁ་ཡིག་ཏུ། དྲིལ་ཆེན་པོ་འདི་ཡང་ལྷ་བཙན་པོ་ཁྲི་ལྡེ་སྲོང་བརྩན་གྱི་དུས་*

①སྣ་གསལ་སྣང་གིས་བརྩམས།《སྦ་བཞེད་》མི་རིགས་དཔེ་སྐྲུན་ཁང་། 1980ལོའི་པར་གཞི་དང་པོ། ཤོག་གྲངས46ལ་གསལ།

*སྟོན འགྲངས པ བཞུགས སོ སོལ ལྷའི ཛ སྒྲ བར སྣང ལ གྲག པ དང འདྲ བར ཡོན བདག ཇོ མོ བྱང ཆུབ ཀྱིས བཀྱིས ནས མཁེན པོ རྒྱའི དགེ སློང རིན ཅེན ཀྱིས བླུགས སོ ཚལ གྱི སྐུ ཡོན དང སེམས ཅན ཐམས ཆད དགེ བ ལ བསྐུལ བའི ཕྱིར། ཞེས་བཞེངས་དུས་ནི་བཙན་པོ་ཁྲི་ལྡེ་སྲོང་བཙན་གྱི་སྐུ་དུས་སུ་ཡིན་པ་ངེས་ཤེས་ཐུབ།

བྲག་ཡེར་པའི་ཅོང་ལ་མཆོན་ན། རྒྱལ་བ་རྣམས་ཀྱི་དམ་པའི་ཆོས་འཛིན་ཅིང་། བྱང་ཆུབ་སྤྱོད་པ་ཀུན་ཏུ་སྣང་བར་བྱེད། བཟང་པོ་སྤྱོད་པ་རྣམ་པར་སྦྱང་བ་ཡང་། མ་འོངས་བསྐལ་པ་ཀུན་ཏུ་སྤྱོད་པར་བགྱི། །ཞེས་ཁ་ཡིག་ཐོག་ཏུ་བཞེངས་དུས་ཀྱི་ལོ་ཚིགས་ལ་ངེས་ཤེས་མ་རྙེད་ཀྱང་བཙན་པོ་ཁྲི་ལྡེ་སྲོང་བཙན་གྱི་སྐུ་དུས་ཡིན་པ་ས་བཅད་གཤམ་དུ་དམིགས་སུ་བཀར་ནས་དཔྱད་པ་བྱས་ཡོད་པས། འདིར་ཡིག་ཚོགས་མང་བར་འཛེམས་ཏེ་རྒྱས་སྤྲོས་མི་བྱ།

མདོར་ན་བཙན་པོ་དེའི་སྐུ་དུས་སུ་ལུགས་སུ་བླུགས་པའི་ཅོང་གི་གྲངས་མང་པོ་ཡོད་པར་སྙམ། གང་ལགས་ཤེ་ན། བཙན་པོ་ཁོང་གི་དུས་སུ་བོད་ཡིག་གི་གཟུགས་བྲག་རྡོ་དང་རྡོ་རིང་སོགས་སུ་བརྐོས་པའི་གྲངས་ཚད་ནི་བཙན་པོ་གཞན་ལས་མང་བས། སྲོལ་དེ་རིགས་སྐབས་དེར་དར་འཕེལ་ཆེ་བར་མངོན། དེར་བརྟེན་དུས་དེ་ཙམ་ལ་བོད་དུ་ཅོང་ལུགས་སུ་བླུགས་པའི་སྲོལ་ཡང་ཚད་གཞི་མཐོན་པོར་སླེབས་ཡོད་སྙམ།

དེ་རྗེས་བོད་ཀྱི་ལོ་རྒྱུས་ཆུ་རྒྱུན་ནང་དུས་རབས་18སྐབས་སུ་ལུགས་སུ་བླུགས་པའི་ད་ལྟ་ར་ས་འཕྲུལ་སྣང་གཙུག་ལག་ཁང་གི་མཛོད་ཁང་དུ་བཞུགས་ཡོད་པའི་

གནམ་དག་ཆོས་ཅོང་དང་ལྷ་ས་པོང་བ་རིའི་ཐོག་གི་སྒྲིན་རིང་ལྷ་ཁང་གི་ཅོང་ཙམ་ལས། དེའི་སྐོར་གྱི་ཡིག་ཚང་དང་དངོས་རྫས་རྙེད་དཀའ་བའི་རྣམ་པར་གཞིགས་ན། བོད་དུ་ལུགས་ལྷུགས་པའི་ལག་རྩལ་ཉམས་དམས་སུ་སོང་བ་ནི་མངོན་ཐུབ། དེང་གི་ཚར་རིགས་གཅིག་མཁས་པ་འགའ་ཡིས་གསུངས་པར། བོད་དུ་ལུགས་བཟོའི་ལག་རྩལ་དེ་སྨུར་སྐྱོབ་བྱ་བའི་གནས་བབས་སུ་སླེབས་ཡོད་པས། སྨུར་ནས་བལ་པོ་སོགས་ཀྱི་ལུགས་བཟོའི་ལག་རྩལ་ལ་སློབ་སྦྱོང་བྱས་ནས་བོད་ཀྱི་ལུགས་བཟོའི་ལག་རྩལ་སྨུར་སྐྱོབ་བྱ་རྒྱུའི་གྲོས་འགོ་ཡང་གོང་རིམ་སྲིད་གཞུང་ལ་ཞུ་དང་ཞུ་མུས་ཡིན་ལ། ད་ལྟ་བོད་ལྗོངས་ཀྱི་དངོས་མེད་རིག་གནས་ཤུལ་བཞག་ནང་དུ་ཚབ་མདོ་ཀརྨ་དངུལ་བཟོའི་ལག་རྩལ་དང་། རྣམ་གླིང་རྫོང་ཟངས་བཟོའི་ལག་རྩལ། རྒྱལ་རྩེ་རྫོང་པད་སྣ་ལུགས་བཟོའི་ལག་རྩལ། གཞིས་རྩེ་བཀྲ་ཤིས་སྐྱིས་ཚལ་ལུགས་བཟོའི་ལག་རྩལ་སོགས་བོད་ཀྱི་ལུགས་མགར་གྱི་ལག་ལེན་སྐྱོང་བའི་གནས་གཞི་དེ་དག་ཙམ་ལས་མ་འདས་སོ།

ས་བཅད་གསུམ་པ། རྒྱ་བོད་ཀྱི་ཅིང་དྲིལ་རིག་གནས་སྐོར།

དང་པོ། རྒྱ་ནག་ཅིང་གི་རིག་གནས།

གཅིག རྒྱ་ནག་གི་ལྷ་སྲུང་དང་འབྲེལ་བའི་ཅིང་གི་བྱུང་རྩལ།

སྤྱིར་མིའི་རིགས་ཀྱི་ངལ་རྩོལ་བྱེད་པའི་བརྒྱུད་རིམ་ནང་གསར་དུ་བསྐྲུན་པའི་དངོས་པོའི་རིག་གནས་ཅི་ཞིག་ཡིན་རུང་། རང་ནུས་ཀྱིས་མ་དཔོག་པའམ་སྟོབས་ཤུགས་ཀྱིས་འགྲན་པར་མི་ནུས་པའི་དབང་གིས་དེ་ནུས་པའི་དངོས་པོ་ཞིག་དགོས་མཁོ་བྱུང་བའི་ཤུགས་ཀྱིས་གྲུབ་པ་ཤ་སྟག་ཡིན་ཏེ། ཐོན་སྐྱེད་ལག་ཆ་རྣམས་ཀྱིས་མིའི་རིགས་ཀྱི་ལག་གཉིས་ཀྱི་མ་འདང་བའི་སྐྱོན་རྣམས་སེལ་ཐུབ་པ་དང་། འཁྲིམ་འགྲུལ་ཡོ་བྱད་དག་གིས་མིའི་རིགས་ཀྱི་རྐང་པས་མ་འདང་བའི་སྐྱོན་རྣམས་སེལ་ཐུབ་པ་སོགས་ཀྱི་དོན་དངོས་བཞིན། ཅིང་འདི་ཉིད་ཀྱང་མིའི་རིགས་ཀྱི་སྐད་འབོད་པའི་ཐབས་ལམ་ལས་འདོན་མ་ཐུབ་པའི་ང་རོའི་རྣམ་པ་དང་སྐད་གདངས་ཚད་མཐོ་དམའ་འཛམ་རྒྱབ་སོགས་ཀྱི་སྐྱོན་རྣམས་སེལ་ཐུབ་ཕྱིར་ཅིང་འདི་ཉིད་བྱུང་བ་ནི་རིག་པས་རྟོགས་ཐུབ།

བོད་ཀྱི་ཆོས་འབྱུང་དང་། རྒྱལ་རབས། བཟོའི་བསྟན་བཅོས་སོགས་སུ་ཅིང་གི་བྱུང་འཕེལ་དང་དེའི་རིག་གནས་སྐོར་ལ་དམིགས་སུ་བློང་བ་དཀོན་ཡང་། རྒྱ་ནག་གི་ཡིག་ཚང་འགའ་ཞིག་དང་དཔྱད་བརྗོད་ལག་ནང་ཐར་ཐོར་དུ་མཐོང་རྒྱུ་ཡོད་པ་

དཔེར་ན།

དེ་ཡང་རྒྱ་ནག་གི་ལྷ་སྒྲུང་དང་འབྲེལ་བའི་བཤད་རྒྱུན་ལྟར་ན། རྒྱའི་གནའ་རབས་ཀྱི་རིག་གནས་ཀུན་བཏུས《山海经 · 海内经》ལས"炎帝之孙伯陵,伯陵同吴权之妻阿女缘妇,缘妇孕三年,是生鼓,延,殳(用竹子做成的古代兵器,有棱无刃)。始为侯,鼓,延始为钟,为乐风"①ཞེས་རྒྱ་ནག་གི་རྒྱལ་པོ་ཡན་ཏིས་ཀྱི་ཚ་བོ་སུན་པོའི་ལིན་ཞེས་བྱ་བར་སྲུ་གུ་གསུམ་བྱུང་བ་ལས། ཆེ་བ་"鼓"ཞེས་པས་ཅོང་ཐོག་མར་བཞེངས་ཚུལ་བསྟན་ལ། "鼓"②ཞེས་པ་ནི་རྒྱ་ནག་གི་ལྷ་སྒྲུང་ནང་གི་ལྷ་སྲས་ཞིག་ཡིན་པ་བཤད་ཡོད། ཡང་《吕氏春秋 · 仲夏记》ཞེས་པ་ལས།"黄帝又命伶伦与荣将铸十二钟,以和五音"③ཞེས་འཁོད་པར་གཞིགས་ན། རྒྱ་ནག་རྒྱལ་པོ་ཧང་ཏིས་ཀྱི་བློན་པོ་ལིང་ལུན་དང་རུང་ཙང་ཞེས་པས་ཅོང་ཐོག་མར་བཞེངས་ཚུལ་བཤད་ཡོད།

མདོར་ན་ཅོང་རྒྱ་ནག་ཏུ་ཐོག་མར་བྱུང་ཚུལ་ལ་ལྷ་སྒྲུང་དང་འབྲེལ་ཏེ། སྒྲུང་གི་རྣམ་པའི་ཐོག་ནས་བརྗོད་ཡོད་ཅིང་། དེང་གི་ཆར་བཤད་ཚུལ་དེ་དག་ལ་ངེས་པ་རྙེད་དཀའ་ཡང་། དེ་ལྟ་བུའི་གནའ་བོའི་ལྷ་སྒྲུང་ལས་ཅོང་གི་རིག་གནས་ནི་རྒྱ་ནག་གི་ཤེས་རིག་ནང་ནས་ཆེས་སྔ་བ་ཞིག་ཡིན་པ་གསལ་པོར་རྟོགས་ནུས། གནའ་རྫས་རྟོགས་ཞིབ་ཀྱི་གྲུབ་འབྲས་ནས་བརྗོད་ན། ཧྲན་ཤིའི་ལུང་ཧྲན་གནའ་ཤུལ་ལས།"རྒྱུ་

①哀柯校注 山海经校注.上海古籍出版社 1980 年出版 464 页。

②"鼓"其神祇,在哀柯校注.山海经校注记载"又西北四百二十里,曰锺山,其子曰鼓,其状如人面而龙身 "。

③中国音乐学(李刊)2002 年 2 期 陈双新 亲铜铸起源研究 24 页。

ཟངས་ལས་བཟོས་པའི་ཅོང་ཞིག་བཙལ་རྙེད་བྱུང་བ་དེ་ནི་སྤྱི་ལོའི་སྔོན་གྱི་ལོ2300 – 2000ཙམ་གྱི་ལོ་རྒྱུས་ཡོད་”①ཅེས་འཁོད་པ་དང་། ཅོང་དེ་ཡང་ད་བར་གྲུང་གོའི་ས་ཁོངས་ནས་རྙེད་པའི་ཅོང་སྔ་ཤོས་དེ་ཡིན། ཅོང་དེའི་གཟུགས་དབྱིབས་ནི་གྲུ་བཞི་ནར་གཟུགས་ཡིན་པ་【པར་7】②གཤམ་གྱི་བརྙན་པར་ལས་ཤེས་ཐུབ།

---

①《钟铃象征文化论》庚华 辽宁民族出版社 2004年8月第1版23页 。

②《钟铃象征文化论》庚华 辽宁民族出版社 2004年8月第1版23页 。

【པར་༧】རྒྱ་རྡོ་ལས་གྲུབ་པའི་ཙོང་འདི་ནི་ལུང་ཧྲན་གནའ་ཤུལ་ལས་རྙོག་འདོན་བྱུང་བའི་སྤྱི་ལོའི་སྔོན་གྱི་ལོ་༢༣༠༠ནས་༢༠༠༠ཙམ་གྱི་རིག་དངོས་ཞིག་ཡིན། ད་ལྟ་ཀྲུང་གོའི་ལོ་རྒྱུས་དངོས་མང་བཤམས་སྟོན་ཁང་ནང་བསྒྲུ་ཉར་བྱས་ཡོད།

གཉིས། རྒྱ་ནག་ཙོང་གི་རིགས་དབྱེ།

རྒྱ་ནག་གི་ཤའ་ཧྲང་ཀྲུའུ་རྒྱལ་རབས་གསུམ་གྱི་དུས་སུ་ལྕགས་རིགས་བཙོ་སྦྱངས་ཀྱི་ལག་རྩལ་ཆེས་མཐོ་བའི་དུས་སྐབས་ཤིག་ཡིན་པས། གནའ་རྫས་རིག་པ་མཁས་ཅན་གྱིས་དུས་སྐབས་དེར། ཀྲུང་གོའི་ཟངས་ཆས་ཀྱི་དུས་(中国青铜时

代）①ཞེས་བརྗོད་བཞིན་ཡོད། དུས་སྐབས་དེའི་ནང་ཅོང་གི་བཟོ་རྩལ་གྱི་ཚད་གཞི་མཐོ་པོར་སླེབས་ཡོད་ཅིང་། ཅོང་གི་བཟོ་དབྱིབས་ཀྱི་རྣམ་པ་མི་འདྲ་བ་བྱུང་བ་མ་ཟད། སྦྲེལ་ཅོང་གི་རོལ་ཆས་ཀྱང་བྱུང་ཡོད། སྦྲེལ་ཅོང་གི་རོལ་ཆས་ཀྱི་དཔེ་མཚོན་བཀྲལ་པར་དྲངས་ན་【པར་༢】②

【པར་༢】རྒྱའི་གནའ་བོའི་རོལ་ཆས།（编钟）

དེ་ཡང་གནའ་རབས་ཀྱི་དུས་རྒྱ་ནག་ཏུ་ཅོང་ལ་རིགས་སམ་རྣམ་པ་མི་འདྲ་བ་ཇི་སྙེད་ཡོད་ཚུལ་ལ། རྒྱ་ནག་སུང་རྒྱལ་རབས་དུས་སུ་གྲུབ་པའི་ལོ་རྒྱུས་དེབ་ཐེར་《太平御览》ཞེས་པ་ལས། "凡金为乐器有六，皆钟之类也，曰钟，曰镈，曰镯，

①ཀྲུང་གོའི་ཟངས་ཆས་ཀྱི་དུས་ཞེས་པ་ནི་གནས་རྫས་རིག་པ་མཁས་ཅན་རྣམས་ཀྱིས་སྤྱི་ལོའི་སྔོན་གྱི་ལོ2000ནས་སྤྱི་ལོའི་སྔོན་གྱི་ལོ500ཙམ་དུ་འཛོག་པ་ཡིན།

②该编钟现收藏与北京大钟寺博物馆

曰钲，曰铙，曰铎”①ཞེས་དང་། རྒྱ་ནག་གི་ཡིག་ཚང་《古今乐录》ཞེས་པའི་ནང་“ གནའ་རབས་ཀྱི་ལྷུགས་རིགས་ཀྱི་རོལ་ཆ་གཙོ་ཆེ་བ་དྲུག་སྟེ། 钟 镈(bo) 铙(nao) 钲(zheng) 铎(duo) 镯(zhuo)”②ཞེས་རྣམ་པ་མི་འདྲ་བ་དྲུག་ཏུ་དབྱེ་བ་བྱེ་ཡོད།

ཐོག་མར་གནའ་རབས་ཀྱི་ཅོང་ལ་གནའ་རྫས་རིག་པ་མཁས་ཅན་རྣམས་ཀྱིས་སྤྱིར་བཟོ་དབྱིབས་ཀྱི་ཐད་ནས་རིགས་ཆེན་པོ་གཉིས་སུ་དབྱེ་ཡོད་དེ། 甬(yong)钟【པར་༣】③དང་ 钮(niu)钟【པར་༤】④བཅས་གཉིས་དང་། དེ་གཉིས་དབྱེ་འབྱེད་ཀྱི་མཚོན་རྟགས་ནི་ཅོང་གི་ཡུ་བའི་ཐོག་ནས་འབྱེད་པ་སྟེ། ཡུ་བ་རིང་བ་དེ་ལ་“甬钟”དང་ཡུ་བར་བུ་ཁ་ཡོད་པ་དེ་ལ་“钮钟”ཞེས་བརྗོད། དེའི་འདྲ་པར་དཔེ་མཚོན་ཙམ་དྲངས་ན།

---

①《太平御览》卷五七五 乐部三十，北京 1985 年中华书局出版，2598 页。

②青铜钟镈起源研究 陈双新《中国音乐学》（季刊）2002 年第 2 期 23 页 。

③《钟铃象征文化论》庚华 辽宁民族出版社 2004 年 8 月第 1 版 36 页 。

④《中国音乐学》（季刊）陈双新 2002 年 2 期 青铜钟镈起源研究 23 页 。

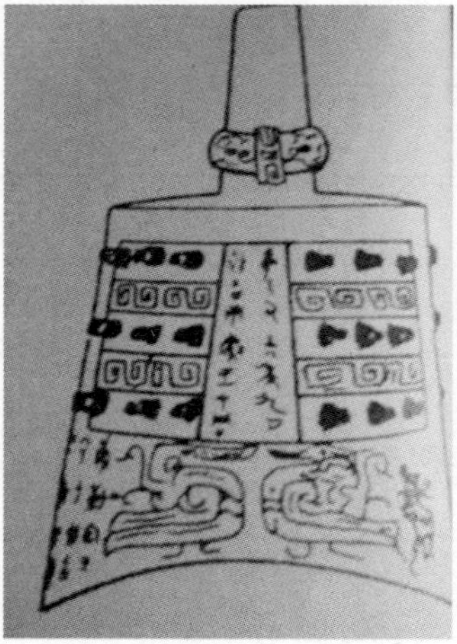

甬钟　　钮钟

གཤམ་དུ་གསལ་བའི་【པར་༥】①དང་【པར་༦】②【པར་༧】③【པར་༨】④ནི་ཅོང་གི་རིགས་མི་འདྲ་བའི་པར་མའི་དཔེ་མཚོན་ཡིན།

①《钟铃象征文化论》庚华　辽宁民族出版社　2004 年 8 月第 1 版 23 页 。
②《钟铃象征文化论》庚华　辽宁民族出版社　2004 年 8 月第 1 版 35 页 。
③《钟铃象征文化论》庚华　辽宁民族出版社　2004 年 8 月第 1 版 36 页 。
④《钟铃象征文化论》庚华　辽宁民族出版社　2004 年 8 月第 1 版 43 页 。

【པར་༥】ཉེ་རྒྱའི་གནའ་བོའི་རོལ་ཆས་
"铙"ཞེས་པ་ཡིན།

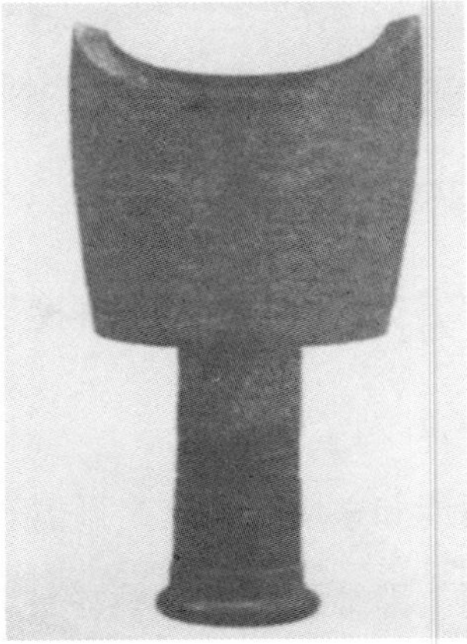

【པར་༦】ཉེ་རྒྱའི་གནའ་བོའི་རོལ་ཆས་
"钲"ཞེས་པ་དེ་ཡིན།

【པར་༧】ཉེ་རྒྱའི་གནའ་བོའི་རོལ་ཆས་
"铎"ཞེས་པ་དེ་ཡིན།

【པར་༨】ཉེ་རྒྱའི་གནའ་བོའི་རོལ་ཆས་
"镈"ཞེས་པ་དེ་ཡིན།

གོང་དུ་དཔེ་མཚོན་དང་སྦྲགས་ནས་ངོ་སྤྲོད་བྱས་ཟིན་པའི་རོལ་ཆ་དེ་རྣམས་ཀྱི་བཟོ་དབྱིབས་སྒྲིར་མཚུངས་ཡང་དེའི་ནུས་པ་དང་ཁྱད་ཆོས་མི་འདྲ་བའི་སྐོར་《中国古代青铜器》དང་《古青铜器收藏艺术》ཞེས་པའི་དཔེ་དེབ་ལས།

钟

西周和东周青铜打击乐器。其形式从铙演变而来,两侧尖锐扁体,共鸣箱上部平面上有悬柄。钟各部分名称是:共鸣箱平顶为"舞",正背中上部直的阔条为"钲",其两边突出乳钉为"枚","枚"和"钲"占钟面大部分。一下则为"鼓",弯曲下口为"干",尖锐两侧为"铣"。其用途为贵族在宴会和祭祀时使用。①

编钟

乐器、商代乐钟已有了成编的组合,一般多为3件一组,以形制相同而大小依次递减的乐钟组合。也有5件为一组的,如妇好墓中就出土5件一组的乐钟。钟的形制与发音规律的关系是:体大壁薄者音低;体小壁厚者音高;大小相近而壁厚不等,也可以击出不同的乐音。每套编钟制成形制相同,但大小厚薄各异,是为了使他们能敲击出人们需要的不同乐音。西周时的乐钟一般8件一组,也有多至9件一组的。东周时一组乐钟最多达14件。乐钟因形状不同,有甬钟、钮钟、镈钟之分。按规定为:天子4组、诸侯3组、卿大夫2组、士一组。商周铜钟,

---

①《古青铜器收藏》刘基文主编, 河北大学出版社。

有插在座上，但更多的是悬挂在钟架上。使用时也按钟体大小依次排列成编，故称编钟，每编有称一肆。①

铙

铙为商代乐器，前人误以为铙和钲为一类器，实则不同。《周礼·地官司徒·鼓人》注："铙铜制乐器，形如铃，无舌，有柄，执而鸣之，以止击鼓。"铙形似铃而大，形体短宽，有中空的短柄可安木柄。使用时执把，铙口朝上，用槌敲击。因为用手执，所以一般又称执钟。铙以3组或5组为一组。②

钲

古代行军所用乐器，器物中有自名为钲锤的，即钲。钲形似钟而狭长，有长柄，口朝上才可顺读其铭文，使用也应口朝上。《国语·吴语》中记："王乃秉袍，亲就鸣钟、鼓、丁宁、于、振铎"。韦昭注"丁宁，谓钲也。"钲主要盛行于春秋时代的楚等南方诸国。③

铎

西周时出现，盛行于春秋战国时期，其也与铙相似，弧形的口沿，体短而宽，顶部有方形的銎，可安装木柄，所不同的是，铎体腔内有舌，振动时发出声响。严格意义上讲，铎属于铃类，铎的形体较小是为了便于手执摇摆。④

---

①《中国古代青铜器》博璇琮主编　庚华　辽宁民族出版社。

②《中国古代青铜器》博璇琮主编　庚华　辽宁民族出版社。

③《中国古代青铜器》博璇琮主编　庚华　辽宁民族出版社。

④《钟铃象征文化论》庚华　辽宁民族出版社　2004年8月第1版36页

镈钟

镈钟出现在西周晚期，到春秋中晚期，镈钟的称谓已经约定俗成，齐、邾等国有种自铭为“镈”。镈钟是一种顶部没有柄。而有方形、圆形或兽形环钮的平口钟，其形制的典型特征是口沿直平，演奏时和钮钟一样，正悬于钟架上。①

གསུམ། རྒྱ་ནག་ཅོང་གི་མཚོན་དོན།

ཅོང་ནི་གནའ་རབས་ཀྱི་ལྕགས་རིགས་ཀྱི་རོལ་ཆ་ཡོངས་ཀྱི་གཞི་ལྟ་བུར་གྱུར་ཡོད་ལ། གནའ་རབས་ཀྱི་གྲུས་སྲོལ་རིག་གནས་ཀྱི་ཁྱབ་ཁོངས་ནང་དུའང་གནས་བབ་ངེས་ཅན་ཞིག་བཟུང་ཡོད། རྒྱ་ནག་གི་གནའ་རབས་ཀྱི་ཅོང་དྲིལ་ནི་གཉེན་ཉེ་ཚན་ལྡན་འཛོམས་དང་། འདས་པོའི་དུར་མཆོད་སོགས་དང་དགོན་སྡེའི་ཆོ་གའི་ནང་བེད་སྤྱོད་མང་པོ་བྱེད་སྲོལ་ཡོད་པ་དང་། དེ་བཞིན“ཅོང་ནི་གྲལ་རིམ་སྤྱི་ཚོགས་ནང་དབང་སྒྱུར་གྲལ་རིམ་གྱིས་སྤྱི་ཚོགས་གང་དེའི་ནང་བཟུང་བའི་རང་གི་རྒྱུ་ནོར་དང་དབང་ཐང་སོགས་ཀྱི་མཚོན་རྟགས་ལྟ་བུར་གྱུར་ཡོད།”② ཅེས་འཁོད། ལྷག་པར་དུ་ནང་པ་སངས་རྒྱས་པའི་ཆོས་ལུགས་རྒྱ་ནག་ཏུ་ཧན་རྒྱལ་རབས་དུས་ནས་དར་རྗེས་ཅོང་ཡང་ཆོས་པའི་ཡོ་བྱད་དུ་གྱུར་ལ་དེར་རིག་གནས་ཀྱི་མཚོན་དོན་ཡང་གསར་པ་ཞིག་ཡོད་དེ། རྒྱ་ནག་གི་དེབ་ཐེར《敲钟偈》ལས།“闻钟声，烦恼轻，智慧长，普提升，离地域，出火坑，愿成佛，度众生”③ཞེས་ཅོང་གི་སྒྲ་ཐོས་ཚེ

---

①《钟铃象征文化论》庚华 辽宁民族出版社 2004 年 8 月第 1 版 41 页

②‖青铜钟镈起源研究 陈双新《中国音乐学》(季刊)2002 年第 2 期 23 页 。

③《钟铃象征文化论》庚华 辽宁民族出版社 2004 年 8 月第 1 版 2 页。

ཟབ་མོ་སྟོང་པ་ཉིད་ཀྱི་ཆོས་སྒྲ་ཁམས་གསུམ་བདེན་མེད་དུ་སྟོན་ཞིང་དེ་ལྟར་ཁམས་གསུམ་བདེན་མེད་དུ་རྟོགས་པའི་ཤེས་རབ་ཀྱིས་སྲིད་གསུམ་གྱི་སྡུག་བསྔལ་བྲུང་ནས་འབྱིན་པ་མཚོན་པའི་དམིགས་གསལ་གྱི་མཛེས་ཆོས་ཀྱི་རིན་ཐང་ཞིག་ཀྱང་མངོན་ཡོད།

གཉིས་པ། བོད་ཀྱི་ཅོང་དྲིལ་གྱི་རིག་གནས།

གཅིག ཅོང་ཞེས་པའི་ཐ་སྙད་ལ་དཔྱད་པ།

ཐོག་མར་ཅོང་ཞེས་པའི་ཐ་སྙད་འདི་ནི་ས་སྐྱེས་རྗེ་སྐྱེས་ཀྱི་ཐ་སྙད་ཞིག་ཡིན་ནམ་ཡང་ན་མི་རིགས་གཞན་དང་འབྲེལ་འདྲིས་བྱས་པ་བརྒྱུད་བོད་སྐད་དུ་འཛུགས་པའི་ཟུར་ཆགས་ཀྱི་མིང་ཞིག་ཡིན་ནམ་ཞེས་ན།《བོད་རྒྱ་ཚིག་མཛོད་ཆེན་མོ》ལས་དེ་ནི་རྒྱ་སྐད་ཡིན་ཞིང་དྲིལ་བུ་ཆེན་པོ་ཞིག“钟，乐器名”①ཅེས་འགོད་ཡོད། དེ་བཞིན《དག་ཡིག་གསར་བསྒྲིགས》ལས་ཅོང་ཞེས་པ་ནི་ལྕགས་རིགས་ཀྱིས་བཟོས་པའི་ཁོང་སྟོང་ཞིང་བརྡུངས་ན་སྒྲ་འབྱིན་པ་ཞིག་གི་མིང་ཡིན་ཞེས②འགོད་ཡོད། གོང་གསལ་ཅོང་ཞེས་པའི་ཐ་སྙད་ཀྱི་འགྲེལ་ཚུལ་ལ་གཞིགས་ན་འདི་ནི་རྒྱ་ཡིག་གི་ཐ་སྙད“钟”ལས་སྒྲ་འགྱུར་ཏེ་བོད་ཀྱི་སྐད་གཤིས་སུ་འཛུགས་པ་ཞིག་ཡིན། དེ་ལྟར་བརྗོད་པའང་དོན་ལ་གནས་ཏེ། སྒྲའི་འདོན་ཚུལ་ཐད་ཐ་སྙད་འདི་དང་འདྲ་བའི་

①《བོད་རྒྱ་ཚིག་མཛོད་ཆེན་མོ》མི་རིགས་དཔེ་སྐྲུན་ཁང་། 1993ལོའི་པར་ཐེངས་གཉིས་པ། ཤོག་གྲངས735ལ་གསལ།

②《དག་ཡིག་གསར་བསྒྲིགས》མཚོ་སྔོན་མི་རིགས་དཔེ་སྐྲུན་ཁང་ནས1979ལོའི་པར་ཐེངས་དང་པོ། ཤོག་གྲངས208ལ་གསལ།

གཞན་འགའ་ཞིག་རིགས་བསྒྲེས་ནས་བརྗོད་ན།

《དོན་ཆེན་གནད་བསྡུས་ཀྱི་ལོ་ཚིགས་》P. T. 1288ལས། "། ：།ཁྱི་ལོ་ལ་བབ་སྟེ། བཙན་པོ：བལ་པོ་ན：བཞུགས། ཕྱི་དོན་ན་བཞུགས། མཁྲིས་ཕ་ཏང་དུ་འདུན་མ：འདུསྟེ：བཙན་མོ：ཁོང་ཅོ་གཤེགས་པའི་ཡོ་བྱད་བཀྲལ།"①ཞེས་འཁོད། བོད་མིའི་སྐད་བརྡའི་ནང་དུ་རྒྱ་ཡིག་གི་སྐད་བརྡའི་ཁྲོད་ཀྱི་ཐ་སྙད་"公主"ལ་ཀང་ཅོའམ་ཨོང་ཅོང་" དང་། དེ་བཞིན་བཙན་པོ་ཁྲི་སྲོང་ལྡེ་བཙན་གྱི་སྐུ་དུས་སུ་བཞེངས་པའི་རྡོ་འཛུགས་ཏེ་ནན་ཡི་བཙན་པོ་གཙུང་གི་རྗེ་རིང་(南诏德化碑)གྱི་མ་ཕྱིའི་ནང་གི་"我赞普钟蒙国大诏"ཞེས་པར་" ཁོ་བོ་བཙན་པོ་གཙུང་རྨུ་རྒྱལ་ཁབ་ཀྱི་འཛང་ཆེན་པོ་" ཞེས་"钟"གི་སྒྲ་དེ་ཉེ་བར་" གཙུང་" ཞེས་འབོད་པ་དང་། དེང་སང་ཡང་བོད་མིའི་སྐད་བརྡའི་ནང་"桌子"ལ་" ཅོག་ཙེ་" ཞེས་འབོད་སྲོལ་ཡོད་པ་བཞིན་སྒྲའི་མིང་གཞི་" zh" འདི་" j" དང་ཉེ་བར་འདོན་པས། དེ་རིམ་བཞིན་གོམས་འདྲིས་སུ་ཕྱིན་ཏེ་བོད་ཡིག་ཐོག་ཏུ་འཁྱོང་།②ས་ཚོ།③ཅོང་ཞེས་བྲིས་པར་སེམས། འོ་ན་བོད་སྐད་དུ་དངོས་པོ་འདི་རིགས་ལ་རང་ཚུགས་སུ་གྲུབ་པའི་མིང་ཞིག་ཡོད་དམ་

---

①《ཏུན་ཧོང་ནས་ཐོན་པའི་བོད་ཀྱི་ལོ་རྒྱུས་ཡིག་ཆ་》དབང་རྒྱལ་དང་བསོད་ནམས་སྐྱིད་ཀྱིས་བསྒྱུར་ཅིང་བཀྲལ། མི་རིགས་དཔེ་སྐྲུན་ཁང་ནས1992ལོའི་པར་ཐེངས་དང་པོ། ཤོག་གྲངས21ལ་གསལ།

②བཙན་པོ་སྲོང་བཙན་སྒམ་པོའི་དུས་མཐའ་འདུལ་ཡང་འདུལ་གྱི་གཙུག་ལག་ཁང་བཞེངས་སྐབས《ལྡེའུ་ཆོས་འབྱུང་ལས་》ཡང་འདུལ་བཞི་ལ་འཁྱོང་བཏགས་པ་བརྒྱད་ལ་ཞེས། ཅོང་ལ་འཁྱོང་ཞེས་བྲིས་ཡོད།

③《བཟོ་རིག་ཉེར་མཁོ་བདམས་བསྒྲིགས་》ལས་དེ་སྐབས་རྒྱ་ནག་ལས་བྱུང་རོལ་མོ་ནི། །འདབ་མ་མགོ་ཐོར་གཉིས་ཀ་རྒྱ་ཆེ་བ། འཇོམ་སྟོར་ཙམ་གྱི་ཁྲོན་ལྡན་མ་བྱུང་བ། །དེ་དག་ཡ་རེ་ས་ལ་གཏིབས་པའི་ཕྱིར། བོད་ཀྱི་ཡུལ་འདིར་ས་ཚོ་ཞེས་སུ་གྲགས།

ཞེས་ན། ཡོད་དེ་དེ་ཡང་དུས་རབས15པར་གྲུབ་པའི་《རྒྱ་བོད་ནོར་རྫས་ཀྱི་རིས་བརྟགས་ཤིང་དཔྱད་པའི་དཔྱད་དོན་ཡིད་ཀྱི་འདོད་འཛོམ།》ལས“རྒྱལ་པོ་གནམ་སྟེ་ལ་སོགས་རྒྱལ་པོའི་རབས། །ཉེར་དྲུག་ཐམ་ཐོ་ཐོ་རི་གཉན་བཙན། །དེ་ལྟར་དམ་པའི་ཆོས་ཀྱི་ཁྱུལ་མ་དར། །གདོལ་པོན་ཁོ་ནའི་དུས་ཡིན་མཆོད་པ་ཡང་། ཤང་དང་དྲིལ་བུ་རིང་གི་བྱེ་བྲག་རྣམས། ཁྲོ་ལོ་ནག་པོ་ལས་གྲུབ་བཟོ་བཀོད་ཞེས། དེ་བས་གཞན་པའི་ཆོས་པའི་ཡོ་བྱད་དཀོན།”①ཞེས་དང་།“ལྷ་ཐོ་ཐོ་རི་གཉན་བཙན་ཡན་གྱི་བོད་རྒྱལ་རིམ་བྱོན་རིང་བོན་གྱི་རོལ་མོ་ནི་རྒྱུ་ཁྲོ་ལི་ནག་པོ་ལས་བསྒྲུབས་པའི་ཤང་དང་དྲིལ་བུ་དང་། དེའི་བྱེ་བྲག་འགའ་ཙམ་ལས་རོལ་ཆ་གཞན་མ་བྱུང་”ཞེས་འཁོད། དཔྱད་གཞི་དེ་དག་ལ་གཞིགས་ན་བོད་རང་གི་སྐད་དང་ཡི་གེའི་ཐོག“དྲིལ་བུ་”ཞེས་པའི་ཐ་སྙད་འདི་སྔར་ནས་ཡོད་པ་ནི་གསལ་རྟོགས་ཐུབ་ལ། དེའི་དངོས་དཔང་དུ་བཙན་པོ་ཁྲི་ལྡེ་གཙུག་བརྟན་སྐབས་ཀྱི་ཧག་རོང་དགའ་ལྡན་བྱིན་ཆེན་གཙུག་ལག་ཁང་གི་དྲིལ་ཆེན་པོའི་ཁ་ཡིག་ལས།“༄། །བོདཀྱིལྷབཙནཔོཁྲིལྡེགཙུགབརྟནམཆེདཀྱིསྐུ
ཡོནདུབསྔོསྟེ༔ཞང་ལྷ་སྣྲརྒྱལསླེབསསྦྱདཀྱིསཧགརོངདགཱལྡནབྱིནཅིནགཙུག
ལགཁངགིརྒྱནདུདྲིལཆེནཔོཅིགཕུལབའིཡོནཀྱིསཡོནབདགདངསེམསཅན་ཐམས
ཅདབླནམེདཔའིབྱངཆུབཀྱིརྒྱུབ་པར་སྨོན་ཏོ། དྲིལའདིལྷུགསཀོང་××གིས

①《བཟོ་རིག་ཉེར་མཁོ་བདམས་བསྒྲིགས》ཆབ་སྤེལ་ཚེ་བརྟན་ཕུན་ཚོགས་སོགས་ཀྱིས་བསྒྲིགས། བོད་ལྗོངས་བོད་ཡིག་དཔེ་རྙིང་དཔེ་སྐྲུན་ཁང་། 1990ལོའི་པར་ཐེངས་དང་པོ། ཤོག་གྲངས235ལ་གསལ།

ཡིགེབྲིསྙེདགེསློངཆོསཕྲིནགྱིསབླུགསོ” ① ཞེས། དྲིལ་ཞེས་པའི་ཐ་སྙད་སྤྱད་ཡོད་པ་ལས་ཤེས་ཐུབ།

དེ་ནས་རིམ་བཞིན་དུས་རབས12ཙམ་དུ་གྲུབ་པའི་《ལྡེའུ་ཆོས་འབྱུང་》དུ“འཁྲོང་”ཞེས་པ་དང་དུས་རབས15ཙམ་དུ་གྲུབ་པའི་ཡིག་ཚང་《རྒྱ་བོད་ཀྱི་ནོར་རྫས་ཀྱི་རིས་བརྟགས་ཤིང་དཔྱད་པའི་དཔྱད་དོན་ཡིད་ཀྱི་འདོད་འཇོ་》ལས་དྲིལ་བུའི་མིང་གཞན་དུ“སཙྪེ”དང་“ཁ་ཆེ་བྲ་ཐོག་”②བྱ་བ་སོགས་ཡོད།

གཉིས། བོད་ཀྱི་ཅོང་དང་དྲིལ་བུའི་དབྱེ་བ།

བོད་དུ་དྲིལ་བུའི་བཟོ་རྩལ་ལྷ་ཐོ་ཐོ་རི་གཉན་བཙན་གྱི་དུས་སུ་བྱུང་བ་བཤད་ལ། ཅོང་ཞེས་པའི་ཐ་སྙད་འདི་ནི་ཐང་རྒྱལ་རབས་ཙམ་ནས་རྒྱ་ནག་ནས་བོད་ཡུལ་དུ་དར་བ་ཞིག་དང་། བཙན་པོ་སྲོང་བཙན་སྒམ་པའི་སྔོན་ལ་བོད་དུ་ཅོང་བཟོ་བའི་ལག་རྩལ་སྤྱིར་མ་བྱུང་ཞིང་། ཅོང་བཟོ་བའི་ལག་རྩལ་དེ་ཡང་རྒྱ་ནག་ཡུལ་དུ་མཆོག་ཏུ་གྱུར་ཞིང་། རྒྱ་ནག་རིག་གནས་ཀྱི་མཚོན་རྟགས་ལྟ་བུར་གྱུར་ཡོད་པའི་དབང་གིས། རྒྱ་སྐད་ཀྱི་ཐ་སྙད་འདི་རང་གར་ཟུར་ཚགས་ཏེ། བོད་སྐད་དུ་དྲིལ་ཆེན་པོ་རྣམས་ལ་རྒྱུན་འབྱམས་དུ་ཅོང་ཞེས་འབོད་ཀྱིན་ཡོད།

---

①《བཙན་པོ་ཁྲི་ལྡེ་གཙུག་བརྟན་སྐབས་ཀྱི་ཇག་རོང་དགའ་ལྡན་བྱིན་ཆེན་གཙུག་ལག་ཁང་གི་དྲིལ་བུའི་ཁ་བྱང་》ལྷ་མཆོག་རྒྱལ། 《བོད་ལྗོངས་ཞིབ་འཇུག》2011ལོའི་དུས་དེབ་དང་པོ། ཤོག་གྲངས2ལ་གསལ།

②《རྒྱ་བོད་ནོར་རྫས་ཀྱི་རིས་བརྟགས་ཤིང་དཔྱད་པའི་དཔྱད་དོན་ཡིད་ཀྱི་འདོད་འཇོ་》ལས། ཁྲི་སྲོང་ལྡེ་བཙན་རིང་ལ་བསམ་ཡས་སོགས། །བཞེངས་པའི་དུས་མཆོད་སྤྱད་མེ་ཤེལ་ཆུ་ཤེལ་དང་། གཟི་མཆོང་གསེར་དང་ཡོག་པོ་དུ་མ་བྱུང་། མ་གྷ་དང་ཕལ་ཆེན་ཀསྨི་རིའི། །བཟོ་བོས་གཏད་པའི་སཙྪེ(ཅོང་)ཁ་གཡེལ་བར། ཁ་ཆེ་བྲ་གཤོག་ཅེས་སུ་བོད་འདིར་གྲགས།

དེ་མཚུངས་ཐང་བོད་ཀྱི་དུས་སྐབས་སུ་རིག་གནས་འབྲེལ་འདྲིས་བྱས་པའི་བརྒྱུད་རིམ་ནང་། རྒྱ་ནག་སྐད་ཡིག་ལས་བོད་དུ་གཡར་བའི་ཚིག་མི་ཉུང་བ་ཡོད་པ། དཔེར་ན། 文成公主 ཝུན་ཤིང་ཀོང་ཇོ། 金城公主 གྱིམ་ཤིང་ཀོང་ཇོ། 和尚 ཧྭ་ཤང་། 皇帝 ཧྭང་ཏེ། 顿门 ཏོན་མོན། 渐门 ཙེ་མོན། 沙洲 ཤ་ཙུ། 尚书 ཞང་ཤུ། 长庆 ཅང་ཀེང་། 京师 ཀེང་ཤི་སོགས་ཐ་སྙད་མི་ཉུང་བ་ཞིག་ཡོད།

“དྲིལ་བུ” ཞེས་པའི་ཐ་སྙད་འདི་བོད་རང་གི་ས་སྐྱེས་རྗེ་སྐྱེས་ཀྱི་ཐ་སྙད་ཞིག་ཡིན་ཏེ། བཙན་པོ་ཁྲི་ལྡེ་གཙུག་བཙན་མེས་ཨག་ཚོམ་གྱི་དུས་སུ་བཞེངས་པའི་ཐག་རོང་དགའ་ལྡན་བྱིན་ཆེན་གཙུག་ལག་ཁང་གི་ཅོང་གི་ཁ་ཡིག་ལ་གཞིགས་ན། སྐབས་དེ་ཙམ་དུ་ཅོང་དེ་ལ་དྲིལ་ཆེན་པོ་ཞེས་པའི་ཐ་སྙད་སྤྱད་པས། སྤྱིར་ན་བོངས་ཆེ་བར་དྲིལ་ཆེན་པོ་ཞེས་དང་། སྣོས་བཅས་ཀྱིས་བོངས་ཆུང་བ་དག་ལ་དྲིལ་བུ་ཞེས་བརྗོད་ཀྱི་ཡོད།

ཚིག་མཛོད་དང་ངག་རྒྱུན་སོགས་སུ་ཅོང་དང་དྲིལ་བུ་ཞེས་དོན་གཅིག་མིང་གི་རྣམ་གྲངས་ལྟ་བུར་ངེས་ལ། བློ་ངོར་དབྱེར་མེད་ཀྱི་ཕུང་པོའི་གཟུགས་གཅིག་འཆར་ནུས། དེར་ཞིབ་པར་སོ་སོའི་ཁྱད་ཆོས་དང་མཚོན་དོན། སྤྱོད་ཡུལ་སོགས་ཕྱོགས་འགའི་ཐད་ནས་རྣམ་པར་དབྱེ་ན།

༡ དྲིལ་བུ་དང་ཅོང་གི་མཚོན་དོན་མི་གཅིག་པ།

ཐོག་མར་བ་སླང་སོགས་ཀྱི་སྐྱེ་ལ་བཏགས་པའི་དྲིལ་བུ་ནི་བརྡ་གཏོང་བའི་ནུས་པ་ལས་གཞན་མེད་པས་དེར་སློང་བའི་དགོས་པ་དེ་ཙམ་མེད། བོད་ཀྱི་རིག་གནས་ནང་སྤྱིར་དྲིལ་བུ་ནི་སངས་རྒྱས་ཆོས་ལུགས་ཀྱི་གསང་སྔགས་གཞུང་ནས་བཤད་པའི་

ལྷའི་ཕྱག་མཚན་གྱི་རིགས་ཤིག་ཡིན་ཏེ། དྲིལ་བུའི་མཚོན་དོན་ནི་《སྔགས་ཆས་ཀྱི་རྣམ་བཤད།》ལས"དྲིལ་བུའི་ནང་གི་ཁོག་སྟོང་འདོད་ཁམས་དང་། ཡ་ཁེབས་སྟེང་གི་པད་འདབ་གཟུགས་ཁམས་དང་། བུམ་ཞལ་གཟུགས་མེད་ཁམས་ཏེ་ཁམས་གསུམ་མཚོན་ཞིང་། དྲིལ་བུའི་སྒྲ་སྒྲོག་ཚེ་ཟབ་མོ་སྟོང་པ་ཉིད་ཀྱི་ཆོས་སྒྲ་ཁམས་གསུམ་བདེན་མེད་དུ་སྟོན་ཞིང་དེ་ལྟར་ཁམས་གསུམ་བདེན་མེད་དུ་རྟོགས་པའི་ཤེས་རབ་ཀྱིས་སྲིད་གསུམ་གྱི་སྡུག་བསྔལ་བྲུང་ནས་འབྱིན་པ་མཚོན་"①ཞེས་འཁོད་ཡོད། དྲིལ་བུའི་མཚོན་དོན་ནི་ཙོང་དང་མི་འདྲ་བར། དེའི་ཕྱིའི་གཟུགས་ལས་དྲིལ་བུའི་བར་སྟོང་ནི། འདོད་ཁམས་མཚོན་པ་དང་པད་འདབ་ལས་གཟུགས་ཁམས་མཚོན་པ། བུམ་ཞལ་ལས་གཟུགས་མེད་ཁམས་མཚོན་པ། དྲིལ་བུའི་སྒྲ་ལས་སྟོང་གསུམ་འཇིག་རྟེན་གྱི་སྡུག་བསྔལ་བྲུང་ནས་བཀྲགས་པར་བྱེད་པའི་དོན་མཚོན་པ་བཅས་སོ། གཞན་ཡང་ནང་བསྟན་དགོན་སྡེའི་ཡང་སྟེང་གི་གན་ཇི་རར། ལུས་ངག་ཡིད་གསུམ་མཚོན་བྱེད་ཀྱི་ངག་གི་མཚོན་བྱེད་དུ་དྲིལ་བུའི་གཟུགས་སུ་བཞེངས་པའང་ཡོད་པས། དེ་དག་ནི་བོད་རྒྱུད་ནང་བསྟན་གྱི་རིག་གནས་ཀྱི་བསྟན་བྱའི་མཚོན་དོན་ལས་མ་འདས་སོ།

ཙོང་ནི་རྒྱ་ཡིག་གི་ཐ་སྙད་ཅིག་དང་གཙོ་བོ་རོལ་ཆ་ཞིག་ཡིན་པ་མ་ཟད། གནའ་དུས་ཀྱི་རྒྱ་ནག་ཏུ་གཉེན་ཉེ་ཚན་ལྷན་འཛོམས་དང་། འདས་པོའི་དུར་མཆོད་དང་མེས་པོའི་མཆོད་ཁང་ནང་བེད་སྤྱོད་མང་པོ་བྱེད་སྲོལ་ཡོད། དེ་བཞིན་ཙོང་ནི་

①《སྔགས་ཆས་ཀྱི་རྣམ་བཤད།》རྗེས་དཀར་ཨོ་རྒྱན་བཙོན་འགྲུས་ཀྱིས་བརྩམས། ཀྲུང་གོ་བོད་རིག་པ་དཔེ་སྐྲུན་ཁང་། 2008ལོའི་པར་གཞི་དང་པོ་དང་། 2006ལོའི་པར་ཐེངས་དང་པོ། ཤོག་གྲངས39ལ་གསལ།

གྲལ་རིམ་སྤྱི་ཚོགས་ནང་དབང་སྒྱུར་གྲལ་རིམ་གྱིས་སྤྱི་ཚོགས་གང་དེའི་ནང་བཟུང་བའི་རང་གི་རྒྱུ་ནོར་དང་དབང་ཐང་སོགས་ཀྱི་མཚོན་རྟགས་ལྟ་བུར་གྱུར་ཡོད། བོད་ལ་མཚོན་ན་བཙན་པོའི་དུས་སུ་ཙོང་དེ་གཙུག་ལག་ཁང་དང་། ཕོ་བྲང་གི་སྒོ་མཚོར། མཐའ་བཞི་བཅས་ལ་བཏགས་པའི་སྲོལ་ཡོད་པ་ནི། སྐབས་དེའི་ཨར་སྐྲུན་གྱི་གུས་སྲོལ་རིག་གནས་ཤིག་མཚོན་གྱི་ཡོད་ལ། བཙན་པོའི་དུས་སུ་བཙུན་མོ་དང་ཞང་བློན་བཅས་ཀྱིས་ཡོན་བདག་གནང་སྟེ་བཞེངས་པའི་ཙོང་དེ་དག་ལས། སྡིག་བཤགས་དང་བསོད་ནམས་ཀྱི་ཚོགས་བསགས་པའི་མཚོན་དོན་ཡང་ཡོད།

༢ ཁྲིའི་བཟོ་རྩལ་གྱི་ཁྱད་ཆོས་མི་གཅིག་པ།

ཁྲིལ་བུ་དེ་ཉིད་ནང་པ་སངས་རྒྱས་ཆོས་ལུགས་རིག་གནས་ཀྱི་ཤུགས་རྐྱེན་འོག་བྱུང་བ་ཞིག་ཡིན་པས་བཟོ་རྩལ་གྱི་རྣམ་པ་དག་ཀྱང་ནང་པ་སངས་རྒྱས་ཀྱི་ནང་དོན་དང་མཐུན་ཤས་ཆེ་བའི་སྐོར་《སྔགས་ཆས་ཀྱི་རྣམ་བཤད།》ལས“དེ་ནས་ཁྲིལ་བུའི་མཚན་ཉིད་ཀྱི། །ཚུ་ཞེང་ལ་སོགས་བཤད་པར་བྱ། །རིན་ཆེན་སྣ་ཚོགས་འབར་བ་དང་། །རྡོ་རྗེའི་སྐྱེ་རགས་ཕྲེང་གཉིས་བྱ། །ཤེལ་སྒོང་དྲི་མ་མེད་པ་ལྟར། དྲ་བ་དྲ་ཕྲེད་ནས་བརྒྱན། །ཆ་གསུམ་མཚན་ཉིད་ལྡན་པ་ལ། །རྡོ་རྗེ་ལ་སོགས་མཚན་མས་བརྒྱན། །དབུས་ཀྱི་ཕོག་པ་ཟབ་པ་དང་། །ཐམས་ཅད་དགའ་བྱེད་བཅུད་ཀྱི་གནས། །དེ་ནས་པདྨ་རིན་ཆེན་དང་། །ཨུཏྤལ་ཀུ་མུད་ཡི་བརྒྱན། །ཕྱོགས་དང་ཕྱོགས་མཚམས་ཆ་བརྒྱད་དུ། །ལྷ་མོ་ལ་སོགས་བརྒྱད་དུ་གྲགས། །དེ་ཡི་སྟེང་དུ་ལྷ་མོ་ནི། །ས་བོན་བརྒྱད་ལས་བསམ་པར་བྱ”ཞེས་ཁྲིལ་བུའི་ཁ་རིས་ཀྱི་རི་མོའི་སྤྱི་རྩལ་རྣམ་པར་བཀྲ་ཞིང་། ཁྲིལ་བུའི་ངོས་ཀྱི་རི་མོ་རེ་རེ་ལས་ནང་པ་སངས་རྒྱས་ཀྱི་མཛེས

ཆོས་ལྟ་བ་དང་རིན་ཐང་ལྟ་བ་མངོན་པར་བྱས་ཡོད།

བོད་ཀྱི་ཚོང་ལ་གཞིགས་ན་ཐོག་མར་ཚོང་གི་མཚན་ཉིད་ལ། 《རྒྱ་བོད་ཀྱི་ནོར་རྫས་ཀྱི་བརྟགས་ཤིང་དཔྱད་པའི་དཔྱད་དོན་ཡིད་ཀྱི་འདོད་འཇོ་》ལས"བོད་བཟོས་ཁྲི་ནག་ལྕགས་ཀྱི་རྐྱེན་སྦྱར། །རྫ་རྫའི་གཟུགས་འདྲ་ཁ་ཕུབ་ཕྱང་འཕྲུལ་དྲ། །བྱས་པ་རྗེ་དང་དབྱུག་པས་བསྣུན་པས་ན། །སྐྲང་པོའི་སྐད་འདྲ་ལ་འབྱུང་ཚོང་ཞེས་བྱ།"①ཞེས་གསུངས་ཤིང་། ཚོང་གི་རྒྱན་རིས་ཀྱི་བཟོ་རྩལ་དེ་ཆོས་ཆས་སུ་སྤྱོད་པའི་དྲིལ་བུ་བཞིན་རྣོག་དྲ་དེ་ཙམ་མེད་ཅིང་། གཙོ་བོ་ཡི་གེའི་གཟུགས་བཀོད་པ་ཡིན་ནོ།

༣ བོངས་ཚད་མི་གཅིག་པ།

རྒྱུན་དུ་མིག་མཐོང་ལག་ཟིན་ཡིན་པའི་ཚོང་དང་དྲིལ་བུའི་བོངས་ཆེ་ཆུང་ལ་བསམ་ན་ཚོང་ནི་ཆེ་ལ་དྲིལ་བུ་ནི་ཆུང་བ་ཞིག་ཡིན་ཏེ། སྲོལ་རྒྱུན་དུ་དྲིལ་བུ་ལུགས་སུ་བླུགས་པའི་ཚད་གཞི་ལ། 《 སྡེགས་ཆས་ཀྱི་རྣམ་བཤད།》ལས"ཆེ་ཆུང་གི་ཚད་ལ་སོར་བརྒྱད་དང་། །བཅུ་དྲུག་དང་། །ཉི་ཤུ་ཙན་བྱ་བ་ལས་ལྷག་པར་མི་བྱ་གསུངས་པ་དང་། །འདབ་ཁའི་ཞེང་སོར་མོ་ལྔ་ལས་ལྷག་པར་མི་བྱ།"②ཞེས་གསུངས་པས། དེ་ནི་བོད་ཀྱི་ཕྱག་ཚན་དྲིལ་བུའི་ཕྱག་ཚད་དུ་ངེས་ཤིང་།

ཚོང་གི་མཐོ་ཚད་དང་ཞེང་ཚད་ལ་དྲིལ་བུ་ལས་ལྷབ་ཁ་ཤས་ཀྱི་ཆེ་བ་ཡོད་པ་ནི་

①《བཟོ་རིག་ཉེར་མཁོ་བདམས་བསྒྲིགས་》ཆབ་སྤེལ་ཚེ་བརྟན་ཕུན་ཚོགས་སོགས་ཀྱིས་བསྒྲིགས། བོད་ལྗོངས་བོད་ཡིག་དཔེ་རྙིང་དཔེ་སྐྲུན་ཁང་། 1990ལོའི་པར་ཐེངས་དང་པོ། 235ལ་གསལ།

②《སྡེགས་ཆས་ཀྱི་རྣམ་བཤད།》རྗེས་དཀར་ཨོ་རྒྱན་བསྟན་འགྲུས་ཀྱིས་བརྩམས། ཀྲུང་གོ་བོད་རིག་པ་དཔེ་སྐྲུན་ཁང་། 2006ལོའི་པར་གཞི་དང་པོ་དང་། ཤོག་གྲངས30 – 30ལ་གསལ།

ད་ལྟ་མཐོང་ཆོས་སུ་གྱུར་པའི་བོད་ཀྱི་ཙོང་དེ་དག་ལས་ཤེས་ཐུབ། དུས་རྒྱུན་བླ་མས་ཕྱག་ཏུ་དྲིལ་བུ་ཐོགས་འདུག་ཅེས་པ་ལས་ཙོང་ཐོགས་འདུག་ཅེས་ཟེར་བ་ནི་མེད། གཞན་དྲིལ་བུ་དཀྲོལ་བའི་སྐབས་གཙོ་བོ་དྲིལ་བུའི་ལྕེའི་བྱེད་རྩོལ་ལ་རྟེན་ནས་སྒྲ་འབྱིན་པ་དང་། ཙོང་ལ་དྲིལ་བུ་བཞིན་ཁོག་ནང་གི་ལྕེ་མེད་ཅིང་། སྒྲ་འབྱིན་པའི་དུས་ཕྱི་རོལ་གྱི་བརྡུང་བྱེད་ཀྱི་དངོས་པོ་གང་དག་ཞིག་ལ་བརྟེན་དགོས། ངག་རྒྱུན་དུ་དྲིལ་བུ་སྒྲོག །ཙོང་བརྡུང་ཞེས་པ་ལས། ལོག་ནས་བརྗོད་ན་བཤད་གད་ཀྱི་རྒྱུ་རུ་གྱུར་སྲིད།

དེར་བརྟེན་གོང་དུ་བརྗོད་པ་བཞིན་དྲིལ་བུ་དང་ཙོང་གི་དབར། ཕྱིའི་གཟུགས་དབྱིབས་དང་། བཟོ་རྩལ་ཁྱད་ཆོས། རིག་གནས་ཀྱི་མཚོན་དོན་བཅས་མི་འདྲ་བའི་དབང་གིས་དྲིལ་བུ་དང་ཙོང་གི་ཁྱད་པར་འབྱེད་ནུས། དེས་རྩོམ་ཡིག་གི་བརྗོད་བྱར་གྱུར་པའི་ཙོང་ཉིད་དང་དྲིལ་བུ་དབར་ནོར་འཛོལ་མི་ཡོང་བའི་གསལ་ཁ་བཏོན་པ་དང་། དེར་དྲིལ་ཆེན་པོའམ་ཙོང་གི་ལོ་རྒྱུས་རིག་གནས་ལ་ཞིབ་འཇུག་བྱེད་པ་ལས་དྲིལ་བུ་ཆུང་ངུ་དང་ཉ་ཉུང་མཉམ་བསྲེས་ཀྱིས་བརྗོད་བྱ་གོ་ལོག་པའི་ལམ་དུ་མི་ལྷོངས་པའི་དམིགས་པ་ཡོ་ནར་ཟད་དོ།།

གསུམ། བོད་ཀྱི་གནའ་བོའི་ཙོང་དྲིལ་གྱི་བཟོ་རྒྱུན།

ཙོང་ཞེས་པའི་ཐ་སྙད་འདི་རྒྱ་ཡིག་ནས་བྱུང་བ་ཡིན་པའི་རྐྱེན་གྱིས། དེའི་བཟོ་རྒྱུན་གྱི་འབྱུང་ཁུངས་ཡང་རྒྱ་ནག་ཡོ་ནར་གཏུགས་ཏེ། མཐའ་གཅིག་ཏུ་ལྟུང་ནས་བབ་ཅོལ་གྱི་ཚིག་སྨྲན་མི་ཐད་པར་སེམས་ཏེ།

དེར་བོད་ཀྱི་དྲིལ་བུའི་བཟོ་རྒྱུན་དང་རྒྱ་གར་འཕགས་པའི་ཡུལ་གྱི་དྲིལ་བུའི་

བཟོ་རྒྱུན། ཁ་ཆེའི་ཡུལ་གྱི་ཁ་ཆེའི་བྲ་གཞོག་གི་བཟོ་རྒྱུན། དེ་བཞིན་རྒྱ་ནག་གི་ཚོང་བཟོ་བའི་ལག་རྩལ་བཅས་ཀྱི་ཁྱད་ཡོན་ལྷན་དུ་བསྡུས་ཡོད་སྟེ། དེར་རང་ཉིད་ཀྱིས་སྔོན་བྱུང་གཏམ་གྱི་བབ་དང་བསྟུན་ཞིང་། ཉམས་མྱོང་ཅན་གྱི་རྒན་པོའི་ངག་རྒྱུན་རྣམས་གཞིར་བཟུང་བ་དང་། མཐོང་བའི་གཟུགས་ལ་བརྟག་དཔྱད་བགྱིས་ཏེ་རང་ནུས་གང་དཔོག་གིས་གླེང་བར་བྱས་ན།

དེ་ཡང་ས་ལུགས་གྲུབ་མཐའ་འཛིན་པའི་མདོ་ཁམས་ཁུལ་གྱི་ཁམས་སྟོན་ཞེས་པས་དུས་རབས15ལ་མཛད་པར་འདོད་པའི《རྒྱ་བོད་ཀྱི་ནོར་རྫས་ཀྱི་རིས་བརྟགས་ཤིང་དཔྱད་པའི་དཔྱད་དོན་ཡིད་ཀྱི་འདོད་འཛེ》ཞེས་པའི་བསྟན་བཅོས་ལས། བསྟན་པ་སྔ་ཕྱི་གཉིས་སུ་བོད་ལ་ཚོང་དྲིལ་གྱི་བཟོ་རྒྱུན་ཇི་བཞིན་ཡོད་ཚུལ་དང་། དེ་དག་གི་བཟོ་རྩལ་གྱི་ཁྱད་ཆོས་གང་ཞིག་ཡོད་ཚུལ་བསྟན་ཡོད་དེ། རྒྱ་གར་འཕགས་པའི་ཡུལ་ནས་དར་ཚུལ་ལ། བཙན་པོ་སྲོང་བཙན་སྒམ་པོའི་དུས་སུ“དྲིལ་བུ་ཛ་མ〈ཇ་〉ཁྲོན་ཆུ་ཆེ་ཧོར་ཆེ། །ཅུང་ཟད་མཛེས་ཆུ་ལྗོར་སྐད་འཐའ་ཤིང་འཕར། གད་བརྡར་མི་གཙང་དྲིལ་སྟོད་པད་མ་ཁེབས། །དེ་སོགས་འཕགས་པའི་ཡུལ་ནས་མ་ལུ་བྱུང་། །ཞེས་དང་། དེ་བཞིན་བཙན་པོ་ཁྲི་སྲོང་ལྡེ་བཙན་གྱི་སྐུ་དུས་སུ“ཁྲི་སྲོང་ལྡེ་བཙན་རིང་ལ་བསམ་ཡས་སོགས། །བཞེངས་པའི་དུས་མཆོད་སྤྱོད་མེ་ཤེལ་ཆུ་ཤེལ་དང་། གཟི་མཆོང་གསེར་དང་ཡོལ་ག་དུ་མ་བྱུང་། མ་ག་ཧ་དང་ཕལ་ཆེན་ཀ་སྨི་རིའི། །བཟོ་བོས་གཏད་པའི་ས་ཚ〈ཚོང་〉ཁ་གཡེལ་བར། །ཁ་ཆེ་བྲ་གཞོག་ཅེས་སུ་བོད་འདིར་གྲགས”ཞེས་འཁོད་ཡོད། དེ་ལས་རྒྱ་གར་འཕགས་པའི་ཡུལ་ནས་དྲིལ་བུ་བཟོ་རྒྱུན་བོད་དུ་དར་ཡོད་པ་ཤེས་ལ་དྲིལ་བུའི་བཟོ་རྩལ་གྱི་ཁྱད་ཆོས་ལས་དྲིལ་བུའི་

མིང་ལ་ཁ་ཆེ་བྱ་གཞོག་ཅེས་པའང་འབོད་ཀྱི་ཡོད།

རྒྱ་ནག་ཡུལ་ནས་དར་ཚུལ་ནི་བཙན་པོ་སྲོང་བཙན་སྒམ་པོའི་སྐུ་དུས་སུ“ རྒྱ་ནག་ལས་རོལ་མོ་ནི། འདབ་མ་མགོ་ཕོར་གཉིས་ཀ་རྒྱ་ཆེ་བ། འདོམ་ལྟོར་ཙམ་གྱི་ཁྱོན་ལྡན་པ་མ་བྱུང་བ། འདི་དག་ཡ་རེ་ས་ལ་གཏིབས་པའི་ཕྱིར། བོད་ཀྱི་ཡུལ་འདིར་ས་ཚོ < ཙོང་ > ཞེས་སུ་གྲགས” ①ཞེས་པར་གཞིགས་ན་བོད་དུ་ཙོང་གི་བཟོ་རྒྱུན་རྒྱ་ལུགས་ཅན་ཞིག་སྐབས་དེར་དར་ཡོད་པས། ཙོང་གི་ལུགས་ཀོང་ཆོས་པའི་ཁྱད་ཆོས་ལས་རྒྱ་ནག་ལུགས་ཀྱི་ཙོང་དེར་བོད་དུ་མིང་ལ་ས་ཚོ་ཞེས་བཏགས་ཡོད།

བོད་རང་དུ་ཙོང་གི་བཟོ་རྩལ་ཇི་ལྟར་བྱུང་ཚུལ་ལ་མཚོན་ན། བོད་རང་གི་དྲིལ་བུ་ལུགས་སུ་བླུགས་པའི་བཟོ་རྩལ་གྱི་རྨང་གཞིའི་ཐོག་གོང་དུ་བཤད་ཟིན་པའི་རྒྱ་དཀར་ནག་གཉིས་ཀྱི་བཟོ་རྒྱུན་དེ་དག་ལ་དཔེ་བྱས་ཏེ། བོད་རང་དུ་ཙོང་དྲིལ་ལུགས་སུ་བླུགས་པའི་ལག་རྩལ་བྱུང་ཞིང་། དེ་དག་སྤྱོད་ཡུལ་མི་འདྲ་བའི་དབང་གི་རྣམ་པ་གསུམ་ཙམ་དབྱེ་ཆོག་སྟེ།

གཅིག “ བོད་བཟོས་ཁྲོ་ནག་ལྕགས་ཀྱི་རྐྱེན་སྦྱར་ནས། ཟྭ་མའི་〈 ཟ་〉 གཟུགས་འདྲ་ཁ་ཕུབ་ཕྱང་འཕྲུལ་དུ། །བྱས་པ་རྗེ་དང་དབྱུག་པས་བརྡུན་པ་ན། གླང་པོའི་སྐད་འདྲ་འབྱུང་བ་ཙོང་ཞེས་བྱ།” ②ཞེས་འདུ་འཛོམས་སོགས་བྱེད་སྐབས

①《བཟོ་རིག་ཉེར་མཁོ་བདམས་བསྒྲིགས》ཆབ་སྤེལ་ཚེ་བརྟན་ཕུན་ཚོགས་སོགས་ཀྱིས་བསྒྲིགས། བོད་ལྗོངས་བོད་ཡིག་དཔེ་རྙིང་དཔེ་སྐྲུན་ཁང་། 1990ལོའི་པར་ཐེངས་དང་པོ། ཤོག་གྲངས235ལ་གསལ།

②《བཟོ་རིག་ཉེར་མཁོ་བདམས་བསྒྲིགས》ཆབ་སྤེལ་ཚེ་བརྟན་ཕུན་ཚོགས་སོགས་ཀྱིས་བསྒྲིགས། བོད་ལྗོངས་བོད་ཡིག་དཔེ་རྙིང་དཔེ་སྐྲུན་ཁང་། 1990ལོའི་པར་ཐེངས་དང་པོ། ཤོག་གྲངས235ལ་གསལ།

སུ་དྲིལ་བརྙ་གཏོང་ཆེད་སྤྱོད་པའི་ཅོང་གི་རིགས་ཤིག་དང་།

གཉིས་ནི། "དྲིལ་བུ་ཚང་སྒོ་མེད་པ་གདང་བུ་ལ། །བཏགས་ནས་བསྐྱོད་ཚེ་ཅིག་ཅར་སྒྲ་འབྱིན་པའི། །དྲིལ་གདང་ཞེས་བྱ་"①ཞེས་གདང་བུ་ལ་བཏགས་ནས་རླུང་གི་བྱེད་རྐྱེན་ལས་སྒྲ་ཅིག་ཅར་དུ་འབྱིན་པས་དྲིལ་བུའི་རིགས་ཤིག་ཡོད་པར་དེར་མིང་ལ་དྲིལ་གདང་ཞེས་ཟེར། དེ་ནི་ད་ལྟ་མཐོང་རྒྱུ་ཡོད་པའི་གཙུག་ལག་ཁང་གི་རྒྱ་ཕིབས་ཀྱི་ཕྱོགས་བཞིར་ཕྱང་འཕྱུལ་དུ་བཏགས་པའི་དྲིལ་བུའི་རིགས་དེ་ཡིན་སྙམ།

གསུམ་ནི། "གཙུག་ལག་ཁང་གི་བར་སྒོར་བཏགས་པ་ཡི། གཙུག་ལག་ཁང་གི་རྒྱལ་གྱུར་མ་རུ་བྱུང་"②ཞེས་གཙུག་ལག་ཁང་གི་སྒོ་མོའི་སྟེང་དུ་བཏགས་པའི་ཅོང་གི་རིགས་ཤིག་ཡོད་དེ། དེ་ནི་ཙོམ་ཡིག་དེའི་བརྗོད་གཞིར་གྱུར་བའི་བསམ་ཡས་གཙུག་ལག་ཁང་གི་ཅོང་སོགས་ལྟ་བུར་བརྗོད། ཅོང་དེ་རིགས་ཀྱི་མིང་ལ་རྒྱལ་གྱུར་མ་ཞེས་ཐོགས་པར་སེམས།

དེས་ན་ཅོང་ཞེས་པའི་ཐ་སྙད་ཡོང་ཁུངས་དང་དེའི་བཟོ་རྒྱུན་གྲུབ་སྟངས་ལ་བསམ་བློ་ཞིག་བཏང་ཚེ། བཙན་པོའི་རྒྱལ་རབས་དུས་སུ་རྒྱལ་གྱི་ཕྱོགས་བཞིའི་རྒྱ་ནག་དང་། འཕགས་ཡུལ། ཁ་ཆེ་བཅས་ཀྱི་ངོ་མཚར་གྱི་རིག་གནས་དག་ལས་བཅུད་ལེན་བྱས་ཡོད་པ་མཚོན་ཐུབ་ལ། སྐབས་དེའི་བཙན་པོ་ཡབ་སྲས་རྣམས་ཀྱང་བག་

①《བཟོ་རིག་ཉེར་མཁོ་བདམས་བསྒྲིགས་》ཆབ་སྤེལ་ཚེ་བརྟན་ཕུན་ཚོགས་སོགས་ཀྱིས་བསྒྲིགས། བོད་ལྗོངས་བོད་ཡིག་དཔེ་རྙིང་དཔེ་སྐྲུན་ཁང་། 1990ལོའི་པར་ཐེངས་དང་པོ། ཤོག་གྲངས235ལ་གསལ།

②《བཟོ་རིག་ཉེར་མཁོ་བདམས་བསྒྲིགས་》ཆབ་སྤེལ་ཚེ་བརྟན་ཕུན་ཚོགས་སོགས་ཀྱིས་བསྒྲིགས། བོད་ལྗོངས་བོད་ཡིག་དཔེ་རྙིང་དཔེ་སྐྲུན་ཁང་། 1990ལོའི་པར་ཐེངས་དང་པོ། ཤོག་གྲངས235ལ་གསལ།

ཁྱིམ་དུ་གནས་མེད་པ་ནི་རང་བཞིན་གྱིས་རྟོགས་ཐུབ། བཙན་པོའི་རྒྱལ་རབས་དེ་ཡང་དུས་རབས7－9བར་ཡ་གླིང་གི་ལོ་རྒྱུས་ནང་སྟོབས་འབྱོར་མངའ་ཐང་རྒྱས་པ་ཞིག་བྱུང་ཡོད་པ་ནི་རྒྱེན་དེ་དག་ལས་གྲུབ་པ་ཤེས་ཐུབ།

དེ་རྗེས་བསྟན་པ་ཕྱི་དར་གྱི་དུས་ནང་པ་སངས་རྒྱས་ཀྱི་ཆོས་ལུགས་དང་བོད་མིའི་འགྲོ་འདུག་སྤྱོད་ཀྱི་བར་ཆུ་དང་ཉ་མོ་བཞིན་འབྲེལ་བའི་རྣམ་པ་དང་བསྟུན་ནས་ཙོང་ཁྲིལ་གྱི་བཟོ་རྒྱུན་ལ་ཡང་ནང་ཆོས་ཀྱི་མཛེས་ཆོས་དང་མཚོན་དོན་མངོན་པར་བྱས་ཡོད། དེ་ཡང་ཙོང་ཁྲིལ་གྱི་བཟོ་རྩལ་གྱི་ཁྱད་ཆོས་དང་སྤྱོད་ཡུལ་མི་འདྲ་བ་ལས་རྣམ་པར་ཕྱེ་བ་དཔེར་ན།

༡ རྒྱན་མེད་ཁྲིལ་བུ།

《རྒྱ་བོད་ནོར་རྫས་ཀྱི་རིས་བཏགས་ཤིང་དཔྱད་པའི་དཔྱད་དོན་ཡིད་ཀྱི་འདོད་འཛོ།》ལས“དེ་རྗེས་རྒྱལ་བའི་བསྟན་པ་ཕྱི་དར་དུས། ཞོག་རྗོབ་ཆ་ལང་མཐས་སྐྱ་རིམ་པ་ཅན། ཁྲིལ་བུ་རྒྱན་མེད་གཙང་མར་བྱས་པ་འགའ། གར་གྱི་ཕྱུག་ཆ་ཡིན་ཞེས་གཏམ་དུ་གྲགས། འཕགས་ཡུལ་བཟོ་བོས་བོད་དུ་ལི་ཡི་རིགས། སྣ་ཚོགས་ལས་སྒྲུབ་དཔེར་བྱས་ཡུག་ཐོན་འགའ། བོད་བཟོས་རིགས་ལ་བོད་རྙིང་ཞེས་སུ་བརྗོད་”①ཅེས་བསྟན་པ་ཕྱི་དར་འགོ་ཚུགས་མཚམས་ཀྱི་དུས་རབས10ནས་བཟུང་བསྟན་པའི་མེ་རོ་སྟོད་སྨད་གཉིས་ནས་གསོས་ཏེ་བོད་ཀྱི་ལོ་རྩ་བ་དང་དགེ་བའི་བཤེས་གཉེན་དུ་མ་རྒྱ་གར་འཕགས་པའི་ཡུལ་དུ་ཆོས་ཀྱི་རྩ་བ་འཚོལ་བའི་ཚ་རླབས་ཤིག

①《བཟོ་རིག་ཉེར་མཁོ་བདམས་བསྒྲིགས་》ཆབ་སྤེལ་ཚེ་བརྟན་ཕུན་ཚོགས་སོགས་ཀྱིས་བསྒྲིགས། བོད་ལྗོངས་བོད་ཡིག་དཔེ་རྙིང་དཔེ་སྐྲུན་ཁང་། 1990ལོའི་པར་ཐེངས་དང་པོ། ཤོག་གྲངས256ལ་གསལ།

འཕྱུར་བའི་སྐབས་དེ་དང་བསྟུན་ནས། བོད་ཀྱི་མཆོད་ཆས་དྲིལ་བུ་ལྟ་བུ་ཡང་རྒྱ་གར་འཕགས་པའི་བཟོ་རྩལ་ལ་དཔེ་བྱས་ཏེ། བོད་ཀྱི་བཟོ་པོ་རྣམས་ཀྱི་ལག་ལེན་བྱས་ཡོད། དེ་ནི་སྐབས་དེའི་རིག་གནས་ཀྱི་འཕེལ་ཕྱོགས་ཀྱི་ཤུགས་རྐྱེན་ལས་བྱུང་བ་ཡིན་ལ། སྐབས་དེའི་བོད་མིའི་མཛེས་ཆོས་ཀྱི་ལྟ་བ་ཡང་མངོན་ཡོད་ཅིང་དྲིལ་བུ་དེ་རིགས་གཙོ་བོ་གར་གྱི་ཕྱག་ཆའི་རོལ་མོར་སྤྱོད་སྲོལ་ཡོད།

༢ དྲིལ་བུ་རྩེ་ལྔ་རྩེ་དགུ་ཅན།

《རྒྱ་བོད་ནོར་རྫས་ཀྱི་རིས་བརྟགས་ཞིང་དཔྱད་པའི་དཔྱད་དོན་ཡིད་ཀྱི་འདོད་འཇོ།》ལས“ དེ་ནས་རྒྱ་ནག་ཆེན་པོའི་མདུན་ས་ཆེ། ཁྲིང་གིན་གན་དང་གེ་གན་གོ་ཡུག་ཕྱོན། གོ་དན་རིང་ལ་ས་ཧོར་ཡོན་མཆོད་འབྲེལ། མོ་ཕོ་རྒྱལ་དང་སེ་ཆེན་གན་གྱིས་དུས། ཆེན་པོའི་མདུན་སར་བླ་ཆེན་འཕགས་པ་ཕྱོན། ཆོས་ཀྱི་སྦྱིན་པས་རྒྱ་ནག་དཀར་པོ་བྱས། བཀའ་ཡི་སྣོད་དུ་ས་ཆེན་ཆོལ་ཁ་གསུམ། རང་གིར་བཏུངས་ཏེ་རྒྱལ་བསྟན་ཉི་མོར་མཛེས། བདེ་ཆེན་མེ་ཏོག་ར་བའི་ཁྲིར་བཞུགས་ནས། བཟོ་ཡི་རིགས་བྱེད་མཁས་བཞི་བཀའ་བསྐོལ་ཏེ། དྲིལ་བུ་རྩེ་ལྔ་རྩེ་དགུ་ཚངས་རྫོང་དབྱིབས། འཕགས་ཡུལ་བཟོ་དང་ཁྱད་མཚུངས་མཛེས་ཤས་ཆེ། རིན་ཆེན་ཁྲ་ཚོམ་གྱིས་སྤྲས་དབྱིབས་ལེགས་མཛེས། ནང་དུ་གད་བརྡར་མ་བྱས་ལུགས་རིས་གསལ། ནང་གི་འབྲུག་གསུམ་ཕྱི་ཡི་རམ་ཡིག་གམ། ནམ་མཁའི་རྡོ་རྗེ་ཡོད་མེད་གཉིས་སུ་བྱུང་། དེ་བས་ཁྱད་དྲིལ་བཟོ་ཁྱད་ཕྱོན་ཆུང་བ། ཚངས་རྫོང་དངུལ་དང་ལི་དཀར་ལི་སེར་གསེར། གསེར་དམར་ཧྲཱིཾ་ཀྲུཾ་བྱས་ནས་གཟོང་རིས་ཤུལ། སྣ་ཚོགས་རིགས་མི་མཐུན་པའི་ཁྲ་རྣམས་བཅུག །རྩེ་ལྔ་མཛེས་བྱེད་འཁོར་ལོ་འཕྱང་བའི་སྟེང་། རྩེ་དགུ་

ཟླ་བ་ཟླ་ཕྱེད་ཕོང་སེང་ན། དམ་ཚིག་སྒྲོལ་མ་ལ་སོགས་ཕྱག་མཚན་གྱིས།”①ཞེས་ཡོན་རྒྱལ་རབས་ཀྱིས་རྒྱལ་ནང་གི་ཡུལ་གྲུ་ཁག་དབང་དུ་བསྡུ་བའི་བརྒྱུད་རིམ་ཁྲིད། ས་པཎ་ཀུན་དགའ་རྒྱན་མཚན་དང་། ཁུ་བོ་འགྲོ་མགོན་ཆོས་རྒྱལ་འཕགས་པ། འགྲོ་མགོན་ཕྱག་ན་རྡོ་རྗེ་བཅས་ཞིང་ཆུར་ཕེབས་ཏེ་སོག་པོ་གོ་དན་དང་གྲོས་མོལ་མཛད། དེ་རྗེས་སེ་ཆེན་རྒྱལ་པོས་འགྲོ་མགོན་ཆོས་འཕགས་དབུ་བླར་བསྐུར་ཏེ་བོད་ཆོལ་ཁ་གསུམ་གྱི་བདག་རྐྱེན་གནང་། རྒྱ་ནག་དང་བོད་ལྗོངས་ས་མཐོའི་དཔར་ཧྲ་ཟམ་བརྩུགས་པ་སོགས་མི་སྣ་འགྲོ་འོང་དང་། རིག་གནས་ཀྱི་འབྲེལ་འདྲིས་དེ་བས་དམ་ཟབ་ཏུ་སོང་བའི་རྐྱེན་གྱིས་བོད་ཀྱི་དྲིལ་བུའི་བཟོ་རྩལ་ལའང་རྒྱ་གར་ལུགས་ཀྱི་རྨང་གཞིའི་སྟེང་རྒྱ་ནག་གི་རྒྱན་རིས་རྒྱབ་པའི་བཟོ་རྩལ་བོད་དུ་དར་ཡོད་པ་ཤེས་ཐུབ། དྲིལ་བུ་དེ་རིགས་ཆོས་པའི་ཕྱག་མཚན་དུ་སྤྱོད་པས་དྲིལ་བུའི་བཟོ་ཁྱད་ཇི་མ་ཇི་བཞིན་གླིང་ཡོད།

༣ རྩང་མགོ་ཟླུམ།

《རྒྱ་བོད་ནོར་རྫས་ཀྱི་རིས་བརྟགས་ཤིང་དཔྱད་པའི་དཔྱད་དོན་ཡིད་ཀྱི་འདོད་འཇོ།》ལས“དེ་ནས་སློབ་དཔོན་རིན་ཆེན་རྒྱན་མཚན་དང་། རྣམ་པ་ལ་དུས་འཁོར་བྱུ། གྲགས་པ་འོད་ཟེར་འཇམ་དབྱངས་ཆེན་པོ་རྣམས། མེ་ཏོག་ར་བའི་ཁྲི་ལ་རིམ་བཞིན་བྱུང་། དེ་དུས་ཡངས་པའི་ས་ཆེན་སྐྱོང་བ་པོ། དབའ་བྱུས་དུ་དང་གུ

---

①《བཟོ་རིག་ཉེར་མཁོ་བདམས་བསྒྲིགས་》ཚབ་སྤྲེལ་ཚེ་བརྟན་ཕུན་ཚོགས་སོགས་ཀྱིས་བསྒྲིགས། བོད་ལྗོངས་བོད་ཡིག་དཔེ་རྙིང་དཔེ་སྐྲུན་ཁང་། 1990ལོའི་པར་ཐེངས་དང་པོ། ཤོག་གྲངས256 – 257ལ་གསལ།

ལུག་རྒྱལ་པོ་དང་། ཀུན་ཤ་ལ་དང་ཛ་ཡུ་ཛུ་སོགས་ཕྱིན། དེའི་སྐབས་སུ་རོལ་མོའི་བྱེ་བྲག་ནི། ས་ཚོལ་〈ཅོང་〉མགོ་ལྷུམ་བཟུང་མཚམས་ཉག་ལེགས་པའི། ཐྲོལ་ཐོད་རྣམས་དང་མགོ་ཕོར་ཐད་དུ་བསྣང་། སྟེང་ཡང་མརྒྱལ་འདྲ་མཉམ་བྱུང་བའི་རིགས། འདབ་མ་ཁྱོན་ཡངས་སྲབ་རློམས་མཐར་ལེགས་ཤིང་། གད་ཕྱིས་དག་པ་མེ་ཏོག་དྲི་བྲལ་བཞིན། སྐད་ཀྱང་སྙག་མ་རྣམས་ལ་འཆལ་བ་ཙམ། མགོ་ཕོར་ནང་ཚུགས་ཐོ་རྗེས་མི་གསལ་བ”①ཞེས་ས་སྐྱའི་སྲིད་དབང་གི་དུས་འཇུག་ཏུ་ཅོང་མགོ་ལྷུམ་ལ་ཅོང་གྱི་པད་འདབ་ཁྱོན་ཡང་ཆེ་བའི་རིགས་རྣམས་བྱུང་ལ་རོལ་མོར་ཡང་སྤྱོད་ཀྱི་ཡོད། དེ་ལས་རྒྱ་ནག་གི་རོལ་མོ་ 编钟 ཞེས་པ་དེ་རིགས་སྐབས་དེ་ཙམ་ལ་བོད་དུ་དར་བ་མངོན།

བཞི། བཙན་པོའི་དུས་སུ་ཅོང་བཞེངས་པའི་གྲུབ་སྲོལ་རིག་གནས།

ཐོག་མར་གྲུབ་སྲོལ་རིག་གནས་ཞེས་པ་ནི་མི་རིགས་ཤིག་གི་ལོ་རྒྱུས་ཀྱི་ཆུ་རྒྱུན་རིང་མོའི་ནང་འགྲོ་འདུག་སྤྱོད་གསུམ་སོགས་ཀྱི་ནང་རིམ་པར་གྲུབ་པའི་སྤྱི་མཐུན་གྱི་སྒྲིག་སྲོལ་དང་གྲུས་ལུགས་སོགས་ལ་གོ་བ་ཡིན་ཞིང་། དེར་དངོས་པོ་དང་། བསམ་པ། སྒྲིག་སྲོལ་སོགས་གྲུས་སྲོལ་རིག་གནས་གསུམ་དུ་བསྡུས་ན་འཐད་སྙམ། སྐབས་སུ་བབས་པའི་གླེང་བྱ་ནི་དངོས་པོའི་གྲུས་སྲོལ་རིག་གནས་ལས་བོད་ཀྱི་ཅོང་བཞེངས་པའི་གྲུས་སྲོལ་རིག་གནས་དམིགས་སུ་གླེང་བར་བྱ་སྟེ།

①《བཟོ་རིག་ཉེར་མཁོ་བདམས་བསྒྲིགས་》ཆབ་སྤེལ་ཚེ་བརྟན་ཕུན་ཚོགས་སོགས་ཀྱིས་བསྒྲིགས། བོད་ལྗོངས་བོད་ཡིག་དཔེ་སྙིང་དཔེ་སྐྲུན་ཁང་། 1990ལོའི་པར་ཐེངས་དང་པོ། ཤོག་གྲངས258 – 259ལ་གསལ།

དེ་ཡང་བོད་དུ་དུས་ཇི་ཙམ་ཞིག་ལ་ཅོང་བཞེངས་པའི་སྲོལ་ཞིག་གྲུབ་ཡོད་དམ་ཞེས་ན། ཡིག་ཚང་ཁུངས་མ་དག་དང་མངོན་སུམ་གྱི་དངོས་དཔང་དག་ལས་གསལ་ཁ་འབྱེད་ཐུབ་ཏེ། བོད་དུ་ཅོང་གི་ཐོག་བསྔོ་སྨོན①གྱི་ཚིག་སོགས་བརྐོས་ནས་གཙུག་ལག་ཁང་སོགས་སུ་བཏགས་པའི་གྲུས་སྲོལ་རིག་གནས་ཤིག་གྲུབ་པའི་དུས་ནི། སྤྱིར་བཙན་པོ་སྲོང་བཙན་སྒམ་པོའི་དུས་སུ་འཛོམ་པ་ཡིན་ཞིང་། དེ་ནས་བཙན་པོ་ཁྲི་ལྡེ་གཙུག་བརྟན་དང་ཁྲི་སྲོང་ལྡེ་བཙན་སོགས་ཀྱི་སྐུ་དུས་སུ་ཆེས་ཆེར་དར་བའི་སྐོར་རེམ་པར་སླེང་ན།

དེ་ཡང་བཙན་པོའི་རྒྱལ་རབས་དུས་སུ་བཙན་པོ་ཚང་གིས་བོད་འབངས་སྐྱོང་ཐབས་དང་། སྐབས་དེའི་ གྲུས་ སྲོལ་ རིག་ གནས་ ལ་ ང་ ཚོས་ ཉམས་ ཚོར་ བསམ་གཞིགས་ཤིག་བྱས་ན། བཙན་པོ་དང་བཙུན་མོ་རྣམས་ཀྱིས་སོ་སོས་ཐབས་དང་ཤེས་རབ་ལ་བརྟེན་ནས་སྲིད་དབང་སྐྱོང་བ་དང་། ཆོས་ལ་སྐུལ་བའི་རྣམ་པ་ཞིག་མངོན་པ་སྟེ། བཙན་པོ་ཡབ་སྲས་རྣམས་ཀྱིས་བཙུགས་པའི་ཞོལ་རྡོ་རིང་ཕྱི་མ་དང་། རྒྱལ་སྡེ་སྐར་ཆུང་ལྷ་ཁང་གི་རྡོ་རིང་། ཞྭ་ལྷ་ཁང་གི་རྡོ་རིང་དང་པོ་དང་གཉིས་པ། བསམ་ཡས་གཙུག་ལག་གི་རྡོ་རིང་། དཔོན་ཞང་རྡོ་རིང་། འཕྱོངས་རྒྱས་བང་སོའི་རྡོ་རིང་།

---

①བསྔོ་སྨོན་ཞེས་པ་ནི་བསྔོ་བ་སྨོན་ལམ་གྱི་བསྡུས་མིང་། བསྔོ་བ་ཞེས་པ་ནི་ཡོངས་སུ་བསྒྱུར་བའམ་ཡོངས་སུ་སྤེལ་བ་ལ་འཇུག་པ་སྟེ། འཁོར་བའི་རྒྱུར་གྱུར་པའི་དགེ་རྩ་རྣམས་བྱང་ཆུབ་ཆེན་པོའི་རྒྱུར་བསྒྱུར་བའམ། འཛད་པར་འགྱུར་བའི་དགེ་རྩ་རྣམས་མི་ཟད་པར་སྤེལ་བའི་དོན་ཡིན་ལ། རང་གཞན་གྱི་རྒྱུད་ཀྱི་དུས་གསུམ་དུ་བསགས་པའི་ཟག་བཅས་ཟག་མེད་ཀྱི་དགེ་ཚོགས་མཐའ་དག་བླ་མ་མེད་པའི་བྱང་ཆུབ་ཀྱི་རྒྱུར་བསྒྱུར་སྤེལ་བྱེད་པའི་འདུན་པ་མཚུངས་ལྡན་དང་བཅས་པའོ། བསྔོ་བ་ལ་གསུམ་སྟེ། ཉི་ཚེ་བའི་བསྔོ་བ། རྒྱ་ཆེ་བའི་བསྔོ་བ། བླ་ན་མེད་པའི་བསྔོ་བའོ། ཞེས《བོད་རྒྱ་ནང་དོན་རིག་པའི་ཚིག་མཛོད་》ལས་གསུངས།

སྐྱོད་ལུང་ལྷུང་བུའི་རྫོ་རིང་སོགས་ནང་བཙན་པོའི་བཀའ་ཡིས་ཆོས་ལ་སྐྱབས་བ་དང་། སློན་པོར་བདག་རྐྱེན་གནང་བ། འདུན་མ་བསྡུས་ནས་ཕན་ཚུན་འདུམ་པ་སོགས་འབངས་སྐྱོང་བའི་ལས་ལ་གཞོལ་བ་དང་། རྒྱལ་ཚང་གི་བཙུན་མོ་རྣམས་ཀྱིས་ཅོང་ལ་བསྔོ་སྨོན་གྱི་ཡི་གེ་བརྐོས་ནས་བཙན་པོ་སྐུ་ཚེ་བརྟན་པ་དང་བཙན་པོའི་བཀའ་བཞིན་འབངས་རྣམས་ཆོས་ལ་སྐྱབས་པའི་ཆེད་དུ་བསམ་ཡས་གཙུག་ལག་ཁང་གི་ཅོང་། ཁྲ་འབྲུག་གཙུག་ལག་ཁང་གི་ཅོང་། བྲག་ཡེར་པའི་ཅོང་སོགས་བཞེངས། སྣང་ཚུལ་འདི་ལྟ་བུ་ནི་ཕོ་ནི་ཐབས་དང་མོ་ནི་ཤེས་རབ་ཞེས་པ་བཞིན། བཙན་པོས་ཐབས་ཀྱིས་བཀའ་བསྒྲགས་དྲག་པོའི་རྡོ་རིང་བཞེངས་པ་དང་། བཙུན་མོ་རྣམས་ཀྱིས་ཤེས་རབ་ལས། ཞི་བའི་ཆོས་ཀྱིས་སློན་འབངས་ཀྱི་སློ་ཁ་བཙན་པོར་ཕྱོགས་པའི་ཆེད་དུ་བསྔོ་སྨོན་གྱི་ཚིག་དག་ཅོང་ཐོག་ཏུ་བརྐོས་པའི་སྲོལ་དར། དེར་བརྟེན་བཙན་པོ་དང་བཙུན་མོའི་འཁོར་ལ་སོགས་དབར་བསྒྱུར་བ་རྣམས་སངས་རྒྱས་ཆོས་ལུགས་ལ་གསོས་ཆེ་བས་དམ་པའི་ཆོས་རྒྱ་ཆེར་སྤེལ་ཕྱིར་བཙན་པོའི་ཐབས་ཀྱིས་བཀའ་གསོས་རྡོ་རིང་བཞེངས་པ་དང་། བཙུན་མོའི་འཁོར་གྱིས་ཤེས་རབ་ལས་ཅོང་བཞེངས་པ་སོགས་ཐབས་ཤེས་ཟུང་འབྲེལ་གྱིས་ཆོས་སྲིད་སྐྱོང་བའི་སྐབས་དེའི་སྤྱི་ཚོགས་ཀྱི་རྣམ་པ་ཞིག་མཚོན་ནུས།

ཕྱོགས་གཞན་ཞིག་ནས་བལྟས་ན་བཙན་པོའི་དུས་ཅོང་བཞེངས་པའི་སྲོལ་ནི་བཙན་པོའི་སྐབས་ཀྱི་ཨར་སྐྲུན་གྱི་གྲུབ་སྲོལ་རིག་གནས་ཞིག་ཀྱང་ཡིན་པར་མངོན་ཏེ། དེ་ཡང་《ལྡེའུ་ཆོས་འབྱུང་》ལས། “ཡང་འདུལ་བཞི་ལ་འཁྱོང་བཏགས་པ་བརྒྱད། ཤར་སེང་གེ་དཀར་མོའི་དཔྲལ་སྟེང་དུ་རྡོ་རྗེ་འགྱུར་མེད་ཀྱི་ལྷ་ཁང་། དེ་ལ་འཁྱོང་

མྱུང་དཀར་ཆུའི་ལྷ་ཁང་། ཕྱོ་སྟག་སྐྱ་བོའི་མཆེ་སྟེང་དུ། བུམ་རྩེ་ལུང་གི་ལྷ་ཁང་། དེའི་འཁོར་དུ་རྨ་ཤ་རྨའི་ལྷ་ཁང་། ནུབ་བྱ་དམར་མའི་མཆུ་སྟེང་དུ། མང་ཡུལ་བྱང་སྤྲིན་དང་། དེའི་འཁོར་དུ་མྱང་སྤྲིན་ལྷ་ཁང་། བྱང་རུས་སྦལ་ནག་པོའི་སྟེང་དུ། སྦྲ་བདུན་རྩེ་དང་དེ་ལ་འཁོར་གཉེན་གསལ་ལྷ་ཁང་།"①ཞེས་དང་། 《སྔོན་གྱི་གཏམ་མེ་ཏོག་ཕྲེང་བ་》ལས། "རུ་བཞིའི་གཙུག་ལག་ཁང་ཆེན་པོ་བཞི་བཞེངས་པ་ནི། ལག་པ་གཡས་མནན་པའི་ཕྱིར། གྲོམ་པ་རྒྱང་ས་རྣམ་དག་སྒྲིབ་མེད་ཀྱི་གཙུག་ལག་ཁང་བཞེངས། དེའི་འཚོང་དུ་འབྲེའི་གཙུག་ལག་ཁང་བཏབ། ལག་པ་གཡོན་པ་མནན་པའི་ཕྱིར། ཁྲ་འབྲུག་གི་བྱམས་པ་མི་འགྱུར་གཙུག་ལག་ཁང་བཞེངས། དེའི་འཚོང་དུ་རྩང་ < བཙན་ > ཐང་གི་གཙུག་ལག་ཁང་བཞེངས། རྐང་པ་གཡོན་པ་མནན་པའི་ཕྱིར་ཀ་རྩལ་གྱི་གཙུག་ལག་ཁང་བཞེངས། འཚོང་དུ་ཤེ་རྟང་གི་གཙུག་ལག་ཁང་བཞེངས། རྐང་པ་གཡོན་པ་མནན་པའི་ཕྱིར། གཙང་བྲང་གི་ < འགྲམ་གྱི་ > གཙུག་ལག་ཁང་བཞེངས། དེའི་འཚོང་དུ་འབྲོམ་སྐྱེར་ཆུང་གི་ལྷ་ཁང་བཞེངས། ཡང་མཐའ་འདུལ་ཡང་འདུལ་གྱི་གཙུག་ལག་ཁང་ཆེན་པོ་བཞི་དང་། འཚོང་དུ་བཅས་བཞེངས"②ཞེས་འཁོད། བཙན་པོའི་དུས་སུ་ལུགས་སུ་བླུགས་པའི་བྱ་རྒོད་

---

①《ལྡེའུ་ཆོས་འབྱུང་》མཁས་པ་ལྡེའུ། བོད་ལྗོངས་བོད་ཡིག་དཔེ་རྙིང་དཔེ་སྐྲུན་ཁང་། 2010ལོའི་པར་ཐེངས་གཉིས་པ། ཤོག་གྲངས271ལ་གསལ།

②《བོད་ཀྱི་ལོ་རྒྱུས་དེབ་ཐེར་ཁག་ལྔ་》བོད་ལྗོངས་བོད་ཡིག་དཔེ་རྙིང་དཔེ་སྐྲུན་ཁང་། 2005ལོའི་པར་ཐེངས་གཉིས། ཤོག་གྲངས16 – 17ལ་གསལ།

གཤོངས་གཙུག་ལག་ཁང་①གི་ཚོང་གི་ཚག་གྲུམ་ཞིག་ད་ལྟ་ཡང་བྱ་གཤོངས་དགོན་དུ་མཇལ་རྒྱུ་ཡོད། ཡིག་ཚང་དུ་གསལ་བའི་ནང་དོན་དང་དངོས་དཔང་དེ་དག་ལས་གང་ཞིག་གསལ་བཤད་བྱ་ཐུབ་བམ་ཞེ་ན། བཙན་པོ་སྲོང་བཙན་སྒམ་པོའི་སྐུ་དུས་སུ་ལྷ་ཁང་བཞེངས་སྐབས་ཚོང་ལུགས་སུ་བླུགས་ནས་ལྷ་ཁང་ནང་བཏགས་པ་དང་བརྒྱན་པར་བྱེད་པ་ནི་སྐབས་དེའི་ཨར་སྐྲུན་གྱི་གྲུབ་སྲོལ་རིག་གནས་ཞིག་ཏུ་གྲུབ་པར་སེམས། ཚོང་འཛོག་ཡུལ་གྱི་ལྷ་ཁང་ཡང་བཞེངས་པ་མ་ཟད་དེ་དག་ལ་མིང་ཡང་རེ་རེ་བཞིན་བཛོད་རྒྱུ་ཡོད། དེ་ནས་རིམ་བཞིན་དར་ཁྱབ་བྱུང་བ་སྟེ། 《སྦ་བཞེད་》ལས་བསམ་ཡས་གཙུག་ལག་ཁང་བཞེངས་སྐབས། "དེ་ལྟར་ན་ལྟེར་ཚོ་བདུན་ཅུ་དོན་བརྒྱད། མདོ་རྒྱུད་རིས་བཅུ་བཞི། ཀ་བ་སྟོང་དང་རྩ་གཉིས། སྒོ་མོ་ཆེ་སུམ་བཅུ་སོ་དྲུག །སྒོ་ཆུང་ཆུང་བཞི་བཅུ་ཞེ་གཉིས། གྲུ་སྐས་གསུམ། ཚོང་ཆེན་པོ་བརྒྱད། དང་དང་ཆེན་པོ་གསུམ་ལ་སོགས་པ་བཞེངས"②ཞེས་འཁོད། ཕྱིས་སུ་བན་བོན་གཉིས་དབར་འཐབ་རྩོད་བྱུང་བའི་དབང་གིས་ཚོང་དེ་དག་བཞེངས་པར་འཚེ་བ་བྱུང་བའི་སྐོར། 《པད་མ་བཀའ་ཐང་》ལས། "དེ་ནས་ལྷ་ཁང་ནང་དུ་ཚོང་འདོགས་པ༔མི་མ་ཡིན་གྱིས་འདོགས་སུ་མ་བསྟེར་བས༔སློབ་དཔོན་མཆིམས་ཕུར་ཡང་དག་སྒྲུབ་པ་མཛད༔རྡུ་ལུ་ཚངས་པའི་དབྱངས་ཀྱི་འདྲེན་སྟངས་བླངས༔ མི་མ་ཡིན་རྣམས་ཡེངས་ལ་བོར་

①ཚེ་སྤོང་ལྷ་བཟང་ཀླུ་དཔལ་གྱིས་ནི་ནི་མོ་སྤྱན་ལོང་པའི་བསོན་ནམས་ཀྱི་རྟེན་དུ་སྦོ་ཐང་བྱ་རྒོད་གཤོངས་ཀྱི་ལྷ་ཁང་བཞེངས་སུ་གསོལ་ལོ། ཞེས《བོད་ཀྱི་ལོ་རྒྱུས་དེབ་ཐེར་ཁག་ལྔ་》བོད་ལྗོངས་བོད་ཡིག་དཔེ་རྙིང་དཔེ་སྐྲུན་ཁང་། 2005ལོའི་པར་ཐེངས་གཉིས་པ། ཤོག་གྲངས29ལ་གསལ།

②《སྦ་བཞེད་》སྦ་གསལ་སྣང་། མི་རིགས་དཔེ་སྐྲུན་ཁང་། 1982ལོའི་པར་ཐེངས་གཉིས་པ། ཤོག་གྲངས46ལ་གསལ།

ནས་སུ༔ གཞན་རྣམས་གཙུག་ལག་ཁང་དུ་ཚོང་འདོགས་བཅུག༔ སློབ་དཔོན་དགོངས་པ་ལྷ་འདྲེས་བཤིག་མ་ནུབ།”①ཅེས་འཁོད། གཞན་ཡང་བསམ་ཡས་གཙུག་ལག་ཁང་ལ་ཚོང་གི་རྒྱན་པའི་སྐོར།《ཆོས་འབྱུང་མཁས་པའི་དགའ་སྟོན་》ལས། “འབྲོ་བཟའ་ཁྲི་རྒྱལ་མོ་བཙན་ཕྱིས་རབ་ཏུ་བྱུང་ནས་བྱང་ཆུབ་རྗེར་མཚན་གསོལ་བ་དེའི་ཕྱུག་རིས་དགེ་རྒྱས་ཀྱི་གཙུག་ལག་ཁང་ལགས་ཏེ། སྣང་བ་མཐའ་ཡས་གཙོ་འཁོར་དགུ་གཞུང་གི་ལུགས་སྟོད་དུ་ལུགས་བཏབ་ནས་ཆབ་ལ་སྤྱན་དྲངས་པས་འཁོར་གཉིས་ཆབ་ལ་ཐོར……སྲས་མི་མངའ། ཡབ་མེད་འབྲོ་ཡུལ་ཐག་རིང་བས་ཕྱིས་གསོ་མི་མི་འོང་ཞེས་མཆི་ནས་ལྷ་ལུགས་མ་བྱས། རྩིག་པ་སོ་ཕག་ཞ་ཉེའི་ཆུས་བྱུར། ཟངས་ཀྱི་ཐོག་བཀལ། རོལ་མོ་ཚོང་བཏགས།”②ཞེས་སྐབས་དེར་ལྷ་ཁང་ལ་ཚོང་བཞེངས་པའི་སྲོལ་ཞིག་ཡོད་པ་དང་། བསམ་ཡས་དབུ་རྩེའི་གཙུག་ལག་ཁང་ལྷ་བུ་ནི། གཙུག་ལག་ལྷ་ཁང་དང་ཕོ་བྲང་གཅིག་ཕྱོགས་སུ་སྦྱོད་པ་ཞིག་ཡིན་ཞིང་། དེར་མཚམས་བརྒྱད་ལ་ཚོང་རེ་རེ་བརྒྱན་པའི་གྲུས་སྲོལ་བྱུང་ཡོད། དེ་ནས་བཙན་པོ་ཁྲི་གཙུག་ལྡེ་བཙན་རལ་པ་ཅན་གྱི་དུས་འོན་ཅང་རྡོ་དཔེ་མེད་དགེ་འཕེལ་གཙུག་ལག་ཁང་བཞེངས་སྐབས“འོག་ཁང་གསུམ་ཐོག་སྒོ་རེ་བཞི་མན་ཆད་རྡོ་ལས་བྱས་པས་རྡོ་བཙོས་ཁྱད་པར་འཕགས་པ་བྱུང་སྟེ། དེའི་སྟོད་ལ་ར་སའི་གཙུག་ལག་ཁང་དུ་མེས་

①《པད་མ་བཀའ་ཐང་》གཏེར་ཆེན་ཨོ་རྒྱན་གླིང་པས་གཏེར་ནས་བཏོན། སི་ཁྲོན་མི་རིགས་དཔེ་སྐྲུན་ཁང་། 2006ལོའི་པར་ཐེངས་དང་པོ། ཤོག་གྲངས316ལ་གསལ།

②《ཆོས་འབྱུང་མཁས་པའི་དགའ་སྟོན་》དཔའ་བོ་གཙུག་ལག་ཕྲེང་བས་བརྩམས། མི་རིགས་དཔེ་སྐྲུན་ཁང་གིས། 2005ལོའི་པར་ཐེང་དང་པོ། ཤོག་གྲངས185ལ་གསལ།

གྱིས་ཆོས་ཀྱི་སྲོལ་གཏོད་པའི་བཀའ་དྲིན་ཆེ་བས་རྗེ་རིང་ཕུལ་ལོ། རེ་མོའི་ཕྱད་དུ་དར་ལ་བྲིས་པའི་མ་དཔེ་བེའུ་འབུམ་བརྒྱ་རྩ་བརྒྱད་ཕུལ། ལྡེར་ཚོའི་ཕྱད་དུ་ལྷ་ཚངས་པ་དང་བརྒྱ་བྱིན་གཉིས་བཞེངས་ནས་ཕུལ། ལུགས་མའི་ཕྱད་དུ་ཅོང་ཆེན་པོ་དྲིལ་བུའི་ཚུལ་དུ་བཏགས་ནས་ཕུལ་” ①ཞེས་བཙན་པོ་གཞུང་ནས་བསྐྲུན་པའི་གཙུག་ལག་ཁང་དང་ཕོ་བྲང་སོགས་ཀྱི་མཆོད་རྟགས་ལྷ་བུར་གྱུར་ཡོད་ཅིང་། གུས་སྲོལ་འདི་ལྷ་བུ་ནི་གྲལ་རིམ་སྤྱི་ཚོགས་ནང་དབང་སྒྱུར་གྲལ་རིམ་གྱི་དབང་ཐང་མཚོན་པའི་རྟགས་ལྷ་བུ་ཞིག་ཡིན། དེ་དག་ཆོས་འབྱུང་ཁག་ནང་ཚིག་གི་ཟིན་པ་ཙམ་མ་ཟད། མངོན་སུམ་གྱི་དངོས་དཔང་འགའ་རེ་བསྟན་རྒྱུ་ཡོད་པའི་སྐོར། གཤམ་གྱི་ས་བཅད་ནང་ཅོང་དག་གི་པར་རིས་དང་། ཁ་ཡིག་གི་ནང་དོན་དག་ལས་ར་སྤྲོད་ཐུབ་པོ།

①བོད་ལྗོངས་སྤྱི་ཚོགས་ཚན་རིག་ཁང་ནས་སྒྲིག་རྩོམ་བྱས་པའི་《བོད་ཀྱི་ལོ་རྒྱུས་རགས་རིམ་གཡུ་ཡི་ཕྲེང་བ་》སྟོད་ཆ། བོད་ལྗོངས་བོད་ཡིག་དཔེ་རྙིང་དཔེ་སྐྲུན་ཁང་། 1989ལོའི་པར་གཞི་དང་པོ། ཤོག་གྲངས། 397 –398

ས་བཅད་བཞི་པ། བཙན་པོའི་དུས་ཀྱི་ཅོང་དྲིལ་གྱི་ལོ་རྒྱུས་རིག་གནས་སྐོར།

ད་བར་ཞིབ་འཇུག་བྱས་པའི་བརྒྱུད་རིམ་ནང་གསལ་རྟོགས་ཐུབ་པའི་སྤུ་རྒྱལ་བཙན་པོའི་དུས་ཀྱི་ཅོང་ལ། བཙན་པོ་ཁྲི་ལྡེ་གཙུག་བརྟན་མེས་ཨག་ཚོམ་གྱི་སྐུ་དུས་སུ་བཞེངས་པའི་ཐག་རོང་དགའ་ལྡན་བྱིན་ཆེན་གཙུག་ལག་ཁང་གི་ཅོང་དང་། བཙན་པོ་ཁྲི་སྲོང་ལྡེ་བཙན་གྱི་སྐུ་དུས་སུ་བཞེངས་པའི་བསམ་ཡས་དབུ་རྩེའི་གཙུག་ལག་ཁང་གི་ཅོང་། བཙན་པོ་ཁྲི་ལྡེ་སྲོང་བཙན་སད་ལེགས་མཇིང་ཡོན་གྱི་སྐུ་དུས་སུ་བཞེངས་པའི་ཁྲ་འབྲུག་གཙུག་ལག་ཁང་གི་ཅོང་དང་བྲག་ཡེར་པའི་ཅོང་། གྲོམ་པ་ལྷ་རྩེའི་བྱ་གཤོངས་གཙུག་ལག་ཁང་གི་ཅོང་བཅས་ལྔ་ཙམ་ཡོད་པས། གཤམ་དུ་ཅོང་དེ་རྣམས་དུས་ཇི་ཙམ་ལ་བཞེངས་པའི་སྐོར་དང་། དེའི་ལོ་རྒྱུས་ཀྱི་རྒྱབ་ལྗོངས། ཅོང་གི་བཟོ་བཀོད་མཚམས་སྦྱོར། ཅོང་གི་མ་ཡིག་མཚམས་སྦྱོར་དང་དེ་དག་གི་རྒྱ་ཡིག དབྱིན་ཡིག ལ་ཏིང་གི་ཡི་གེ། ཅོང་གི་ཁ་ཡིག་གི་ནང་དོན་དབྱེ་ཞིབ། ཁ་ཡིག་ནང་གི་མིང་ཚིག་འགའ་ཡི་གསལ་འགྲེལ། དེ་བཞིན་ཅོང་དེ་དག་གི་རིན་ཐང་སོགས་རིམ་པར་གླེང་བར་བྱའོ།

དང་པོ། ཇག་རོང་དགའ་ལྡན་བྱིན་ཆེན་གཙུག་ལག་ཁང་གི་ཅོང་།

ཅོང་གི་མིང་། ཇག་རོང་དགའ་ལྡན་བྱིན་ཆེན་གཙུག་ལག་ཁང་གི་ཅོང་།

གནས་ཡུལ། སྟོད་ཀུན་སྲུའུ་དཔའ་རིས་ཇག་རོང་གཞུང་།

བཞེངས་དུས། བཙན་པོ་མེས་ཨག་ཚོམ་གྱི་སྐུ་ཚེའི་སྟོད། སྤྱི་ལོ705 –754བར་གྱི་ལོ་ཞིག

བཞེངས་མཁན་ཡོན་བདག ཞང་བློན་ལྷ་སྒྲ་རྒྱལ་སྒྲིབས་པ་བུ་གཉིས།

ཡིག་མཁན། ལྕུགས་ཀོང × ×

ལུགས་བཟོ། དགེ་སློང་མཆོད་ཕྲིན།

ཁ་ཡིག་གི་མདོ་དོན། བསྔོ་སྨོན་གྱི་ཡི་གེ

གཅིག ཅོང་དྲིལ་བཞེངས་པའི་ལོ་རྒྱུས་རྒྱབ་ལྗོངས།

ཕྲུག་མར་ཅོང་འདིའི་སྐོར་ཞུབ་བྱང་མི་རིགས་སློབ་ཆེན་གྱི་དགེ་བའི་བཤེས་གཉེན་ལྷ་མཆོག་རྒྱལ་ལགས་ཀྱིས《བོད་ལྗོངས་ཞིབ་འཇུག》2011ལོའི་དུས་དེབ་དང་པོ་ཕྲུག་ཏུ《བཙན་པོ་ཁྲི་ལྡེ་གཙུག་བརྟན་སྐབས་ཀྱི་ཇག་རོང་དགའ་ལྡན་བྱིན་ཆེན་གཙུག་ལག་ཁང་གི་དྲིལ་བུའི་ཁ་བྱང་གི་ཡི་གེར་དཔྱད་པ་》ཞེས་པའི་དཔྱད་རྩོམ་ཞིག་སྤེལ་ཏེ་ཞིབ་འཇུག་པའི་སྤྱི་ལ་དཔྱད་གཞི་ཕྲུག་མར་མགོ་འདྲེན་གནང་ཡོད།

ཅོང་འདི་བཞེངས་པའི་དུས་ནི། བོད་ཀྱི་ཆོས་འབྱུང་རྒྱལ་རབས་རྣམས་སུ་གསལ་བར་མ་འཁོད་ཀྱང་། ཅོང་དེ་རང་གི་ཁ་ཡིག་ལས“བོདཀྱིལྷབཙནཔོཁྲིལྡེ
གཙུགབརྟནམཆེདཀྱི་སྐུ་ཡོནདུབཙོསྟེཞངལྷ་སྦྲ་རྒྱལསྤྱིབསསྤྱདཀྱིསཇགརོངདགཱལྡནབྱིན
ཅནགཙུགལགཁངགིརྒྱནདུདྲིལཆེནཅིགཕུལབའིཡོནཀྱིསཡོནབདགདངསེམསཅནཐམསཅད
བླནམེདདེབྱངཆུབཀྱིརྒྱུབཔརསྨོནཏོ།
དྲིལའདི་ལྟུགསཀོང × × གིསཡིགེབྲིསྟེདགེསློངཆོསགྲུབཀྱིསབླུགསོ”①ཞེས་བཙན་པོ་ཁྲི་ལྡེ་གཙུག་བརྟན་ཁྲིར་མ་འཁོད་སྔོན་དུ་མཚན་ལ་རྒྱལ་གཙུག་རུ་ཞེས་འབོད་ལ་ཁྲིར་འཁོད་པའི་རྗེས་སུ་མཚན་ལ་ཁྲི་ལྡེ་གཙུག་བཙན་ཞེས་གསོལ་ཡོད། དེ་ལྟར་ན་ཅོང་འདིའི་ཁ་ཡིག་གི་མགོར་བོད་ཀྱི་ལྷ་བཙན་པོ་ཁྲི་ལྡེ་གཙུག་བཙན་ཞེས་གསལ་པོར་འཁོད་ཡོད་པས། ཅོང་འདི་ཡང་ཁྲི་ལྡེ་གཙུག་བཙན་ཁྲིར་འཁོད་རྗེས་སུ་བཞེངས་པ་

①《བཙན་པོ་ཁྲི་ལྡེ་གཙུག་བརྟན་སྐབས་ཀྱི་ཇག་རོང་དགའ་ལྡན་བྱིན་ཆེན་གཙུག་ལག་ཁང་གི་དྲིལ་བུའི་ཁ་བྱང་》ལྷ་མཆོག་རྒྱལ། 《བོད་ལྗོངས་ཞིབ་འཇུག》2011ལོའི་དུས་དེབ་དང་པོ། ཤོག་གྲངས། 2ལ་གསལ།

རིག་པས་སྒྲུབ་ནུས་སོ། དེ་བཞིན་ཙོང་གི་ཁ་ཡིག་ཏུ་གཙུང་ཁྲི་ལྡེ་གཙུག་བརྟན་དང་གཅེན་ལྷ་བལ་པོ་སྐུ་མཆེད་གཉིས་ལ་བསྔོ་བའི་སྨོན་ཚིག་འཕྲུལ་ཡོད་པས་སྐབས་དེར་གཅེན་ལྷ་བལ་པོ་སྐུ་ཚེ་མ་འདས་པའི་དུས་ག་གེ་མོ་ཞིག་ཏུ་བབས་པས། ཙོང་འདི་བཞེངས་པའི་དུས་ཀྱང་བཙན་པོ་ཁྲི་ལྡེ་གཙུག་བརྟན་གྱི་སྐུ་ཚེའི་སྟོད་དུ་ཡིན་པ་ངམ་ངམ་ཤུགས་ཀྱིས་ཤེས་ནུས། བཙན་པོ་ཁྲི་ལྡེ་གཙུག་བརྟན་འཁྲུངས་འདས་ཀྱི་ལོ་ཚིགས་ནི་སྤྱི་ལོ705 – 754བར་ཡིན་པས། དེའི་སྐུ་ཚེའི་སྟོད་ཀྱི་དུས་ག་གེ་མོ་ཞིག་ཏུ་ངོས་འཛིན་བྱས་ན་འཐད་སྙམ།

ཙོང་འདི་བཞེངས་པའི་ལོ་རྒྱུས་རྒྱབ་ལྗོངས་རགས་ཙམ་གླེང་ན། བཙན་པོ་ཁྲི་ལྡེ་གཙུག་བཙན་སྐུ་ན་ཆུང་དུས་སུ་ཁོང་གི་ཕྱི་མོ་འབྲོ་བཟའ་ཁྲི་མ་ལོད་ཀྱིས་ཆབ་སྲིད་བསྐྱངས་པ་དང་། ཁྲིར་མངའ་གསོལ་རྗེས་སུའང་བོད་དུ་ནང་པ་སངས་རྒྱས་ཀྱི་རབ་བྱུང་གི་སྡེ་མ་ཚུགས་ལ་སྐུ་གསུང་ཐུགས་རྟེན་ཡོངས་སུ་ཚང་བའི་གཙུག་ལག་ཁང་ཡང་མེད་ཅིང་། ཞང་བློན་ཆེ་རྒྱ་མང་ཆེ་བ་ནི་སྔར་བཞིན་བོན་ལུགས་ཁོ་ནར་དད་པ་བྱེད་བཞིན་ཡོད། སྐབས་དེར་བཙན་པོ་ཁོང་གིས་ཐུབ་བསྟན་སྤེལ་རྒྱུར་དགོངས་པ་བཞེས་ཏེ། བྲན་ཀ་མུ་ལེ་ཀོ་ཤ་དང་། གཉགས་ཛྙཱ་ན་ཀུ་མ་ར་བྱ་བ་གཉིས་རྒྱ་གར་དུ་ཆོས་འཚོལ་དུ་བཏང་བས། པཎྜི་ཏ་སངས་རྒྱས་གསང་བ་དང་། སངས་རྒྱས་ཞི་བ་ཞེས་པ་གཉིས་གང་ཏི་སེ་ལ་སྒོམ་དུ་ཕྱིན་པ་ཐོས་ཏེ། ཁོང་ཉིད་སྤྱན་དྲངས་ཀྱང་མ་འབྱོངས། དེ་གཉིས་ཀྱི་ཐུགས་ནས་དམ་པའི་ཆོས་མདོ་སྡེ་ལས་རྣམ་འབྱེད་དང་། གསེར་འོད་དམ་པ། གྲི་ཡ་དང་ཨུ་པ་ཆ་ཤས་ཙམ་ཞུས། གླིགས་བམ་སྤྱན་དྲངས་ནས་རྒྱལ་བའི་མཆོད་གནས་སུ་ཕུལ་བས་དེ་རྣམས་བཞུགས་ཡུལ་དུ་ལྷ་ཁང་བཞེངས་པར་གྲགས་ཏེ།

ལྷ་ས་མཁར་བྲག་དང་། བྲག་དམར་མགྲིན་བཟང་། མཆིམས་ཕུ་སྣ་རལ། བྲག་དམར་ཀ་ཏྲུ། མ་ས་གོང་གི་གནས་ཏེ་ལྔ་བཞེངས། དེ་བཞིན་སྦྲ་གསང་ཤེ་སོགས་མི་བཞི་ཐང་གི་གོང་མིའི་དྲུང་དུ་བཀའ་ཤོག་གི་སྨྲོམ་བུ་དང་སྐྱེས་བཅས་བསྐུར་ཏེ་རྒྱ་ཡུལ་ནས་ཆོས་ཀྱི་གཙུག་ལག་ལེན་དུ་མངགས་པ་སོགས་ལས་བཙན་པོ་འདི་ཉིད་ཀྱིས་སངས་རྒྱས་ཆོས་ལུགས་དར་སྤེལ་གཏོང་ཕྱིར་ཐུགས་བཞེས་གནང་ཡོད། དེ་ལྟ་བུའི་ལོ་རྒྱུས་ཀྱི་རྒྱབ་ལྗོངས་འོག་བོད་ཀྱི་མཐའ་ཡི་ཡུལ་གྲུར་གནས་པའི་ཧག་རོང་དགའ་ལྡན་ཕྱིན་ཆེན་གཙུག་ལག་ཁང་གི་རྐྱེན་དུ་ནང་པ་སངས་རྒྱས་ཀྱི་བསྟོ་སྒྲོན་གྱི་ཚོག་ཚང་ཐོག་ཏུ་བཀོས་པའི་སྣང་ཚུལ་བྱུང་བར་མངོན་ལ། བཙན་པོ་ཁོང་གི་སྲས་ཁྲི་སྲོང་ལྡེའུ་བཙན་དུས་སུ་བོད་དུ་སངས་རྒྱས་ཀྱི་བསྟན་པ་རྒྱ་ཆེར་སྤེལ་བར་རྨང་གཞི་ལེགས་པོ་ཞིག་ཀྱང་གཏིང་ཡོད།

གཉིས། ཚང་དྲིལ་གྱི་ཛ་སྒྲིད་རགས་བསྡུས།

ཚང་འདི་ནི་ནུབ་བྱང་སློབ་གྲྭ་ཆེན་མོའི་དགེ་བའི་བཤེས་གཉེན་ལྷ་མཆོག་རྒྱལ་ལགས་ཀྱིས་སྤྱི་ལོ2009ལོར་རྙིང་ཁྲིམ་ཞིག་ནས་རྙུབ་པ་དང་། ཚང་དེ་ཐོག་མའི་གནས་ཡུལ་ནི་ཧག་རོང་དགའ་ལྡན་ཕྱིན་ཆེན་གཙུག་ལག་ཁང་ཞེས་ད་ལྟ་ཀན་སུའུ་ཞིང་ཆེན་དཔའ་རིས་ཁུལ་གྱི་བཙན་པོའི་དུས་ཀྱི་དགོན་རྙིང་ཞིག་ཡིན་པར་གྲགས། ད་བར་མི་ལོ་གཅིག་སྟོང་གསུམ་བརྒྱ་སྐག་ཙམ་སོང་བ་དང་། དུས་འཁྲུག་བྱུང་བའི་དབང་གིས་མཆོད་གཞིས་ལ་འཕོ་བསྒྱུར་བྱུང་བས་སྲིད་དབང་མི་གཅིག་པའི་སྐབས་དགོན་པའི་མིང་ལ་ཡང་འགྱུར་བ་དུ་མ་བྱུང་ཡོད། ད་ལྟ་ངོས་འཛིན་གསལ་པོ་ཞིག་བྱུང་མེད། ཡིན་ཡང་ཚང་འདིའི་ཁ་ཡིག་ཏུ་ཧག་རོང་དགའ་ལྡན་ཕྱིན་ཆེན་གཙུག

ལག་ཁང་གི་མཆོད་པའི་རྐྱེན་དུ་ཅོང་དེ་ཕུལ་བ་གསལ་པོར་མངོན་ཡོད་པས། ཅོང་འདིའི་མིང་ལ་ཡང་སྔར་གྱི་གནས་ཡུལ་གྱི་ཆ་ནས་ཇག་རོང་དགའ་ལྡན་གཙུག་ལག་ཁང་གི་ཅོང་ཞེས་གྲགས།

ཅོང་དེའི་རྫས་རྒྱུ་དང་། ལྗིད་ཚད། ཕྱིའི་རྣམ་པ་བཅས་ངོ་སྤྲོད་རགས་ཙམ་བྱས་ན། “རྒྱུ་ནི་ཁྲོ་ཟངས་འདྲེས་མ་ལས་གྲུབ་ཅིང་། ལྗིད་ཚད་ལ་སྤྱི་ཀྲ་༡༧༨དང་། མཐོ་ཚད་ལ་ཀུང་ཕྱིན་༥༩ དྲིལ་ཁའི་ཞེང་ལ་ཀུང་ཕྱིན་༥༢ དྲིལ་ཞབས་ཀྱི་ཞེང་ལ་ཀུང་ཕྱིན་༩༠ཡོད། དྲིལ་བུ་ནི་པད་འདབ་དྲུག་ཅན་དུ་བཞེངས་ཡོད་ལ། པད་ལྕེ་རེ་རེའི་ཐོག་སྟག་མགོའི་རི་མོ་རེ་རེ་དང་། དྲིལ་བུའི་ཁ་བྱང་གི་གོང་དུ་ཕྲེན་རིས་དྲུག་བཀོད་ཡོད། ཁ་བྱང་ནི་བཙན་པོའི་དུས་སྐབས་ཀྱི་ཡིག་གཟུགས་དབུ་ཅན་གྱི་ཚིག་གིས་བར་ཆོད་མེད་པར་གཡོན་ནས་གཡས་སུ་རྒྱུན་མར་བྲིས་ཡོད་ལ། ཁ་བྱང་གི་མིང་གི་ཡིག་འབྲུ་གཉིས་མི་གསལ་བ་མ་གཏོགས་ཐམས་ཅད་གསལ་པོར་ངོས་འཛིན་ཐུབ།”① ཅོང་དེའི་ཁ་བྱང་གི་ཡི་གེ་ནི་བསྔོ་སྨོན་གྱི་ཚིག་ཏུ་མངོན་ཞིང་། ཁ་བྱང་ནང་བསྔོ་སྨོན་ཞུ་ཡུལ་དང་། ཡོན་བདག བསྔོ་བ་འབུལ་གནས། བསྔོ་སྨོན། ཡིག་མཁན། ཅོང་གི་བཟོ་བོ་བཅས་ཀྱི་ཆ་འཕྲིན་དྲུག་གི་ཚིག་སྣ་བསྡུས་ཏེ། ཁ་གསལ་པོ་བདེར་བཀོད་ཡོད། ཁ་ཡིག་ནང་ལོ་རྒྱུས་མི་སྣ་འགའ་ཡི་མིང་འཁོད་ཡོད་པ་ནི། གཅེན་ལྷ་བལ་པོ། གཅུང་ལྷ་བཙན་པོ་ཁྲི་ལྡེ་གཙུག་བརྟན། ཞང་ལྷ་སྲ་རྒྱལ་སློབས་པ་བུ། ཡིག་མཁན་ལྕགས་ཀོང་ × × དང་། ལུགས་སུ་བླུགས་མཁན་གྱི་བཟོ་བོ་དགེ་

①《བཙན་པོ་ཁྲི་ལྡེ་གཙུག་བརྟན་སྐབས་ཀྱི་ཇག་རོང་དགའ་ལྡན་བྱིན་ཆེན་གཙུག་ལག་ཁང་གི་དྲིལ་བུའི་ཁ་བྱང་》ལྷ་མཆོག་རྒྱལ། 《བོད་ལྗོངས་ཞིབ་འཇུག་》2011ལོའི་དུས་དེབ་དང་པོ། ཤོག་གྲངས། 2ལ་གསལ།

སློང་ཆོས་ཕྲིན་བཅས་མི་སྣ་དྲུག་གི་ཆ་འཕྲིན་དག་དངོས་ཤུགས་གང་རུང་ལས་བསྟན་ཡོད་པ་དང་། དེ་བཞིན་ཅོང་འདི་བཞེངས་པའི་དགོས་ཕན་ཡང་ཆབས་ཅིག་ཏུ་བསྟན་ཡོད་པས། ཅོང་དེའི་ཁ་ཡིག་དང་བཙན་པོ་ཁྲི་སྲོང་ལྡེའུ་བཙན་གྱི་དུས་སུ་བཞེངས་པའི་བསམ་ཡས་གཙུག་ལག་ཁང་གི་ཅོང་དང་། བཙན་པོ་ཁྲི་ལྡེ་སྲོང་བཙན་གྱི་དུས་སུ་བཞེངས་པའི་ཁྲ་འབྲུག་གཙུག་ལག་ཁང་ཅོང་། བྲག་ཡེར་པའི་ཅོང་གི་ཁ་ཡིག་རྣམས་བསྡུར་ན། ཅོང་འདིའི་ཁ་ཡིག་གི་ནང་དོན་ཆ་ཚང་ཤོས་དང་། ལོ་རྒྱུས་ཀྱི་ཆ་འཕྲིན་ཕུན་སུམ་ཚོགས་ཤོས་ཤིག་ཏུ་མངོན།

གསུམ། ཅོང་དྲིལ་གྱི་ཁ་ཡིག

བོད་ཡིག་གི་མ་ཕྱི། （藏文原文）

བོདཀྱིལྷབཙནཔོཁྲིལྡེགཙུགབརྩནམཆེདཀྱིསྐུཡོནདུབསྔོསྟེཞངལྷ་སྒྲ་རྒྱལསླེབསསྤྱདཀྱིསཛགཪོངདགའལྡནབྱིནཅནགཙུགལགཁངགིརྒྱེནདུདྲིལ…ཆེནཅིགཕྱུལབའིཡོཀྱིསསྦྱིནབདགདངསེམསཅཐཾསཅདབླནམྱེདདེབྱངཆུབཀྱིརྒྱུབཔརསྨོནཏོ། དྲིལའདི་ལུགསཀོང × × གིསཡིགེབྲིསསྟེདགེསློངཆོསཕྲིནགྱིསབླུགསསོ།

རྒྱ་ཡིག་གི་བསྒྱུར་མ། （汉译文）

为吐蕃神圣赞普赤德祖赞及王兄之无量功德特发祈愿，尚伦拉扎甲来父子特为者龙甘丹兴庆寺供奉大口钟一座，祈愿获得其无上妙果为施主及皆众生之菩提善根，本钟由甲贡××书写铭文，比丘法音铸造。

དབྱིན་ཡིག་བསྒྱུར་མ།（Translation 英译文）

The Bell at the Blessed Temple of Jakrong GandenIn dedication to Tibetan King Divine God Tride Tsuktsen brothers, the patrons Shang Lhadra Gyalleb, father and son, offered a large bell for the Blessed Temple of Jakrong Ganden. May the merits of offering, the patrons and all the sentient beings obtain the unsurpassed stage of enlightenment! The bell was casted by Bhikshu Chotrin with letters written on iron mould!

ལ་ཏིང་ཡི་གེའི་བསྒྱུར་མ།

jag rong dga' ldan byin chen gtsug lag khang gi congBod kyi lha btsan po khri lde gtsug brtsan mced kyi sku yon du bsngo ste/ zhang lha sgra rgyal slebs spad kyis jag rong dga' ldan byin cen gtsug lag khang gi rkyen du dril chen cig pu la ba'i yon kyis yon bdag dang sems can thams cad bla na myed de byang cub kyi rgyu grub par smon to/ dril adi lcags kong XX gis yi ge bri ste dke long chos prin gyis blugs so/ /

བཞི། ཙོང་གི་ཁ་ཡིག་ནང་དུ་བཞུགས་པའི་མིང་ཚིག་འགའ་ཡི་གསལ་འགྲེལ།

༡ ལྷ་བཙན་པོ་ཁྲི་ལྡེ་གཙུག་བརྟན་མཆེད།

གཙུང་བཙན་པོ་ཁྲི་ལྡེ་གཙུག་བརྟན་དང་གཅེན་ལྷ་བལ་པོ་སྐུ་མཆེད་གཉིས་ལ་གོ་བ་ཡིན་སྟེ། བཙན་པོ་ཁྲི་ལྡེ་གཙུག་བརྟན་ནི་བཙན་པོའི་རྒྱལ་རབས་སུམ་ཅུ་སོ་བདུན་ཡིན་པ་དང་། ཡོང་གི་མཚན་ལ་ཏུན་ཧོང་བོད་ཀྱི་ཤོག་དྲིལ་བཙན་པོ་རིམ་བྱོན་གྱི་ལོ་རྒྱུས་ལས“ སྤྱལ་གྱི་ལོ་བབ་སྟེ། བཙན་པོ་སྲས: རྒྱལ: གཙུག་རུ་དང་། ཕྱི་ཁྲི་མ་ལོད: ཊྲོན་དུ་བཞུགས།” ①ཞེས་ཡོང་ཚུང་དུས་ཀྱི་མཚན་ལ་རྒྱལ་གཙུག་རུ་དང་། ཁྲི་ལ་མངའ་གསོལ་རྗེས་ཏུན་ཧོང་ཤོག་དྲིལ་ལས“ བྱི་བ་ལོར་བཙན་པོ་མཚན་རྒྱལ: གཙུག་རུ་ལས། ཁྲི་ལྡེ་གཙུག་རྟན་དུ་གསོལད་” ཅེས་འཁོད། ཏུན་ཧོང་ཡིག་རྙིང་ལ་ཁྲི་ལྡེ་གཙུག་རྟན། ཛག་རོང་དགའ་ལྡན་བྱིན་ཆེན་གཙུག་ལག་ཁང་གི་ཙོང་གི་ཁ་ཡིག་ལ་ཁྲི་ལྡེ་གཙུག་བརྟན། ཆོས་འབྱུང་མཁས་དགའ་ལ་ཁྲི་ལྡེ་གཙུག་བརྟན་བཙས་མཚན་གྱི་ཡི་གེ་མཐའ་མ་དེར་འབྲི་ཚུལ་མི་འདྲ་བ་ཅི་རིགས་བྱུང་། ཕྱིར་དུས་རབས13རྗེས་ཀྱི་ཆོས་བྱུང་དག་ལས་མེས་ཨག་ཚོམ་ཞེས་གཞོན་ནུའི་དུས་ནས་ཞལ་རྒྱན་སྨྲ་ར་དང་བཅས་པའི་བགྲེས་ཉམས་ཆེ་བས་མཚན་འདི་ལྟར་གསོལ། ཡོང་ནི་ཡབ་ཁྲི་འདུས་སྲོང་དང་ཡུམ་མཆིམས་བཟའ་བཙན་མོ་ཏོག་གཉིས་ཀྱི་སྲས་སུ་སྐྱེ་

①ཕང་ཡོ་དང་ཁྲིན་ཅན་གྱིས་རྩོམ་སྒྲིག་བྱས། 《ཏུན་ཧོང་ནས་ཐོན་པའི་བོད་ཀྱི་གནའ་ཡིག་ཞིབ་དཔྱད་ཕྱོགས་བསྒྲིགས་》2008ལོར་ཧྲང་ཧེ་གནའ་དཔེ་དཔེ་སྐྲུན་ཁང་གིས་དཔར་དུ་བསྐྲུན། ཤོག་གྲངས9པར་གསལ།

ལོ704ལོ་བོད་ཤིང་ཕོ་འབྲུག་གི་ལོའི་དཔྱིད་དུས་སུ་ཕོ་བྲང་ཚལ་དུ་སྐུ་བལྟམས། ལོ་དེའི་དགུན་དུས་སུ་ཡབ་འདུས་སྲོང་མང་པོ་རྗེ་འཇང་ཡུལ་དུ་གཡུལ་བཤམས་པའི་འགོ་འཛིན་དུ་ཕེབས་སྐབས་གཡུལ་ངོར་སྐུ་གཤེགས། རྒྱལ་བུ་སྐུ་སྣ་ཕྲ་བས་ཕྱི་ནང་གི་ཆབ་སྲིད་ཐུགས་འགན་ནི་བཙན་པོ་མེས་མང་སྲོང་མང་བཙན་གྱི་བཙུན་མོ་སྟེ། ཡབ་འདུས་སྲོང་གི་ཡུམ་དང་བཙན་པོ་འདི་ཉིད་ཀྱི་ཕྱི་མོ་འབྲོ་བཟའ་ཁྲི་མོ་ལོད་བྱེ་བས་བསྐྱངས། བཙན་པོ་ཁྲི་ལྡེ་གཙུག་བརྟན་གྱི་ཁབ་ཏུ་བཞེས་པའི་བཙུན་མོར་ལོ་རྒྱུས་ཀྱི་ཡིག་ཆ་དག་ཏུ་གསུང་ཚུལ་མི་མཐུན་ཡང་། སྤྱིར་ན་བཙུན་མོར་ལྗང་མོ་ཁྲི་བཙུན་དང་། རྒྱ་བཟའ་གྱིམ་ཤིང་ཀོང་ཇོ། སྣ་ནམ་བཟའ་བཅས་གསུམ་ཁབ་ཏུ་བཞེས། 《སྦ་བཞེད་》སོགས་ལས་བཙན་པོ་ཁྲི་ལྡེ་གཙུག་བརྟན་ཡར་འབྲོག་སྦ་ཚལ་དུ་ཆིབས་འདྲོགས་ནས་སྐུ་གཤེགས་པར་གྲགས་ཀྱང་། ཞོལ་རྡོ་རིང་ཕྱི་མ་དང་ཏུན་ཧོང་ཡིག་རྙིང་ལས་བློན་པོ་འབལ་སྟོང་ཚབ་དང་ལང་མྱེས་གཟིགས་ཀྱིས་བཀྲོངས་ཞེས་གསལ། ཁོང་གི་ཐུག་རྗེས་ཆོས་འབྱུང་དག་ལ་གསལ་ཁ་ཆེ་བས་འདིར་ཡིག་ཚོགས་མང་བར་འཛེགས་ཏེ་རྒྱས་སྤྲོས་མི་བྱ།

གཅེན་ལྷ་བལ་པོ་ནི་སྤྱིར་ཆོས་འབྱུང་རྒྱལ་རབས་དག་ཏུ་མི་གསལ་ཡང་། ཏུན་ཧོང་ཤོག་དྲིལ《བཙན་པོ་རིམ་བྱོན་གྱི་ལོ་རྒྱུས་》ལས། "སྤྱལ་གྱི་ལོ་བབ་སྟེ། བཙན་པོ་སྲས: རྒྱལ: གཙུག་རུ་དང་། ཕྱི་ཁྲི་མ་ལོད: དྲོན་དུ་བཞུགས། ལྡེག་རེན་པའ: མཆོན: སྣང་གྲགས: དང་། ཁེ་རྒད་མདོ་སྣང་ལས: སྟོགས: པ: ལོག་སྟེ: བོན་མོ: ན་ལ་ཅེར: ཕོག་རེན་པ་ལོག་པ་རྣམས: བཀུམ། པོང་ལག་རང་དུ: བཙན་པོ་

གཅེན་ལྷ་བལ་པོ་རྒྱལ་ས་ནས་ཕབ་”①ཞེས་འབྲུག་གི་ལོ་སྟེ། སྤྱི་ལོ704ལོར་ཡབ་བཙན་པོ་ཁྲི་འདུས་སྲོང་འཇང་ཡུལ་དུ་གཤེགས་པ་དང་། སྦྲུལ་གྱི་ལོ་སྟེ། སྤྱི་ལོ705ལོར་ལྷ་བལ་པོ་ཉིད་བཙན་པོའི་ཁྲི་ལས་ཕབ་པ་ཡིན་པས། བཙན་པོ་ལྷ་བལ་པོ་ཡང་འདུས་སྲོང་མང་པོ་རྗེ་གཤེགས་རྗེས་ལོ་གཅིག་ཙམ་རྒྱལ་སར་བཞུགས་པར་མངོན་ལ། རྒྱལ་ས་ནས་ཕབ་རྗེས་ལྷ་བལ་པོ་ཉིད་ཆབ་སྲིད་ཀྱི་འཁྲུག་སློང་ནང་སྐུ་གཤེགས་པ་ཡིན་ནམ་ཡང་ན་ཐང་མཚམས་སུ་ཕབ་པ་ཡིན་གསལ་བར་མ་འཁོད། གར་ལྟར་ད་བར་དེའི་སྐོར་གྱི་དཔྱད་གཞི་མ་རྙེད་པས་ཞིབ་འཇུག་གི་འཕྲོར་ལུས། མདོར་ན་ཅོང་གི་ཁ་ཡིག་དེ་ལས་ཤུགས་སུ་བཙན་པོ་ལྷ་བལ་པོ་ཁྲི་ལ་བཞུགས་པ་བསྟན་པས། བོད་ཀྱི་བཙན་པོ་རིམ་བྱོན་གྱི་གྲས་སུ་བཙན་པོ་དེ་འཇོག་དགོས་སྙམ་མོ།

༢ ཞང་ལྷ་སྲ་རྒྱལ་སློབས་སྤྱད

ཞང་བློན་ལྷ་སྲ་རྒྱལ་སློབས་ཕ་བུ་གཉིས་ཞེས་པའི་དོན་ཡིན་ཞིང་། ཐོག་མར་ཞང་ཞེས་པ་ནི་མ་རྒྱུད་ཀྱི་སྤུན་ཟླར་འབོད་པ་ཡིན། སྲོལ་དེ་ཡང་“སྤུ་རྒྱལ་གྱི་གདུང་རབས་ཉེར་བདུན་པ་ལྷ་ཐོ་ཐོ་རི་གཉན་བཙན་གྱི་བཙུན་མོ་ནོ་ཟ་མང་དཀར་ལ་ལྷ་སྲས་ཁྲི་གཉན་གཟུངས་བཙན་འཁྲུངས་པ་དེས་ཡུམ་གྱི་ཉེ་དུར་གཏོགས་པའི་རིགས་རུས་ནོ་ལ་ཞང་དུ་འབོད་པ་དེ་ནས་ཞང་ཞེས་པའི་མིང་དེ་ཆགས། བོད་དུ་ཞང་ལ་སྤྱི་བ་ནོ་ཡིན་པ་དང་། དེ་ཡན་ལ་ཞང་པོ་ལ་ཇོ་བོ་ཞེས་འབོད་པར་གྲགས་པ་ལྟར་ན་ཞང་བློན་

①《བཙན་པོ་ཁྲི་ལྡེ་གཙུག་བརྟན་སྐབས་ཀྱི་ཧག་རོང་དགའ་ལྡན་བྱིན་ཆེན་གཙུག་ལག་ཁང་གི་དྲིལ་བུའི་ཁ་བྱང་》ལྷ་མཆོག་རྒྱལ། 《བོད་ལྗོངས་ཞིབ་འཇུག》2011ལོའི་དུས་དེབ་དང་པོ། ཤོག་གྲངས། 2 – 3ལ་གསལ།

ཞེས་པ་འགྲོ་གཉན་ལྡེ་རུ་རྩུན་ཆད་ནས་བྱུང་”①ཞེས་འབོད། ཞང་བློན་འདི་ཉིད་བོད་ཀྱི་ཆོས་འབྱུང་རྒྱལ་རབས་ཁག་ཏུ་རྙེད་རྒྱུ་མེད་ལ། ལོ་རྒྱུས་གཙོ་བོར་བསྟན་པའི་ཏུན་ཧོང་གི་ཤོག་དྲིལ《དོན་ཆེན་གནད་བསྡུས་ཀྱི་ལོ་ཚིགས》P. T. 1288དང་《བཙན་པོ་རིམ་བྱོན་གྱི་ལོ་རྒྱུས》P. T. 1287 《རྒྱལ་ཕྲན་དང་རྒྱལ་རབས་རིམ་བྱུང་གི་མིང་》P. T. 1286སོགས་ལ་ཡང་བློན་པོ་ཆེ་དགུ་མ་ཡིན་པའི་དབང་གིས་ལྷ་སྲ་རྒྱལ་སླེབས་ཞེས་པའི་མིང་ཅན་གྱི་བློན་པོ་ཞིག་རྙེད་རྒྱུ་མེད། ལྷ་མཆོག་རྒྱལ་ལགས་ཀྱི་དགོངས་པ་ལྟར་ན་བློན་འདི་ཉིད་སྐབས་དེའི་གོ་གནས་ཆེས་མཐོ་བའི་བློན་པོའི་གྲས་མིན་ཡང་། བོད་མཐའ་ཁུལ་གྱི་བློན་པོ་དབང་ཅན་ཞིག་ཡིན་པ་གླེང་མེད་ཡིན་ལ། ཁྱད་པར་དུ་ཁོང་ཕ་བུ་གཉིས་ཀྱི་དང་ལི་ཡུལ་སོགས་མི་རིགས་གཞན་ནས་ཐུབ་བསྟན་གྱི་ཆོས་ལུགས་ནང་འདྲེན་བྱེད་པའི་བྱ་གཞག་ལ་མཛད་རྗེས་ཆེན་པོ་བཞག་གནང་ཡོད་ཚོད་རེད་ཅེས་གསུངས། དཔྱད་ཡིག་དགོན་པས་འདིར་བཏང་སྙོམས་སུ་མི་འཇོག་ཐབ་མེད་ཀྱི་གནས་སུ་གྱུར། འདིར་གླེང་དགོས་པ་གཞན་ཞིག་ནི་ད་བར་བཙལ་རྙེད་ཐུབ་པའི་སྤུ་རྒྱལ་དུས་ཀྱི་བསམ་ཡས་གཙུག་ལག་ཁང་གི་ཅོང་དང་། ཁྲ་འབྲུག་གཙུག་ལག་གི་ཅོང་། བྲག་ཡེར་པའི་ཅོང་བཅས་བཞེངས་མཁན་གྱི་ཡོན་བདག་ནི་བཙུན་མོ་ཤ་སྟག་ཡིན་ཀྱང་ཅོང་འདི་ཉིད་བཞེངས་མཁན་གྱི་ཡོན་བདག་ནི་ཞང་བློན་ཡིན་པས། རྒྱལ་པོའི་ཕོ་བྲང་སོགས་སུ་མཆོད་པ་རྒྱ་ཆེར་སྤེལ་སྐབས་གཙོ་བོ་

①བོད་ལྗོངས་སྤྱི་ཚོགས་ཚན་རིག་ཁང་ནས་སྒྲིག་སྒྲོམ་བྱས་པའི་《བོད་ཀྱི་ལོ་རྒྱུས་རགས་རིམ་གཡུ་ཡི་ཕྲེང་བ》སྟོད་ཆ། བོད་ལྗོངས་བོད་ཡིག་དཔེ་རྙིང་དཔེ་སྐྲུན་ཁང་། 1989ལོའི་པར་གཞི་དང་པོ། ཤོག་གྲངས121ལ་གསལ།

བཙུན་མོ་ རྣམས་ ཀྱི་ ཡོན་ བདག་ གནང་ ཞིང་། གཙུག་ ལག་ ཁང་ གཞན་ དུ་ རྟོན་འབངས་སོགས་ཀྱི་མཆོད་པ་བྱེད་སྐབས་རྟོན་འབངས་རང་ཉིད་ཀྱིས་ཡོན་བདག་བྱེད་པ་དེ་ལས་སྐབས་དེའི་གྲུས་ལུགས་ཤིག་ཀྱང་མཚོན་ནུས།

༣ སེམས་ཅན་ཐམས་ཅད་བླ་ན་མེད་པ་དེ་བྱང་ཆུབ་ཀྱི་རྒྱུ་ཐོབ་པར་སྨོན་ནོ།

ཚིག་འདིའི་སྙིང་ཡིག་བཀྲལ་ན་སེམས་ཅན་ཐམས་ཅད་བླ་ན་མེད་དེ་བྱང་ཆུབ་ཀྱི་རྒྱུ་ཐོབ་པར་སྨོན་ཞེས་ཟེར་དགོས་ཏེ། བླ་ན་མེད་པའི་མཆོད་པ་ནི། "གཟུངས་དང་ཏིང་ངེ་འཛིན་གྱི་སྒོ་མང་པོ་ལ་དབང་ཐོབ་པའི་སངས་རྒྱས་དང་བྱང་ཆུབ་སེམས་དཔའ་རྣམས་ཀྱི་ཡེ་ཤེས་ཀྱི་རོལ་བ་ལས་བྱུང་བའི་མཆོད་པའི་ཕྱག་རྒྱ་ཆེན་པོ་ལ་གོ་བ"①ཡིན་ཞིང་། དེར་བོད་ཀྱི་ཐུབ་བསྟན་དང་ལེན་བྱས་རྗེས་ཀྱི་སྨོན་ཚིག་སྤྱིའི་ཁྱད་ཆོས་ཡོད་པ་ནི། དཔེར་ན་བསམ་ཡས་གཙུག་ལག་ཁང་གི་དྲིལ་བུའི་སྨོན་ཚིག་ལ་ལྷ་བཙན་པོ་ཁྲི་སྲོང་ལྡེ། བཙན། ཡབ་སྲས་སྤྱངས་དཔྱ། ལ་གསུང་དབྱངས་དྲུག་ཅུའི་སྒྲ་དབྱངས་དང་ལྡན་ཏེ། བླ་ན་མེད་པའི་བྱང་ཆུབ། དུ་གྲུབ་པར་སྨོནད་ཏོ། ། ཞེས་དང་། བཙན་པོ་ལྷ་སྲས་འུའི་དུན་བརྟན་གྱི་སྐུ་ཡོན་དུ་བསྔོ་བའི་སྨོན་ལམ་ལས་བཙན་པོ་ལྷ་སྲས་འུའི་དུན་བརྟན་གྱི་ཞ་སྔ་ནས་ཀྱང་འགྲོ་བ་མང་པའི་དགེ་བའི་བཤེས་གཉེན་བྱང་ཆུབ་གྱི་སྤྱོད་པ་རྒྱུན་མི་ཆད་པར་མཛད་པར་སྨོན་ནོ་ཞེས་པ། བཙན་པོ་ཁྲི་གཙུག་ལྡེ་བརྩན་འཁོར་དང་བཅས་པའི་སྨོན་ལམ་དུ་གསོལ་བའི་ཡི་གེར། བཙན་པོ་ཁྲི་གཙུག་ལྡེ་བཙན་གྱི་ཞལ་སྔ་ནས། དཔག་ཏུ་མེད་པར་སྐུ་ཚེ་རིང་ལ། མངའ་ཐང་

①ཀུན་མཁྱེན་འཇིགས་མེད་གླིང་པ། 《གཏམ་གྱི་ཚོགས་ཐེག་པའི་རྒྱ་མཚོ》བོད་ལྗོངས་བོད་ཡིག་དཔེ་རྙིང་དཔེ་སྐྲུན་ཁང་། 1991ལོའི་ཟླ12པའི་པར་གཞི་དང་པོ། ཤོག་གྲངས414ལ་གསལ།

ཆེ། ཐུགས་ལ་དགོངས་སོ་འཚལ་འགྱུར་ད་གྲུབ་སྟེ་འཁོར་ལོ་སྐོར་བའི་རྒྱལ་པོ་དང་འདྲ་བར་གླིང་ཁམས་གཞན་ལ་ཡང་མངའ་མཛད་ཅིང་མཐར་བླ་ན་མེད་པའི་སངས་རྒྱས་སུ་གྲུབ་པར་སྨོན་ཏོ་ཞེས་པ་སོགས་ཚང་མར་སངས་རྒྱས་ཀྱི་རྒྱུ་ཐོབ་པའི་སྨོན་ལམ་བཏབ་ཡོད་པ་ལྟ་བུ་རེད།① བཙན་པོའི་རྒྱལ་རབས་དུས་བསྔོ་སྨོན་གྱི་ཡི་གེ་ཅིང་ཐོག་ཏུ་བཀོད་པ་དང་། རྡོང་རིང་དང་བྲག་རྡོའི་ཐོག་ཏུ་བཀོད་པ་སྣ་ཚོགས་ཡོད་དེ། ཐུ་རྒྱལ་བཙན་པོའི་དུས་ཀྱི་ཅིང་གི་ཁ་ཡིག་གི་བརྗོད་བྱ་གཙོ་བོ་ནི་བསྔོ་སྨོན་ཡིན་པའི་སྐོར་ས་བཅད་གཞན་དག་ཏུ་བྲིས་ཡོད་པས་རེ་རེ་བཞིན་གླེང་བར་མི་བྱ་ཡང་རྡོ་རིང་ལ་བསྔོ་སྨོན་གྱི་ཚིག་བཀོད་པ་དཔེར་ན། པ་ཅི་སི་ཐན་སི་ཁ་ཏུའུ་རྫོང་གི་བཙན་པོའི་དུས་ཀྱི་རྡོ་རིང་ཆགས་གྲུམ་ལ། “ལྷ་བཙན་པོ་སྐུ་ཚེ་རིང་། ཆབ་སྲིད་ཆེ། མཐར་བླ་ན་མྱེད་པའི་གོ་འཕང་བསྙེས་པ་ཧྲ། བདག་བཅག་དད་པ་མཐུན་པར × ×། × × × པའི་སེམས་ཅན་ཐམས་ཅད་བླ་ན་མེད་པའི་སངས་རྒྱས་སུ་གྲུབ་པ་ཤོག །”② བྲག་རྡོའི་ཐོག་ཏུ་བཀོད་པ་དཔེར་ན། འཕིས་མདོའི་《བཟང་པོ་སྤྱོད་པའི་སྨོན་ལམ་》བྲག་བརྐོས་མ། ལེབ་ཁོག་གི《ཚེ་དཔག་མེད་པའི་མདོ་》བྲག་བརྐོས་མ། ལེབ་ཁོག་གི《ཨ་ཏྲ × × × ཕུ་ནི་པའི་མདོ་》བྲག་བརྐོས་མ་སོགས་ཡོད། བསྔོ་སྨོན་ཚིག་བྲག་རྡོ་ལྷུགས་སོགས་ལ་བཀོད་པ་བཙན་པོའི་དུས་སུ་ཡུལ་དབུས་མཐའ་ཚང་མར་

①《བཙན་པོ་ཁྲི་ལྡེ་གཙུག་བརྟན་སྐབས་ཀྱི་ཧག་རོང་དགའ་ལྡན་བྱིན་ཆེན་གཙུག་ལག་ཁང་གི་དྲིལ་བུའི་ཁ་བྱང་》ལྷ་མཆོག་རྒྱལ། 《བོད་ལྗོངས་ཞིབ་འཇུག》2011ལོའི་དུས་དེབ་དང་པོ། ཤོག་གྲངས། 5ལ་གསལ།

②ཆབ་འགག་རྟ་མགྲིན་གྱིས་བརྩམས། 《བོད་ཡིག་རྡོ་རིང་ཞིབ་འཇུག་》བོད་ལྗོངས་མི་དམངས་དཔེ་སྐྲུན་ཁང་། 2012ལོའི་ཟླ4པའི་པར་གཞི་དང་པོ། ཤོག་གྲངས། 86ལ་གསལ།

ཡོངས་ཁྱབ་ཏུ་དར་བའི་རིག་གནས་ཤིག་ཡིན། བསྟན་པ་ཕྱི་དར་དུས་སུ་སྐུ་འདྲའི་རྒྱབ་ཡོལ་ལ་བཀོད་པའང་ཡོད་དེ། 《རྒྱལ་རབས་གསེར་གྱི་ཐང་མ་》ལས་བསྟན་པ་ཕྱི་དར་འགོ་ཚུགས་མཚམས་སུ་བཞེངས་པའི་འཕན་ཡུལ་རྒྱལ་ལྷ་ཁང་ནང་གི་བྱམས་པའི་སྐུ་བརྙན་གྱི་རྒྱབ་ཡོལ་དུ། “མཆོད་གནས་དམ་པ་བྱམས་པའི་སྐུ་གཟུགས་འདི་ཡོན་བདག་དམ་པ་གཙང་རྗེ་དཀོན་བརྩེགས་ཀྱིས། གནས་ཀྱི་དམ་པ་རྒྱལ་མཚན་བརྩུགས་པ་འདིར། འབྲས་བུ་དམ་པ་བྱང་ཆུབ་མཆོག་ཐོབ་ཤོག ཨེ་མ་ཧ་ར་ན་ཧྲུ” ཞེས་བསྟན་པ་སྤྱི་དར་གྱི་དུས་སུ་བཞེངས་པའི་ཅོང་གི་བསྔོ་སྨོན་ཡི་གེ་དང་ནང་དོན་སྦྱོར་མཚུངས་ཡང་། མི་འདྲ་བ་ནི་ཚིགས་བཅད་ཟུང་ལྡན་གྱི་ལམ་ནས་བྲིས་པ་དེ་ཡིན།

༤ དགེ་སློང་ཆོས་བྲིན

སྔོན་ཆད་མེས་སྤྱོང་བཙན་སྒམ་པོའི་དུས་ར་ས་དང་ར་མོ་ཆེ་སོགས་ལྷ་ཁང་མང་དུ་བཞེངས་པ་དང་། ཁྲི་ལྡེ་གཙུག་བརྟན་གྱི་སྐབས་བྲག་དམར་མགྲིན་བཟང་སོགས་བཞེངས་ནས་སངས་རྒྱས་ཀྱི་ཆོས་མཛད་པའི་ཚོར་ས་དང་། ར་མོ་ཆེ་སོགས་ན་རྒྱའི་ཧ་ཤང་གིས་དཀོན་གཉེར་བྱེད་ཀྱི་ཡོད་པའི་སྐོར་《སྦ་བཞེད་》ནང་མང་དུ་འཁོད། འོན་ཀྱང་བོད་ཀྱི་མི་སངས་རྒྱས་བསྟན་པའི་སྐོར་ཞུགས་པ་ནི་བྱུང་མེད། བཙན་པོ་ཁྲི་ལྡེ་གཙུག་བརྩན་གྱི་སྲས་ཁྲི་སྲོང་ལྡེའུ་བཙན་གྱི་དུས་སུ་བཙན་པོས་བཀའ་སྐུལ་སྟེ་སད་མི་བདུན་རབ་ཏུ་བྱུང་བའི་གནས་སྐབས་སུ་བཙན་པོ་ཁོང་གི་ཞལ་ནས “ངའི་བོད་ལ་དགེ་སློང་མེད་པས་ངའི་ཞང་བློན་དག་ལ་དགེ་སློང་བཏུབ་བམ་ཞུས་པས་སློབ་དཔོན་གྱིས་བཏུབ་བམ་སད་ཅིག་གསུངས། ཉམས་སད་པའི་ཕྱིར་ཐོག་མར་

མི་བདུན་རབ་ཏུ་བྱུང་”① ཞེས་པའི་ལོ་རྒྱུས་དུམ་བུ་དེ་ལས་བཙན་པོ་ཁྲི་སྲོང་ལྡེའུ་བཙན་གྱི་སྐུ་རིང་ལ་དུ་བྱུང་བའི་དགེ་སློང་གི་སྡོམ་པ་བཞེས་པའི་རབ་བྱུང་རྣམས་ནི་རྒྱའི་ཧྭ་ཤང་ལས་མ་འདས་སོ། བཙན་པོ་དེ་གཉིས་ཀྱི་དུས་སུ་སྐུ་ཕྱིར་རྒྱ་བཟའ་འུན་ཤིང་ཀོང་ཇོ་དང་གྱིམ་ཤིང་ཀོང་ཇོ་བོད་དུ་ཕེབས་ནས། སྐུ་རྒྱལ་གདུང་བརྒྱུད་དང་གཉེན་སྒྲིག་གི་འབྲེལ་བ་བྱུང་ཏེ། ཐང་བོད་དབར་ཕོ་ཉ་དང་གྲྭ་བཙུན། ཚོང་གཉེར་བ་སོགས་ཕན་ཚུན་འགྲོ་འོང་ལན་མང་བྱུང་བས། ཐང་བོད་དབར་གྱི་རིག་གནས་ལའང་འབྲེལ་འདྲིས་ཆེན་པོ་བྱུང་ཡོད། ལར་ནས་ཙོང་འདིའི་སྔར་གྱི་གནས་ཡུལ་ནི་ད་ལྟ་ཀན་སུའུ་དཔའ་རིས་ཞེས་བཙན་པོའི་རྒྱལ་རབས་དུས་སུ་རྒྱ་བོད་གཉིས་ཀྱི་མཚམས་སུ་གནས་ཡོད། ཙོང་བཞེངས་པ་སོགས་རྒྱ་ནག་གི་གནའ་བོའི་རིག་གནས་ཀྱི་མཚོན་བྱེད་ལྟ་བུར་གྱུར་བའི་གུས་སྲོལ་དེ་རིགས་ཡུལ་དེར་རྒྱ་ནག་གི་ཧྭ་ཤང་ཆོས་ཆོས་སྤེལ་བའི་དགོས་དབང་དང་བསྟུན་ནས་འདྲེན་པ་ཡིན་ཤས་ཆེ། ཧག་རོང་དགའ་ལྡན་བྱིན་ཆེན་གཙུག་ལག་ཁང་གི་ཙོང་འདིའི་ལུགས་སུ་བླུགས་མཁན་གྱི་བཟོ་བོ་དགེ་སློང་ཆོས་ཕྲིན་ཞེས་པ་དེ་ཡང་རྒྱ་ནག་གི་ཧྭ་ཤང་ཞིག་ཡིན་ཤས་ཆེ་ལ། རྒྱ་ཡིག་གི་ཆོས་མིང་ལ་“法音”ཞེས་པ་བོད་སྐད་དུ་སྒྱུར་ན་ཆོས་འཕྲིན་ཞེས་བརྗོད་པ་ཡིན། དེ་བཞིན་ཁྲ་འབྲུག་གཙུག་ལག་ཁང་གི་ཙོང་དེའི་ཁ་ཡིག་ཏུ་ཡང་“རྒྱའི་ དགེ་ སློང་ རིན་ ཅེན་ གྱིས་ བླུགས་ སོ”ཞེས་གསལ་པོར་འཁོད་ཡོད་པ་དེ་ཡང་། དགེ་སློང་

① བོད་ལྗོངས་སྤྱི་ཚོགས་ཚན་རིག་ཁང་ནས་རྩོམ་སྒྲིག་བྱས་པའི་《བོད་ཀྱི་ལོ་རྒྱུས་རགས་རིམ་གཡུ་ཡི་ཕྲེང་བ》སྟོད་ཆ། བོད་ལྗོངས་བོད་ཡིག་དཔེ་རྙིང་དཔེ་སྐྲུན་ཁང་། 1989ལོའི་པར་གཞི་དང་པོ། ཤོག་གྲངས311ལ་གསལ།

དེའི་རྒྱ་ཡིག་གི་ཆོས་མིང་ལ་"大宝"ཞེས་དང་བོད་སྐད་དུ་བསྒྱུར་ན་རིན་ཆེན་ཞེས་འབོད་པའི་རྒྱའི་ཧྭ་ཤང་ཞིག་ཡིན་ནོ།

༤། རྩང་གི་ཁ་ཡིག་གི་བརྡ་དག་དང་ནང་དོན་དབྱེ་ཞིབ།

རྩང་འདིའི་ཁ་ཡིག་གི་བརྡ་དག་དང་བཙན་པོའི་དུས་སུ་བྱུང་བའི་རྡོ་རིང་དང་ཏུན་ཧོང་ཡིག་རྙིང་གི་འབྲི་ཚུལ་གྱི་རྣམ་པ་འདྲ་བར་སྣང་ལ། རྩང་ཐོག་ཏུ་ཡི་གེའི་ཐོང་ཚད་མང་བ་དང་ཡིག་ཚོགས་ཉུང་བའི་ཆེད་དུ་ཡི་གེའི་འབྲི་ཐབས་གསུམ་ཙམ་སྤྱད་ཡོད་དེ།

༡ བསྔོ་སྨོན་གྱི་ཚིག་དུམ་པོ་དེར་གཉིས་ཚིག་གཅིག་སྤྱད་ཡོད་པ་ལས། གཞན་གྱི་ཚིག་ཕྲེམ་རྣམས་ལ་ཚེག་གིས་བར་ཚོད་མེད་པ།

༢ ཡི་གེ་འགའ་ཞིག་སྐྲུང་ཡིག་གི་རྣམ་པའི་ཐོག་ནས་བཀོད་པ།

དཔེར་ན། "སེམས་ཅན་ཐམས་ཅད"ལ་"སེམསཅཐཾསཅད"དང་"ཐུགས་སོ"ལ་"ཐུགསོ"ཞེས་བྲིས་ཡོད།

༣ ཡི་གེ་འགའ་ཞིག་བརྩེགས་ཡིག་གི་རྣམ་པའི་ཐོག་ཏུ་བཀོད་ཡོད་པ།

དཔེར་ན། "སྐུ་ཡོན"ལ་"སྐུ་ཡོཾ"དང་"དགའ་ལྡན"ལ་"དགཱལྡན"ཞེས་བྲིས་པ། མདོར་ན་ཉག་ཉོག་ཚིག་གི་ཡོ་མས་མ་སྒྲིབ་ཅིང་ཟབ་མོ་དོན་གྱི་འབྲས་བུ་མངོན་པར་གསལ་བའི་བཙན་པོའི་དུས་ཀྱི་གཞུང་ཡིག་འབྲི་སྟངས་ཀྱི་ཁྱད་ཆོས་ཤིག་མིན་ནམ་སྙམ།

དེ་མིན་ཚིག་དུམ་དེར་བཙན་པོའི་དུས་ཀྱི་ཡིག་རྙིང་འབྲི་ཚུལ་སྤྱིའི་ཁྱད་ཆོས་གསུམ་ཡོད་དེ།

༡ ཁ་ཡིག་གི་འབྲི་སྟངས་ཐད།

ཕྱིད་སྒྲ་དང་འབྲེལ་སྒྲའི་ཕྲད་རྣམས་ཀྱི་དབྱངས་ཡིག་ཨི་ལྡན་དག་དྲང་ཕྱོག་གང་རུང་དུ་བྲིས་པ་ཅུང་ཟད་མང་བར་མངོན།

དཔེར་ན། “ཁྲིལྡིགཙུགབརྩནམཅེདཀྱི” “ཞངལྷ་སྒྲ་རྒྱལསླེབསསྤྱད ཀྱིས” “བོདཀྱི” “གཙུགལགཁངགི” “དྲིལཆེནཅིགཕྱུལབའི” “བྱངཅུབཀྱི” “ཆོསཕྱིནགྱིས” ཞེས་སོགས་ཡོད།

༢ སྔེ་པ་གཅིག་པའི་ཡི་གེ་ཕན་ཚུན་བརྗེས་པ།

དཔེར་ན། “མཆེད་” ལ་ “མཅེད” “ཆེན་” ལ་ “ཅེན་” “ཕྱུལ་” ལ་ “ཕྱུལ” “བྱང་ཆུབ་” ལ་ “བྱང་ཅུབ་” “ཆོས་ཕྲིན་” ལ་ “ཆོས་ཕྱིན་” བཅས་བྲིས་པ་མང་ཙམ་ཡོད།

༣ མིང་གཞི་མ་ལས་གྲུབ་པའི་དགག་སྒྲར་ཡ་བཏགས་སྦྱོར་བ།

དཔེར་ ན། “ སེམས་ ཅན་ ཐམས་ ཅད་ བླ་ ན་ མེད་ དེ་ ” ཞེས་ པར་ “སེམསཅཐམསཅདབླནམྱེདདེ” ཞེས་ཁྱད་ཆོས་གསུམ་ཙམ་ཡོད་དོ།

དེའི་ནང་དོན་དང་རིན་ཐང་ལ་དབྱེ་ཞིབ་རགས་པ་ཙམ་བྱས་ན་གསུམ་སྟེ།

༡ ཐོག་མར་ཅོང་འདིའི་ཁ་ཡིག་ནི་བསྔོ་སྨོན་གྱི་ཚིག་ཡིན་ཞིང༌། བསྔོ་བ་ནི་བྱང་ཆུབ་སེམས་དཔའ་རྣམས་ཀྱི་རྗེས་ཐོབ་བསོད་ནམས་ཀྱི་ཚོགས་མཐའ་དག་གི་གཙོ་བོ་ཡིན་ཞིང༌། དེ་ལ་མཉམ་གཞག་དང་འབྲེལ་མ་འབྲེལ་གྱི་སྒོ་ནས་མཆོག་དམན་གྱི་ཁྱད་པར་བཞག་པ་སེམས་ཅན་ལ་དམིགས་ནས་ཡོངས་སུ་བསྔོ་བ་དང༌། ཆོས་ཙམ་ལ་དམིགས་ནས་ཡོངས་སུ་བསྔོ་བ་དང༌། དམིགས་པ་མེད་པའི་ངང་ནས་ཡོངས་སུ་བསྔོ་བ

སྡེ་གསུམ་དུ་བཀགས། ཅོང་འདིར"སྐད་གདང་སེམས་ཅན་ཐཾས་ཅད་ལྷན་སྐྱེད་དེ་བྱང་ཆུབ་ཀྱི་རྒྱུ་བཔར་སྨོན་ཏོ།" ཞེས་ སེམས་ ཅན་ ལ་ དམིགས་ ནས་ ཡོངས་ སུ་ བསྔོ་ བའི་ ཁོངས་ སུ་ གཏོགས།

ཅོང་འདི་ནི་ བཙན་ པོའི་ དུས་ སུ་ ཅོང་ སོགས་ དངོས་ པོར་ བསྔོ་ ཡིག་ བཀོད་ སྐབས་ཀྱི་དཔེ་གཞི་ཚད་ལྡན་ཅན་ཞིག་ཡིན་ཞིང་། དེར་བསྔོ་བའི་ཡུལ་དང་། ཡོན་བདག བསྔོ་བ་འབུལ་གནས། གང་ཞིག་བསྔོ་བའི་དངོས་པོའམ་རྒྱུ་གང་གི་ཆེད་དུ་བྱ་བ། ཡིག་མཁན། ཅོང་བཟོ་པོ་བཅས་ནང་དོན་བདུན་ཚང་ཡོད། དེ་དང་རྗེས་སུ་བཞེངས་པའི་བཙན་པོའི་དུས་ཀྱི་ཅོང་རྣམས་ཀྱི་ཁ་ཡིག་དང་བསྡུར་ན་ཅོང་འདིའི་ཁ་ ཡིག་ གི་ ནང་ དོན་ ཆ་ ཚང་ ཤོས་ ཤིག་ ཡིན་ པས། ད་ ལྟ་ མ་ ཟད་ མ་ འོངས་ པར་ ཅོང་ བཞེངས་སྐབས་སློབ་སྦྱོང་བྱ་དགོས་པའི་དཔེ་གཞི་ལེགས་པོ་ཞིག་ཡིན་སྙམ།

༢ ད་བར་ཉམས་ཞིབ་བྱས་པའི་བརྒྱུད་རིམ་ནང་། མེས་སྲོང་བཙན་སྒམ་པོའི་དུས་ནས་བྲག་རྡོ་སོགས་སུ་བོད་ཡིག་བཀོད་ཡོད་ཅེས་དམངས་ཁྲོད་དུ་གླེང་བ་དཔེར་ན། སྟག་རྩེ་རྫོང་བརྩུན་མོའི་ཚལ་གྱི་ཐོན་མིའི་ཡིག་ཕུད་དང་། ལྷ་སའི་ཕ་བོང་ཁའི་མ་ཎི་ཡིག་དྲུག་སོགས་ཡོད་པ་དེ་དག་བོད་ཡིག་བཀོད་པའི་ཐོག་མར་ངོས་འཛིན་ཀྱང་། ངག་རྒྱུན་དུ་གླེང་བ་ཙམ་ལས། ལོ་ཚིགས་ངེས་གཏན་མེད་ལ་བཙན་པོའི་དུས་ཀྱི་གནའ་ཡིག་གི་ཁྱད་ཆོས་གང་ཡང་མེད་པས་དེ་དག་ལ་ངེས་པ་རྙེད་དཀའ། ཞིབ་འཇུག་པའི་སྟེ་ན་ད་བར་བཙལ་རྙེད་ཐུབ་པའི་བོད་ཀྱི་ཡི་གེའི་གཟུགས་ཐོག་མར་བཀོད་པ་ནི། སྤྱི་ལོ763ལོར་བཞེངས་པའི་ཞོལ་རྡོ་རིང་ཕྱི་མ་དེར་ངོས་འཛིན་གནང་ཞིང་། དགོངས་ཚུལ་དེ་ནི་དུས་ཡུན་རིང་པོའི་ནང་དུ་ཞིབ་འཇུག་པའི་སྟེ་ན་གཅིག

མཐུན་གྱི་འདོད་ཚུལ་དུ་གྱུར་ཡོད། འོན་ཀྱང་ཇག་རོང་དགའ་ལྡན་བྱིན་ཆེན་གཙུག་ལག་ཁང་གི་ཙོང་འདི་གསར་རྙེད་ཐུབ་པ་ནས། གོང་གི་རྒྱུན་ཤེས་དག་ལ་བསྒྱུར་དུ་དཔྱད་རྒྱུར་དཔྱད་གཞི་རིན་ཐང་བྲལ་བ་ཞིག་མགོ་འདོན་གནང་ཡོད། ཙོང་འདིའི་ཁ་ཡིག་ནི་ད་ཕན་བོད་ཀྱི་རྫོ་རིང་དང་ཙོང་ཡོད་དོ་ཅོག་གི་ནང་ནས་ཆེས་སྔ་ཤོས་དེ་ཡིན་པས། བཙན་པོའི་དུས་ཀྱི་ཡི་གེ་དང་། ཐུབ་བསྟན་སྤྱེལ་ཚུལ། དེ་བཞིན་ལོ་རྒྱུས་མི་སྣ་ལྷ་བལ་པོ་སོགས་ཆོས་འབྱུང་རྒྱལ་རབས་དག་དུ་མཇལ་དཀོན་པའི་རིགས་ལ་ཞིབ་འཇུག་བྱ་རྒྱུར་དཔྱད་གཞི་གལ་ཆེ་མགོ་འདོན་གནང་ཡོད།

༣ བོད་ཡིག་གི་ཡིག་གཟུགས་ཀྱི་ཁྱད་ཆོས་ནས་བརྗོད་ན། བཙན་པོ་སྲོང་བཙན་སྒམ་པོ་ནས་མངའ་བདག་ཁྲི་རལ་པ་ཅན་གྱི་བར་ཡིག་མཁན་ཐོན་མི་དང་། ཁྱུག་དར། རིན་ཆེན་འབར། ཆབ་དཀར་བེའུ་རྗེ། ཙུང་པ་དགེ་བཀོག ཚེ་སྤྱེང་བྱང་ཆུབ། ཧ་ཤུད་གཉིས་བཅས་ཡིག་མཁན་གྲགས་ཆེ་བ་དག་རིམ་པར་བྱོན་ཞིང་། དེ་དག་གིས་གསར་དུ་གཏོད་པའི་ཡིག་གཟུགས་ནི་"སྦྲུལ་ནག་བགྲད་པ་འདྲ་བ། སོ་ཕག་གཤིབས་པ་འདྲ་བ། བྱ་ཕོ་འཛོལ་བ་འདྲ་བ། ནས་སྡོན་འཁྱིང་དཀར་སྐྱེང་བཀྲམ་པ་འདྲ་བ། སྨུ་ཏིག་དར་བརྒྱུས་འདྲ་བ། སྦྲུར་ནག་བགྲད་པ་འདྲ་བ། ཉ་ལྡང་དཀར་ཆུ་ནས་ཕྱུངས་པ་འདྲ་བ། སེང་གེ་འགྱིང་བ་འདྲ་བ"①བཅས་ཡོད། དེ་དག་ལས་ཇག་རོང་དགའ་ལྡན་བྱིན་ཆེན་གཙུག་ལག་ཁང་གི་ཙོང་གི་ཁ་ཡིག་གི་ཡིག་གཟུགས་ནི་དབུ་ཅན་ཚིག་གི་བར་མ་ཚེད་པར་བྲིས་ཡོད་པས། དེ་ནི་སོ་ཕག་གཤིབས་

①ས་སྐྱའི་དཔེ་རྙིང་བསྡུ་སྒྲིག་ཨུ་ལྷན་ནས་བསྒྲིགས། 《ས་སྐྱའི་ཆོས་འབྱུང་གཅེས་བསྡུས་》(དེབ་ལྔ་པ་)ཀྲུང་གོའི་བོད་རིག་པ་དཔེ་སྐྲུན་ཁང་། 2009ལོའི་ཟླ9པའི་པར་གཞི་དང་པོ། ཤོག་གྲངས219ལ་གསལ།

འདྲའི་རྣམ་པ་བཞིན་དུ་མངོན།

༤ བཙན་པོའི་དུས་སུ་བཞེངས་པའི་རྡོ་རིང་དང་ཅོང་སོགས་ཀྱི་འབྲི་གཟུགས་ལ་ཞིབ་པར་བལྟས་ན། ཚིག་གི་སྦྱོར་ཚུལ་ཐད་བཀས་བཅད་སྔ་ཕྱིའི་གོ་རིམ་བཞིན་ཆོས་ཉིད་ཤིག་བཙལ་རྒྱུ་ཡོད་པར་སེམས་སྟེ། བཀས་བཅད་དང་པོ་བཙན་པོ་ཁྲི་སྲོང་ལྡེ་བཙན་ཡན་ཆད་ནས་སྲོང་བཙན་སྒམ་པོ་མན་ཆད་ཀྱི་བར་ལ་ཡིན་ཏེ། དེ་ལས་ད་ལྟ་སྔ་རོལ་དུ་གྱུར་པའི་ཁྲི་ལྡེ་གཙུག་བརྟན་གྱི་དུས་སུ་བཞེངས་པའི་ཅོང་དེའི་ཁ་ཡིག་ལ་གཟིགས་ན། ཚིག་ཁྲིམ་དབར་ཚིག་མེད་པར་གྱི་མ་ཚོད་པའི་རྣམ་པ་མངོན་ལ་དེ་རྗེས་ཁོང་གི་སྲས་བཙན་པོ་ཁྲི་སྲོང་ལྡེའུ་བཙན་གྱི་དུས་སུ་བཞེངས་པའི་བསམ་ཡས་ཀྱི་རྡོ་རིང་དང་ཅོང་སོགས་ཀྱི་ཁ་ཡིག་ལ་ཚིག་ཁྲིམ་དབར་གཉིས་ཚིག“ཿ”①བསྟན་པའི་རྣམ་པ་ཞིག་མངོན། དེ་ནས་བཀས་བཅས་གཉིས་པ་མངའ་བདག་རལ་པ་ཅན་གྱི་དུས་བཞེངས་པའི་དཔོན་ཞང་རྡོ་རིང་གི་ཡི་གེར་གཞིགས་ན། ཚིག་ཁྲིམ་དབར་ད་ལྟའི་བོད་ཡིག་བཞིན་ཚིག་གིས་བར་བཅད་ཡོད་པས། བོད་ཡིག་གི་ཚིག་གི་སྦྱོར་ཚུལ་དེ་ཡང་། ཚིག་མེད་པ་ནས་གཉིས་ཚིག་སྦྱོར་པ། གཉིས་ཚིག་ལས་གཅིག་ཚིག་ཏུ་འགྱུར་བ་སོགས་བོད་ཡིག་དེ་རིམ་བཞིན་ཚད་ལྡན་ཅན་དུ་འགྲོ་བའི་ཆོས་ཉིད་ཅིག་ཀྱང་འཚོལ་ནུས་སོ།

---

①སྒྲའི་བསྟན་བཅོས་ལས། རྣམ་བཅད་ཅེས་རི་མོ“ཿ”ལྟ་བུ་ནི་ཨ་ལས་ཕ་རོལ་དུ་གཞོན་ནུ་མའི་ནུ་མ་ཟུང་གི་དབྱིབས་ཅན་ཐིག་ལེ་གཉིས་དེ་ལ་ཟེར་ཞིང་། ས་པ་ཎ་སྒྲ་འཇུག་ཏུ་སླང་པོ་ཆེའི་གཙུག་འདྲ་དང་ཅང་ཏེའུ་འདྲ་བ་ཞེས་གསུངས། རི་མོ་འདི་ཡང་སྐབས་འགར་ར་ཡིག་ལས་བྱུང་བ་ཡིན་ཏེ། སྒྲ་མདོ་ལས་ས་ར་དག་གི་རྣམ་བཅད་དོ་ཞེས་བྱིངས་དང་མིང་གི་ས་ཡིག་དང་ར་ཡིག་ནི་ར་ས་(ར་ནས་ས་བར་བསྒྱུར་པའི་གསལ་བྱེད་ཀྱི་མིང་ལ་ཟེར་)སོ་སོར་བསྒྱུ་བའི་ཡི་གེ་ཕ་རོལ་ན་ཡོད་པ་དང་། ཚིག་མཐའི་ས་ཡིག་དང་ར་ཡིག་དག་ཀྱང་རྣམ་བཅད་དུ་འགྱུར།

གཉིས་པ། བསམ་ཡས་དབུ་རྩེའི་གཙུག་ལག་ཁང་གི་ཚོང་།

ཚོང་གི་མིང་། བསམ་ཡས་དབུ་རྩེའི་གཙུག་ལག་ཁང་གི་ཚོང་།

གནས་ཡུལ། ལྷོ་ཁ་གྲོང་ཁྱེར་གྲ་ནང་རྫོང་བསམ་ཡས་དགོན།

བཞེངས་དུས། བཙན་པོ་ཁྲི་སྲོང་ལྡེ་བཙན་གྱི་སྐུ་དུས་སུ་བསམ་ཡས་གཙུག་ལག་ཁང་བཞེངས་པ་དང་དུས་མཚུངས། སྤྱི་ལོ774－782བར་གྱི་ལོ་ཞིག

བཞེངས་མཁན་ཡོན་བདག འབྲོ་བཟའ་ཁྲི་རྒྱལ་མོ་བཙུན་ནམ་བྱང་ཆུབ་བཙུན།

ཁ་ཡིག་གི་མདོ་དོན། བསྒོ་སྐྱོན་གྱི་ཡི་གེ

གཅིག ཚང་དྲིལ་བཞེངས་པའི་ལོ་རྒྱུས་ཀྱི་རྒྱབ་ལྗོངས།

ཚང་འདི་ནི་ད་ལྟ་བསམ་ཡས་དབུ་རྩེའི་གཙུག་ལག་ཁང་གི་སྒོ་འཚོར་ཐོག་ཏུ་བཀལ་ཡོད་ལ། བསམ་ཡས་གཙུག་ལག་ཁང་བཞེངས་པ་དང་དུས་མཚུངས་སུ་ལུགས་སུ་བླུགས་པར་མངོན།

དེ་ཡང་ཐོག་མར་བསམ་ཡས་གཙུག་ལག་ཁང་བཞེངས་པའི་སྐོར་རགས་ཙམ་གླེང་ན། གཙུག་ལག་ཁང་དེའི་མཚན་རྒྱས་པར་བསམ་ཡས་ལུགས་གསུམ་མི་འགྱུར་ལྷུན་གྱིས་གྲུབ་པའི་གཙུག་ལག་ཁང་ཞེས་གྲགས། གནས་ཡུལ་ནི་ལྷོ་ཁ་གྲོང་ཁྱེར་གྲ་ནང་རྫོང་ཁོངས་ཡར་ཀླུང་གཙང་པའི་བྱང་དངོས་ཀྱི་རི་འདབས་སུ་གནས་ཡོད། དུས་རབས་བརྒྱད་པར་ཟ་ཧོར་གྱི་མཁན་ཆེན་ཞི་བ་འཚོ་དང་། ཨོ་རྒྱན་ཡུལ་གྱི་སློབ་དཔོན་པད་མ་འབྱུང་གནས་གཉིས་སྤྱ་རྗེས་སུ་བོད་དུ་གདན་དྲངས་རྗེས། སློབ་དཔོན་གྱིས་ས་དཔྱད་བརྟགས་ནས་ཆུ་སྟག་ལ་རྨང་བཏིངས་ཏེ་ལོ་གསུམ་ལ་རྫོགས་པར་གྲུབ། དེའི་དུས་སུ་བན་བོན་ཆོས་རྩོད་བྱས་མཐར་བན་སྡེ་རྣམས་བོན་ལས་རྣམ་པར་རྒྱལ་བ་དང་། དེ་བཞིན་བཙན་པོ་ཁྲི་སྲོང་ལྡེ་བཙན་གྱིས་ཀྱང་ནང་པ་སངས་རྒྱས་ཀྱི་བསྟན་པའི་ཞབས་ནས་གཏུགས་པས། བསྟན་པ་ཉི་མ་ཤར་བ་བཞིན་དར། དེ་ནས་སད་མི་བདུན་རབ་ཏུ་བྱུང་བ་དང་། བོད་དུ་སྐུ་གསུང་ཐུགས་རྟེན་ཡོངས་སུ་ཚང་བའི་གཙུག་ལག་ཁང་དང་པོ་འདི་བཞེངས། གཙུག་ལག་ཁང་འདི་ཡང་ཐོག་བརྩེགས་རིམ་པ་གསུམ་དང་མཐའ་བཞི་ལྡུགས་རིས་བསྐོར་ལ་གླིང་བཞི་གླིང་ཕྲན་གྱི་བརྒྱན་པ་སྟེ། ཤར་དབུས་སུ་ཆོས་དཔྱད་བྱ་ཡུལ་མཁྱེན་རབ་འཇམ་པའི་གླིང་། ཤར་སྨད་དུ

བཛྲ་སློབ་ཁང་བཛྲ་སྦྱོར་ཚང་མ་གླིང་། ཤར་སྟོད་དུ་སྔགས་ཀྱི་སྲི་གཏད་མནན་ཁང་བདུད་འདུལ་སྔགས་པ་གླིང་། ཤར་དབུས་སུ་བཙན་པོའི་རྟ་མགྲིན་སྒྲུབ་གནས་ཨཙྪ་པ་ལོའི་གླིང་། ཤར་སྨད་དུ་ཆོས་སྒྱུར་ཁང་སྒྲ་སྒྱུར་རྒྱ་གར་གླིང་། ནུབ་སྟོད་དུ་ལུང་བསྟན་བེ་ཙ་གླིང་།(སློབ་དཔོན་བེ་རོ་ཙ་ན་བཞུགས་ཡུལ་བེ་རོ་ཙ་ནའི་གླིང་) ནུབ་དབུས་སུ་དགའ་ལྡན་བྱམས་པ་གླིང་།(མ་འོངས་ལུང་བསྟན་ཁང་བྱམས་པ་གླིང་ཡང་ཟེར་) ནུབ་སྨད་དུ་བསམ་གཏན་སྒོམ་ཁང་མི་གཡོ་བསམ་གཏན་གླིང་། བྱང་སྟོད་དུ་རིན་ཆེན་གཏེར་མཛོད་ཁང་རིན་ཆེན་སྣ་ཚོགས་གླིང་། བྱང་དབུས་སུ་སེམས་བསྐྱེད་བྱང་ཆུབ་གླིང་། བྱང་སྨད་དུ་མཛོད་ཁང་པེ་ཧར་དཀོར་མཛོད་གླིང་བཅས་དང་། ལྷགས་རིའི་ཕྱི་ཕྱོགས་སུ་ཁམས་གསུམ་ཟངས་ཁང་གླིང་དང་། དགེ་རྒྱས་བྱེ་མ་གླིང་། བུ་ཚལ་གསེར་ཁང་གླིང་བཅས་ཡོད། དེ་དག་ལས་བསམ་ཡས་དབུ་རྩེའི་གཙུག་ལག་ཁང་ནི་འོག་ཁང་བོད་ལུགས་དང་། བར་ཁང་རྒྱ་ནག་ལུགས། སྟེང་ཁང་རྒྱ་གར་ལུགས་བཅས་ལུགས་གསུམ་གྱི་ཁྱད་ཆོས་ལྡན་ཡོད། འོག་ཁང་རྣམ་དག་སྒོ་གསུམ་གྱི་རྒྱལ་སྒོའི་ཐོག་ཆེང་གོང་མས་གནང་བའི་(格鲁伽兰)ཞེས་པའི་སྒོ་པང་ཞིག་བཀལ་ཡོད་པ་དང་། དེའི་མདུན་དུ་གྱི་རྒྱལ་སྒོའི་སྒྲ་ཤུར་ནང་བོད་ཡིག་བཀོད་པའི་ཅོང་ཆེན་པོ་འདི་བཀལ་ཡོད།

བསམ་ཡས་དབུ་རྩེའི་གཙུག་ལག་ཁང་གི་ཅོང་འདི་ཉིད་ལུགས་སུ་བླུགས་པའི་དུས་ཚོད་ནི་སྟོན་གངས་ཅན་གྱི་ཡུལ་གྲུ་འདིར་དབང་བསྒྱུར་བའི་རྒྱལ་པོ་རིམ་པར་བྱོན་པའི་ནང་ནས་རྒྱལ་སྲིད་ཐབས་ཀྱིས་སྐྱོར་བའི་འཕྲུལ་ལ་བརྟེན་ནས་བོད་ཁམས་གོང་དུ་འཕེལ་བར་མཛད་རྗེས་ལྷག་པར་ཆེ་བའི་རྒྱལ་པོ་མཁས་ཤིང་མཛངས་པ།

མཐུ་སྟོབས་དང་ལྡན་པ་ཡོངས་གྲགས་སུ“ ཆོས་རྒྱལ་མེས་དབོན་རྣམ་གསུམ་” ཞེས་མགྲིན་གཅིག་ཏུ་བསྔགས་པའི་ཡུལ་དུ་གྱུར་བའི་ནང་ཚན་བོད་བཙན་པོའི་གདུང་རབས་སོ་དྲུག་པ་རྒྱལ་པོ་ཁྲི་སྲོང་ལྡེའུ་བཙན་གྱི་སྐབས་སུ་ཡིན། རྒྱུ་མཚན་ནི་མ་ཡིག་ལས“ ལྷ་བཙན་པོ་ཁྲི་སྲོང་ལྡེ་བརྟན་ཡབ་སྲས་སྐུ་སྐྱོང་ངས་དཔྱལ” ཞེས་རྒྱལ་པོ་ཁྲི་སྲོང་ལྡེ་བཙན་གི་མཚན་བཀོད་ནས་རྒྱལ་པོ་ཡབ་སྲས་ཀྱི་ཆེད་དུ་བསྔོ་སྨོན་བྱེད་ལུགས་དང་། དེ་བཞིན“ ཇོ་མོ་རྒྱལ་མོ་བརྟན་ཡུམ། སྲས་ཀྱིས་ཕྱོགས་བཅུའི་དཀོན་མཆོག་གསུམ་ག་ལ། མཆོད་པའི་སླད་དུ་ཅོང་། འདི་བགྱིས་ཏེ།” ཞེས་ཅོང་འདི་བཞེངས་མཁན་གྱི་ཡོན་བདག་ཇོ་མོ་རྒྱལ་མོ་བཙན་ནི་བཙན་པོ་ཁྲི་སྲོང་ལྡེ་བཙན་གྱི་བཙུན་མོ་ལྷ་ཁབ་ཏུ་བཞེས་པའི་ཡ་གྱལ་ཞིག་ཡིན། ཁྲི་སྲོང་ལྡེ་བཙན་གྱི་དུས“ བཙུན་མོ་ལྷ་ཁབ་ཏུ་བཞེས་པ་ལ་མཆིམས་བཟའ་ལྷ་མོ་བཙན་དང་། མཁར་ཆེན་བཟའ་མཚོ་རྒྱལ་གཉིས་སྐྲུབ་པ་མཛད་པ་ཕྱུག་རིས་མེད། འབྲོ་བཟའ་ཁྲི་རྒྱལ་མོ་བཙན་ཕྱིས་རབ་ཏུ་བྱུང་ནས་བྱང་ཆུབ་རྗེར་མཚན་གསོལ་བ་དེའི་ཕྱུག་རིས་དགེ་རྒྱས་ཀྱི་གཙུག་ལག་ཁང་ལགས་ཏེ། སྣང་བ་མཐའ་ཡས་གཙོ་འཁོར་དགུ་གཞུང་གི་ལུགས་སྟོད་དུ་ལུགས་བཏབ་ནས་ཚབ་ལ་སྤྱན་དྲངས་པས་འཁོར་གཉིས་ཚབ་ལ་ཐོར……སྲས་མི་མངའ། ཡབ་མེད་འབྲོ་ཡུལ་ཐག་རིང་བས་ཕྱིས་གསོ་མི་མི་འོང་ཞེས་མཆི་ནས་ལྷ་ལུགས་མ་བྱས། རྟེག་པ་སོ་པག་ཞ་ཉེའི་ཆུས་སྦྲུར། ཟངས་ཀྱི་ཐོག་བཀལ། རོལ་མོ་ཅོང་བཏགས།”① ཞེས་འཁོད་པར་གཞིགས་ན། ཅོང་དེ་རྒྱལ་པོ་འདིའི་རིང་ལ་བཞེངས་པར་མངོན། འབྲོ་

①《ཆོས་འབྱུང་མཁས་པའི་དགའ་སྟོན་》དཔའ་བོ་གཙུག་ལག་ཕྲེང་བས་བརྩམས། མི་རིགས་དཔེ་སྐྲུན་ཁང་། 2006ལོའི་པར་གཞི་དང་པོ་དང་། ཤོག་གྲངས185ལ་གསལ།

ཡུལ་ཐག་རིང་བས་གསོ་མི་མི་འོང་ཞེས་པའི་སྐད་ཆའི་ཤུགས་ལས། སྐབས་དེ་དུས་མཚོད་པ་སོགས་རྒྱལ་ཚང་ནས་སྦྱར་བའི་སྲོལ་མེད་པར་རང་ཉིད་ཀྱི་ཁྱིམ་ཚང་ནས་གཏོང་དགོས་པར་སྣང་།

ཚོང་འདི་ཉིད་དང་འབྲེལ་བའི་ལོ་རྒྱུས་ཀྱི་རྒྱབ་ལྗོངས་རགས་ཙམ་ཤེས་དགོས་ན་ངེས་པར་དུ་བཙན་པོ་ཁྲི་སྲོང་ལྡེ་བཙན་སྐབས་ཀྱི་ལོ་རྒྱུས་དང་ཟུང་འབྲེལ་བྱ་དགོས་ཏེ། དེ་ཡང་བཙན་པོ་ཁྲི་སྲོང་ལྡེ་བཙན་གྱི་སྐུ་རིང་ལ་ནང་པ་སངས་རྒྱས་ཀྱི་བསྟན་པ་དར་ཞིང་རྒྱས་པའི་ཕྱིར་རྒྱ་གར་དང་རྒྱ་ནག་སོགས་ནས་པཎ་གྲུབ་མང་པོ་སྤྱན་དྲངས། ལྷག་པར་དུ་རྒྱ་ནག་གི་ཐྲན་ཀ་ལིངས་ཀོང་། ལྷ་ལུང་ཀླུ་གོང་དང་། འགོ་གོམ་དབུལ་གོང་གསུམ་དང་། དེའི་མཆན་བུ་ཁྱུང་རྩེ་མངས་ལ་སོགས་པས་བྱས། རྒྱའི་ཧྭ་ཤང་མ་ཧཱ་ཡ་ན་སྤྱན་དྲངས་ནས་ཆོས་རྣམས་བསྒྱུར་བ་ལ་སོགས་འཕྲིན་ལས་ཀྱིས་བོད་ཁམས་སུ་རྒྱའི་ཐེག་པ་ཆེན་པོའི་རིག་གནས་རིམ་བཞིན་དར་ཁྱབ་བྱུང་ཡོད། གཡོས་ལ་མཁས་པའི་བཙུན་མོ་འབྲོ་བཟའ་ཁྲི་རྒྱལ་མོ་བཙུན་ཡང་སྟོན་མེད་ཀྱི་སློབ་མའི་གྲས་སུ་ཞུགས་ནས་རྒྱའི་ཐེག་པ་ཆེན་པོའི་རིག་གནས་ལ་ཉམས་ལེན་གནང་། རྒྱ་ནག་གི་ཐེག་པ་ཆེན་པོའི་ཆོས་ལུགས་འདི་བོད་དུ་དར་བ་དང་བསྟུན་ནས་ཚོང་ལུགས་སུ་ཐུགས་པའི་སྲོལ་བོད་དུ་རིམ་བཞིན་དར་བར་མངོན།

གཉིས། ཚོང་དྲིལ་གྱི་ཇོ་སྒྲུད་རགས་བསྡུས།

《ཆོས་འབྱུང་མཁས་དགའ》ལས་བསམ་ཡས་གཙུག་ལག་ཁང་བཞེངས་སྐབས་ཚོང་བརྒྱད་བཞེངས་ཞེས་འཁོད་པ་དང་། དེ་དག་ལས་བསམ་ཡས་ལ་ཚོང་ཚེ་

ཆུང་གསུམ①ཡོད་པར་བཤད་ཀྱང་ད་ལྟ་མཇལ་རྒྱུ་ཡོད་པ་ནི་ཅོང་ཆེ་བ་དེ་ཡིན། ཅོང་འདི་ནི་རྒྱ་ལི་མ་ལས་གྲུབ་ཅིང་དཔངས་ཀྱི་མཐོ་ཚད་ལ་སྨིད1.2ཁ་ཞེང་ལ་སྨིད0.69ཅོང་གི་དབུའི་མཐའ་སྐོར་གྱི་རིང་ཚད་ལ་སྨིད1.5 ཞབས་ཀྱི་མཐའ་འཁོར་གྱི་རིང་ཚད་ལ་སྨིད2.1 མཐུག་ཚད་ལ་སྨིད0.05དབུའི་མཚམས་སུ་བོད་ཡིག་གི་ཡིག་ཕྲེང་གཉིས་ཡོད་པ་དང་ཡིག་གཟུགས་ནི་དབུ་ཅན་ཡིན་ལ་བཙན་པོའི་དུས་ཀྱི་གནའ་ཡིག་གི་ཁྱད་ཆོས་ལྡན། ཅོང་དེ་ཉིད་ལོ་རྒྱུས་ཡུན་རིང་སོང་བའི་རྐྱེན་གྱིས་སེར་ཀ་ཡང་ཆུང་ཟད་ཤོར་འདུག ཅོང་འདི་ད་ལྟ་བསམ་ཡས་དབུ་རྩེའི་གཙུག་ལག་ཁང་ལ་ཡོད་པས་མིང་ལ་ཡང་བསམ་ཡས་གཙུག་ལག་ཁང་གི་ཅོང་ཞེས་གྲགས།

གཞན་ཡང་མ་ཞང་ཁྲོམ་པ་སྐྱེས་ཀྱིས་ཆོས་ལ་འཚེ་བའི་དུས《ཆོས་འབྱུང་མཁས་པའི་དགའ་སྟོན་》ལས"མཁར་བྲག་གི་ལྷ་ཁང་ནི་སྣང་ནས་བསྒྱེལ། མགྲིན་བཟང་གི་ལྷ་ཁང་ནི་བཤིག་སྟེ། ཅོང་ནི་མཆིམས་ཕུའི་གཡའ་ལ་བསྐྱལ་ཏེ་དེ་ཉིད་ཕྱིས་བསམ་ཡས་དཀར་རྒྱས་ཀྱི་ཅོང་ལགས"②ཞེས་པར་བརྟགས་ན། ཐོག་མར་ནི་ཝ་པཎ་ཆེན་གྱིས་མཛད་པའི《སྔོན་གྱི་གཏམ་མེ་ཏོག་ཕྲེང་བ་》ལས། "ཁྲི་ལྡེ་གཙུག་བརྟན་མེས་ཨག་ཚོམ་དུ་གྲགས་པ་དེས། ལྷ་ས་འཁར་ཕུག བྲག་དམར་མགྲིན་བཟང་།

①ཅོང་ཆེ་བ་ནི་དཔྱད་རྩོམ་འདིའི་བརྗོད་བྱར་གྱུར་བ་དེ་ཡིན་པ་དང་གཞན་ཆུང་བ་གཉིས་པོ་ཡང་སྐབས་དེར་ལུགས་སུ་བླུགས་པ་ཡིན་ཞེས་བརྗོད་ཅིང་། ཅོང་དེ་གཉིས་ཀྱི་བོངས་ཚད་ཆ་མཚུངས་ལ་མཐོ་ཚད་ལ་ལིའི་སྨིད35དང་ཁ་ཞེང་ལ་ལིའི་སྨིད24ཡོད་ཅེས་འཁོད།—《བོད་ལྗོངས་ཞིབ་འཇུག》1988.4

②《ཆོས་འབྱུང་མཁས་པའི་དགའ་སྟོན་》དཔའ་བོ་གཙུག་ལག་ཕྲེང་བས་བརྩམས། མི་རིགས་དཔེ་སྐྲུན་ཁང་། 2006ལོའི་པར་ཐེངས་དང་པོ། ཤོག་གྲངས162ལ་གསལ།

འཆིམས་བུ་ན་རལ། མདས་གོང་གི་གཙུག་ལག་ཁང་བཞེངས་”①ཞེས་ལྷ་ཁང་དེ་དག་ཁྲི་ལྡེ་གཙུག་བཙན་གྱི་དུས་སུ་བཞེངས་པ་དང་། བཙན་པོའི་དུས་ཀྱི་གཙུག་ལག་ཁང་དང་ཕོ་བྲང་བཟོ་སྐྲུན་གྱི་གྲུས་ལུགས་ལ་གཞིགས་ན། བཙན་པོ་ཁྲི་ལྡེ་གཙུག་བཙན་གྱི་སྐུ་དུས་སུ། མཁར་བྲག་ལྷ་ཁང་དང་མགྲིན་བཟང་ལྷ་ཁང་བཞེངས་པ་དང་ཆབས་ཅིག་ཏུ་ཙོང་དེ་དག་བཞེངས་པ་ཡིན་མོད། ཕོང་སྐྱ་གཤེགས་རྗེས་སྲས་ཁྲི་སྲོང་ལྡེའུ་བཙན་ཁྲི་ལ་མངའ་གསོལ་མ་ཐག་པའི་དུས་དེར། ཆོས་ལ་མི་དགའ་བའི་བློན་པོ་མ་ཞང་གྲོམ་པ་སྐྱེས་ཀྱིས་ཁྲིམས་བུ་ཆུང་བཅད་དེ། ཐུབ་བསྟན་ལ་བར་ཆད་ཆེན་པོ་བྱུང་བའི་དབང་གིས་ལྷ་ཁང་གཤིགས་པ་དང་། ཙོང་ཡང་མཆིམས་བུའི་གཡར་ལ་བསྐྱལ་དགོས་པ་བྱུང་ཡོད། བཙན་པོ་ཁྲི་སྲོང་ལྡེའུ་བཙན་ནར་སོན་རྗེས་བསྟན་པ་སླར་གསོ་བའི་སྐབས། ཙོང་དེ་བསམ་ཡས་དགེ་རྒྱས་སུ་གནས་སྤོས་པའི་དབང་གིས་དཔའ་བོ་གཙུག་ལག་ཕྲེང་བས་དེ་ཕྱིས་ཀྱི་བསམ་ཡས་དགེ་རྒྱས་ཀྱི་ཙོང་ལགས་ཞེས་གསུངས་ཡོད།

འོན་ཀྱང་སྐབས་སུ་བརྗོད་པའི་འབྲོ་བཟའ་ཁྲི་རྒྱལ་མོ་བཙུན་གྱི་ཡོན་བདག་གནང་ནས་བཞེངས་པའི་བསམ་ཡས་དབུ་རྩེའི་གཙུག་ལག་ཁང་གི་ཙོང་འདི་ནི། འབྲོ་བཟའ་ཁྲི་རྒྱལ་བཙུན་གྱིས་བསམ་ཡས་དགེ་རྒྱས་གཙུག་ལག་ཁང་བཞེངས་སྐབས་ལུགས་སུ་བླུགས་པ་ཞིག་ཡིན་པ་ལས། གོང་དུ་བརྗོད་ཟིན་པའི་ཙོང་དེ་མ་ཡིན་ནོ།

སྔོན་གྱི་ལོ་རྒྱུས་སྙིང་བར་ལོ་ཚིགས་ཤེས་རྒྱུ་ནི་ཧ་ཅང་གལ་ཆེ་བ་ཡིན་ཞིང་། ལོ་

①《བོད་ཀྱི་ལོ་རྒྱུས་དེབ་ཐེར་ཁག་ལྔ་》ཆབ་སྤེལ་ཚེ་བརྟན་ཕུན་ཚོགས་སོགས་ཀྱིས་གཙོ་སྒྲིག་གནང་། བོད་ལྗོངས་བོད་ཡིག་དཔེ་རྙིང་དཔེ་སྐྲུན་ཁང་། 2005ལོའི་པར་གཞི་གཉིས་པ།

རྒྱུས་སྨྲ་བ་ཆོས་ཐོག་མར་དོན་དུ་གཉེར་རྒྱུའི་རྩ་བའི་རྨང་གཞི་ཞིག་ཀྱང་ཡིན། ཅོང་འདི་ལོ་དུས་གང་ཞིག་ལ་བཞེངས་པའི་ལོ་ཚིགས་ངེས་གཏན་ཞིག་བརྗོད་པར་དཀའ་ཡང་། ཅོང་འདི་བཞེངས་པའི་དུས་ནི་བསམ་ཡས་གཙུག་ལག་ཁང་བཞེངས་པའི་དུས་དང་མཉམ་དུ་བཞེངས་པ་ཞིག་ཡིན་པས། དེ་ན་བསམ་ཡས་གཙུག་ལག་ཁང་བཞེངས་པའི་ལོ་ཚིགས་ནི།《བོད་ཀྱི་ལོ་རྒྱུས་ཞིབ་འཇུག་ལ་ཉེ་བར་མཁོ་བའི་ལོ་རྒྱུས་དོན་ཆེན་རེའུ་མིག་རྒྱས་པ་ཀེ་ཏ་ཀ》ཞེས་པ་ལས“བསམ་ཡས་གཙུག་ལག་ཁང་ནི་སྤྱི་ལོ774ལ་རྨང་གཞི་བཏིང་ནས། སྤྱི་ལོ782ལོར་ཡོངས་སུ་ལེགས་བསྒྲུབས་ཟིན”①ཞེས་གསལ་ཡོད་པ་དང་། 《藏族万年大事记》ཞེས་པ་ལས“སྤྱི་ལོ762ལ་རྨང་གཞི་བཏིང་ནས། སྤྱི་ལོ767ལ་ཡོངས་སུ་ལེགས་བསྒྲུབས་ཟིན”②ཞེས་དགོངས་ཚུལ་མི་འདྲ་བ་ཡོད་ཀྱང་གང་ལྟར་བསམ་ཡས་གཙུག་ལག་ཁང་ནི་བཙན་པོ་ཁྲི་སྲོང་གི་སྐུ་དུས་སུ་བཞེངས་པ་རྩོད་མེད་ཡིན་པས། ཅོང་དེ་ཡང་སྤྱི་ལོ774－782བར་གྱི་ལོ་ཞིག་ལ་བཞེངས་པ་གསལ་པོ་ཡིན།

ཅོང་འདི་བཞེངས་པའི་བརྒྱུད་རིམ་ནང་། གེགས་བར་ཆེན་པོ་བྱུང་ཡོད་པ་ཡང་། 《ལྡེའུ་ཆོས་འབྱུང་》ལས“དེ་ནས་ཅོང་ལུགས་སུ་བླུག་ཏུ་མ་ལྡེར་བ་ལ། ། ※ཏུའི་※སྤྱི་མདོས་བཤམ་ནས། །ལྷ་འདྲེ་ཡེངས་བྱེད་ཀྱི་གླུ་པོ་ཆེ་བླངས་ནས། །ཆེ་ཆུང་ལྟུགས་རེའི་རྒྱ་ལ་ལྡོས། །མཐོ་དམའ་རི་རབ་རྩེ་ལ་ལྡོས། །མང་ཉུང་སྐྱེ་འགྲོའི་

---

①《བོད་ཀྱི་ལོ་རྒྱུས་ཞིབ་འཇུག་ལ་ཉེ་བར་མཁོ་བའི་ལོ་རྒྱུས་དོན་ཆེན་རེའུ་མིག་རྒྱས་པ་ཀེ་ཏ་ཀ》ཤར་ཡུལ་ཕུན་ཚོགས་ཚེ་རིང་། མི་རིགས་དཔེ་སྐྲུན་ཁང་། 2005ལོའི་པར་གཞི་དང་པོ། ཤོག་གྲངས22ལ་གསལ།

②《西藏万年大事记》噶玛降村 民族出版社 2005 年 8 月第一版 39 页

གྲངས་ལ་ལྟོས། །མཛོས་སྡུག་དར་ཟབ་ཕན་ལ་ལྟོས། གསུངས་པས་ལྷ་འདྲེ་ཡེངས་ཀྱི་བར་ལ་ཚོང་ལུགས་ཐེབས་སོ། ”① ཞེས་ཚོང་འདི་ལུགས་སུ་བླུགས་པའི་དུས་སུ་ལྷ་འདྲེས་གནོད་ཚེ་བཏང་ཞེས་ཕལ་ཆེར་སྐབས་དེར་བན་བོན་གྱི་འཐབ་རྩོད་རྣོ་ངར་ཅན་དུ་གནས་ཡོད་པ་ཡང་ཤེས་ཐུབ། དེ་བཞིན་བསམ་ཡས་གཙུག་ལག་ཁང་གི་ཚོང་འདིའི་སྐོར་ལ་བསམ་ཡས་གཙུག་ལག་ཁང་བཞེངས་པའི་དུས་སུ《སྦ་བཞེད་》ལས། “དེ་ལྟར་ན་ལྟེར་ཚོ་བདུན་ཙུ་དོན་བརྒྱད། མདོའི་རྒྱུད་རིས་བཅུ་བཞི། ཀ་བ་སྟོང་དང་རྩ་གཉིས། སྒོ་མོ་ཆེ་སུམ་བཅུ་སོ་དྲུག །སྒོ་ཆུང་ཆུང་བཞི་བཅུ་ཞེ་གཉིས། གྲུ་སྐས་ཆེན་པོ་དྲུག ཚོང་ཆེན་པོ་བརྒྱད། དང་དང་（དར་ཐང་）ཆེན་པོ་གསུམ་ལ་སོགས་པ་དང་།”②ཞེས་བསམ་ཡས་བཞེངས་དུས་ཚོང་བརྒྱད་ལུགས་སུ་བླུགས་པ་གསལ་ཡང་ད་ལྟ་དངོས་སུ་མཇལ་རྒྱུ་ཡོད་པ་ནི་ཚོང་འདི་ཁོ་ན་ལས་མེད་ལ། ཚོང་འདི་ཉིད་ཀྱང་རིག་གནས་གསར་བརྗེ་ཆེན་པོའི་དུས་ཟིང་གི་ནང་དུ་བོར་བརླགས་སུ་སོང་རྗེས། ཕྱིས་སུ་དད་ལྡན་ཡོན་ཏན་གྲགས་པ་ལགས་ཀྱིས་མང་ཚོགས་ཁྲིད་ནས་རྙེད་སོན་བྱུང་

①《ལྡེའུ་ཆོས་འབྱུང་》མཁས་པ་ལྡེའུས་བརྩམས། བོད་ལྗོངས་བོད་ཡིག་དཔེ་རྙིང་དཔེ་སྐྲུན་ཁང་། ཤོག་གྲངས355ལ་གསལ།

②《སྦ་བཞེད་》སྦ་གསལ་སྣང་གིས་བརྩམས། མི་རིགས་དཔེ་སྐྲུན་ཁང་། 1980ལོའི་པར་གཞི་དང་པོ། ཤོག་གྲངས46ལ་གསལ།

སྟེ་བསམ་ཡས་དགོན་ལ་ཕུལ་ཞེས་གསུངས་ཚུལ་འདུག །①

གསུམ། ཅོང་དྲིལ་གྱི་ཁ་ཡིག

བོད་ཡིག་གི་མ་ཕྱི།(藏文原文)

ཇོ་མོ་རྒྱལ་མོ་བརྩན་ཡུམ། སྲས་ཀྱིས་ཕྱོགས་བཅུའི། དཀོན་མཆོག་གསུམ་ག་ལ། མཆོད་པའི་སླད་དུ་ཅོང་། འདི་བགྱིས་ཏེ། །དེའི་བསོ། དག་ནམས་ཀྱི་སྟོབས་ཀྱིས། ལྷ་བཙན་པོ་ཁྲི་སྲོང་ལྡེ། བཙན། ཡབ་སྲས་སྟངས་དཔྱ། ལ་གསུང་དབྱངས་དྲུག ཅུའི་སྒྲ་དབྱངས་དང་ལྡན་ཏེ། བླ་ན་མེད་པའི་བྱང་ཆུབ་དུ་གྲུབ་པར་སྨོན་ཏོ། །

①ཅོང་འདི་སྔར་ཡང་དམངས་ཁྲོད་ནས་རྙེད་སོན་ཐུབ་པའི་སྐོར་ལ། ཅོང་འདི་བསམ་ཡས་དགོན་དུ་འབུལ་མཁན་ཡོན་ཏན་གྲགས་པ་ལགས་(ཁོང་ནི་ནག་ཆུ་ས་ཁུལ་ཆབ་སྲིད་གྲོས་ཚོགས་ཀྱི་ཀྲུའུ་རེན་སྐུ་གཞོན་དང་ནག་ཆུ་སློབ་གསོ་ལུས་རྩལ་ཨུ་ཡོན་ལྷན་ཁང་གི་ཀྲུའུ་རེན་གྱི་འགན་བཞེས་གནང་མུས། སྐབས་དེར་ཁོང་ནི་ནག་ཆུ་སོག་རྫོང་དམངས་ཁྲོད་བློས་གར་ཚོགས་པའི་གཙོ་ཡིན་)ཀྱི་གསུང་རྒྱུན་ལྟར་ན། 1984ལོའི་ཟླ་བ7པར་ནག་ཆུ་སོག་རྫོང་དམངས་ཁྲོད་བློས་གར་ཚོགས་པ་ལྷ་ཁས་གདན་ཞུས་ལྟར་འཁྲབ་སྟོན་བྱེད་པར་བསྐྱོད་པའི་དུས་གྲ་ནང་རྫོང་སྲིད་གཞུང་གི་ཐབ་ཚང་ཆེན་མོ་ཞིག་གི་ནང་དུ་ཅོང་འདི་ལྟོ་དུས་ཟིན་པའི་བརྡ་གཏོང་ཆེད་དུ་བེད་སྤྱོད་བཞིན་ཡོད་པ་ཁོང་རྣམས་ཀྱིས་གཟིགས་སྐབས་ཁོང་རྣམས་ཀྱིས་ཅོང་འདི་བསམ་ཡས་དགོན་གྱི་ཡིན་ཚུལ་བརྗོད། དེ་ནས་ཅོང་འདིའི་སྐོར་ས་འདི་གའི་མང་ཚོགས་འགའ་ཞིག་ལ་གྲོས་དྲིས་པ་མ་ཟད། ཅོང་འདི་དགོན་པར་འབུལ་དགོས་པའི་གྲོས་མཐུན་བྱུང་། ཕྱི་ཉིན་བློས་གར་ཚོགས་པ་བསམ་ཡས་ཁུལ་གི་གྲོང་ཚོ་ཞིག་ཏུ་འཁྲབ་སྟོན་བྱེད་པར་བསྐྱོད་པའི་གོ་སྐབས་དང་བསྟུན་ནས། ཅོང་དེ་ཐབ་ཚང་དེ་ནས་བསྐྱམས་ཏེ་བསམ་ཡས་དགོན་པར་ཕུལ། དམངས་ཁྲོད་ཀྱི་བཤད་རྒྱུན་དེར་བསམ་ན་ཡིག་ཚང་དུ་འཁོད་པའི་ཅོང་བརྒྱད་པོ་དེ་དག་ཀྱང་ཐལ་ཆེར་དུས་ཟིན་ནང་བོར་བརླགས་སུ་ཕྱིན་པ་མིན་ནམ་སྙམ།

རྒྱ་ཡིག་གི་བསྒྱུར་མ།（汉译文）

王妃甲茂赞母子二人，为供奉十方三宝之故，铸造此钟，以此福德之功，祈愿天神赞普赤松德赞，眷属。具六十种妙音，证无上之菩提！①

དབྱིན་ཡིག་བསྒྱུར་མ།（Translation 英译文）

THE BELL AT BSAM－YAS Queen Rgyal－mo－brtsan，the mother and her son，had this bell- Made for the worship of Three Jewels of the Di- rections andPray that by the power of that meit the Divine King Khri Srong－lde－brtsan，Father，son and consort，may be endowed with the har－monious Sound of the sixty attributes of the voice of Buddha and attain supreme enlightenment.②

---

①王尧：《吐蕃金石录》ཞེས་པ་ལས་བཏབ།

②H. E RICHARDSON ROYAL ASLATIC SONCIETY《A CORPUS OF EARLY TIRETAN INSCROTIONS》ཞེས་པའི་དཔེ་དེབ་ལས་བཏབ། 1985

ལ་ཏིན་ཡི་གེའི་བསྒྱུར་མ། （拉丁转写）

jo mo rgyal mo brtsan yum/ sras kyis phyogs bcu'i/ dkon mchog gsum la ga la/ mchod pa'i slad du cong/ 'di bgyis te/ de'i bsod nams kyi stobs kyis/ lha btsan po khri srong lde brtsan/ yab sras stangs dpyal/ gsung dbyangs drug cu'i sgra dbyangs dang ldan te/ bla na myed pa'i byang chub/ tu grub par smond to/

བཞི། ཅོང་གི་ཁ་ཡིག་ནང་དུ་བཞུགས་པའི་མིང་ཚིག་འགའ་ཡི་གསལ་འགྲེལ།

ཅོང་གི་ཁ་ཡིག་ནང་གསལ་བའི་ལོ་རྒྱུས་ཀྱི་མི་སྣ་འགའ་དང་ཆོས་ཚིག་སོགས་ལ་ལོ་རྒྱུས་ཀྱི་ཆོས་འབྱུང་དང་རྒྱལ་རབས་དེབ་ཐེར་སོགས་ཟུང་འབྲེལ་གྱིས་གསལ་འགྲེལ་ཞུས་ན།

༡ ཇོ་མོ་རྒྱལ་མོ་བརྩན།

ཇོ་མོ་རྒྱལ་མོ་བཙན་ནི་བཙན་པོ་ཁྲི་སྲོང་ལྡེ་བཙན་གྱིས་ཁབ་ཏུ་བཞེས་པའི་བཙུན་མོ་ལྷ་ཡི་ཡ་གྱལ་ཡིན་ཞིང་། འབྲོ་བཟའ་ཁྲི་རྒྱལ་མོ་བཙུན་ལ་སྲས་མེད་པས་རབ་ཏུ་བྱུང་བའི་མཚན་གཞན་ལ་བྱང་ཆུབ་རྗེར་གསོལ། ཁོང་གི་ཕྱག་རིས་ལ་དགེ་རྒྱས་གཙུག་ལག་ཁང་བཞེངས། 《ཀློང་ཆེན་ཆོས་འབྱུང་》ལས། “རྒྱལ་པོ་ཉིད་ལ་

ཁབ་ཏུ་ཞེས་པ་བཙུན་མོ་ལྷ་ཡོད་པའི་ཚུང་ཤོས་མཁར་ཆེན་བཟའ་བཙན་མོ། བྱང་ཆུབ་བཙན་མོ་བྱ་བ་གཉིས་རབ་ཏུ་བྱུང་ངོ། མཁར་ཆེན་བཟའ་བཙུན་མོ་ནི་མཚོ་རྒྱལ་ཡིན་ཏེ་མཆིམས་ཕུར་གྲུབ་པ་ཐོབ། བྱང་ཆུབ་བཙན་མོ་གཡོས་ལ་མཁས་པས་ཚང་མ་གླིང་དུ་དགེ་འདུན་རྣམས་ཀྱི་ཕྱུག་ཚང་མ་མཛད།"[1]ཞེས་འཁོད་པ་དང་། དེ་བཞིན་"ཡང་དེའི་དུས་འཚོ་བ་བླན་སྦྱོར། དགེ་བ་ཉམས་བག་ཏུ་སྤྱོད་དེ། དགེ་འདུན་གྱི་སྡེ་བཙུགས། ཉན་བཤད་དང་སྒོམ་སྒྲུབ་ཀྱི་གྲྭ་བཟུང་། སངས་རྒྱས་ཀྱི་བསྟན་པ་རྒྱས་པར་མཛད་དེ། ཚང་མ་ཀ་རུའི་གླིང་དུ་གཡོས་མལ་བཅས་ཏེ་རབ་ཏུ་བྱུང་བ་གསུམ་བརྒྱ་ལ། ཟས་སྣ་བཅུ་གསུམ་ཙམ་རེ་འདྲེན། དེའི་ལག་ལེན་ཇོ་མོ་བྱང་ཆུབ་རྗེས་མཛད།"[2]ཞེས་སྐབས་དེའི་དགེ་འདུན་པ་རྣམས་ཀྱི་གཡོས་སྦྱོར་ཀྱི་ལས་གཙོ་བོ་ཇོ་མོ་བྱང་ཆུབ་བཙུན་གྱིས་འགན་ཞེས་པ་ནི་གསལ་པོར་མངོན།

བཙུན་མོ་ལྷ་ཡི་མཚན་དང་དེ་རྣམས་ཀྱི་ཕྱུག་རིས་ཀྱི་ལྔ་ཁང་ཇི་བཞིན་ཡོད་ཚུལ་བརྗོད་ན།

1. མཆིམས་བཟའ་ལྷ་མོ་བཙུན། →ཕྱུག་རིས་མེད།

2. མཁར་ཆེན་བཟའ་འཚོ་རྒྱལ། →ཕྱུག་རིས་མེད། མཆིམས་ཕུར་གྲུབ་པ་ཐོབ། མཚན་གཞན་ལ་མཚོ་རྒྱལ་ཞེས་གྲགས།

①སློང་ཆེན་རབ་འབྱམས་པ། 《སློང་ཆེན་ཆོས་འབྱུང་》བོད་ལྗོངས་བོད་ཡིག་དཔེ་རྙིང་དཔེ་སྐྲུན་ཁང་། 2013ལོའི་ཟླ་བ6པའི་པར་གཞི་གཉིས་པ། ཤ245ལ་གསལ།

②སློང་ཆེན་རབ་འབྱམས་པ། 《སློང་ཆེན་ཆོས་འབྱུང་》བོད་ལྗོངས་བོད་ཡིག་དཔེ་རྙིང་དཔེ་སྐྲུན་ཁང་། 2013ལོའི་ཟླ་བ6པའི་པར་གཞི་གཉིས་པ། ཤ329ལ་གསལ།

3. འབྲོ་བཟའ་ཁྲི་རྒྱལ་མོ་བཙུན། རབ་ཏུ་བྱུང་རྗེས་བྱང་ཆུབ་བཙུན་ཡང་ཟེར། →དགེ་རྒྱས་བྱེ་མ་གླིང་（དགེ་རྒྱས་ལི་མ་གླིང་ཞེས་ཀྱང་བྱ་）བཞེངས།

4. ཇོ་མོ་ཚེ་སྤོང་བཟའ་མེ་ཏོག་སྒྲོན། →ཁམས་གསུམ་ཟངས་ཁང་གླིང་།

5. ཕོ་ཡོང་བཟའ་རྒྱལ་མོ་བཙུན། → བུ་ཚལ་གསེར་ཁང་གླིང་།

༢ སྲས།

ཙོང་གི་ཁ་ཡི་ནང་དུ་ལྷ་བཙན་པོ་ཁྲི་སྲོང་ལྡེ། བརྩན། ཡབ་སྲས་ཞེས་པའི་སྲས་རྣམས་གང་དག་ཡིན་མིན་ཐད་ཆོས་བྱུང་ཁག་ནང་དགོངས་པ་གཅིག་མཚུངས་མིན་ཡང་། 《ཆོས་འབྱུང་མཁས་པའི་དགའ་སྟོན་》ལྟར་ན། ཡབ་ཁྲི་སྲོང་ལྡེ་བཙན་དང་ཡུམ་ཚེ་སྤོང་བཟའ་མེ་ཏོག་སྒྲོན་གཉིས་ལ་སྲས་བཞི་ཡོད་པ་ནི།

1. མུ་ཁྲི་སྟོང་པོ་ཆུང་དུས་སུ་སྐུ་གཤེགས།

2. མུ་ནེ་བཙན་པོ།

3. མུ་ཏིག（མུ་རུག）བཙན་པོ། 762ལ་འཁྲུངས།（ བློན་སྣ་ནམ་ཞང་དབུ་རིང་ཉེས་མེད་དུ་བསད་པས་འགོས་ཀྱི་ཞལ་ལྕེ་བཏང་ནས་མཐའ་ལ་སྤྱུགས། ）

4. ཁྲི་ལྡེ་སྲོང་བཙན་སད་ན་ལེགས།

ཙོང་གི་ཁ་ཡིག་ལས་ཇོ་མོ་རྒྱལ་མོ་བརྩན་ཡུམ། སྲས་ཀྱིས་ཞེས། འབྲོ་བཟའ་ཁྲི་རྒྱལ་མོ་བཙུན་རབ་ཏུ་མ་བྱུང་གོང་སྲས་གཅིག་ཡོད་ཚུལ་བསྟན་ཡང་། ཆོས་འབྱུང་རྒྱལ་རབས་གང་དུ་ཡང་དེ་སྐོར་འཁོད་མེད། 《སྤྱི་འགྱུར་རྫོགས་ཆེན་ཆོས་བྱུང་ཆེན་མོ་》ནང་བཙན་པོ་ཁྲི་སྲོང་ལྡེ་བཙན་ལ་སྲས་མོ་ཞིག་འཁྲུངས་ཡོད་ཚུལ་གསུངས་ཡོད་

དེ། མངའ་བདག་ལྷ་ལྕམ་པདྨ་མའི་གསལ་ནི། ཡབ་ཁྲི་སྲོང་ལྡེའུ་བཙན་དང་། ཡུམ་འབྲོ་བཟའ་བྱང་ཆུབ་སྨན་གཉིས་ཀྱི་སྲས་མོར་སྐུ་བལྟམས། ཆུང་དུས་ནས་སློབ་དཔོན་ཆེན་པོ་སོགས་པཎ་གྲུབ་རྣམས་ཀྱི་ཞལ་མཇལ་ཞིང་བྱིན་རླབས་ཀྱི་དབང་བསྐུར་ཐོབ། དགུང་ལོ་བརྒྱད་ལ་སོན་པའི་ཚེ་ན་འཕེན་ལ་རྫོགས་ཏེ་དུས་ཆོས་གྱུར་ཞེས་གསལ། སྲས་མོ་དེ་ནི་འབྲོ་བཟའ་ཁྲི་རྒྱལ་མོ་བཙུན་རབ་ཏུ་མ་བྱུང་སྔོན་དུ་འཁྲུངས་པ་ཞིག་ཡིན་སྙམ། ཡང་བཀའ་ཐང་སྡེ་ལྔར་གཞིགས་ན། ཁྲི་སྲོང་ལྡེ་བཙན་ལ་ལྷ་ལྕམ་ཁྲིམ་པ་རྒྱན་ཞེས་པའི་སྲས་མོ་ཞིག་འཁྲུངས་པའི་སྐོར་གསུངས་ཡོད་ཀྱང་། དེར་དཔྱད་གཞི་གཞན་གྱི་རྒྱབ་རྟེན་མ་རྙེད་པས་མུ་མཐུད་དཔྱད་པར་འཚལ།

༣ ཕྱོགས་བཅུའི་དཀོན་མཆོག

1. ཤར་ཕྱོགས་སངས་རྒྱས་རིན་ཆེན་འབྱུང་གནས།
2. ལྷོ་ཕྱོགས་སངས་རྒྱས་མྱ་ངན་མེད་པའི་དཔལ།
3. ནུབ་ཕྱོགས་སངས་རྒྱས་རིན་ཆེན་འོད་ཀྱི་འགྲོ།
4. བྱང་ཕྱོགས་སངས་རྒྱས་རྒྱལ་བའི་དབང་པོ།
5. ཤར་ལྷོའི་སངས་རྒྱས་པད་མོ་དམ་པའི་དཔལ།
6. ལྷོ་ནུབ་སངས་རྒྱས་ཉི་མའི་དཀྱིལ་འཁོར་སྣང་བ་དམ་པའི་དཔལ།
7. ནུབ་བྱང་སངས་རྒྱས་གདུག་དམ་པ།
8. བྱང་ཤར་གྱི་སངས་རྒྱས་ཏིང་ངེ་འཛིན་གྱི་གླང་པོ་དམ་པའི་དཔལ།
9. སྟེང་ཕྱོགས་སངས་རྒྱས་དགའ་བའི་དཔལ།
10. འོག་ཕྱོགས་སངས་རྒྱས་པད་མོའི་དཔལ།

༤ སྟངས་དཔྱལ།

སྟངས་དཔྱལ་ཞེས་པ་ནི་གནའ་ཡིག་སྟེ་ཡབ་ཡུམ་མམ་བཟའ་ཚང་ཕོ་མོ་གཉིས་ལ་གོ་ཞིང་གནའ་བོའི་ཞེས་ཚིག་ཡིན་པར་སེམས།

༥ གསུང་དབྱངས་དྲུག་བཅུ།

གསུང་དབྱངས་དྲུག་ཅུ་ཞེས་པར་གསུང་དབྱངས་ཡན་ལག་དྲུག་ཅུ་ཡང་ཟེར་ཞིང་དེ་ནི་《བསྟོད་སྤྲིན་རྒྱ་མཚོ》ལས།

1. གསུང་མཉེན་འཇམ་ཞིང་ཡིད་འོང་ཡིད་དུ་འཐད།
2. དག་ཅིང་དྲི་མེད་འོད་གསལ་སྙན་ལ་འཇེབས།
3. མཉན་པར་འོས་ཤིང་མི་ཚུགས་སྙན་ཞིང་དུལ།
4. མི་རྩུབ་མི་བརླངས་རབ་དུལ་རྣ་བར་སྙན།
5. ལུས་སེམས་སླེང་ནི་ཚིམ་བྱེད་དགའ་བདེ་སྐྱེད།
6. གདུང་མེད་ཀུན་དུ་ཤེས་བྱེད་རྣམ་རིག་བྱ།
7. རྣམ་གསལ་དགའ་བྱེད་མངོན་པར་དགའ་བྱེད་ཅིང་།
8. ཀུན་ཤེས་བྱེད་ཅིང་རྣམ་པར་རིག་པར་བྱེད།
9. རིགས་ཤིང་འབྲེལ་ལ་ཟློས་པའི་སྐྱོན་དང་བྲལ།
10. སེང་གེ་གླང་ཆེན་འབྲུག་དང་ལག་འགྲོའི་དབང་།
11. དྲི་ཟ་ཀ་ལ་པིངྐ་ཚངས་པ་དང་།
12. ཤང་ཤང་ཏེའུ་དབང་པོའི་དབྱངས་ལྟར་སྙན།
13. ཇ་སྒྲ་མ་ཁེངས་མི་དམའ་ཀུན་རྗེས་ཞུགས།

14. ཆོག་ཟུར་ཕྱིན་ཅིང་མ་ཚང་མེད་པ་དང་།

15. མ་ཞུམ་མི་ཞན་རབ་དགའ་ཁྱབ་ཅིང་ཆུབ།

16. རྒྱུན་ཆགས་འབྲེལ་ཞིང་སྒྲ་ཀུན་རྫོགས་པར་བྱེད།

17. དབང་པོ་ཀུན་ཚིམ་མ་སྨད་མི་འགྱུར་ལ།

18. མ་བརྟབས་འཁོར་གྱི་དཀྱིལ་འཁོར་ཀུན་ཏུ་གྲགས།

19. དུག་གསུམ་སེལ་བྱེད་བདུད་དཔུང་ཚར་བཅད་ཅིང་།

20. རྣམ་པ་ཀུན་ཏུ་གྱི་མཆོག་དང་ལྡན་པར་འབྱུང་།

21. དེ་ལྟར་བཞི་ཡིས་ལྷག་པའི་དྲུག་ཅུའི་དབྱངས། ཞེས་པ་ལྟར་རོ།

༨ བྱང་ཆུབ།

བྱང་ཆུབ་ཅེས་པའི་གོ་དོན་ནི་《དུང་དཀར་ཚིག་མཛོད་ཆེན་མོ》ལས། སྐྱོན་ཐམས་ཅད་བྱང་ནས་དག་པར་དང་ཡོན་ཏན་ཐམས་ཅད་ཡོང་དུ་ཆུད་པའི་དོན། ཞེས་གསུངས།

༣། རྩོང་གི་ཁ་ཡིག་གི་བརྡ་དག་དང་ནང་དོན་དབྱེ་ཞིབ།

རྩོང་དྲིལ་གྱི་ཁ་ཡིག་དེར་སྤུ་རྒྱལ་བཙན་པོའི་དུས་ཀྱི་གནའ་ཡིག་གི་ཁྱད་ཆོས་ལྡན་པ་སྟེ། གི་གུ་ལོག་པར་འབྲི་བའི་སྲོལ་དང་ད་དྲག་རང་སོར་འཛོག་པ་སོགས་སྐབས་དེའི་བཙན་པོའི་བཀའ་གཏོགས་ཀྱི་ཡི་གེ་དང་ཏུན་ཧོང་གཏེར་ཡིག་སོགས་ཀྱི་གནའ་ཡིག་གི་ཁྱད་ཆོས་དང་འདྲ་བར་སྣང་ངོ་།

འོན་ཀྱང་རྩོང་འདིའི་ཁ་ཡིག་ནང་དུ་རྐྱེན་གྱི་ཡི་གེ་རྣམས་བརྡ་དག་དང་མི་མཚུངས་པ་འགའ་ཡོད། དེ་ཡང་བརྡ་སྤྲོད་ཀྱི་གཞུང་ལྟར་ན་ཐོག་མར་ཡི་གེའི་དབུ་

ནས་བྱས་ཏེ་རིམ་པར་གཞུང་དངོས་བྲིས་དགོས་ཀྱང་འདིར་དེ་བཞིན་དུ་བྲིས་མེད་པ་དང་། དེ་བཞིན་ཡིག་ཤད་བསྟན་པའི་དུས《སུམ་ཅུ་པའི་སྙིང་པོ་ལེགས་བཤད་ལྗོན་དབང་》ལས། "ང་ཡིག་མ་གཏོགས་ཡིག་ཤད་དབར། །ཚེགས་མེད་དེ་སོགས་ཞབ་ཏུ་འབད། །"① ཅེས་གསུངས་ཀྱང་ཅོང་དེའི་མ་ཡིག་ནང་གི "མཆོད་པའི་སྐད་དུ་ཅོང་།" "ཕྱུགས་བཅུའི།" དང་"རྫོ་མོ་རྒྱལ་མོ་བརྩན་ཡུམ། "དཀོན་མཆོག་གསུམ་ག་ལ།" སོགས་ང་ཡིག་ཅམ་མ་ཟད་ཡི་གེ་གཞན་རྣམས་ཀྱི་རྗེས་སུ་ཡང་ཚེག་དང་ཤད་གཉིས་ཀ་བསྟན་པའང་ཅུང་མང་། ཡིག་ཤད་ཀྱི་ནུས་པ་ནི་ཚིག་ཕྲིམ་ཕན་ཚུན་མ་འཛོལ་བར་རང་ཚུགས་སུ་བསྐྱུབ་ཐུབ་ཕྱིར་ཡིན། འོན་ཀྱང་ཅོང་དེའི་མ་ཡིག་ནང་གི "བསོད་ནམས" "ཁྲི་སྲོང་ལྡེ། བརྩན།" "སྣངས་དཔྱ་ལ" ལ་སོགས་པར་ཡིག་ཤད་གང་དྲན་གྱིས་བསྟན་པ་ལྟ་བུར་སྣང་བས་ཚིག་ཕྲིམ་རང་ཚུགས་སུ་མ་གྲུབ། ད་དུང་ཕྲད་སྦྱོར་བའི་དུས་མ་ཡིག་ནང"བླན་མྱེད་པའི་བྱང་ཆུབ། དུ་གྲུབ་པར་སྨོན་ཏོ།" ལྟ་བུ་རྗེས་འཇུག་བ་ཡིག་གི་རྗེས་སུ་ཕྲད་ཏུ་སྦྱོར་དགོས་ཀྱང་ཕྲད་དུ་སྦྱར་བ་བཅས་མང་ཙམ་མཐོང་རྒྱུ་འདུག འོན་ཀྱང་ད་ལྟའི་བརྡ་སྤྲོད་ངོས་ནས་གནའ་ཡིག་དག་ལ་སྐྱོན་དུ་འཛིན་ན་ག་ལ་འགྲིག དེ་ནི་བོད་བཙན་པོའི་དུས་ཀྱི་གནའ་ཡིག་གི་ཁྱད་ཆོས་ཤིག་ཀྱང་ཡིན་པར་སེམས་ཏེ་ཅོང་ལྟ་བུའི་ཡི་གེར་ཆ་བཞག་ན། དེ་ནི་གཞུང་ཡིག་ཅིག་ཡིན་པས། དེའི་བརྗོད་བྱའི་ནང་དོན་ཁུངས་བཙན་ཞིང་བདེན་ཐུབ་རང་བཞིན་གྱི་མཚོན་པར་བྱེད་པ་ལས་གང་བསམ་གྱི་ལུགས་སུ་བཀོས་པ་ནི་ག་ལ་ཡིན།

① 《སུམ་ཅུ་པའི་སྙིང་པོ་ལེགས་བཤད་ལྗོན་དབང་》 དབྱངས་ཅན་གྲུབ་པའི་རྡོ་རྗེས་བརྩམས། ཤོག་གྲངས126ལ་གསལ།

དེར་བརྟེན་སྐབས་དེ་དུས་སུམ་རྟགས་ཀྱི་གཞུང་ད་ལྟ་བཞིན་ཆ་ཚང་བ་ཞིག་གྲུབ་མེད་པ་གསལ་ཤེས་ཐུབ་ལ། སྲོལ་རྒྱུན་དུ་ཐོན་མིས་སུམ་རྟགས་ཀྱི་གཞུང་འདི་གཏོད་ཅེས་པའི་གསུང་རྒྱུན་ལ་ཡང་དོགས་གཞི་བྱེད་དགོས་པ་ཞིག་ཡིན།

ཅོང་གི་ཁ་ཡིག་འགྲེལ་ནས་གོ་སླ་བར་ཕབ་ན། བཙན་པོ་ཁྲི་སྲོང་ལྡེའུ་བཙན་གྱི་ཁབ་དུ་བཞེས་པའི་བཙུན་མོ་ལྷ་ཡི་ནང་ཚན་འབྲོ་བཟའ་ཁྲི་རྒྱལ་མོ་བཙན་(བྱང་ཆུབ་རྗེ)གྱིས་སྦྱིན་བདག་བྱས་ནས་འབྲོ་བཟའ་ཁྲི་རྒྱལ་མོ་བཙན་དང་སྲས་ཁྲི་ལྡེ་སྲོང་བཙན་གཉིས་ཀྱིས་ཆོས་གསུང་པ་པོ་སངས་རྒྱས་དང་དེས་གསུངས་པའི་ཆོས། ཆོས་འདི་ཉིད་ཉམས་སུ་ལེན་པའི་དགེ་འདུན་བཅས་དཀོན་མཆོག་གསུམ་ལ་མཆོད་པ་འབུལ་བའི་ཆེད་དུ་ཅོང་འདི་བཞེངས་པ་དང་། ཅོང་དེ་བཞེངས་པའི་བསོད་ནམས་སྟོབས་ཀྱིས་བཙན་པོ་ཁྲི་སྲོང་ལྡེའུ་བཙན་དང་ཕོང་གི་བཙུན་མོ་དང་སྲས་སྲིས་སོགས་ལ་གསུང་དབྱངས་དྲུག་ཅུའི་སྒྲ་དབྱངས་ཀྱི་བྱིན་རླབས་འཇུག་སྟེ་སྒྲིབ་པ་ཐམས་ཅད་བྱང་ནས། སངས་རྒྱས་ཀྱི་ཡོན་ཏན་ཐམས་ཅད་ཕོང་དུ་ཆུད་པར་སྨོན་ལམ་འདེབས་ཞེས་པའི་དོན་ནོ། དེ་ལས་ལོ་རྒྱུས་ཀྱི་གནད་དོན་གང་ཞིག་གསལ་བཤད་ཐུབ་བམ་ཟེར་ན།

(༧) སྤྱིར་རྒྱལ་ཚང་གི་བཙུན་མོའི་འཁོར་རྣམས་ཆོས་ལ་དད་པ་ཆེ་ལ། སྐབས་དེར་ནང་པ་སངས་རྒྱས་ཀྱི་ཆོས་ལུགས་དར་སྤེལ་བྱེད་པར་བཙུན་མོའི་འཁོར་རྣམས་ཀྱིས་ནུས་པ་ཆེན་པོ་ཐོན་པ་གསལ་བཤད་བྱེད་པ་དང་། སྒོས་སུ་ཅོང་འདི་ཉིད་

བཞེངས་མཁན་འབྲོ་བཟའ་ཁྲི་རྒྱལ་མོ་བཙན་ཡང་རབ་ཏུ་བྱུང་[1]སྔེ་སྟོན་མིན་ལུགས་ལ་དད་ནས་ཧྭ་ཤང་ཚོའི་སྦྱིན་བདག་གཙོ་བོ་ཡིན་པ་ངམ་ངམ་ཤུགས་ཀྱིས་ཤེས་ཐུབ།

（ ༢ ）རིག་གནས་ལ་དངོས་པོའི་རིག་གནས་དང་སེམས་ཁམས་ཀྱི་རིག་གནས་གཉིས་སུ་དབྱེ་ལ། འདིར་དངོས་པོའི་རིག་གནས་དང་བསམ་པའི་རིག་གནས་གཉིས་ཕན་ཚུན་ཟུང་དུ་འབྲེལ་ཡོད་དེ། དངོས་པོའི་རིག་གནས་ལས་བསམ་པའི་འདུ་ཤེས་དང་མཛེས་ཆོས་ཀྱི་ལྟ་བ་སོགས་མཚོན་ནུས། ཅོང་འདི་ཡང་རྒྱ་ཡི་རིག་གནས་ཀྱི་གྲུབ་ཆ་ཞིག་ཡིན་ཞིང་། བཙན་པོ་ཁྲི་སྲོང་ལྡེ་བཙན་གྱི་དུས་སུ་ཤར་ཕྱོགས་ཀྱི་རིག་གནས་ལ་དགའ་མགུ་ཡི་རང་བྱེད་པའི་འདུ་ཤེས་མཚོན་ཐུབ་ལ། རྒྱ་བོད་དབར་གྱི་རིག་གནས་ཕན་ཚུན་འབྲེལ་བ་ཟབ་པའང་གསལ་བཤད་བྱ་ཐུབ།

（ ༣ ）《སྦ་བཞེད》ལས“འབྲོ་བཟའ་ཁྲི་རྒྱལ་མོ་བཙུན་སྲས་མེད་པས་རབ་ཏུ་བྱུང་བའི་མཚན་བྱང་ཆུབ་རྗེར་གསོལ”ཞེས་འཁོད་ཡོད་ཀྱང་ཅོང་འདིའི་ཁ་ཡིག་ལ“ཇོ་མོ་རྒྱལ་མོ་བརྩན་ཡུམ། སྲས་ཀྱིས་ཕྱོགས་བཅུའི། དཀོན་མཆོག་གསུམ་ག་ལ། མཆོད་པའི་སླད་དུ་ཅོང་། འདི་བགྱིས་ཏེ།”ཞེས་འབྲོ་བཟའ་ཁྲི་རྒྱལ་མོ་བཙུན་ལ་སྲས་ཡོད་ཚུལ་གསལ་པོར་བསྟན་ཡོད། འོན་ཀྱང་རྒྱལ་རབས་ཆོས་འབྱུང་རྣམས་སུ་འབྲོ་བཟའ་ཁྲི་རྒྱལ་པོ་བཙན་ལ་སྲས་ཡོད་ཚུལ་འཁོད་མེད་པས་དཔྱོད་ལྡན་རྣམས་ཀྱིས་སྔ་མཐུད་དཔྱད་པར་འཚལ།

①འབྲོ་བཟའ་ཁྲི་རྒྱལ་མོ་བཙུན་ནི། བོད་ཀྱི་ལོ་རྒྱུས་ཐོག་བུད་མེད་ཀྱི་རབ་ཏུ་བྱུང་བ་ཐོག་མ་ཡིན། སྤྱིར་ན་སད་མི་བདུན་རབ་ཏུ་བྱུང་བའི་དུས་དང་གཅིག་མཚུངས་ཡིན།

གསུམ་པ། ཁྲ་འབྲུག་གཙུག་ལག་ཁང་གི་ཅོང་།

ཅོང་གི་མིང་། ཁྲ་འབྲུག་གཙུག་ལག་ཁང་གི་ཅོང་།

གནས་ཡུལ། སྔར་ལྷོ་ཁ་གྲོང་ཁྱེར་སྣེ་གདོང་ཆུས་ཁྲ་འབྲུག་གྲོང་བརྡལ་ཁྲ་འབྲུག་དགོན་དུ་གནས།

བཞེངས་དུས། བཙན་པོ་ཁྲི་ལྡེ་སྲོང་བཙན་སད་ན་ལེགས་ཀྱི་སྐུ་དུས། སྤྱི་ལོ798 –815བར་གྱི་ལོ་ཞིག

བཞེངས་མཁན་ཡོན་བདག འཕྲོ་བཟའ་ཁྲི་རྒྱལ་མོ་བཙུན་ནམ་བྱང་ཆུབ་བཙུན།

ལུགས་བཟོ། དགེ་སློང་རིན་ཆེན།

ཁ་ཡིག་གི་མདོ་དོན། བསྔོ་སྨོན་གྱི་ཡི་གེ

གཅིག ཚོང་བཞེངས་པའི་ལོ་དུས་ཀྱི་དཔྱད་པ།

ཐོག་མར་ཚོང་འདི་དུས་ཇི་ཙམ་ལ་ལུགས་སུ་བླུགས་མིན་གསལ་རྗོགས་བྱ་རྒྱུ་གལ་ཆེ་བར་མཐོང་། གང་ལགས་ཤེ་ན་ཚོང་འདི་ཉིད་ སྔ་མ་ཁྲ་འབྲུག་གཙུག་ལག་ཁང་ནང་དུ་བཞུགས་ཡོད་པའི་རྐྱེན་གྱིས་ཚོང་འདིའི་མིང་ལ་ཁྲ་འབྲུག་གཙུག་ལག་ཁང་གི་ཚོང་ཞེས་ཐོགས། དེར་བརྟེན་སྐྱེ་བོ་ཕལ་ཆེ་བའི་སྣང་བར་ཚོང་དེ་ཡང་ཁྲ་འབྲུག་གཙུག་ལག་ཁང་བཞེངས་པའི་སྐབས་ལུགས་སུ་བླུགས་པ་ཡིན་ཚུལ་འཁྲུལ་མར་འཁྲུལ་སྣང་ཡོང་སྲིད། འོན་ཀྱང་ཚོང་འདི་ཁྲ་འབྲུག་གཙུག་ལག་ཁང་བཞེངས་པ་དང་དུས་གཅིག་ཏུ་བྱུང་བ་མ་ཡིན་ཏེ། ཁྲ་འབྲུག་གཙུག་ལག་ཁང་ནི་མཁས་པ་ལྡེའུས་མཛད་པའི་《རྒྱ་བོད་ཆོས་འབྱུང་རྒྱས་པ་》ལས། "རུ་བཞིའི་གཙུག་ལག་ཁང་རྩིག་དགོངས་ཏེ། སྲིན་མོ་གན་རྒྱལ་དུ་འགྱེལ་བ་འདྲ་བའི་དཔུང་པ་གཡོན་གནོན་པ་ལ་གཡོན་རུ(གཡོ་རུ)ཁྲ་འབྲུག་བརྩིགས། དེའི་ཡན་ལག་ཏུ་བཀྲ་ཤིས་དགེ་འཕེལ་བརྩིགས"①ཞེས། བཙན་པོ་སྲོང་བཙན་སྒམ་པོའི་དུས་བཞེངས་པའི་རུ་གནོན་གྱི་གཙུག་ལག་ཁང་བཞིའི་ཡ་གྱལ་ཞིག་ཡིན་ཞིང་། སྔར་བཙན་པོ་སྲོང་བཙན་སྒམ་པའི་དུས་ནས་གཙུག་ལག་ཁང་བཞེངས་སྐབས་ཚོང་ཁང་རེ་རེ་བཞེངས་པའི་གྲུབ་སྲོལ་ཡོད་ཀྱང་། ཚོང་འདི་ནི་སྐབས་དེ་དུས་སུ་བཞེངས་པ་ཞིག་མ་ཡིན་ཏེ། དེ་ཡང་ཚོང་དེའི་ཁ་ཡིག་ལས"དྲིལ ཆེན པོ འདི ཡང ལྷ བཙན པོ ཁྲི ལྡེ སྲོང བརྩན གྱི དུས * * སྣན འགྲངས པ བཞུགས སོ སོལ ལྷའི ཇ སྲ བར

---

①《རྒྱ་བོད་ཆོས་འབྱུང་རྒྱས་པ་》མཁས་པ་ལྡེའུས་མཛད། བོད་ལྗོངས་བོད་ཡིག་དཔེ་རྙིང་དཔེ་སྐྲུན་ཁང་། སྤྱི་ལོ1987ལོའི་ཟླ6པའི་པར་དང་པོ། ཤོག་གྲངས270ལ་གསལ།

སྣང ལ གྲག པ དང འདྲ བར ཡོན བདག ཇོ མོ བྱང ཆུབ ཀྱིས བགྱིས ནས མཁྱེན ཕོ ཀྱུའི དགེ སློང རིན ཅེན ཀྱིས བླུགས སོ ཚལ ཀྱི སྐུ ཡོན དང སེམས ཅན ཐམས ཅད དགེ བ ལ བསྐུལ བའི ཕྱིར །”①ཞེས་ཅོང་འདི་ཉིད་བཞེངས་མཁན་ནི་བཙན་པོ་ཁྲི་སྲོང་ལྡེ་བཙན་གྱིས་ཁབ་ཏུ་བཞེས་པའི་བཙུན་མོ་ལྷའི་ཡ་གྱུལ་འབྲོ་བཟའ་ཁྲི་རྒྱལ་མོ་བཙུན་ཡིན་ཞིང་། རབ་ཏུ་བྱུང་རྗེས་ཆོས་མིང་ལ་བྱང་ཆུབ་རྗེ་ཞེས་པས་ཡོན་བདག་གནང་སྟེ། རྒྱ་ནག་གི་དགེ་སློང་རིན་ཆེན་ལ་སྐུལ་ནས་ལུགས་སུ་བླུགས་པ་ཞིག་ཡིན། འབྲོ་བཟའ་ཁྲི་རྒྱལ་མོ་བཙུན་དང་བཙན་པོ་ཁྲི་སྲོང་ལྡེའུ་བཙན་གཉིས་མི་རབས་གཅིག་གི་གང་ཟག་ཡིན་པའི་དབང་གིས། ཅོང་འདི་ཡང་བཙན་པོ་ཁྲི་སྲོང་ལྡེའུ་བཙན་གྱི་སྐུ་དུས་སུ་བཞེངས་པ་ཞིག་ཡིན་ཞེས་བརྗོད་ཆོག་ཀྱང་། ཅོང་དེའི་ཁ་ཡིག་ལས། “ཁྲི ལྡེ སྲོང བཙན ཀྱི དུས་**སྣན འགྲངས པ བཞུགས སོ སོལ ལྷའི ཛ སྒྲ བར སྣང ལ གྲག”ཞེས་བཙན་པོ་ཁྲི་ལྡེ་སྲོང་བཙན་ཁྲི་ལ་མངའ་གསོལ་རྗེས་འབྲོ་བཟའ་ཁྲི་རྒྱལ་མོ་བཙུན་གྱིས་བཙན་པོར་དགོངས་སྐོར་སྨན་སེང་ཞུས་ནས་བཞེངས་པ་ཞིག་ཡིན་སྲིད། དེ་ལས་ཅོང་དེ་བཞེངས་པའི་ལོ་དུས་རགས་པ་ཞིག་ཤེས་ཐུབ་སྟེ། བཙན་པོ་ཁྲི་ལྡེ་སྲོང་བཙན་སྐུ་འཚོ་བཞུགས་ཀྱི་ལོ་དུས་ནི་སྤྱི་ལོ798 – 815བར་དུ་ཡིན། དེས་ན་ཅོང་དེ་ཡང་སྤྱི་ལོ798 – 815བར་གྱི་ལོ་ག་གེ་མོ་ཞིག་ལ་བཞེངས་པ་ཡིན་ནོ།།

①《A CORPUS OF EARLY TIBETAN INSCRLPTIONS》H. E RICHARDSON POYSAL ASLATIC SONCIETY 1985 84

གཉིས། ཚོང་བཞེངས་པའི་ལོ་རྒྱུས་རྒྱབ་ལྗོངས།

ཚོང་འདི་ལོ་རྒྱུས་ཀྱི་རྒྱབ་ལྗོངས་ཇི་ལྟ་བུའི་འོག་ཏུ་བཞེངས་སམ་ཞེ་ན། དེ་ཡང་《རྒྱལ་རབས་གསལ་བའི་མེ་ལོང་》ལས"དགེ་འདུན་གྱི་སྡེ་བཙུགས། སྔར་མེད་པའི་མདོ་དང་སྒྲ་བསྒྱུར། མཆོད་གནས་པཎྜི་ཏ་པི་ཤྭ་ཀ་ར། པེ་རོ་ཙ་ན་མཆོག་ཅེས། ཀ་མ་ལ་ཤྲཱི་ལ་སོགས་རྣམས་ལ་ཞབས་ཏོག་བྱས། སྔ་གོང་ཡབ་ཀྱིས་བཞེངས་པའི་གཙུག་ལག་ཁང་རྣམས་ལ་མཆོད་པ་དང་མར་མེ་ཕུལ"①ཞེས་སྐབས་དེར་བཙན་པོ་ཁྲི་ལྡེ་སྲོང་བཙན་གྱིས་ཆོས་མི་འཇིག་ཕྱིར། རྗེ་བློན་མནས་བསྙས་པའི་བཀའ་གཙིགས་གནང་སྟེ། སངས་རྒྱས་ཆོས་ལུགས་རྒྱས་པར་སྤེལ། བཙན་པོ་ཁོང་གི་སྐུ་དུས་སུ་བཞེངས་པའི་སྐར་ཆུང་ལྷ་ཁང་གི་རྡོ་རིང་དང་བྲག་ཡབ་ལྡན་མ་བྲག་རྩའི་བྲག་བརྐོས་ཡི་གེ་དག་ལས་ཀྱང་། བཙན་པོ་ཁྲི་ལྡེ་སྲོང་བཙན་གྱིས་དམ་པའི་ཆོས་ཡུན་དུ་བརྟན་པར་གཙིགས་བརྣན་པ་སོགས་བཙན་པོ་དེ་ཉིད་སྐུ་ཚེའི་ཡུན་ཐུང་ཡང་། ཡབ་མེས་ཀྱི་ཕྲུག་རྗེས་དག་མ་ཉམས་གོང་དུ་སྤེལ་ནས། བསྔོ་བ་ཕུལ་བའི་ཚོང་འདི་བཞེངས་པ་ཡིན་སྙམ།

གསུམ། ཚོང་དྲིལ་གྱི་ངོ་སྤྲོད་རགས་བསྡུས།

ཚོང་དེ་ཉིད་སྤྱི་ལོ1965བར་ཁྲ་འབྲུག་མགོན་དུ་བཞུགས་ཡོད②ཀྱང་། ད་ལྟ་མཇལ་རྒྱུ་མེད། དགའ་འོས་པ་ཞིག་ལ། 《藏传佛教寺庙考古》③ཞེས་པའི་དཔེ་དེབ་ནང་དུ་དེའི་བརྙན་དཔར་ཞིག་དྲངས་ཡོད་པས། དེང་གི་ཆར་དེའི་ཕྱི་

---

①《རྒྱལ་རབས་གསལ་བའི་མེ་ལོང་》ས་སྐྱ་བསོད་ནམས་རྒྱལ་མཚན། མི་རིགས་དཔེ་སྐྲུན་ཁང་། ཤོག་གྲངས225ནས226བར་གསལ།

②《吐蕃金石录》王尧主编 文物出版社 1982 年10月第一版 192页 。

③《藏传佛教寺庙考古》宿白文物出版社 1996 年10月第一版。

གཟུགས་ཀྱི་བཀོད་པ་རགས་པ་ཞིག་ངོས་འཛིན་ཐུབ་སྟེ། ཅོང་དེའི་ཁ་པད་འདབ་རྡུག་ཅན་དུ་མཛོན་ཞིང་། ཅོང་གི་ངོས་ལ་འཕྲེད་གཞུང་གཉིས་ལ་དྲ་བས་བཅད་དེ། འཕྲེད་དུ་བཅད་པའི་དྲ་མིག་ནང་གཡོན་སྐོར་དུ་བཙན་པོའི་དུས་ཀྱི་གནའ་ཡིག་གི་ཁྱད་ཆོས་ལྡན་པའི་བོད་ཡིག་གི་ཡིག་ཕྲེང་གཉིས་ཡོད་པ་དང་ཡིག་གཟུགས་ནི་དབུ་ཅན་ཡིན། ཅོང་དེ་བོར་བརྣགས་སོང་བའི་རྐྱེན་གྱིས་མ་ཡིག་གི་ནང་དོན་གང་ཞིག་ཡིན་མིན་སྐབས་ཤིག་ཤེས་ཐབས་བྲལ་ཡང་། སྤྱི་ལོ1950ལོར་དབྱི་ཀྲ་ལིའི་མཁས་པ་ཐུའུ་ཆིའི་(图齐 1894 – 1984)ཡིས་མ་ཡིག་དེ་ཐོག་མར་འདྲ་བཤུས་གནང་ཡོད། དེ་རྗེས་སྐུ་ཞབས་ལིའི་ཧྥང་ཀུའེ་དང་ཁློ་ཝེ་ནན(李方桂和柯蔚南)གྱིས་བརྩམས་པའི《གནའ་རབས་བོད་ཀྱི་རྡོ་རིང་ཡི་གེའི་ཞིབ་འཇུག》(《古代西藏碑文研究》)ཅེས་པའི་ནང་ཐོག་མར་མ་ཡིག་དྲངས་ནས་ཞིབ་འཇུག་པའི་སྒོ་ལ་མཚམས་སྦྱོར་གནང་ཡོད། ཅོང་དེར་ཞིབ་འཇུག་གནང་པའི་སྐོར་ལ་དབྱིན་ཇིའི་རི་ཇན་སྲུན(黎吉生 1905 – 2001)གྱིས་སྤྱི་ལོ1954ལོར་ཅོང་གི་མ་ཡིག་དེར་ཐོག་མར་ཞིབ་འཇུག་གནང་ཞིང་། ཁོང་གི་དཔེ་དེབ《A CORPUS OF EARLY TIBETAN INSCRLPTIONS》ཞེས་པར་བཀོད་ཡོད་པ་དང་། སྤྱི་ལོ1960དང་1965ལོར་སྐུ་ཞབས་དབང་རྒྱལ་ས་ཡུལ་དངོས་ལ་ཕེབས་སྐབས་ཅོང་དེ་མཇལ་སྐྱོང་ལ། སྤྱི་ལོ1982ལོར་ཅོང་དེའི་ངོ་སྤྲོད་ཀྱི་རྩོམ་ཡིག་ཅིག་ཀྱང་སྤེལ་”①ཡོད། མདོར་ན་ཅོང་དེར་ཐོག་མར་ཞིབ་འཇུག་གནང་མཁན་ནི་ཕྱི་རྒྱལ་དང་ནང་སའི་མཁས་པ་ཤ་སྟག་ཡིན་པ་དང་དེ་ནས་རིམ་བཞིན་བོད་རིགས་མཁས་དབང་རྣམས་

①《古代西藏碑文研究》(美国)李芳桂　柯蔚南著　王启龙译　西藏人民出版社　2006年7月第一版　238页。

ཀྱིས་དོ་སྣང་དང་ཞིབ་འཇུག་གནང་ཡོད། འོན་ཀྱང་ཕྱིས་སུ་བྲིས་པའི་《ཁྲ་འབྲུག་དགོན་གྱི་དཀར་ཆག》ཐོག་དེའི་སྐོར་འཁོད་མེད།

ཅོང་དེའི་ཁ་ཡིག་དེར་གནའ་ཡིག་གི་ཁྱད་ཆོས་ལྡན་པ་དཔེ་མཚོན་ཙམ་དྲངས་ན།

གཅིག མ་ཡིག་གི་ནང་དུ་གི་གུ་ལོག་པ་བྲིས་པ་དཔེར་ན།

འདི། ལྡའི། བཀྲིས། རྒྱུའི། གྲིས། ཀྲིས། གྱི། བའི། ལྷ་བུ།

གཉིས། སྡེ་པ་གཅིག་གི་ཡི་གེ་ཕན་ཚུན་བརྗེས་པ།

མཁེན་པོ་ལ་མཁེན་ཕོ་ཞེས་སྡེ་པ་བཞི་པའི་གསལ་བྱེད་པ་དང་ཕ་གཉིས་ཕན་ཚུན་བརྗེས་པ་དང་རིན་ཆེན་ལ་རིན་ཅེན①ཞེས་སྡེ་པ་གཉིས་པའི་གསལ་བྱེད་ཙ་དང་ཆ་གཉིས་ཕན་ཚུན་བརྗེས་པ། ཐམས་ཅད་ལ་ཐམས་ཆད་ཅེས་སྡེ་པ་གཉིས་པའི་གསལ་བྱེད་ཙ་དང་ཆ་གཉིས་ཕན་ཚུན་བརྗེས་པ་བཅས་ཀྱི་ཁྱད་ཆོས་ལྡན་ཡོད། གཞན་ཡང་ཅོང་སྟེང་གི་ཡིག་གཟུགས་ནི་བཙན་པོའི་དུས་ཀྱི་ཧུན་ཧྲོང་གཏེར་ཡིག་དང་སྐབས་དེར་བཞེངས་པའི་སྐར་ཆུང་ལྷ་ཁང་གི་རྡོ་རིང་དང་བྲག་ཡབ་ལྷན་མ་བྲག་རྩའི་བྲག་བརྐོས་ཡི་གེའི་འབྲི་སྲོལ་དང་གཅིག་མཚུངས་སུ་མངོན།

①ཅེན་ཞེས་པ་འདི་བརྡ་རྙིང་དུ་མི་ཞེས་པའང་ཡོད་ཅེས《བརྡ་གསར་རྙིང་གི་རྣམ་གཞག་ལི་ཤིའི་གུར་ཁང》སྐྱོག་སྟོན་རིན་ཆེན་བཀྲ་ཤིས། མི་རིགས་དཔེ་སྐྲུན་ཁང་། 1981ལོའི་པར་གཞི་དང་པོ། ཤོག་གྲངས64ལ་གསལ།

བཞི། ཅང་དྲིལ་གྱི་ཁ་ཡིག

བོད་ཡིག་གི་མ་ཕྱི།(藏文原文)

ཚོལ ཀྱི སྐུ ཡོན དང སེམས ཅན ཐམས ཅད དགེ བ ལ བསྐུལ བའི ཕྱིར། དྲིལ ཆེན པོ འདི ཡང ལྷ བཙན པོ ཁྲི ལྡེ སྲོང བརྩན ཀྱི དུས་ * * སྣན འགྲངས པ བཞུགས སོ སོལ ལྷའི ཛ སྒྲ བར སྣང ལ གྲག པ དང འདྲ བར ཡོན བདག ཇོ མོ བྱང ཆུབ ཀྱིས བགྱིས ནས མཁེན པོ རྒྱའི དགེ སློང རིན ཅེན གྱིས བླུགས སོ | |

རྒྱ་ཡིག་གི་བསྒྱུར་མ།(汉译文)

(没庐妃菩提明之劝请:)令一切钟众生齐皈善业之故,特铸造此大钟。钟声有如天神鼓乐,嘹亮于浩渺虚空,此亦增天神赞普赤德松赞之住世寿元也。施主乃王妃菩提氏,并由比丘大宝监铸。

དབྱིན་ཡིག་བསྒྱུར་མ།(Translation 英译文)

THE BELL AT KHRA - 1BRUG

This great bell was instaiied here to tell the increase ofThe life - time of the divine btsan - po Khri Lde - srong - brtsan. The donor Queen Byang - chub had it made to be like the soundof the gods in the heavens and it was cast by the abbot, theChinese monk Rin - cen as areligious offering from Tshal andto call all creatures to virtus. ①

ལ་ཏིན་ཡི་གེའི་བསྒྱུར་མ། （拉丁转写）

tshal gyi sku yon dang sems can thams cad dge ba la bskul ba'i phyir/ dril chen po 'di yang lha btsan po khri srong lde brtsa gyi dus * * snan 'grangs pa bzhugs so sol lha'i rnga sgra bar snang la grag pa dang 'dra bar yon bd-ag jo mo byang chub kyis bgyis nas mkhen pho rgya'i dge slong rin cen gyis blugs so/ /

ལྔ། ཅོང་གི་ཁ་ཡིག་གི་མིང་བརྡ་གསལ་འགྲེལ།

༧ ཛོ་མོ།

ཡིག་རྙིང་ནང་བཙུན་མོ་ལ་ཇོ་མོ་དང་། ཁྲིམས་སུ་མཐོ་རིམ་བུད་མེད་ལའང་ཇོ་མོ་ཞེས་ཟེར། ཅོང་འདིའི་ཁ་ཡིག་ཏུ་གསལ་བའི་ཇོ་མོ་ནི་རྒྱལ་པོ་ཁྲི་སྲོང་ལྡེ་བཙན་གྱི་བཙུན་མོ་འབྲོ་བཟའ་ཁྲི་རྒྱལ་མོ་བཙུན་ཏེ་རབ་ཏུ་བྱུང་རྗེས་བྱང་ཆུབ་རྗེ་ཞུ་བ་དེ་ཡིན། ཆོས་འབྱུང་དག་ཏུ་བཙུན་མོ་དེ་གཡོས་སྦྱོར་ལ་མཁས་པ་ཞིག་ཡིན་ཞིང་། ཁྲ་འབྲུག་གི་ཅོང་དང་བསམ་ཡས་གཙུག་ལག་ཁང་གི་ཅོང་དེ་གཉིས་ཀ་བཙུན་མོ་དེ་ཡིས་ཡོན་བདག་གནང་ནས་བཞེངས་པ་ཞིག་ཡིན་ནོ།

---

①H. E RICHATDSN TOYAL ASLATIC SONCIETY 《A COROUS OF EATLA TIBETAN INSCRLPTILNS》1985ཞེས་པའི་དཔེ་དེབ་ལས་ཐབ།

༢ དྲིལ་ཆེན་པོ།

བོད་བཟོས་ཁྲི་ནག་ལྷུགས་ཀྱི་རྒྱན་སྤྲུར་ནས། རྫ་མའི་〈རྫ་〉གཟུགས་འདྲ་ཁ་ཕུབ་ཕྱིང་འཕྲུལ་དུ། །བྱས་པ་རྗེ་དང་དབྱུག་པས་བརྡུན་པ་ན། གླང་པོའི་སྐད་འདྲ་འབྱུང་བའི་དངོས་པོ་དེ་རིགས་ལ། བཙན་པོའི་དུས་སུ་དྲིལ་ཆེན་པོ་དང་ཅོང་ཞེས་འབོད་ཀྱི་ཡོད། བཙན་པོ་མེས་ཨག་ཚོམ་གྱི་དུས་སུ་བཞེངས་པའི་དགའ་ལྡན་ཅྲིན་ཆེན་གཙུག་ལག་ཁང་གི་ཅོང་གི་ཁ་ཡིག་དང་ཁྲ་འབྲུག་གཙུག་ལག་ཁང་གི་ཅོང་གི་ཁ་ཡིག་ཏུ། དྲིལ་ཆེན་པོ་ཞེས་དང་། བསམ་ཡས་གཙུག་ལག་ཁང་གི་ལྷ་ཁང་གི་ཅོང་གི་ཁ་ཡིག་ནང་ཅོང་ཞེས་བྲིས་ཡོད། ཅོང་ཞེས་པ་རྒྱ་ཡིག་གི་“钟”ཞེས་པའི་སྒྲ་བོད་སྐད་དུ་རང་སོར་བཞག་པ་ཞིག་ཡིན་པས། ཆོས་འབྱུང་ཁག་ཏུ་སྒྲ་ཉེ་བར། “འཚོང་”དང“འཕྱོང་” “ལྡོང་”བཅས་གང་བདེར་བྲིས་པའང་ཡོད་དོ།

༣ སྣན་འགྲངས་པ།

སྣན་སྦྲོན་པ་སྣེ་གོང་རིམ་ལ་སྣན་སེང་ཞུ་མཁན་ལ་བརྗོད་དོ། སྐབས་དེར་སྣན་སེང་སྦྲོན་མཁན་ནི་ཡབ་ཀྱི་བཙུན་མོ་འབྲོ་བཟའ་བྱང་ཆུབ་བཙུན། རབ་ཏུ་བྱུང་རྗེས་བྱང་ཆུབ་རྗེ་ཞུ་བ་དེ་ལ་གོ་བ་ཡིན་ལ། ཅོང་དེ་ཡང་བཙན་པོ་ཁྲི་ལྡེ་སྲོང་བཙན་གྱིས་བཀའ་གྲོལ་བྱུང་ནས་བཞེངས་པ་ཞིག་ཡིན་ནོ།

༤ སྐུ་ཡོན།

ཡོན་ཏན་དང་། ནུས་མཐུ། མཛད་རྗེས། བཀའ་དྲིན་བཅས་ལ་གོ

༥ དགེ་སློང་རིན་ཅེན།

《ཆོས་འབྱུང་མེ་ཏོག་སྙིང་པོ་སྦྲང་རྩིའི་བཅུད་》ལས“བོད་ཀྱི་དགེ་སློང་ལ་སྔ་

བ་སྦྲ་ཡེ་ཤེས་དབང་པོ་རབ་ཏུ་བྱུང་བ་དང་། དེ་ལ་མིང་རིན་ཆེན་ནམ་མཁའི་མཛོད་སྐྱོང་”①ཞེས་རིན་ཆེན་གྱི་མཚན་ཟུར་ཡོད་ཀྱང་། ཅོང་གི་ལུགས་བཟོ་མཁན་དགེ་སློང་རིན་ཆེན་ཞེས་པ་ནི་རྒྱ་ནག་གི་ཧ་ཤང་ཞིག་ཡིན་ཏེ། རྒྱ་སྐད་དུ“大宝”ཞེས་བོད་སྐད་དུ་རིན་ཆེན་ཞེས་བརྗོད་པར་སེམས། དེ་ཡང་བཙན་པོའི་དུས་སུ་ཅོང་ལུགས་སུ་བླུགས་པའི་རིག་གནས་དེ་གཙོ་བོ་རྒྱ་ནག་ནས་དར་བའི་རྐྱེན་གྱིས། ལུགས་བཟོ་མཁན་ཡང་ཕལ་ཆེ་བ་རྒྱ་ནག་གི་ཧ་ཤང་སྟེ། དགའ་ལྡན་བྱིན་ཆེན་གཙུག་ལག་ཁང་གི་ཅོང་དེ་རྒྱ་ནག་གི་དགེ་སློང་མཆོད་སྦྱིན་ཞེས་རྒྱ་སྐད་དུ“法音”ཞེས་པས་ལུགས་སུ་བླུགས་པ་དང་། ཁྲ་འབྲུག་གཙུག་ལག་ཁང་གི་ཅོང་དེ་རྒྱ་ནག་གི་དགེ་སློང་རིན་ཞེས་པས་ལུགས་སུ་བླུགས་ཞེས་འབོད། དུས་དེ་ཙམ་ལ་རྒྱ་ནག་བསམ་གཏན་ལུགས་ཀྱི་ཧ་ཤང་དུ་མས་བོད་དུ་ནང་ཆོས་དར་བར་མཛད། བཙན་པོ་སྲོང་བཙན་སྒམ་པོ་ནས་བཙན་པོ་ཁྲི་སྲོང་ལྡེ་བཙན་གྱི་སྐུ་དུས་སུ་བྱུང་བའི་བསམ་ཡས་ཆོས་རྩོད་ཆེན་པོའི་བར་དུ་ཧ་ཤང་དུ་མ་བོད་དུ་ཕེབས་པ་ཆོས་འབྱུང་རྒྱལ་རབས་དག་ཏུ་གསལ་བར་འཁོད་ཡོད།

དྲུག ཅོང་དྲིལ་གྱི་ཁ་ཡིག་པར་བཤུས་མི་འདྲ་བ་འགའ་དང་དེའི་ནང་དོན་དཔྱད་ཞིབ།

ཅོང་འདི་དུས་ཀྱི་འཁོར་འགྱུར་དབང་གིས་ད་ལྟ་མཐོང་རྒྱུ་མེད་ཀྱང་། ཐོག་མར་ཅོང་ལ་ཞིབ་འཇུག་གནང་མཁན་གྱི་ཕྱི་རྒྱལ་དང་རྒྱ་བོད་མཁས་དབང་རྣམས་ཀྱིས་མ་ཡིག་འདྲ་བཤུས་གནང་པའི་པར་གཞི་འགའ་ཞིག་ཡོད་པ་དག །ཅོང་ལ་ཞིབ་འཇུག་གནང་མཁན་ཚོར་དཔྱད་གཞིའི་ཚུལ་དུ་བཀོད་པ་གཤམ་གསལ་ལྟར།

①《ཆོས་འབྱུང་མེ་ཏོག་སྙིང་པོ་སྦྲང་རྩིའི་བཅུད་》ཉང་ཉི་མ་འོད་ཟེར། བོད་ལྗོངས་བོད་ཡིག་དཔེ་རྙིང་དཔེ་སྐྲུན་ཁང་། 1988ལོའི་ཟླ3པའི་པར་གཞི་དང་པོ། ཤོག་གྲངས420ལ་གསལ།

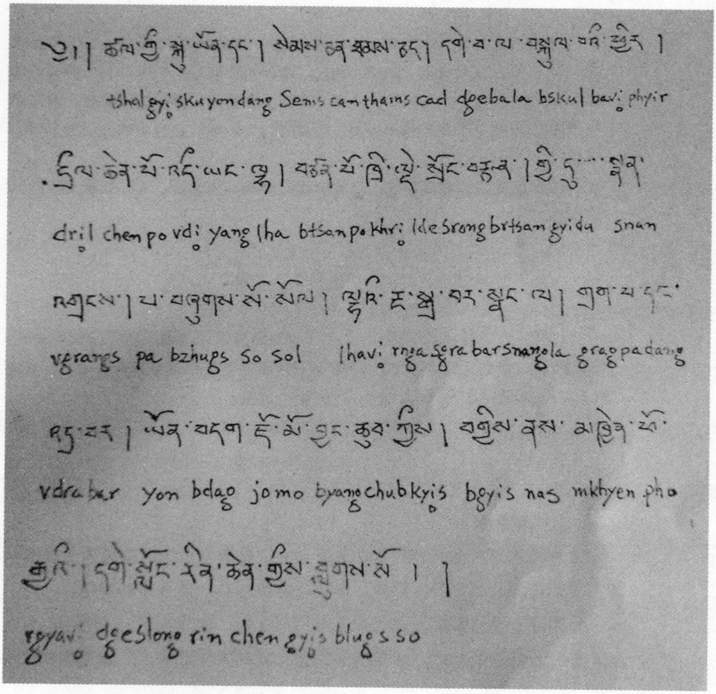
tshal gyi sku yon dang Sems can thams cad dge ba la bskul bavi phyir
dril chen po vdi yang lha btsan po khri lde srong brtsan gyi du snan
vgrangs pa bzhugs so sol lhavi rnga sgra bar snang la grags pa dang
vdra bar yon bdag jo mo byang chub kyis bgyis nas mkhyen pho
rgyavi dge slong rin chen gyis blugs so

7 ཀུང་ཧོའི་བོད་རིག་པ་མཁས་ཅན་སྐུ་ཞབས་དབང་རྒྱལ་གྱིས་འདྲ་བཤུས་གནང་བའི་པར་མ།①

①《吐蕃金石录》王尧主编 文物出版社 1982 年10月第一版 191 页

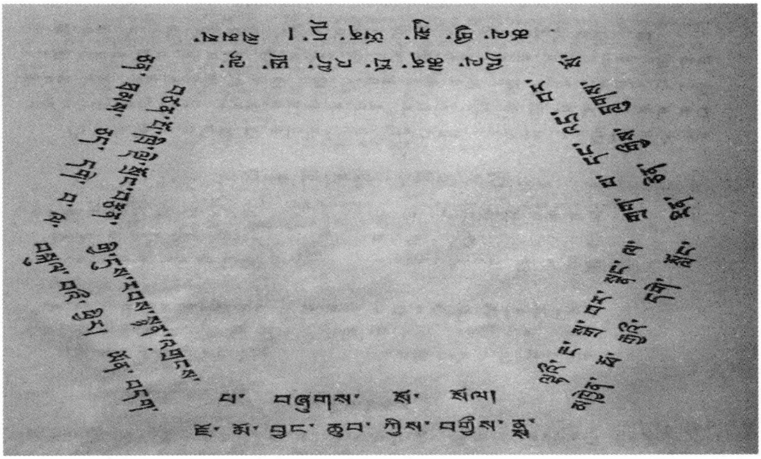

༢ ཀྲུང་གོའི་སྤྱི་ཚོགས་ཚན་རིག་ཁང་མི་རིགས་ཞིབ་འཇུག་ཁང་གི་སྐུ་ཞབས་ཁྲང་ཕིང་ཞོན་གྱིས་མཚོ་འདོན་གནང་བའི་པར་མ།①

①《བོད་ཀྱི་རྡོ་རིང་ཡི་གེ་དང་དྲིལ་བུའི་ཁ་བྱང་》བསོད་ནམས་སྐྱིད་ཀྱིས་མཚན་འགྲེལ་བཀོད། མི་རིགས་དཔེ་སྐྲུན་ཁང་། 1984ལོའི་ཟླ་བ2པའི་པར་གཞི་དང་པོ། ཤོག་གྲངས130ལ་གསལ།

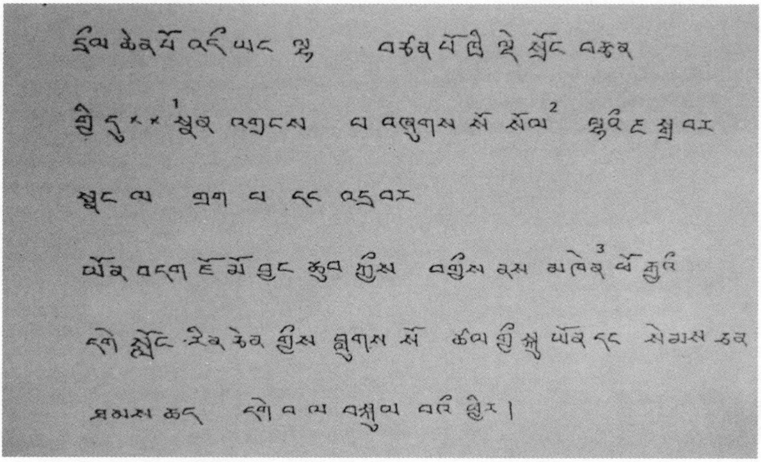
དཔལ་ཆེན་པོ་འདི་ཡང་ལྷ བཙན་པོ་ཁྲི་ལྡེ་སྲོང་བཙན
གྱི་དུ་××[1] སྐུན་འགྲངས པ་བཞུགས་སོ་སོལ[2] ལྷའི་ཇ་སྤྲ་བར
སྣང་ལ ཐུག་པ་དང་འདྲ་བར
ཡོན་བདག་ཇོ་མོ་བྱང་ཆུབ་ཀྱིས བགྱིས་ནས་མཁེན[3]་པོ་རྒྱའི
དགེ་སློང་རིན་ཆེན་གྱིས་ལྷུགས་སོ ཚུལ་གྱི་སྐུ་ཡོན་དང་སེམས་ཅན
ཐམས་ཅད་དགེ་བ་ལ་བསྐུལ་བའི་ཕྱིར།

༣ ཕྱི་རྒྱལ་གྱི་བོད་རིག་པ་མཁས་ཅན་སྐུ་ཞབས་H. E. RICHARDSON(རི་ཅན་ཧྲན་) གྱིས་འདྲ་བཤུས་གནང་བའི་པར་མ་①

ཅོང་དྲིལ་འདིའི་ནང་དོན་གོ་བདེར་ཕབ་ན། དྲིལ་བུ་ཆེན་པོ་འདི་ནི་ལྷ་བཙན་པོ་ཁྲི་ལྡེ་སྲོང་བཙན་གྱི་སྐུ་དུས་སུ་བཙན་པོ་ལ་སྐྱབ་སེང་ཞུས་ནས་བཞེངས། དྲིལ་བུ་དེའི་སྒྲ་གདངས་འདི་ཡང་ལྷའི་ཇ་སྒྲ་བར་སྣང་དུ་ཁྱབ་པ་བཞིན་སེམས་ཅན་ཐམས་ཅད་དགེ་བར་འཇུག་པ་ལ་བསྐུལ་བའི་ཕྱིར་ཇོ་མོ་འབྲོ་བཟའ་བྱང་ཆུབ་བཙུན་གྱིས་སྦྱིན་བདག་བྱས་ནས་རྒྱའི་དགེ་སློང་རིན་ཆེན་གྱིས་ལུགས་སུ་བླུགས་པ་ཡིན་ཞེས་པའི་དོན་ནོ།

ཅོང་འདིའི་ནང་དོན་ལས་ལོ་རྒྱུས་དང་རིག་གནས་ཀྱི་གནད་དོན་གང་ཞིག་གསལ་བཤད་ཐུབ་བམ་ཞེ་ན།

---

①《COROUS OF E TLY TIBET N INSCRLPTIONS》H. E RICHATDSON ROYAL ASLATICSONCIETY 1985 84 页

(༡) བཙན་པོ་ཁྲི་ལྡེ་སྲོང་བཙན་གྱི་སྐུ་དུས་སུ་བཙན་པོ་རང་ཉིད་དང་རྒྱལ་ཚང་གི་བཙུན་མོའི་འཁོར་ལ་སོགས་དབང་སྒྱུར་གྲལ་རིམ་གྱིས་དམ་པའི་ཆོས་གཙིགས་ཆེར་འཛིན་པ་དང་། སངས་རྒྱས་ཆོས་ལུགས་རྒྱ་ཆེར་སྤེལ་བའི་ཕྱིར་བཙན་པོས་བཀའ་གཙིགས་རྡོ་རིང་བཞེངས་པ་དང་། བཙུན་མོའི་ཤེས་རབ་ལས་ཅོང་བཞེངས་པ་སོགས་ཐབས་ཤེས་ཟུང་འབྲེལ་གྱིས་ཆོས་སྲིད་སྐྱོང་བའི་སྐབས་དེའི་སྤྱི་ཚོགས་ཀྱི་རྣམ་པ་ཞིག་ཀྱང་མཚོན་ནུས། ཕྱིར་ད་ཕན་གསལ་རྟོགས་ཐུབ་པའི་ཅོང་ལ་མཚོན་ན། ཅོང་བཞེངས་མཁན་གྱི་ཡོན་བདག་ནི་བཙུན་མོ་རྣམས་དང་། ཞང་ཕྱོགས་ཀྱི་བློན་པོ་སོགས་ཡོད། དཔེར་ན། བཙུན་མོས་བཞེངས་པ་བསམ་ཡས་གཙུག་ལག་ཁང་གི་ཅོང་དང་། ཁྲ་འབྲུག་གཙུག་ལག་ཁང་གི་ཅོང་། བློན་པོས་བཞེངས་པ་དགའ་ལྡན་བྱིན་ཆེན་གཙུག་ལག་ཁང་གི་ཅོང་དང་། བྲ་གཞོངས་གཙུག་ལག་ཁང་གི་ཅོང་བཅས་ཡོད།

(༢) བཙན་པོ་ཁྲི་སྲོང་ལྡེ་བཙན་གྱི་སྐུ་དུས་སུ་སྟོན་ཙེན་རྩོད་པ་བྱུང་བ་ནས་བཟུང་བཙན་པོས་རྒྱའི་ཐེག་པ་ཆེན་པོའི་ལུང་རིགས་འཛིན་པ་དག་རྒྱ་ཡུལ་དུ་བརྫངས་ཤིང་། དེའི་ལུགས་བྱེད་མི་ཚུགས་པའི་བཀག་བཅད་ཀྱང་། 《རྒྱལ་རབས་གསལ་བའི་མེ་ལོང་》ལས། “དེ་ནས་ཧྭ་ཤང་སླར་རྒྱ་ཡུལ་དུ་བཞུད་པ་དང་། ལྷམ་ཡ་ཅིག་བོད་དུ་ལུས་པས་ཧྭ་ཤང་གི་ཞལ་ནས་ད་ཙུང་བོད་དུ་ངའི་ལྟ་བ་འཛིན་པ་འགའ་རེ་ཡོད་པར་འདུག་གསུངས་སོ” ①ཞེས་འཁོད་པ་བཞིན། སྲས་ཁྲི་ལྡེ་སྲོང་བཙན་དུས་སུ་སངས་རྒྱས་ཆོས་ལུགས་སྤེལ་བའི་སྐབས་རྒྱའི་དགེ་སློང་འགའ་རེ་ཡོད་པ་མ་ཟད། ཅོང་ལུགས་བཟོ་མཁན་མང་ཆེ་བ་རྒྱའི་དགེ་སློང་ཡིན་པ་བཅས་སོ།

---

①《རྒྱལ་རབས་གསལ་བའི་མེ་ལོང་》ས་སྐྱ་བསོད་ནམས་རྒྱལ་མཚན། མི་རིགས་དཔེ་སྐྲུན་ཁང་། 1981ལོའི་ཟླ5པའི་པར་གཞི་དང་པོ། ཤོག་གྲངས222ལ་གསལ།

བཞི་པ། བྲག་ཡེར་པའི་ཅོང་།

ཅོང་གི་མིང་། བྲག་ཡེར་པའི་ཅོང་།

གནས་ཡུལ། སྟར་ལྷ་ས་གྲོང་ཁྱེར་སྟག་རྩེ་ཆུས་འབྲོམ་སྟོད་ཤང་བྲག་ཡེར་པའི་དགོན་དུ་གནས།

བཞེངས་དུས། བཙན་པོ་ཁྲི་ལྡེ་སྲོང་བཙན་སད་ན་ལེགས་ཀྱི་སྐུ་དུས་ཏེ། སྤྱི་ལོ798 – 815བར་གྱི་ལོ་ཞིག

བཞེངས་མཁན་ཡོན་བདག མི་གསལ།

ལུགས་བཟོ། མི་གསལ།

ཁ་ཡིག་གི་མདོ་དོན། བཟང་པོ་སྤྱོད་པའི་སྨོན་ལམ་ཚིག་བསྡུས།

གཅིག ཅོང་བཞེངས་པའི་ལོ་དུས་ཀྱི་དཔྱད་པ།

བྲག་ཡེར་པའི་①ཅོང་འདི་ནི་དུས་གང་ཞིག་ལ་མི་སུ་ཞིག་གིས་ལུགས་སུ་བླུགས་ཚུལ་ཐད་བོད་ཀྱི་ཆོས་འབྱུང་ལོ་རྒྱུས་དང་། དེབ་ཐེར། གནས་ཡིག་སོགས་འབྲེལ་ཡོད་དཔྱད་གཞི་རྙེད་སོན་མ་བྱུང་ལ། 《སྒྲུབ་པའི་གནས་མཆོག་ཡེར་པའི་དཀར་

---

①བྲག་ཡེར་པ་ནི་གྲོང་ཁྱེར་ལྷ་སའི་བྱང་ཤར་མཚམས་ཀྱི་སྤྱི་ལེ54ཙམ་གྱི་སར་གནས་ཤིང་། ལོ་ངོ1300སྟག་ཙམ་གྱི་ལོ་རྒྱུས་ཡོད་པ་དང་། སྔོན་བྱོན་སྐྱེས་བུ་དམ་པ་དུ་མས་བྱིན་གྱིས་རླབས་པའི་གནས་ཁྱད་པར་ཅན་ཞིག་ཡིན། 《ཡེར་པའི་དཀར་ཆག་དད་པའི་ས་བོན་》ལས་གཞན་དུ་ལོ་བརྒྱ་སྙོམ་པ་ལས། ཡེར་པར་ཞག་རེ་བསྙོམས་པ་སྟོབས་ཆེ། ལྷ་ས་བོད་ཀྱི་སྲོག་ཤིང་ཡིན། ལྷ་སའི་སྲོག་ཤིང་ཡེར་པ་ཡིན། ཞེས་པ་ལས་ཡེར་པའི་གནས་མཆོག་དེའི་གལ་ཆེའི་རང་བཞིན་བསྟན་ཡོད། བྲག་ཡེར་པའི་ལྷ་ཁང་ནི་ཐོག་མར་དུས་རབས་བདུན་པའི་ནང་བཙན་པོ་སྲོང་བཙན་སྒམ་པོའི་བཙུན་མོ་མོང་བཟའ་ཁྲི་ལྕམ་ཡུམ་སྲས་ཀྱི་རྗེན་སྐལ་དུ་བཞེངས། བསྟན་པ་ཕྱི་དར་དུས་སྐྱེས་ཆེན་དུ་མའི་སྒྲུབ་གནས་ཡིན་ཞིང་རིམ་བཞིན་ལྷ་ཁང་སོགས་བཞེངས། དགའ་ལྡན་ཕོ་བྲང་གི་དུས་རྩེ་ཡིག་ཚང་ལས་ཁྲུངས་ནས་ཐད་ཀར་འཛིན་སྐྱོང་གནང་བ་ཡིན།

ཚག་དད་པའི་ས་བོན་》དང་《ཡེར་པའི་དཀར་ཆག་བསྟན་པ་དར་རྒྱས་》《ཡེར་པའི་དཀར་ཆགས་ལྷ་ལུང་དཔལ་རྫོར་》ཞེས་པ་སོགས་དགོན་འདི་རང་གི་དཀར་ཆག་ནང་དུ་ཟུར་ཙམ་ཡང་གསལ་མེད།

ཅོང་འདིའི་ཁ་ཡིག་ལ་བལྟས་ན། བཙན་པོའི་དུས་སུ་བཞེངས་པའི་ཧག་རོང་དགའ་ལྡན་བྱིན་ཆེན་གཙུག་ལག་ཁང་གི་ཅོང་དང་། བསམ་ཡས་གཙུག་ལག་ཁང་གི་ཅོང་། ཁྲ་འབྲུག་གཙུག་ལག་ཁང་གི་ཅོང་སོགས་དང་མི་འདྲ་བར། ཅོང་དེར་བསྔོ་སྨོན་གྱི་ཡི་གེ་ཁོ་ན་བཀོད་པ་ཙམ་ལས། སྐབས་དེར་མི་སྣ་གང་ཞིག་གིས་བཞེངས་པའི་ལོ་རྒྱུས་ཀྱི་ཆ་འཕྲིན་སོགས་ཅི་ཡང་གསལ་མེད་པས། ཞིབ་འཇུག་པའི་ཁྲོད་ཅོང་འདི་བཞེངས་དུས་ཀྱི་སྐོར་ལ་དགོངས་ཚུལ་མི་འདྲ་བ་མང་ལ། ད་ཕན་དམིགས་སུ་ཞིབ་འཇུག་གནང་བའི་འབྲས་བུ་ཡང་ཉུང་ཟད་དགོན། དེར་བརྟེན་དཔྱོད་ལྡན་རྣམས་ཀྱིས་དེའི་སྐོར་ལ་ནུ་མཐུད་ཞིབ་འཇུག་དང་དོ་སྣང་གནང་རྒྱུའི་རེ་བ་ཆེའོ།།

ཅོང་འདི་ཉིད་བཙན་པོ་གང་གི་སྐུ་དུས་སུ་ལུགས་སུ་བླུགས་མིན་ཐད་ད་བར་དགོངས་ཚུལ་མི་འདྲ་བ་གཙོ་བོ་གཉིས་ཙམ་འདུག་སྟེ། སྐུ་ཞབས་དབང་རྒྱལ་ལགས་ཀྱི་《བོད་ཀྱི་རྫོ་རིང་དང་དྲིལ་བུའི་ཁ་བྱང་》ནང་ཅོང་དེའི་ཁ་ཡིག་གི་ཡིག་གཟུགས་ཀྱི་ཁྱད་ཆོས་ཐད་ནས་"ཅོང་འདི་ནི་ཕལ་ཆེར་བཙན་པོའི་དུས་ཀྱི་རིག་དངོས་ཤིག་ཡིན་"①གསུངས་པ་ལས། དེའི་རྒྱུ་མཚན་སོགས་ཁ་གསལ་བསྟན་མེད། དེ་ཡང་བྲག་ཡེར་པའི་ལྷ་ཁང་ཐོག་མ་ནི་དུས་རབས་བདུན་པའི་ནང་བཙན་པོ་སྲོང་བཙན་སྒམ་པོའི་བཙུན་མོ་མོང་བཟའ་ཁྲི་ལྕམ་ཡུམ་སྲས་ཀྱི་རྟེན་སྐལ་དུ་བཞེངས་པའི་རྐྱེན་

①《吐蕃金石录》王尧 文物出版社 （北京）1982 年 10 月第一版 198 页

གྱིས། ཚོང་འདི་ཡང་དུས་དེ་ཙམ་དུ་ལུགས་སུ་བླུགས་པའི་ལྷ་བ་བརྟེན་ཡོད།

ཡང་《 གྲུང་གོའི་ལོ་རྒྱུས་རིག་གནས་གྲགས་ཅན་གྲོང་ཁྱེར།—ལྷ་ས་》 ཞེས་པའི་ནང་“ ཚོང་འདི་ཉིད་ཕལ་ཆེར་བཙན་པོ་ཁྲི་སྲོང་ལྡེ་བཙན་གྱིས་སངས་རྒྱས་བསྟན་པ་རྒྱ་ཆེར་སྤེལ་རིང་ལུགས་སུ་བླུགས་པ་ཡིན”①ཞེས་དང་། ཡང་《 ཕྱུ་རྒྱལ་བཙན་པོའི་སྐབས་ཀྱི་བརྗ་རྙིང་ཡིག་ཆ་སྙིབ་གསར་སྟོང་གི་འཇུག་སྒོ་》②ལས་“ དྲིལ་བུ་ཆེན་པོ་དེ་ཕལ་ཆེར་བཙན་པོ་ཁྲི་སྲོང་ལྡེ་བཙན་གྱིས་སངས་རྒྱས་བསྟན་པ་རྒྱ་ཆེར་སྤེལ་བའི་རིང་（༧༥༧ནས་༧༦༧བར་）ལུགས་སུ་བླུགས་པ་ཡིན་ཞེས་གསུངས། དགོངས་ཚུལ་དེ་ནི་ད་བར་ཡོངས་གྲགས་ཤིག་ཆགས་ཡོད།

དགོངས་ཚུལ་འདི་གཉིས་ལས་འོག་མ་དེར་ཚོང་འདི་ཉིད་དུས་སྐབས་གང་ཞིག་གི་ནང་དུ་བཞེངས་ཚུལ་ཟུར་ཟད་གསལ་ཁ་དོད་རུང་ད་དུང་མཐའ་གཅིག་ཏུ་ཁ་ཚོན་གཅོད་དཀའ། ཡང་སྙིང་ཚོང་འདི་སུས་བཞེངས་པ་དང་། བཙན་པོ་གང་གི་སྐུ་དུས་སུ་བཞེངས་པའི་ལོ་རྒྱུས་ད་ཕན་མ་རྙེད་ཀྱང་། ཚོང་དེའི་ངོས་ཀྱི་ཡིག་རིགས་ལ་གཞིགས་ན། ཕལ་ཆེར་བཙན་པོའི་དུས་སུ་བཞེངས་པ་ཚོད་དཔག་བྱས་ཆོག་པ་ཞིག་ཡིན། དེ་བཞིན་ཚོང་གི་ཡིག་གཟུགས་ཡང་བཙན་པོའི་དུས་ཀྱི་ཏུན་ཧོང་གཏེར་ཡིག་དང་རྡོ་རིང་གི་ཡི་གེའི་འབྲི་སྲོལ་དང་གཅིག་མཚུངས་སུ་སྣང་བས། བཙན་པོའི་དུས་སྐབས་སམ་ཡང་ན་དེ་དང་དུས་ཉེ་བ་ཞིག་ལ་བཞེངས་པ་ར་སྤྲོད་ཐུབ།

---

①《 གྲུང་གོའི་ལོ་རྒྱུས་རིག་གནས་གྲགས་ཅན་གྲོང་ཁྱེར་ལྷ་ས་》 བོད་ལྗོངས་མི་རིགས་དཔེ་སྐྲུན་ཁང་། 2008ལོའི་ཟླ་བ4པའི་པར་གཞི་དང་པོ། ཤོག་ངོས188ལ་གསལ།

②《 ཕྱུ་རྒྱལ་བཙན་པོའི་སྐབས་ཀྱི་བརྗ་རྙིང་ཡིག་ཆ་སྙིབ་གསར་སྟོང་གི་འཇུག་སྒོ་》 གོང་བ་ཀླུང་འབུམ་རྒྱལ། མི་རིགས་དཔེ་སྐྲུན་ཁང་། 2006ལོའི་པར་གཞི་དང་པོ། ཤོག་གྲངས104ལ་གསལ།

གོང་དུ་བརྗོད་ཟིན་པའི་ལྟ་བ་གཉིས་པོ་དེར་ཁོ་བོས་ལུང་རིགས་དང་སྦྲགས་ནས་དཔྱེ་ཞིབ་དང་གནད་དོན་འགར་ཆད་གསབ་ཡོང་ཕྱིར་རགས་ཙམ་གླེང་བར་བྱ་སྟེ།

དགོངས་ཚུལ་དང་པོ་ནི་གཙོ་བོ་དམངས་ཁྲོད་ཀྱི་ཤོད་རྒྱུན་ཡིག་ཐོག་ཏུ་བཀོད་པ་ཞིག་ཡིན་པར་སེམས་ཏེ། དེ་ཡང་གྲོང་ཁྱེར་ལྷ་ས་སྲིད་གྲོས་ལོ་རྒྱུས་རིག་གནས་དཔྱད་ཡིག་རྒྱུ་ཆ་རྩོམ་འབྲི་ཁང་ནས་རྩོམ་འབྲི་བྱས་པའི་《གྲོང་ཁྱེར་ལྷ་སའི་ལོ་རྒྱུས་རིག་གནས་དེབ་དང་པོ།—སྟག་རྩེ་རྫོང་》ཞེས་པའི་ནང་ཤོད་སྲོལ་དུ་ཚོང་དེ་ཉིད་“སློབ་དཔོན་རིན་པོ་ཆེས་ཚོང་ཐང་སྤང་སྒོ་ནས་གཏེར་ལས་བཞེས་པ་”①ཞེས་འཁོད། དེར་གཞིགས་ན་སློབ་དཔོན་ཁོང་ནི་བོད་ཀྱི་བཙན་པོ་ཁྲི་སྲོང་ལྡེ་བཙན་གྱི་སྐུ་དུས་སུ་ཨོ་རྒྱན་ཡུལ་ནས་ཕེབས་པའི་མཁས་དབང་ཞིག་ཡིན་པ་བོད་ཀྱི་ཆོས་འབྱུང་དེབ་ཐེར་ཁག་ཏུ་དགོངས་པ་གཅིག་མཚུངས་ཡིན་པས། དུས་ཀྱི་ཆ་ནས་བཤད་ན་ཚོང་དེ་ཉིད་བཙན་པོ་ཁྲི་སྲོང་ལྡེ་བཙན་གྱི་སྔོན་ནས་བཞེངས་པའང་ངམ་ངམ་ཤུགས་ཀྱིས་ཤེས་ཐུབ། དེ་ལྟར་ན་“སློབ་དཔོན་རིན་པོ་ཆེས་ཚོང་ཐང་སྤང་སྒོ་ནས་གཏེར་ནས་བཞེས་པ”ཞེས་ཚོང་འདི་ཉིད་ནི་བཙན་པོའི་དུས་སྐབས་སུ་ལུགས་སུ་བླུགས་པ་གང་ཞིག་བཙན་པོ་ཁྲི་སྲོང་ལྡེ་བཙན་གྱི་སྔོན་ནས་གཏེར་དུ་སྦས་པ་ཞིག་ཡིན། དེ་ཡང་ཁྲི་སྲོང་ལྡེ་བཙན་གྱི་དུས་སུ་གཏེར་ནས་བཞེས་པའི་སྐུ་གསུང་ཐུགས་རྟེན་མང་དག་ཅིག་ནི་མེས་སྲོང་བཙན་གྱི་སྐུ་དུས་སུ་གཏེར་དུ་སྦས་པར་གྲགས་པ། ཡེར་པའི་དཀར་ཆག་ཏུ་ཞིབ་པར་གསལ་བས། ཚོང་འདི་ཉིད་ཀྱང་སྐབས་དེར་གཏེར་དུ་སྦས་པ་མིན་

①བྲག་ཡེར་པའི་ནུབ་ངོས་སུ་ཚོང་འདི་སྦས་ཤུལ་གྱི་ས་དོང་ཞིག་ཀྱང་མངལ་རྒྱུ་འདུག་ལ་ས་ཆ་འདིར་ཚོང་ཐང་ཞེས་ད་ལྟ་ཡང་འབོད་སྲོལ་འདུག

ནམ་སྐམ། ལྷག་པར་སློབ་དཔོན་ཁོང་ནི་བོད་མིའི་སེམས་ཁམས་ནང་མཛད་འཕྲིན་དཔག་ཏུ་མེད་པ་ཞིག་ལ་ངོས་འཛིན་གནང་བ་དང་དམ་པའི་ཆོས་ལ་དད་པའི་མི་རྣམས་ཀྱིས་རྒྱུན་དུ་ཆེ་བསྟོད་ཀྱི་འཕྲིན་ལས་གང་ཞིག་ཡིན་རུང་སློབ་དཔོན་གྱི་བཀའ་དྲིན་ལས་བྱུང་བའི་བཤད་སྲོལ་འདི་དག་ཆགས།

ཅོང་འདི་བཞུགས་ཡུལ་བྲག་ཡེར་པ་ནི་བཙན་པོ་སྲོང་བཙན་སྒམ་པོའི་སྐུ་དུས་སུ་བཙུན་མོ་མོང་བཟའ་ཁྲི་ལྕམ་གྱི་རྟེན་སྐལ་དུ་བཞེངས་པའི་དགོན་སྡེ་ཞིག་ཡིན་པས། ཅོང་འདི་ཉིད་ཀྱང་སྐབས་དེར་ལུགས་སུ་བླུགས་པ་རང་ཤུགས་སུ་ངོས་འཛིན་པ་རེད་སྐམ། དེར་བརྟེན་དགོངས་ཚུལ་དེར་ཡིད་རྟོན་འཕེལ་བའི་ལུང་རིགས་ཤིག་མེད་པས་ཁོ་བོས་འདིར་དགག་པར་བྱས་སོ།

གོང་དུ་དྲངས་པའི་ལྟ་བ་གཉིས་པ་འདི་ལ་དབྱེ་ཞིབ་ཅིག་བྱས་ན། ཅོང་འདིའི་ཁ་ཡིག་ལ་བསམ་ཡས་གཙུག་ལག་ཁང་གི་ཅོང་དང་ཁྲ་འབྲུག་གཙུག་ལག་ཁང་གི་ཅོང་གི་མ་ཡིག་བཞིན་སྐབས་དེའི་ལོ་རྒྱུས་ཀྱི་མི་སྣ་གང་ཞིག་གི་མཚན་འཁོད་མེད་ཀྱང་། དཀའ་ངོས་པ་ཞིག་ལ་ཅོང་འདིའི་ཁ་ཡིག་ཐོག་བཀོད་པའི་《འཕགས་པ་བཟང་པོ་སྤྱོད་པའི་སྨོན་ལམ་》དེར་དཔྱད་པ་བྱ་རྒྱུ་འདུག་སྐམ། གང་ལགས་ཤེ་ན《འཕགས་པ་བཟང་པོ་སྤྱོད་པའི་སྨོན་ལམ་》འདི་སངས་རྒྱས་ཀྱི་བཀའ་ཡིན་ཕྱིན། མདོ་དེའི་བོད་ཡིག་གི་འགྱུར་ཐོག་མ་དུས་གང་ཞིག་ལ་བྱུང་མིན་བཙལ་འཚོལ་ཐུབ་ན། ཅོང་འདི་ལུགས་སུ་བླུགས་པའི་ལོ་དུས་རགས་ཙམ་ཞིག་ཤེས་ཐུབ་སྐམ། དེ་ཡང་《པད་མ་བཀའ་ཐང་》ལས“ གླང་གི་ལོ་མཇུག་སྟག་གི་ལོ་མགོའི་བར། །གསང་སྔགས་ཕྱི་པ་ཀྲི་ཡོག་སྡེ་གསུམ་རྒྱུད། །ཅོག་རོ་ཀླུ་ཡི་རྒྱལ་མཚན་བསྒྱུར་ནས་གསུངས། །གསང་སྔགས་ནང་པ་ཡོ་ག་རྣམ་གསུམ་རྒྱུད། །བེ་རོ་ཙ་ནས་ལོ་ཙ་བསྒྱུར་

ནས་གསུངས། །སྐུ་རིམ་ཕྱི་སྐོང་ས་རྒྱལ་བའི་མདོ་བཅུ་བསྒྱུར། བཟང་པོ་སྤྱོད་པ་རྒྱ་ཆེན་སྨོན་ལམ་མདོ། །ཡི་གེ་གཅིག་མ་སྙིང་པོའི་མདོ་རྣམས་བསྒྱུར། །"①ཞེས་བཟང་པོ་སྤྱོད་པའི་སྨོན་ལམ་དེ་གང་གིས་བསྒྱུར་བ་མི་གསལ་ཡང་། འགྱུར་གཞུང་དེ་བཙན་པོ་ཁྲི་སྲོང་ལྡེ་བཙན་གྱི་སྐུ་དུས་སུ་བསམ་ཡས་སྒྲ་བསྒྱུར་གླིང་དུ་བསྒྱུར་བ་གསལ་ཞིང་། ཆབ་སྲིད་ཚེ་བརྟན་ཕུན་ཚོགས་ལགས་ཀྱིས་ལྡན་མ་རྩའི་བྲག་བརྐོས་ཡི་གེ་དེ་ངོ་སྤྲོད་གནང་བའི་དུས《འཕགས་པ་བཟང་པོ་སྤྱོད་པའི་སྨོན་ལམ་》འདི་ཡང་"མཚན་སྔན་ཉིན་ལྟར་གྲགས་པོད་ཀྱི་ལོ་ཙྪ་བ་ཆེན་མོ་སྐ་ཅོག་ཞང་གསུམ་སོགས་ཀྱི་དངོས་སུ་བཞུགས་པའི་བསྒྱུར་ཡིག་འཁྲུལ་མེད་ཡིན"②ཞེས་གསུངས་པ་ལས། 《འཕགས་པ་བཟང་པོ་སྤྱོད་པའི་སྨོན་ལམ་གྱི་རྒྱལ་པོ་》འདི་ནི་བཙན་པོ་ཁྲི་སྲོང་ལྡེ་བཙན་གྱི་སྐུ་དུས་སུ་བོད་ཡིག་ཐོག་སྒྱུར་གནང་ཡོད། འོ་ན་ཆོས་གཞུང་དེ་ཐོག་མ་བོད་ཡིག་ཏུ་འགྱུར་མཁན་སུ་ཡིན་ནམ་ཞེ་ན། 《བདེ་བར་གཤེགས་པའི་བསྟན་པའི་གསལ་བྱེད་ཆོས་ཀྱི་འབྱུང་གནས་གསུང་རབ་རིན་པོ་ཆེའི་མཛོད་》ལས། "བཟང་པོ་སྤྱོད་པའི་སྨོན་ལམ་གྱི་རྒྱལ་པོ་ཇོ་ལོ་ཀ་དགུ་བཅུ་ཙ་བདུན། ཡེ་ཤེས་སྡེས་འགྱུར། "③ཞེས་པ་དང་། དེའི་འགྲེལ་པ་ཡང་མཛད་ཡོད་དེ། 《འཇིག་རྟེན་མིག་ཏུ་གྱུར་པའི་ཆོས་རྒྱལ་དམ་པ་དང་ལོ་ཙྪ་བ་ཆེན་པོ་རྣམས་ཀྱི་མཛད་བྱུང་》ལས། "མཁན་པོ་ཡེ་ཤེས་སྡེས

①《པད་མ་བཀའ་ཐང་》ཨོ་རྒྱན་གླིང་པས་གཏེར་ནས་བཏོན། སི་ཁྲོན་དཔེ་སྐྲུན་ཚོགས་པ་དང་སི་ཁྲོན་མི་རིགས་དཔེ་སྐྲུན་ཁང་། 2008ལོའི་ཟླ་བ8པའི་པར་ཐེངས2ཤོག་གྲངས339ལ་གསལ།

②《བོད་ཀྱི་ཡིག་རྙིང་ཞིབ་འཇུག་》ཁ་སྒང་བཀྲ་ཤིས་ཚེ་རིང་སོགས་ཀྱི་གཙོ་སྒྲིག་གནང་། མི་རིགས་དཔེ་སྐྲུན་ཁང་། 2003ལོའི་པར་གཞི་དང་པོ། ཤོག་གྲངས89ལ་གསལ།

③《བུ་སྟོན་ཆོས་འབྱུང་》བུ་སྟོན་རིན་ཆེན་གྲུབ་པ། ཀྲུང་གོ་བོད་ཀྱི་ཤེས་རིག་དཔེ་སྐྲུན་ཁང་། 1988ལོའི་ཟླ9པའི་པར་གཞི་དང་པོ། ཤོག་གྲངས327ལ་གསལ།

མཛད་པ་ལ། ལྷ་བའི་ཁྱད་པར་བམ་པོ་བྱེད་དང་གཉིས། དེའི་དྲན་བྱེད་བཟང་པོ་སྤྱོད་པའི་འགྲེལ་པ་བཞིའི་དོན་བསྡུས་པ་བམ་པོ་གཉིས"①ཞེས་འགྱུར་དང་འགྲེལ་པ་བཅས་མཛད་ཡོད།《དུང་དཀར་ཚིག་མཛོད་ཆེན་མོ》ལས"《འཕགས་པ་བཟང་པོ་སྤྱོད་པའི་སྨོན་ལམ་གྱི་རྒྱལ་པོ་》ནི་སྔར་བཙན་པོ་ཁྲི་སྲོང་ལྡེ་བཙན་གྱི་སྐབས་སུ་ལོ་ཙཱ་བ་ཞང་ཡེ་ཤེས་སྡེས་བོད་སྐད་དུ་བསྒྱུར་བ་ཡིན་པ་བཀའ་འགྱུར་《ཕལ་ཆེན》པོད་[ང]པའི་ནང་དུ་ཡོད"②ཅེས་གསུངས། དེ་ལྟར་ན། 《འཕགས་པ་བཟང་པོ་སྤྱོད་པའི་སྨོན་ལམ་གྱི་རྒྱལ་པོ་》ཡི་སྨོན་ཚིག་ལུགས་སུ་བཀོས་པའི་ཅོང་འདི་ནི། བཙན་པོ་སྲོང་བཙན་སྒམ་པའི་སྐུ་དུས་སུ་ཡོང་ཐབས་བྲལ་ལ། ཅོང་ལུགས་སུ་བླུགས་པའི་དུས་ག་ཚོད་སྔ་ཡང་བཙན་པོ་ཁྲི་སྲོང་ལྡེ་བཙན་གྱི་སྐུ་ཚེའི་སྨད་ཙམ③དུ་ལུགས་སུ་བླུགས་པ་ངེས་ཤེས་ཐུབ། གཞན་ཡང་《འཕགས་པ་བཟང་པོ་སྤྱོད་པའི་སྨོན་ལམ་》དེ་བྲག་རྡོ་སོགས་ལ་བརྐོས་པའི་སྲོལ་དར་ཁྱབ་ཆེ་བའི་དུས་ནི། བཙན་པོ་ཁྲི་ལྡེ་སྲོང་བཙན་ནམ་སད་ན་ལེགས་མཛེང་ཡོན་གྱི་སྐབས་སུ(764 – 817)ཡིན་ཏེ། དེ་ཡང་བཙན་པོ་དེའི་སྐུ་དུས་སུ་བཞེངས་པའི་ལྡན་མ་བྲག་རྩའི་བྲག་བརྐོས་ཡི་གེ་དང་། འབིས་མདོའི་རྣམ་པར་སྣང་མཛད་ཀྱི་བྲག་བརྐོས་ཡི་གེའི་ནང་དུ་ཡང་《འཕགས་པ་བཟང་པོ་སྤྱོད་པའི་སྨོན་ལམ་》གྱི་ཚིག་བཀོད་ཡོད་པ་ལས་ཤེས་ཐུབ། དེ་ལྟར་ཡིན་ན

①《བུ་སྟོན་ཆོས་འབྱུང་》བུ་སྟོན་རིན་ཆེན་གྲུབ་པ། ཀྲུང་གོ་བོད་ཀྱི་ཤེས་རིག་དཔེ་སྐྲུན་ཁང་། 1988ལོའི་ཟླ9པའི་པར་གཞི་དང་པོ། ཤོག་གྲངས309ལ་གསལ།

②《དུང་དཀར་ཚིག་མཛོད་ཆེན་མོ》ཀྲུང་གོའི་བོད་རིག་པ་དཔེ་སྐྲུན་ཁང་། 2002ལོའི་ཟླ་བ4པའི་པར་གཞི་དང་པོ། ཤོག་གྲངས1827ལ་གསལ།

③《ཆོས་འབྱུང་མེ་ཏོག་སྙིང་པོ་སྦྲང་རྩིའི་བཅུད་》ལས་ཀ་ཅོག་ཞང་གསུམ་ནི་རྒྱལ་པོ་ཁྲི་སྲོང་ལྡེ་བཙན་གྱི་སྐུ་ཚེའི་སྨད་དུ་བྱོན་པའི་ལོ་ཙཱ་བ་ཡིན་པར་གསུངས།

ཚོང་དེ་བཞེངས་པའི་དུས་ཚོད་ནི་ཁྲི་ལྡེ་སྲོང་བཙན་ནམ་སད་ན་ལེགས་མཛེས་ཡོན་གྱི་སྐབས་སུ་(764－817) བཞུགས་ན་འོས་སྙམ། མ་གཞི་ལུང་རིགས་ཀྱིས་ཡོངས་སུ་མཐའ་འཁྱོངས་པའི་སྒྲུབ་བྱེད་ཅིག་མེད་རུང་། ད་ལྟའི་ཞིབ་འཇུག་གི་གནས་ཚད་དང་དཔྱད་གཞིའི་རྒྱ་ཚའི་དབང་གིས་དེ་ཙམ་དུ་འཇོག་པར་ཐལ། མདོར་ན་ཚོང་འདི་ཉིད་ཀྱང་ཁྲི་ལྡེ་སྲོང་བཙན་ནམ་སད་ན་ལེགས་མཛེས་ཡོན་གྱི་སྐབས་སུ་ཡབ་མེས་ཀྱི་ཕྱག་རྗེས་རྣམས་མུ་མཐུད་རྒྱུན་འཛིན་གནང་སྟེ་དམ་པའི་ཆོས་གོང་དུ་སྤེལ་བའི་ལོ་རྒྱུས་ཀྱི་རྒྱབ་ལྗོངས་འོག་ཏུ་བཞེངས་པ་ཡིན་ཞེས་བརྗོད་སྤྲོབས་སོ།

གཉིས། ཚོང་དྲིལ་གྱི་ངོ་སྤྲོད་རགས་བསྡུས།

ཚོང་དེ་ཉིད་ད་ལྟ་མཛལ་རྒྱུ་མེད་(1959ལོར་བྲག་ཡེར་པའི་དགོན་པར་གཏོར་སྐྱོན་བྱུང་བའི་སྐབས་སུ། ཚོང་དེ་ཡང་ཆོས་ཕྱོགས་ཀྱི་ཡོ་བྱད་ཡིན་པའི་ཆ་ནས་དགོན་སྡེའི་གྲྭ་པ་རྒན་གྲས་ཁག་ཅིག་གིས་རི་གཤམ་དུ་དབོར་ནས་མཐོ་བས་བརྡུངས་ཀྱང་མི་ཆགས་པ་དང་ཕྱིས་སུ་རྒྱ་གར་དུ་འཁྱེར་ཞེས་གསུངས་པ་ལས་བོར་བརླག་སོང་ཚུལ་ཐད་ཁོང་གིས་ཀྱང་དངོས་སུ་ཁ་མཆོན་གཅོད་མི་ཐུབ་ཞེས་ཐུབ་བསྟན་དགེ་ལེགས་ལགས་ཀྱིས་གསུངས་) ཀྱང་དེ་སྔོན་ལྷ་སའི་བྱང་ངོས་ཀྱི་བྲག་ཡེར་པའི་[1]དགོན་དུ་བཞུགས་ཡོད། ཚོང་དེ་ཉིད་དེ་སྔོན་བྲག་ཡེར་པར་བཞུགས་ཡོད་པས་མིང་ལ་ཡང་ཡོངས་གྲགས་སུ་བྲག་ཡེར་པའི་ཚོང་ཞེས་འབོད། ཚོང་གི་མཐའ་འཁོར་དུ་བོད་ཡིག་དབུ་ཅན་གྱི་ཡིག་ཕྲེང་གཉིས་དང་། བོད་ཡིག་དང་འདྲ་བའི་ཡིག་འབྲུ་༤༢ཙམ་བཀོད་ཡོད།

དགོན་དེའི་དགེ་འདུན་པའི་གསུང་རྒྱུན་ལྟར་ན། ཚོང་གི་ཞབས་ཏུ་པད

---

[1] བྲག་ཡེར་པར་ཡེར་པ་དགོན་ཡང་ཟེར་ཞིང་། ད་ལྟ་སྟ་རྩེ་རྫོང་འབྲོམ་སྟོད་ཤོངས་སུ་གཏོགས།

འདབ་ཀྱི་དབྱིབས་ལྟར་བཟོས་པའི་འདམ་མ་རེ་རེའི་ཐོག་ཏུ་བརྒྱངས་ན་སྤྲ་མི་འདྲ་བ་རེ་རེ་ཐོན་རྒྱུ་ཡོད་པས་ངོ་མཚར་ཆེ་བ་ཞིག་ཡིན་པ་དང་། ཅོང་དེ་ནི་སྤྱི་ཚོགས་རྙིང་པའི་དུས་སུ་སྡེ་པ་གཞུང་གི་དཔོན་རིགས་དང་། མཆོད་པའི་ཡོན་བདག་སོགས་རི་གཤམ་ནས་ཕེབས་སྐབས་དགེ་འདུན་པ་ཚོར་དྲིལ་བཟ་གཏོང་སྐབས་སྤྱོད་ཀྱི་ཡོད།

འོན་ཀྱང་ཅོང་དེ་ཉིད་ད་ལྟ་མཇལ་རྒྱུ་མེད་པས། དེའི་ཕྱིའི་གཟུགས་དབྱིབས་དང་བོངས་ཚད་སོགས་ཇི་ཙམ་ཡོད་པ་ཤེས་ཐབས་བྲལ། ཅོང་དེའི་སྐོར་《བོད་ཀྱི་རྡོ་རིང་དང་དྲིལ་བུའི་ཁ་བྱང་》དང་《དགའ་ལྡན་དགོན་དང་བྲག་ཡེར་པའི་ལོ་རྒྱུས་》《A CORPUS OF EARLY TIBETAN INSCRLPTIONS》སོགས་ཀྱི་དཔེ་དེབ་ལའང་དེའི་གཟུགས་དབྱིབས་དང་བོངས་ཚད་ཇི་ཙམ་ཡོད་པ་ཟུར་ཙམ་ཡང་འཁོད་མེད། དེར་བརྟེན་ཅོང་དེའི་སྐོར་གྱི་རྒྱུ་ཆ་བཙལ་འཚོལ་ཐུབ་ཕྱིར་རང་ཉིད་ས་ཡུལ་དངོས་སུ་སྐྱོད་སྐབས། ཡུལ་དེ་གའི་གནས་རབས་འགའི་བཤད་རྒྱུན་ལས་གནད་དོན་འགའ་ཞིག་གི་ཐད་ལ་ཆད་གསབ་ཐུབ་པ་སྟེ། དེ་ཡང་ད་ལྟའི་བྲག་ཡེར་པའི་དགོན་སྡེར་རྒྱུས་མངའ་ཤིན་ཏུ་ཆེ་བའི་དཔེ་ཆའི་དགེ་རྒན་ཐུབ་བསྟན་དགེ་ལེགས་（སྤྱི་ལོ2011ལོར་ལོང་དགུང་ལོ74གསོན་ཞིང་། དགུང་ལོ11ནས23བར་བྲག་ཡེར་པའི་དགོན་ནང་དུ་གྲྭ་བཙུན་གནང་། དགུང་ལོ23ནས40བར་དུས་ཟིང་དབང་གིས་སྐྱ་ལ་ཕབ། དགུང་ལོ42ནས་འབྲས་སྤུངས་གོང་པོ་ཁང་ཚན་དུ་སློབ་གཉེར་གྱི་བགོ་སྐལ་ཐོབ། དགུང་ལོ55ནས་སླར་ཡང་མ་དགོན་བྲག་ཡེར་པར་ཕེབས་ནས་ད་བར་དགོན་སྡེའི་དཔེ་ཆའི་དགེ་རྒན་གནང་།）ལགས་ཀྱིས་གསུངས་པ་ལྟར་ན། "ཁོང་སྐུ་ན་ཕྲ་བའི་དུས་སུ་ཅོང་དེ་དངོས་སུ་མཇལ་མྱོང་སྟེ། ཁོང་དགུང་ལོ10ལྷག་ཙམ་ལོན་པའི་དུས་སུ་ཁོང་དང་ལོ་

ན་མཉམ་པའི་གྲྭ་ཕྲུག་འགའ་རྫེད་མོ་རྩེ་དུས་ཙོང་གི་ཕོག་པའི་ནང་དུ་གྲྭ་ཕྲུག་གསུམ་ཙམ་ཤོར་གི་ཡོད་” ཅེས་ཁོང་གི་གསུངས་ལས་ཙོང་འདིའི་ཆེ་ཆུང་དང་ཐོངས་ཚད་རགས་པ་ཞིག་རྟོགས་ནུས་ཤིང་། རྒྱུན་དུ་ང་ཚོས་ཙོང་འདི་འདབ་མ་བརྒྱད་ཅན་①ཞིག་ཡིན་པའི་ངོས་འཛིན་གནང་གི་ཡོད། ཡིན་ནའང་ཁོང་གི་གསུངས་པ་ལྟར་ན་“ཙོང་འདི་ནི་འདབ་མ་དགུ་ཅན་ཡིན་ལ་ཙོང་བརྡུང་བའི་ཚེ་སྒྲ་གདངས་མི་འདྲ་བ་མང་པོ་ཐོན་རྒྱུ་ཡོད་ཅིང་། ཙོང་དེར་སེར་ཁའང་ཆེ་ཆུང་གཉིས་ཡོད། ཕྱིའི་ཁ་དོག་ནག་པོ་ཡིན་ལ་བརྡར་ཤུལ་ནས་ཁ་དོག་སེར་པོ་ཐོན་ཡོང་” ཞེས་དེའི་ཁ་དོག་ལས་ཙོང་འདིའི་རྒྱུ་ཆ་ནི་ཟངས་དང་ལི་མ་སོགས་ཁ་དོག་སེར་པོའི་རྒྱུ་ལས་གྲུབ་པ་ཞིག་ཡིན་སྙམ།

ཙོང་དེ་སྔར་བྲག་ཡེར་པའི་ས་ཕྱོགས་གང་དུ་བཞུགས་ཡོད་དམ་ཞེ་ན། བྲག་ཡེར་པའི་དགེ་འདུན་པ་རྒན་གྲས་རྣམས་ཀྱིས་གསུངས་པར། “ད་ལྟ་མཐོང་རྒྱུ་ཡོད་པའི་འཇམ་དབྱངས་མཆོད་རྟེན་དང་། རྣམ་རྒྱལ་མཆོད་རྟེན། རྗེ་ཀུ་མ་ར་ཛའི་མཆོད་རྟེན་བཅས་གསུམ་གྱི་མདུན་ངོས་སུ་ཁང་ཆུང་ཞིག་ཡོད་པ་དེ་ནི། སྐབས་དེའི་ཙོང་དེ་འཛོག་སའི་གནས་ཡིན་པར་” གསུངས། ད་ལྟ་ཁང་ཆུང་འདི་ཉིད་མ་ཏི་ལག་བསྐོར་འཛོག་སའི་གནས་སུ་གྱུར་ཡོད།

①ད་བར་ཤེས་རྟོགས་ཐུབ་པའི་ཙོང་ལ་འདབ་མ་བརྒྱད་ཅན་དང་དྲུག་ཅན་སོགས་སྣ་ཚོགས་ཡོད་ལ། སྤྱིར་ཙོང་མང་ཆེ་བ་འདབ་མ་དྲུག་ཅན་དུ་མངོན།

གསུམ། ཅོང་དྲིལ་གྱི་ཁ་ཡིག

བོད་ཡིག་གི་མ་ཕྱི།(藏文原文)

རྒྱལ་བ་རྣམས་ཀྱི་དམ་པའི་ཆོས་འཛིན་ཅིང་། བྱང་ཆུབ་སྤྱོད་པ་ཀུན་ཏུ་སྣང་བར་བྱེད། བཟང་པོ་སྤྱོད་པ་རྣམ་པར་སྦྱོང་བ་ཡང་། མ་འོངས་བསྐལ་པ་ཀུན་ཏུ་སྤྱོད་པར་བགྱི། །ཞེས་དང་། དེ་བཞིན་གཤམ་གྱི་ཡི་གེ་དག་ཅོང་དེར་བཀོད་ཡོད།

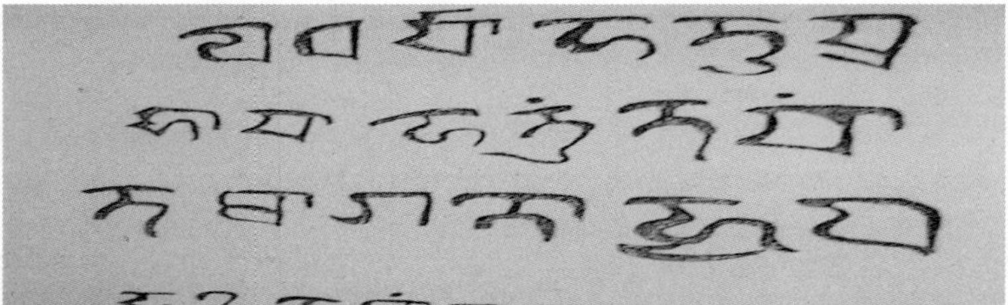

རྒྱ་ཡིག་གི་བསྒྱུར་མ།(汉译文)

持诸胜者之圣教正法，奉一切菩提行，净治善行诸瑞，获未来一切劫中受用。①

དབྱིན་ཡིག་བསྒྱུར་མ།(Translation 英译文)

THE BELL AT YER－PA

Let us hold fast to the holy religion of the buddhas and act in such a way as to display everywhere deeds of enlightenment; and let us perfectly practice good deeds and so act for all time to come.

ལ་ཏིན་ཡི་གེ་བསྒྱུར་མ། (拉丁转写)

rgyal ba rnams kyi dam pa'i chos 'dzin cing / byang chub spyod pa kun tu snang bar byed/ bzang po spyod pa rnam par sbyang ba yang / ma 'ongs bskal pa kun tu spyad par bgyi/ /

---

①《吐蕃金石录》王尧编著 文物出版社 （北京）1982 年 10 月第一版 197 页。

བཞི། ཅོང་གི་ཁ་ཡིག་མིང་བརྡ་གསལ་འགྲེལ།

༡ བཟང་པོ་སྤྱོད་པ།

རྒྱ་གར་སྐད་དུ། ཨཱརྱ་བྷ་དྲ་ཙརྱ་པྲ་ཎི་དྷ་ན་ར། བོད་སྐད་དུ། འཕགས་པ་བཟང་པོ་སྤྱོད་པའི་སྨོན་ལམ་གྱི་རྒྱལ་པོ་ཞེས་བརྗོད་ལ། སྔར་བཙན་པོ་ཁྲི་སྲོང་ལྡེ་བཙན་གྱི་སྐབས་སུ་ལོ་ཙཱ་བ་ཞང་ཡེ་ཤེས་སྡེས་བོད་སྐད་དུ་བསྒྱུར་བ་ཡིན། བཀའ་འགྱུར་《ཕལ་ཆེན་》པོད་[ང]པའི་ནང་དུ་ཡོད། བཙན་པོ་ཁྲི་ལྡེ་སྲོང་བཙན་གྱི་སྐུ་དུས་སུ་ཅོང་གི་ཐོག་ཏུ་བཟང་སྤྱོད་སྨོན་ལམ་བཀོད་པ་ཕུད། བཙན་པོ་དེ་རང་གི་སྐུ་དུས（སྤྱི་ལོ806）སུ་བྲག་རྡོའི་ཐོག་ཏུ་བཟང་སྤྱོད་ལམ་བརྐོས་པ་ཡང་ཡོད་དེ། དཔེར་ན། མཚོ་སྔོན་ཡུལ་ཤུལ་ཁུལ་གྱི་འབིས་ལོག་ལུང་བའི་འབིས་མདོའི་བཟང་སྤྱོད་སྨོན་ལམ་བྲག་བརྐོས་ཡི་གེ་ལྟ་བུའོ།

༢ བྱང་ཆུབ་སྤྱོད་པ།

བྱང་ཆུབ་སྤྱོད་པ་སྟེ། སྦྱིན་པ་དང་། ཚུལ་ཁྲིམས། བཟོད་པ། བརྩོན་འགྲུས། བསམ་གཏན། ཤེས་རབ་བཅས་ཕར་ཕྱིན་དྲུག་ལ་ཟེར།

ལྔ། ཅོང་གི་ཁ་ཡིག་གི་ནང་དོན་དབྱེ་ཞིབ།

བྲག་ཡེར་པའི་ཅོང་གི་ཁ་ཡིག་ནི། "རྒྱལ་བ་རྣམས་ཀྱི་དམ་པའི་ཆོས་འཛིན་ཅིང་། བྱང་ཆུབ་སྤྱོད་པ་ཀུན་ཏུ་སྣང་བར་བྱེད། བཟང་པོ་སྤྱོད་པ་རྣམ་པར་སྦྱོང་བ་ཡང་། མ་འོངས་བསྐལ་པ་ཀུན་ཏུ་སྤྱད་པར་བགྱི།](汉译文:持诸胜者之圣教

正法，奉一切菩提行，净治善行诸瑞，获未来一切劫中受用。)”①ཞེས་འཁོད་པ་དང་། ཚོང་དྲིལ་གྱི་ཁ་ཡིག་དེར་སྲུ་རྒྱལ་བཙན་པོའི་དུས་ཀྱི་གནའ་ཡིག་གི་ཁྱད་ཆོས་ལྡན་པ་སྟེ་གི་གུ་ལོག་པར་འབྲི་བ་སོགས་བཙན་པོའི་བཀའ་གཙིགས་ཀྱི་ཡི་གེ་དང་ཕུན་སུམ་ཚོགས་པ་ཡིག་སོགས་ཀྱི་ཁྱད་ཆོས་དང་འདྲ་བར་སྣང་། གོང་གསལ་ཚོང་གི་ཁ་ཡིག་རྣམས་འགྲེལ་ནས་གོ་སླ་བར་ཕབ་ན། སངས་རྒྱས་ཀྱི་བཀའ་དམ་པའི་ཆོས་རྣམས་འཛིན་ཅིང་། བྱང་ཆུབ་སྤྱོད་པའི་མཛད་པ་ཀུན་ཏུ་སྣང་བར་བྱེད། བཟང་པོའི་སྤྱོད་པ་དངོས་སུ་ཉམས་ལེན་བྱེད་བཞིན་པ་འདི་ཡང་མ་འོངས་པའི་བསྐལ་པ་ཀུན་ཏུ་བྱེད་པར་བགྱིའོ།། ཞེས་པའི་དོན་ཡིན། ཡིན་ནའང་ཚོང་འདིའི་ཐོག་བཀོད་པའི་ནང་དོན་ཐད་དཔྱད་གཞིའི་ཡིག་རིགས་དང་བཤད་རྒྱུན་ལག་གི་དགོངས་པ་གཅིག་མཚུངས་སུ་མི་གནས་ཏེ། སྐུ་ཞབས་དབང་རྒྱལ་སོགས་ཀྱི《བོད་ཀྱི་རྗེ་རིང་དང་དྲིལ་བུའི་ཁ་བྱང་》ནང་ཚོང་འདིའི་ཁ་ཡིག་གི་ཡི་གེ་འདྲ་བཤུས་བྱས་པ་དེར་དཔར་ཞིབ་འཇུག་པའི་སྐབས་ཡོངས་ཁྱབ་ཏུ་བེད་སྤྱོད་བྱེད་བཞིན་ཡོད་ཀྱང་གྲོང་ཁྱེར་ལྷ་སའི་སྤྲོད་ཀྲོས་ལོ་རྒྱུས་རིག་གནས་དཔྱད་ཡིག་རྒྱུ་ཆ་རྩོམ་འབྲི་ཁང་ནས་རྩོམ་འབྲི་བྱས་པའི《གྲོང་ཁྱེར་ལྷ་སའི་ལོ་རྒྱུས་རིག་གནས་དེབ་དང་པོ།— སྙིག་རྩེ་རྫོང་》དང་《དགའ་ལྡན་དགོན་པ་དང་བྲག་ཡེར་པའི་ལོ་རྒྱུས་》ནང་“སློབ་དཔོན་རིན་པོ་ཆེས་ཚོང་ཐང་སྤང་སྣང་ནས་གཏེར་ནས་བཞེས་པར་གྲགས་པའི་དྲིལ་བུ་ཆེན་པོ་ཟུར་

---

①《吐蕃金石录》王尧编著　文物出版社　(北京)1982 年 10 月第一版　197 页

བརྒྱད་མ་ཧི་དང་རྟེན་འབྲེལ་སྙིང་པོའི་གཟུངས་འབོད་པ།”①ཞེས་གསལ། ཡང་བྲག་ཡེར་པའི་དགོན་སྡེར་ལོ་མང་ཞུགས་སྐྱོང་ལ་རྒྱུས་མངའ་ཤིན་ཏུ་ཆེ་བའི་ད་ལྟའི་བྲག་ཡེར་པའི་དཔེ་ཆའི་དགེ་རྒན་ཐུབ་བསྟན་དགེ་ལེགས་ལགས་ཀྱི་གསུངས་པ་ལྟར་ན་ཁོང་ལོ་ན་ཆུང་དུས་ཅོང་འདི་དངོས་སུ་མཇལ་སྐྱོང་ཡོད་ལ་ཅོང་ཐོག་བཀོད་པའི་ཡི་གེ་ནི་བོད་ཡིག་ཙམ་མ་ཟད་ཕྱི་ཡིག་ཀྱང་བཀོད་ཡོད་ཅེས་ཡང་ཡང་ནན་བཤད་གནང་གི་འདུག ཡང་སྐུ་ཞབས་རི་ཆན་ཧྲན་(H. E RICHARDSON)གིས་འདྲ་བཤུས་བྱས་པའི་ཡིག་གཟུགས་དང་ཡི་གེའི་ནང་དོན་སོགས་ལ་གཞིགས་ན་ཅོང་གཅིག་ལ་མ་ཡིག་ནང་དོན་མ་གཅིག་པ་བཞི་ཙམ་ཡོད་ཚུལ་འདུག་པས་དེ་ལའང་དཔྱད་པ་བྱ་རྒྱུ་མེད་དམ་སྙམ་སྟེ།

དང་པོ། ཀྲུང་གོའི་བོད་རིག་པ་མཁས་ཅན་སྐུ་ཞབས་དབང་རྒྱལ་གྱིས་འདྲ་བཤུས་བྱས་པའི་པར་མ།

①《གྲོང་ཁྱེར་ལྷ་སའི་ལོ་རྒྱུས་རིག་གནས་དེབ་དང་པོ། སྟག་རྩེ་རྫོང་》དང་《དགའ་ལྡན་དགོན་པ་དང་བྲག་ཡེར་པའི་ལོ་རྒྱུས》གྲོང་ཁྱེར་ལྷ་ས་སྲིད་གྲོས་ལོ་རྒྱུས་རིག་གནས་དཔྱད་ཡིག་རྒྱུ་ཆ་རྩོམ་འབྲི་ཁང་ནས་རྩོམ་འབྲི་བྱས། ཤོག་གྲངས58དང་199ལ་གསལ།

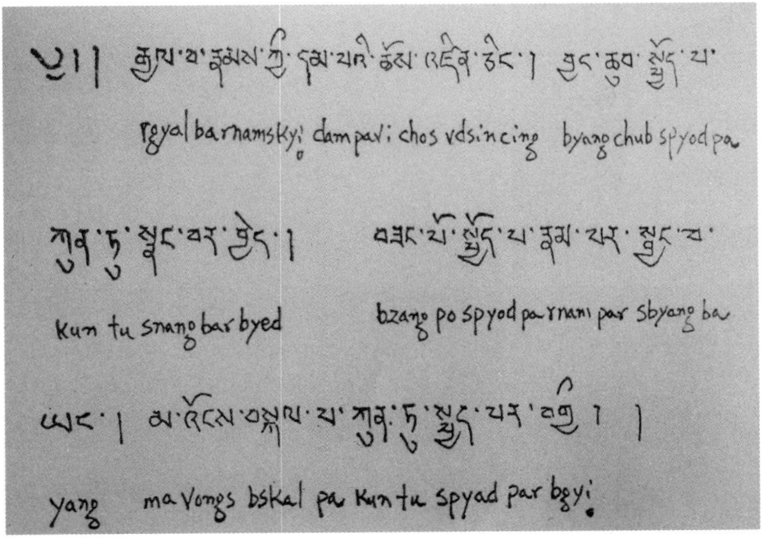

གཉིས་པ། གྲོང་ཁྱེར་ལྷ་ས་སྲིད་གྲོས་ལོ་རྒྱུས་རིག་གནས་དཔྱད་ཡིག་རྒྱུ་ཆ་རྩོམ་འབྲི་ཨུ་ཡོན་ལྷན་ཁང་ནས་རྩོམ་འབྲི་བྱས་པའི་《དགའ་ལྡན་དགོན་པ་དང་བྲག་ཡེར་པའི་ལོ་རྒྱུས》ཞེས་པའི་ནང་མ་གཞི་མ་ཡིག་འདྲ་བཤུས་བྱས་མེད་ཀྱང་ཙོང་གི་ནང་དོན་ལ་འདི་ལྟར་འཁོད་ཡོད་པ་སྟེ་“དྲིལ་བུའི་སྐང་ལ་རྟེན་འབྲེལ་སྙིང་པོའི་གཟུངས་དང་། མ་ཎི་སོགས་ཡོད་”①ཅེས་གསུངས།

གསུམ་པ། བྲག་ཡེར་པའི་དགོན་པར་ལོ་མང་ཞུགས་སྡོད་ལ་རྒྱུས་མངའ་ཤིན་ཏུ་ཆེ་བའི་ད་ལྟའི་བྲག་ཡེར་པའི་དཔེ་ཆའི་དགེ་རྒན་ཐུབ་བསྟན་དགེ་ལེགས་ལགས་ཀྱིས་གསུངས་པར། ཙོང་འདི་དངོས་སུ་མཇལ་སྐྱོང་ཡོད་ལ་ཙོང་ཐོག་བཀོད་པའི་ཡི་

①《དགའ་ལྡན་དགོན་པ་དང་བྲག་ཡེར་པའི་ལོ་རྒྱུས》གྲོང་ཁྱེར་ལྷ་ས་སྲིད་གྲོས་ལོ་རྒྱུས་རིག་གནས་དཔྱད་ཡིག་རྒྱུ་ཆ་རྩོམ་འབྲི་ཨུ་ཡོན་ལྷན་ཁང་ནས་རྩོམ་འབྲི་བྱས། 1994ལོའི་པར་མ། ཤོག་གྲངས119ལ་གསལ།

གི་ནི་བོད་ཡིག་ཙམ་མ་ཚད་གཞན་ཕྱི་གླིང་གི་ཡི་གེ་ཡང་བཀོད་ཡོད་ཅེས་གསུངས།
བཞི་པ། ཕྱི་རྒྱལ་གྱི་བོད་རིག་པ་མཁས་ཅན་སྐུ་ཞབས་H. E. RICHARDSON(རི་ཚན་ཧྲུན་) གྱིས་འདྲ་བཤུས་བྱས་པའི་པར་མ།①

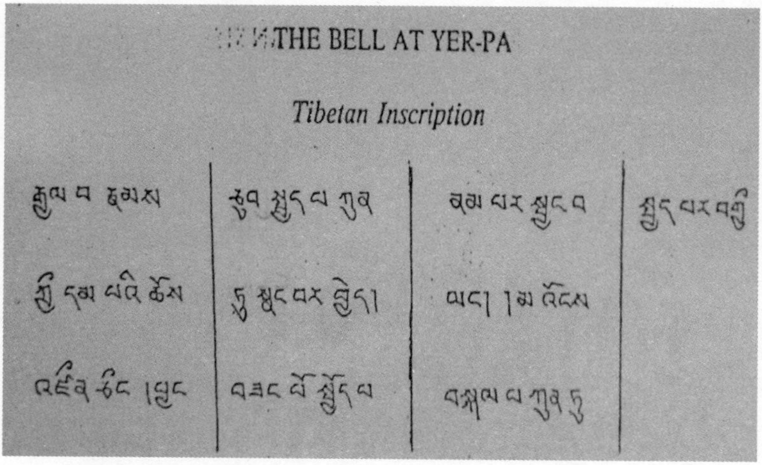

THE BELL AT YER-PA

Tibetan Inscription

རྒྱལ་བ་རྣམས	ཆུབ་སྤྱོད་པ་ཀུན	ནམ་པར་སྤྱང་བ	སྤྱད་པར་བགྱི
ཀྱི་དམ་པའི་ཆོས	དུ་སྣང་བར་བྱེད།	ཡང་།མ་འོངས	
འཛིན་ཅིང་།སྐྱོང	བཟང་པོ་སྤྱོད་པ	བསྐལ་པ་ཀུན་དུ	

①《A CORPUS OF EARLY TIRETAN INSCRLPTIONS》H. E RICHATDSON ROYAL ASLATIO SONCIETY 1985 144 页

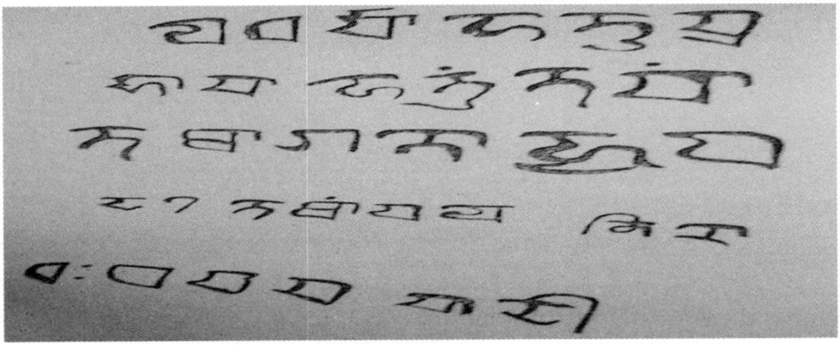

པར་གཞི་དེ་དག་དང་དགོངས་ཚུལ་དེ་རྣམས་ལས་གང་ཞིག་ཡང་དག་མིན་དཔྱད་བསྡུར་ཞིག་བྱས་ན་ཕྱི་རྒྱལ་གྱི་བོད་རིག་པ་མཁས་ཅན་སྐུ་ཞབས་རི་ཧྲན་ཧྲུན（黎吉生）གྱིས་བསྡུ་རུབ་གནང་བའི་ཅོང་དེའི་ཁ་ཡིག་རུང་ཆ་ཚང་བ་ཞིག་མིན་ནམ་སྙམ།

དེ་ཡང་སྐུ་ཞབས་དབང་རྒྱལ་གྱིས་འདྲ་བཤུས་བྱས་པའི་པར་མ་ལ་མཚོན་ན། བོད་ཡིག་གི་ཡི་གེའི་གཟུགས་སུ་གྲུབ་པའི་ཅོང་གི་ཁ་ཡིག་རྣམས་བསྡུ་རུབ་ཐུབ་ཡོད་ཀྱང་། གུ་ལྟའི་ཡི་གེའི་གཟུགས་འདྲ་བ་རྣམས་བསྡུ་ཐུབ་མེད་པས། ཅོང་གི་ཁ་ཡིག་ཆ་མི་ཚང་བའི་སྐྱོན་ལྡན། རང་ཉིད་ཀྱི་སྒྲོང་རྟོགས་ལྟར་ན། ཅོང་འདིའི་ཐོག་ཏུ

བཀོད་པའི་གུ་ཧྲའི་ཡི་གེའི་གཟུགས་འདྲ་བ་དེ་དག་བོད་ཀྱི་ཡི་གེའི་འབྱུང་ཁུངས་བཙལ་འཚོལ་བྱེད་པའི་རྒྱུ་ཆ་རྩ་ཆེན་ཞིག་ཏུ་མཐོང་སྟེ། དེ་ཡང་《ཆོས་འབྱུང་མེ་ཏོག་སྙིང་པོ་སྦྲང་རྩིའི་བཅུད་》"ན་ག་ར་ལ་དཔེ་བླངས་ནས་དབུ་ཅན་དུ་བྱས།"①ཞེས་པ་དང་《དགེ་འདུན་ཆོས་འཕེལ་གྱི་གསུང་རྩོམ་ – དེབ་དང་པོ་》ལས"གུ་ཧྲའི་རྒྱལ་བརྒྱུད་ཀྱི་སྐབས་སུ་སྔོན་པོ་ཐོན་མི་རྒྱ་གར་དུ་ཕྱིན་ཅིང་། དེ་དུས་ཀྱི་རྒྱ་གར་དབུས་ཀྱི་ཡི་གེ་ལ་དཔེ་བྱས་ནས་བོད་ཡིག་བཟོས་པ་ཡིན་ལ། གུ་ཧྲའི་རྒྱལ་པོ་འགའ་ཞིག་གི་ཟངས་ཀྱི་སློགས་བུ་དང་རྡོ་ཡིག་ཡོད་པ་རྣམས་བོད་ཡིག་དང་ཧ་ཅང་འདྲ་ཆེ་ཞིང་། ཅུང་ཟད་རྒྱང་ནས་བལྟས་ན་ལག་མི་མཁས་པ་ཞིག་གིས་བོད་ཡིག་བྲིས་པ་བཞིན་ཡོད་"②ཅེས་གསུངས་པ་ལྟར། ཡིག་གཟུགས་དེ་རིགས་ནི་ཕལ་ཆེར་ཐོན་མིས་རྒྱ་གར་གྱི་གུ་ཧྲའི་ཡི་གེའམ་ན་ག་རའི་ཡི་གེར་དཔེ་བལྟས་པའི་ཆེས་ཐོག་མའི་བོད་ཡིག་གི་ཡིག་གཟུགས་དེ་མིན་ནམ་སྙམ། གལ་སྲིད་ལུང་རིགས་དེ་གྲུབ་ན། ད་བར་བོད་ཡིག་གི་འབྱུང་ཁུངས་ལ་མཁས་བརྒྱ་འགྲན་སློང་གིས་ད་དུང་ཡང་དགོངས་པ་གཅིག་མཚུངས་སུ་མི་གནས་པའི་གནད་དོན་དེ་རང་གར་གྲོལ་ཐུབ་སྙམ།

གོང་དུ་འདྲེན་པའི་དགོངས་ཚུལ་གཉིས་པ་ནི། གྲོང་ཁྱེར་ལྷ་ས་སྲིད་གྲོས་ལོ་རྒྱུས་རིག་གནས་དཔྱད་ཡིག་རྒྱུ་ཆ་རྩོམ་འབྲི་ཨུ་ཡོན་ལྷན་ཁང་ནས་རྩོམ་འབྲི་བྱས་པའི་《དགའ་ལྡན་དགོན་པ་དང་བྲག་ཡེར་པའི་ལོ་རྒྱུས》ནང་ཚོང་དེའི་ཁ་ཡིག་གི་ནང་དོན་གཙོ་བོ《རྟེན་

①《ཆོས་འབྱུང་མེ་ཏོག་སྙིང་པོ་སྦྲང་རྩིའི་བཅུད་》ཉང་ཉི་མ་འོད་ཟེར། བོད་ལྗོངས་བོད་ཡིག་དཔེ་རྙིང་དཔེ་སྐྲུན་ཁང་། 1988ལོའི་ཟླ་བ3པའི་པར་གཞི་དང་པོ། 2010ལོའི་པར་ཐེངས་གཉིས་པ།

②དགེ་འདུན་ཆོས་འཕེལ། 《དགེ་འདུན་ཆོས་འཕེལ་གྱི་གསུང་རྩོམ་ – དེབ་དང་པོ་》བོད་ལྗོངས་བོད་ཡིག་དཔེ་རྙིང་དཔེ་སྐྲུན་ཁང་། 1990ལོའི་ཟླ་བ4པའི་པར་གཞི་དང་པོ།

འབྲེལ་སྙིང་པོའི་གཟུངས》ཡིན་ཞེས་བརྗོད་ཀྱང་དེར་བརྟག་དཔྱད་བྱས་པ་བརྒྱུད་དེའི་ནང་དོན་ནི《འཕགས་པ་བཟང་པོ་སྤྱོད་པའི་སྨོན་ལམ་གྱི་རྒྱལ་པོ་》ཡི་ཚིག་དང་གཅིག་མཚུངས་སུ་གནས་ལ་བཟང་པོ་སྤྱོད་པའི་སྨོན་ལམ་དེ་ཡང་བཙན་པོའི་དུས་སུ་དར་ཁྱབ་ཆེ་བ་ནི་གོང་དུ་བརྗོད་ཟིན་ནོ།

དགོངས་ཚུལ་གསུམ་པ་ནི། བྲག་ཡེར་པའི་དགོན་པར་ལོ་མང་ཞུགས་སྡོད་ལ་རྒྱུས་མངའ་ཤིན་ཏུ་ཆེ་བའི་ད་ལྟའི་བྲག་ཡེར་པའི་དཔེ་ཚའི་དགེ་རྒན་ཐུབ་བསྟན་དགེ་ལེགས་ལགས་ཀྱི་གསུངས་པར་ཕྱི་གླིང་གི་ཡི་གེ་རེད་ཅེས་པ་ནི། ཅོང་གི་ཁ་ཡིག་ནང་བོད་ཡིག་གི་ཡིག་གཟུགས་དང་ཀུ་ཥྐའི་ཡི་གེའི་གཟུགས་བཅས་ཡིག་རིགས་མི་འདྲ་བ་གཉིས་ཀ་བཀོད་ཡོད་པས། ཕྱི་གླིང་གི་ཡི་གེ་ཞེས་པའང་ཕལ་ཆེར་ཀུ་ཥྐའི་ཡི་གེའི་གཟུགས་འདྲ་བ་དེ་དག་ལ་ངོས་འཛིན་གནང་གི་ཡོད་པ་འདྲ།

ལྔ་པ། ཧ་རྗེ་བྱ་གཞོངས་གཙུག་ལག་ཁང་གི་ཅོང་།

ཅོང་གི་མིང་། བྱ་གཞོངས་གཙུགས་ལག་ཁང་གི་ཅོང་།

གནས་ཡུལ། ད་ལྟ་གཞིས་རྩེ་གྲོང་ཁྱེར་ལྷ་རྩེ་རྫོང་ཁོངས་བཀྲ་ཤིས་སྒང་གྲོང་བརྡལ་བྱ་གཞོངས་ཞེས་པའི་ཡུལ་གྱི་གནའ་ཡོད་བྱ་གཞོངས་དགོན་དུ་བཞུགས།

བཞེངས་དུས། བཙན་པོ་ཁྲི་ལྡེ་སྲོང་བཙན་སད་ན་ལེགས་ཀྱི་སྐུ་དུས་ཏེ། སྤྱི་ལོ798 – 815བར་གྱི་ལོ་ཞིག

བཞེངས་མཁན་ཡོན་བདག ཚེ་སྤོངས་ལྷ་བཟང་ཀླུ་དཔལ།

ལུགས་བཟོ་བ། མི་གསལ།

ཁ་ཡིག་གི་མདོ་དོན། ཁ་ཡིག་མེད།

གཅིག ཙོང་བཞུགས་ཡུལ་དེ་ཉིད་མཐའ་འདུལ་གྱི་གཙུག་ལག་ཁང་ཡིན་མིན་གྱི་དཔྱད་པ།

ཙོང་འདིའི་ད་ལྟའི་བཞུགས་ཡུལ་ནི་གཞིས་རྩེ་གྲོང་ཁྱེར་ལྷ་རྩེ་རྫོང་ཤོངས་བཀྲ་ཤིས་སྒང་གྲོང་བརྡལ་བྲ་གཤོངས་ཞེས་པའི་ཡུལ་གྱི་གཉན་ཡོད①བྲ་གཤོངས②དགོན་དུ་བཞུགས་སུ་གསོལ་ཡོད། ཙོང་འདིར་བཙན་པོའི་དུས་སུ་བཞེངས་པའི་རྟག་རོང་དགའ་ལྡན་བྱིན་ཆེན་གཙུག་ལག་ཁང་དང་བསམ་ཡས་དབུ་རྩེའི་གཙུག་ལག་ཁང་གི་ཙོང་ལྟར། བརྐོ་རྨོན་གྱི་ཡི་གེ་དང་ཁ་རིས་སོགས་གང་ཡང་བཀོད་མེད་ཅིང་། ཙོང་

---

①གཉན་ཡོད་ཅེས་པ་ནི། རྒྱ་གར་དུ་ཡོད་པའི་སངས་རྒྱས་ཀྱི་གནས་ཆེན་བརྒྱད་དེ། ལི་སྦྱི་ནིར་སྐུ་འཁྲུངས་པ། ཕར་ཆ་སེར་ཆོས་འཁོར་བསྐོར་བ། རྩ་མཆོག་གྲོང་དུ་མྱ་ངན་ལས་འདས་པའི་གནས་ཏེ། མདོ་ལས་གསུངས་པའི་སངས་རྒྱས་ཀྱི་གནས་ཆེན་བཞི་དང་། དེའི་སྟེང་དུ། ནྱ་ལན་དྲ་སྐུ་བྱིན་གྱིས་རླབས་པའི་གནས། མཉན་ཡོད་བདུད་བཏུལ་གནས། ཤང་ཁ་ས་ལྷ་ལས་བབས་པའི་གནས། རྒྱལ་པོ་ཁབ་དབྱེན་བླུམ་པའི་གནས་བཅས་སོ། ད་ལྟའི་གནས་ཡུལ་ནི་དགེ་འདུན་ཆོས་འཕེལ་གྱི་《རྒྱ་གར་གནས་ཡིག》ལས་དེ་ནས་ཕྱར་གྱི་རེལ་ལེ་ནས་ཕ་རེན་ད་དང་། དེ་ནས་ཏི་ག་ཉོས་ཏེ་བལ་རམ་པུར་བར་འགྲོ། བལ་རམ་པུར་ནས་མེ་ལི་བཅུ་ཙམ་སོང་ན་གཉན་ཡོད་དུ་སླེབས། དེང་སང་གི་མིང་ལ་ས་ཧེ་ཏ་མ་ཧེད་ཟེར། ཞེས་གསལ། བྲ་གཤོངས་ཀྱི་དགོན་གྱི་མཚན་གྱི་རྫོན་དུ་མཉན་ཡོད་ཅེས་སྦྱར་བ་ཡང་། གནས་ཆེན་པོའི་བྱིན་རླབས་ཀྱིས་དེ་ལྟར་ཐོགས་པ་ཡིན་ལ། བསྟན་པ་ཡང་ནས་ཡང་དུ་འཕེལ་བའི་རྟེན་འབྲེལ་གྱིས་ཚུལ་དུ་ཐོགས་པའང་ཡིན་སྲིད།

②བྲ་གཤོངས་ཞེས་པའི་མཚན་དེ་ཡང་རྒྱ་གར་གཉན་ཡོད་གནས་ཆེན་ནས་བྲ་རྒོད་གཅིག་ཕུར་ནས་ས་ཆ་གཤོངས་སར་དེར་བབས་པའི་རྐྱེན་གྱིས་མིང་དེ་ལྟར་ཐོགས། ད་ལྟ་དགོན་དེའི་གཡོན་ཕྱོགས་སུ་བྲ་རྒོད་ཀྱི་ཤོག་པ་འདྲ་བའི་རང་བྱོན་རྡོ་ལེབ་ཞིག་ཀྱང་མཇལ་རྒྱུ་ཡོད།

དེ་དཀྱུས་སུ་ཆག་གྲུམ་སོང་ཡོད་པས། ད་ལྟ་ཕྱེད་ཀ་ཙམ་ལས་ལྷག་མེད།①ཐོག་མར་ཚོང་དེ་བཞེངས་པའི་ལོ་དུས་ཤིག་ཤེས་དགོས་ན། ཚོང་འདིའི་གནས་ཡུལ་བྱ་གཞོངས་གཙུག་ལག་ཁང་དེ་བཙན་པོ་སྲོང་བཙན་སྒམ་པོའི་དུས་སུ་བཞེངས་པའི་མཐའ་འདུལ་གྱི་གཙུག་ལག་ཁང་ཡིན་མིན་ལ་དཔྱད་པ་བྱ་རྒྱུ་ནི་གལ་འགངས་ཤིན་ཏུ་ཆེ་བར་མཐོང་།

དེ་ཡང་བྱ་གཞོངས་གཙུག་ལག་ཁང་ཐོག་མར་ཇི་ལྟར་ཕྱག་བཏབ་ཚུལ་སྐོར་ལ། འཇམ་དབྱངས་མཁྱེན་བརྩེའི་དབང་པོས་མཛད་པའི་《དབུས་གཙང་གི་གནས་རྟེན་རགས་རིམ་གྱི་མཚན་བྱང་མདོར་བསྡུས་དད་པའི་ས་བོན་》ལས"གཞན་ཡོད་བྱ་རྐོད་ཅེས་པ་ཆོས་རྒྱལ་དུས་ཀྱི་མཐའ་འདུལ་གཙུག་ལག་ཁང་ཡིན"②ཞེས་གསུངས་ལ། 《བུ་སྟོན་ཆོས་འབྱུང་》དང་《ཀློང་རྡོལ་བླ་མའི་གསུང་འབུམ་》བཅས་ལ་ཡང་དགོངས་ཚུལ་དེ་ལྟར་གསུངས་ཡོད།

མཐའ་འདུལ་གཙུག་ལག་ཁང་གི་སྐོར་ལ། ཆོས་འབྱུང་དག་ལས་ཅུང་ཟད་སྔ་བ《ལྡེའུ་ཆོས་འབྱུང་རྒྱས་པ་》དང་《ཆོས་འབྱུང་མེ་ཏོག་སྙིང་པོ་སྦྲང་རྩིའི་བཅུད་》དེ་བཞིན་གྲགས་ཆེ་བའི་《ཆོས་འབྱུང་མཁས་པའི་དགའ་སྟོན་》སོགས་ནང་སྔོན་མོའི་

---

①རང་ཉིད་དགོན་དེར་ཐེངས་གཉིས་ཙམ་རྟོགས་ཞིབ་དུ་བསྐྱོད་ནས། དགོན་དེའི་དགེ་འདུན་ལ་བཅར་འདྲི་བཞུ་སྐབས། ཚོང་དེ་མི་དམངས་ཀུང་ཧྲེའི་དུས་སུ་ཆག་སྐྱོན་དུ་སོང་ལ། བར་སྐབས་ཤིག་ཚོང་ཕྱེད་ཀ་དེ་མི་དམངས་ཀུང་ཧྲེའི་བ་ཕྱུགས་དང་བུང་བུ་སོགས་ཀྱི་ཆུ་འཐུང་སའི་སྣོད་ཁོང་དུ་སྤྱོད་པས། གནའ་རྫས་དེར་བདག་གཉེར་དེ་ཙམ་བྱ་མཁན་མ་བྱུང་ཞེས་གསུངས།

②ས་སྐྱའི་དཔེ་རྙིང་བསྡུ་སྒྲིག་ཨུ་ལྷན་ནས་བསྒྲིགས། 《ས་སྐྱའི་ཆོས་འབྱུང་གཅེས་བསྡུས་》དེབ་དྲུག་པ། ཀྲུང་གོའི་བོད་རིག་པ་དཔེ་སྐྲུན་ཁང་། 2009ལོའི་པར་གཞི་དང་པོ། ཤོག་གྲངས214ལ་གསལ།

དཔྱི་གཡོན་གནོན་པའི་མཐའ་འདུལ་གྱི་གཙུག་ལག་ཁང་ལ། རུ་ལག་གྲོམ་པ་རྒྱང་དང་ཡན་ལག་ཏུ་འབྲི་ལྷ་ཁང་ཞེས་པ་ལས་བྲ་རྙོད་གཤོངས་ཀྱི་ལྷ་ཁང་འབོད་པ་ནི་མེད། ཆོས་འབྱུང་དེ་གཉིས་ནི་བྲ་གཤོངས་གཙུག་ལག་ཁང་བཞེངས་སྐབས་དང་དུས་ཉེ་ཤོས་ཀྱི་ཡིག་ཚང་ཞིག་ཏུ་གྱུར་བས། ལོ་རྒྱུས་རིག་པའི་འདོད་ཚུལ་ལྟར་ན། རྟོས་བཅས་ཀྱིས་སྤྱིར་དུས་སྔ་བར་གྲུབ་པའི་ཡིག་ཚང་དེ་དག་ཁུངས་བཙན་པར་བརྩི་སྲོལ་ཡོད། དེར་བརྟེན་བྲ་གཤོངས་གཙུག་ལག་ཁང་དེ་ཉིད་བཙན་པོ་སྲོང་བཙན་སྒམ་པོའི་དུས་སུ་བཞེངས་པའི་མཐའ་འདུལ་ཡང་འདུལ་གྱི་གཙུག་ལག་ཁང་ལ་ངོས་འཛིན་ན་མི་འཐད་སྙམ།

ཕྱིས་སུ་གཙུག་ལག་ཁང་དེར་གཞན་ཡོད་བྲ་གཤོངས་དགོན་ཞེས་འབོད་པ་དེ་ཡང་། 《བསྟན་རྩིས་གསལ་བའི་ཉིན་བྱེད》ལས། “ཐུབ་བསྟན་མཉན་ཡོད་བྲ་གཤོངས། དཔལ་འབུམ་ཕྲག་གསུམ་པས་ལྷོ་བཅུ་རྩ་བདུན་ལོན་ཚེ་བཏབ”①ཅེས་དུས་རབས15ནང་བྱོན་པའི་པཎ་ཆེན་འབུམ་ཕྲག་གསུམ་པས་ཕྱག་བཏབ་པའི་ས་ལུགས་ཀྱི་དགོན་པ་ཞིག་ཡིན།

དེ་ནས་པཎ་ཆེན་བཟང་པོ་བཀྲ་ཤིས་དགུང་ལོ་ཞེ་གསུམ་པ་ལ་གཞན་ཡོད་བྲ་གཤོངས་དགོན་གྱི་ཁྲིར་ཕེབས། ལོ་བདུན་རིང་འཆད་ཉན་མཛད། མང་ཐོས་ཀླུ་གྲུབ་རྒྱ་མཚོ་དགུང་ལོ་རེ་གཉིས་པར་གཞན་ཡོད་བྲ་གཤོངས་ཀྱི་ཁྲིར་ཕེབས་པ་ནས་དགུང་ལོ་དྲུག་ཅུ་རེ་བཞི་བར་ལོ་ཧྲིལ་པོ་བཅུ་གཉིས་གདན་ས་བསྐྱངས་ནས་ཡམ་

①ས་སྐྱའི་དཔེ་རྙིང་བསྡུ་སྒྲིག་ཨུ་ལྷན་ནས་བསྒྲིགས།《ས་སྐྱའི་ཆོས་འབྱུང་གཅེས་བསྡུས》དེབ་ལྔ་པ། ཀྲུང་གོའི་བོད་རིག་པ་དཔེ་སྐྲུན་ཁང་། 2009ལོའི་པར་གཞི་དང་པོ། ཤོག་གྲངས400ལ་གསལ།

འབྲས་ཆོས་རྒྱུད་སྤེལ་བའི་གནས་གཙོ་བོ་ཞིག་ཏུ་གྱུར། དུས་རབས19ཙམ་ལ་ཉམས་ཉེས་ཆེན་པོ་བྱུང་ཡོད་པའི་སྐོར། འཇམ་དབྱང་མཁྱེན་རྩེ་དབང་པོས། མང་ཐོས་ཀླུ་སྒྲུབ་རྒྱ་མཚོ་སོགས་ཀྱི་དུས་སུ་ས་སྐྱའི་མཚན་ཉིད་གྲྭ་ཚང་ཆེན་པོ་ཡིན་ནའང་དེང་སང་མིང་མ་པོར་ཙམ་ལས་མེད་ཅེས་གསུངས། ཀཿཐོག་སི་ཏུའི་（སྤྱི་ལོ1880 –1924）དབུས་གཙང་གནས་བསྐོར་གྱི་ལམ་ཡིག་ཏུ། དགོན་དེའི་སྐོར་ལ“འདུ་ཁང་ཀ་བ་བཅུ་དྲུག་པའི་སྦུག་ན། པཎ་ཆེན་འབུམ་ཕྲག་གསུམ་པ་དང་། མཁན་ཆེན་ལྷུགས་ཐང་བ། ཀླུ་སྒྲུབ་རྒྱ་མཚོ་རྣམས་ཀྱིས་འདྲ་སྐུ་མི་ཚད་རེ། གཙང་ཁང་ནང་དུ་ཐུབ་པ་མི་ཚད་གཉིས། ཆོས་འཁོར། མགོན་ཁང་གུར་སོགས། པཎ་ཆེན་གོང་མ་རྣམས་ཀྱི་ཕྱག་དཔེ་ལྷུགས་སྒྱུག་གིས་བྲིས་པ་མཚན་ཉིད་སྐོར་པོད་བརྒྱ་ཙམ་ཡོད་ཀྱང་འཁོར། གྲྭ་སུམ་བཅུ་ཙམ། དབྱར་མཚན་ཉིད་ཙུང་ཟད་ཡོད། གཡོན་ངོས་སྟེང་དུ་ཆོས་བཅུ་ལྷ་ཁང་དུ་ཨུ་རྒྱན་འཇིམ་སྐུ་ཙོ་འཁོར་གསུམ་མི་ཚད་སོགས་ཤར་དུ་ཡང་འདུལ་སྦྱིན་རས་གཟིགས་བཅུ་གཅིག་ཞལ་བཞུགས་པ་རྒྱལ་སྲས་མུ་ཏིག་བཙད་པོས་བཞེངས་པ། ཐུགས་ཆེན་ཕྱག་བཞི་པ་དང་། ཐུབ་པ། སྒྲོལ་མ་སོགས་གཡུ་ཐེབ་ཅན། འོག་ན་འོད་དཔག་མེད་སྐུ་ཆེན་པོ། རྣམ་སྲས་ཕྱིན་ཆེན་ཡོད་པའི་མགོན་ཁང་། འདིར་ཧྭ་ཏ་ཧོར་བཙོམ་དུས་མུ་ཏིག་བཙད་པོས་ཕྱག་དར་བྲིས་སྐུ་ནང་ན་ཡོད་པ་དང་། མངའ་བདག་ཞབས་ལྷམ། སྟེང་ན་གནས་བཅུ་བང་རིམ་གསར་བཞེངས་ངོད་ཙམ་རྙིང་པ་སྒྲོལ་མ་ཉེར་གཅིག་ལྷ་ཁང་བཅས་ཡོད་”①ཅེས་གསུངས། དུས་

①ཀཿཐོག་སི་ཏུ། 《ཀཿཐོག་སི་ཏུའི་དབུས་གཙང་གནས་ཡིག་》བོད་ལྗོངས་བོད་ཡིག་དཔེ་རྙིང་དཔེ་སྐྲུན་ཁང་། 1999ལོའི་ཟླ9པའི་པར་གཞི་དང་པོ། ཤོག་གྲངས346 – 347ལ་གསལ།

རབས་ཉི་ཤུའི་དུས་མགོར་དགོན་དེར་བཙན་པོའི་དུས་ཀྱི་གནས་རྫས་དང་། བསྟན་པ་ཕྱི་དར་དུས་བཞེངས་པའི་སྐུ་གསུང་མི་ཉུང་ཞིག་ཡོད་ཀྱང་། དུས་དང་ཁམས་ཀྱི་འཇིག་པ་སོགས་ཀྱི་དབང་གིས་ཉམས་ཉེས་བྱུང་ཡོད། ད་ལྟ་དགོན་ཆུང་ཞིག་དང་། དེར་གྲྭ་བཙུན་བདུན་ཙམ་བཞུགས་ཡོད།

གཉིས། བློན་ལྷ་བཟང་ཀླུ་དཔལ་གྱིས་བྲ་གཞོངས་གཙུག་ལག་བཞེངས་པའི་སྐོར།

གོང་དུ་ཞུས་པ་བཞིན་བྲ་གཞོངས་གཙུག་ལག་ཁང་དེ་ཉིད་བཙན་པོ་སྲོང་བཙན་སྒམ་པའི་སྐུ་དུས་སུ་བཞེངས་པའི་མཐའ་འདུལ་གྱི་གཙུག་ལག་ཁང་གི་གྲས་མིན་ཀྱང་། མེས་སྲོང་བཙན་ནས་ཁྲི་གཙུག་ལྡེ་བཙན་བར་དུ་རྗེ་མོ་དང་། དགེ་བའི་གཤེས་གཉེན། བློན་དང་པ་ཅན་བཅས་ཀྱི་དུས་རིམ་མི་འདྲ་བའི་ནང་གཙུག་ལག་ཁང་རིམ་པར་བཞེངས་པའི་སྐབས་གཙུག་ལག་ཁང་འདི་ཉིད་བཞེངས་པར་འདོད་དེ། དེ་ཡང་བྲ་གཞོངས་ཀྱི་གཙུག་ལག་ཁང་དེ་ནི་ནེའུ་པཎ་ཆེན་གྲགས་པ་སྨོན་ལམ་བློ་གྲོས་ཀྱིས་མཛད་པའི་《སྔོན་གྱི་གཏམ་མེ་ཏོག་ཕྲེང་བ་》ལས་“ཚེ་སྤོངས་ལྷ་བཟང་ཀླུ་དཔལ་གྱིས་ནི་ནི་སྤྱན་ཡོང་པའི་བསོད་ནམས་ཀྱི་རྟེན་དུ་སྒྲོ་ཕོང་བྲ་རྒོད་གཞོངས་ཀྱི་ལྷ་ཁང་བཞེངས་སུ་གསོལ”①ཞེས་བཙན་པོ་ཁྲི་ལྡེ་སྲོང་བཙན་སད་ན་ལེགས་ཀྱི་སྐུ་དུས་སུ་བྱུང་བའི་བློན་པོ་ཚེ་སྤོངས་ལྷ་བཟང་ཀླུ་དཔལ་ཞེས་པས་བཞེངས་པར་མངོན་ཞིང་། བློན་པོ་དེ་ནི་《པདྨ་བཀའ་ཐང་》གི་ལེའུ་དྲུག་ཅུ་རེ་གཅིག་ནང་“དེ་ནས་ལྷ་སར་

①《བོད་ཀྱི་ལོ་རྒྱུས་དེབ་ཐེར་ལྡེ་》བོད་ལྗོངས་བོད་ཡིག་དཔེ་རྙིང་དཔེ་སྐྲུན་ཁང་། 1990ལོའི་ཟླ4པའི་པར་གཞི་དང་པོ། ཤོག་གྲངས29ལ་གསལ།

མཉེས་མཛད་སྟོད་ཀླུང་ཟྡོན༔རྒྱལ་པོ་སོ་ཏི་ཏ་འགྲམ་ཐབ་བཏེག་ནས༔ལྷ་བཟང་ཀླུ་དཔལ་རྒྱལ་པོའི་ཚབ་མར་བཏང༔ལྷགས་ཅན་ཏ་ཞོན་ལྡེ་བརྒྱ་དག་གིས་བསྐོར༔སྟོད་ཀླུང་གཞོང་པ་མདའ་ཉུ་མཛལ་ཙ་ན༔ཀྲོ་བོར་འདེབས་པའི་ཛ་ཆུ་མ་རྙེད་ནས༔ཨུ་རྒྱན་ཆེན་པོ་པདྨ་འབྱུང་གནས་ཀྱིས༔སྟོད་ཀླུང་དོང་པའི་གདོང་ལ་ཕྱག་འཁར་བརྩུགས༔ལྷ་བཟང་ཆུ་བྱུང་གཞོང་པ་བཟེད་ཅིག་གསུངས༔མིང་ཡང་གཞོང་པའི་ལྷ་ཆུ་ཞེས་སུ་ཐོགས༔”①ཞེས་ལྷ་བཟང་ཀླུ་དཔལ་ནི་བཙན་པོ་ཁྲི་སྲོང་ལྡེ་བཙན་གྱི་ནང་བློན་ཞིག་དང་། ཡང་《ཁྲི་ལྡེ་སྲོང་བཙན་རིང་ཆོས་མི་འཛིག་ཕྱིར་རྡོ་བློན་མནས་བསྙས་པའི་བཀའ་གཙིགས་ཡི་གེ་》ཡི་ནང་བཙན་པོ་ཁྲི་ལྡེ་སྲོང་བཙན་གྱི་ནང་བློན་གྱི་རིམ་པར་བཞུགས་པའི་བློན་པོ་ཞིག་ཡིན། ལྷ་ཁང་དེ་ཡང་བློན་པོ་ལྷ་བཟང་ཀླུ་དཔལ་གྱི་རང་གི་ཨ་ནེ་སྤྱན་ལོང་བའི་སྡིག་བཤགས་དང་བསོད་ནམས་ཚོགས་ཀྱི་རྒྱུར་གྱུར་བའི་འདུན་པ་དང་བཅས་ཏེ་བཞེངས་པ་ཡིན།

གསུམ། རྩིང་བཞེངས་པའི་ལོ་དུས་ཀྱི་དཔྱད་པ།

བྱ་གཤོངས་གཙུག་ལག་ཁང་དང་རྩིང་དེ་གཉིས་དུས་སྐབས་གཅིག་ཏུ་བཞེངས་པའི་སྐོར་ལ། བཙན་པོའི་དུས་སུ་གཙུག་ལག་ཁང་བཞེངས་སྐབས་ཀྱི་བཟོ་སྐྲུན་གྲུབ་ལུགས་ཐོག་ནས་གསལ་བཤད་བྱ་རྒྱུ་གཤམ་གསལ་ལྟར།

བཙན་པོའི་དུས་སུ་གཙུག་ལག་ཁང་བཞེངས་པའི་བཟོ་སྐྲུན་གྱི་གྲུབ་ལུགས་ལ། “ས་ཕྱུད་ལ་ལྷ་སར་བྱམས་པ་ཆོས་འཁོར་གྱི་སྒོ་སྲུང་ཚངས་པ་དང་བརྒྱ་བྱིན་བཞེངས།

①གཏེར་ཆེན་ཨོ་རྒྱན་གླིང་པས་གཏེར་ནས་བཏོན། 《པདྨ་བཀའ་ཐང་》སི་ཁྲོན་མི་རིགས་དཔེ་སྐྲུན་ཁང་། 1987ལོའི་ཟླ་4པའི་པར་གཞི་དང་པོ། ཤོག་གྲངས302ལ་གསལ།

ཞིང་ཕྱུད་ལ་གནམ་ཡངས་ཀ་བ་བཞི་རིན་པོ་ཆེས་བརྒྱན་ཏེ་ཕྱུལ། ཕྲིས་ཕྱུད་དུ་བེའུ་བུམ་བརྒྱ་དང་རྩ་བརྒྱད་སོགས། ལུགས་མའི་ཕྱུད་དུ་ཅོང་དྲིལ་ཆེན་ཕྱུལ་”①ཞེས་པའི་གྲུས་ལུགས་ལས་ཅོང་དེ་ཡང་བྱ་གཞོངས་ཀྱི་གཙུག་ལག་ཁང་བཞེངས་པ་དང་དུས་གཅིག་ཏུ་ལུགས་མའི་ཕྱུད་ལ་བཞེངས་པ་ཡིན། ལར་ནས་མེས་སྲོང་བཙན་སྒམ་པོའི་དུས་ནས་ལྷ་ཁང་བཞེངས་པ་དང་ཆབས་གཅིག་ཏུ་ཅོང་ཁང་རེ་རེ་ཟུར་དུ་བཞེངས་པའི་སྲོལ་ཡོད་དེ། དེ་ཡང་“ཡང་འདུལ་བཞི་ལ་འཁྱོར་བཏགས་པ་བརྒྱད་ལ། ཤར་སེང་གེ་དཀར་མོའི་དཔྲལ་སྟེང་དུ་རྡོ་རྗེ་འགྱུར་མེད་ཀྱི་ལྷ་ཁང་། དེ་ལ་འཁྱོར་མྱུང་དཀའ་ཆུའི་ལྷ་ཁང་། ལྷོ་སྟག་སྐྱ་བོའི་མཆེ་སྟེང་དུ། བུམ་རྩེ་ལུང་གི་ལྷ་ཁང་། དེའི་འཁྱོར་དུ་རྨ་ཤ་རྨའི་ལྷ་ཁང་། ནུབ་བྱ་དམར་མོའི་མཆུ་སྟེང་དུ། མང་ཡུལ་བྱང་སྤྲིན་དང་། དེའི་འཁྱོར་དུ་མྱུང་སྤྲིན་ལྷ་ཁང་། བྱང་རུས་སྦྲུལ་ནག་པོའི་སྟེང་དུ། སྤྲ་བདུན་རྩེ་དང་དེ་ལ་འཁྱོར་གཤེན་གསལ་ལྷ་ཁང་བཞེངས་”② ཞེས་གཙུག་ལག་ཁང་གི་ཟུར་དུ་ཅོང་འཛོག་སའི་ལྷ་ཁང་རེ་རེ་བཞེངས་པ་དང་ལྷ་ཁང་དེ་དག་ལ་མཚན་ཡང་རེ་རེ་བཏགས་ཡོད། གོང་གི་གྲུས་ལུགས་དེ་གཉིས་སྒྲུབ་བྱེད་དུ་འཛིན་ན། བྱ་གཞོངས་ཀྱི་ཅོང་འདི་ཡང་བློན་པོ་ལྷ་བཟང་ཀླུ་དཔལ་གྱིས་བྱ་གཞོངས་གཙུག་ལག་ཁང་བཞེངས་པ་དང་དུས་གཅིག་ཏུ་ལུགས་སུ་བཏབ་པ་མིན་ནམ་སྙམ།

---

①དཔའ་བོ་གཙུག་ལག་ཕྲེང་བས་བརྩམས། 《ཆོས་འབྱུང་མཁས་པའི་དགའ་སྟོན་》མི་རིགས་དཔེ་སྐྲུན་ཁང་། 2006ལོའི་ཟླ1པོའི་པར་གཞི་དང་པོ། ཤོག་གྲངས219ལ་གསལ།

②མཁས་པ་ལྡེའུ། 《རྒྱ་བོད་ཆོས་འབྱུང་རྒྱས་པ་》བོད་ལྗོངས་བོད་ཡིག་དཔེ་རྙིང་དཔེ་སྐྲུན་ཁང་། 1987ལོའི་ཟླ6པའི་པར་གཞི་དང་པོ། ཤོག་གྲངས271ལ་གསལ།

དེའི་སྐབས་ཀྱི་ལོ་རྒྱུས་རྒྱབ་ལྗོངས་ལ་གཞིགས་ན། བཙན་པོ་ཁྲི་ལྡེ་སྲོང་བཙན་གྱི་དུས་སུ་ཡབ་མེས་ཀྱིས་ཆོས་སྤེལ་བའི་ལུགས་བཟང་རྒྱུན་བསྐྱངས་ཏེ། ཡབ་ཁྲི་སྲོང་ལྡེ་བཙན་གྱིས་ཆོས་མི་བསྣུབས་པའི་ཕྱིར་རྡོ་རིང་གནས་བསྐགས་པའི་བཀའ་ག་ཚིགས་ཡི་གེ་གཉིས་གནང་བ་བཞིན་སྲས་ཁྲི་ལྡེ་སྲོང་བཙན་གྱིས་ཀྱང་བོད་དུ་དཀོན་མཆོག་གསུམ་གྱི་རྟེན་བཙས་ཏེ། སངས་རྒྱས་ཀྱི་ཆོས་མཛད་པ་མི་ཞིག་པར་བཙན་པོ་ཡབ་སྲས་དང་ཡུམ་གྱིས་དབུ་སྙུང་བཞེས་པ་དང་། ཕྱི་ནང་གི་བློན་པོ་ཆེ་ཕྲ་མཐའ་དག་གིས་ཁྲ་སྐུལ་བས། རྗེ་མོ་དང་དགེ་བའི་བཤེས་གཉེན། བློན་པོ་རྣམས་ཀྱིས་རང་གི་བསོད་ནམས་ཀྱི་ཚོགས་བསགས་པའི་ཕྱིར། བོད་ཀྱི་ཡུལ་དབུས་མཐའ་གང་སར་གཙུག་ལག་ཁང་བཞེངས་པའི་སྲོལ་ཞིག་དར་བའི་རིག་གནས་ཀྱི་རླབས་རྒྱུན་ལས། བོད་ཀྱི་མཐའ་རུ་གནས་པའི་ཞང་བློན་ལྷ་སྒྲ་རྒྱལ་སླེབས་ཕ་བུ་གཉིས་ཀྱིས་ཧག་རོང་དགའ་ལྡན་ཕྱིན་ཆེན་གཙུག་ལག་ཁང་བཞེངས་པའི་ཡོན་བདག་མཛད་པ་དང་ཆབས་ཅིག་ཏུ་ཚོང་ཞིག་ཀྱང་བཞེངས། སྲུ་རྒྱལ་བཙན་པོའི་དུས་སུ། ཚོང་བཞེངས་མཁན་གྱི་ཡོན་བདག་དུ་བརྩུན་མོའི་འཁོར་ཙམ་མ་ཟད་ཕྱི་ནང་གྱི་བློན་པོས་བཞེངས་པའང་ཡོད་པས། སྐབས་དེར་བརྗོད་པའི་ཚོང་འདི་ཡང་། ཁྲི་ལྡེ་སྲོང་བཙན་སད་ན་ལེགས་ཀྱི་ནང་བློན་དུ་གྱུར་བ་ལྷ་བཟང་ཀླུ་དཔལ་གྱིས་བྱ་གཤོངས་ཀྱི་གཙུག་ལག་ཁང་བཞེངས་པའི་ཡོན་བདག་མཛད་པ་དང་ཆབས་ཅིག་ཏུ་ཚོང་ཆེན་པོ་འདི་བཞེངས་པར་སྙམ། དེ་ལྟར་ན་ཚོང་དེ་ནི་བཙན་པོ་ཁྲི་ལྡེ་སྲོང་བཙན་སད་ན་ལེགས་ཀྱི་སྐུ་དུས་ཏེ། སྤྱི་ལོ798 –815བར་གྱི་དུས་ག་གེ་མོ་ཞིག་ལ་བཞེངས་པར་འདོད་དོ།

ས་བཅད་ལྔ་པ། སྤུ་རྒྱལ་བཙན་པོའི་དུས་ཀྱི་ཚོང་གི་རིན་ཐང་།

དེ་ཡང་སྤུ་རྒྱལ་བཙན་པོའི་དུས་ཀྱི་ཚོང་གི་རིག་གནས་ལོ་རྒྱུས་ནི་བོད་མི་རིགས་ཀྱི་རིག་གནས་ཀྱི་གྲུབ་ཆ་གལ་ཆེན་ཞིག་ཡིན་པ་མ་ཟད། གནའ་རབས་ཀྱི་ཚོང་གི་རིག་གནས་ལ་ནང་དོན་ཡང་ཕུན་སུམ་ཚོགས་པོ་ཡོད་པ་དཔེར་ན། སྤུ་རྒྱལ་བཙན་པོའི་དུས་རྒྱ་བོད་མི་རིགས་དབར་གྱི་རིག་གནས་འབྲེལ་བ་དང་། བསྟན་པ་སྔ་དར་དུས་སངས་རྒྱས་ཆོས་ལུགས་དར་ཚུལ། བཙན་པོའི་དུས་ཀྱི་གཙུག་ལག་ཁང་གི་བཟོ་སྐྲུན་གྲུབ་ལུགས་ཀྱི་རྣམ་པ། སྤུ་རྒྱལ་བཙན་པོའི་དུས་སུ་བོད་ཀྱི་བཟོ་རིག་པ་ལས་ལུགས་མགར་གྱི་ལག་རྩལ་ཚད་གཞི། སྤུ་རྒྱལ་བཙན་པོའི་དུས་ཀྱི་གནའ་ཡིག་གི་ཁྱད་ཆོས་བཅས་ཡོད། དེ་བཞིན་ཚོང་ལུགས་སུ་བླུགས་པའི་ཡོན་བདག་བཙུན་མོའི་འཁོར་བཅས་ལ་ཞིབ་འཇུག་བྱེད་པར་བཟོ་བཙོས་ཀྱི་སྨྱུག་རྩེས་མ་རེག་པའི་དཔྱད་གཞི་རྩ་ཆེན་ཞིག་ཀྱང་ཡིན་པ་གཤམ་གསལ་ལྟར།

དང་པོ། ཐང་བོད་རིག་གནས་དབར་འབྲེལ་བ་མཚོན་པའི་ལོ་རྒྱུས་ཀྱི་དངོས་དཔང་ཞིག་ཡིན་པ།

བཙན་པོ་སྲོང་བཙན་སྒམ་པོའི་སྐུ་དུས་ནས་བཟུང་། རང་རེའི་བོད་ཀྱི་རིག་གནས་གོང་འཕེལ་གཏོང་ཕྱིར་ཕྱི་ཕྱོགས་སུ་སྒོ་མོ་དབྱེ་ནས་རྒྱལ་ཁབ་དང་མི་རིགས་

གཞན་གྱི་རིག་གནས་ཀྱི་ལེགས་ཆ་རྣམས་ལེན་གང་ཐུབ་བྱས་ཡོད། ལྷག་པར་དུ་ལོ་རྒྱུས་ཀྱི་དུས་མཚམས་དེར་ཐང་རྒྱལ་རབས་ནི་སྟོབས་འབྱོར་མངའ་ཐང་རྒྱས་ཤིང་། རིག་གནས་ལག་རྩལ་ཕུན་སུམ་ཚོགས་ལ་ཆབ་སྲིད་སྐྱོང་མཁས་པའི་སྔོན་ཐོན་གྱི་རྒྱལ་ཁབ་ཅིག་ཡིན། དེའི་སྐབས་སུ་བཙན་པོའི་རྒྱལ་རབས་དང་ཐང་རྒྱལ་རབས་གཉིས་དབར་ཕན་ཚུན་ཞི་མཐུན་མཉམ་གནས་ཀྱི་ཆབ་སྲིད་དང་། དཔལ་འབྱོར། རིག་གནས་དབར་འབྲེལ་འདྲིས་ཆེན་པོ་བྱུང་ཡོད་པ་མ་ཟད། ཕན་ཚུན་ཕོ་ཉའི་འགྲོ་འོང་དང་ཐེག་པ་ཆེན་པོའི་ལུང་རིགས་འཛིན་པའི་རྒྱའི་ཧྭ་ཤང་དུ་མ་བོད་དུ་གདན་དྲངས་ནས་རྒྱ་ནག་གི་སྔོན་ཐོན་རིག་གནས་ཐོན་སྐྱེད་ལག་རྩལ་དང་། བཟོ་རིག་ལག་རྩལ། སྒྱུ་རྩལ། སྨན་དཔྱད། སྐར་རྩིས་སོགས་ཐབས་མཁས་ཀྱིས་བླངས་པ་དང་ཆབས་ཅིག་ཏུ་རྒྱ་མི་རིགས་ཀྱི་རིག་གནས་ཀྱི་མཚོན་རྟགས་ལྟ་བུར་གྱུར་བའི་ཅོང་དེ་ཉིད་ཀྱང་སྐབས་དེར་བཙུན་མོའི་འཁོར་དང་ཞང་བློན་རྣམས་ཀྱིས་རྒྱ་ནག་གི་དགེ་སློང་འགའ་ཞིག་ལུགས་མཁན་དུ་བསྐུལ་ནས། ནང་པའི་ཆོས་སྤེལ་བའི་དགོས་པ་དང་བསྟུན་ཏེ། ཅོང་འདི་དག་ལུགས་སུ་བླུགས་པར་མཛད། དེ་ལྟ་བུའི་ལོ་རྒྱུས་ཀྱི་རྒྱབ་ལྗོངས་འོག་ཅོང་ལུགས་སུ་བླུགས་པའི་རིག་གནས་ཀྱང་བོད་ས་མཐོར་དར་འགོ་ཚུགས་པ་ཡིན། ཤར་ཕྱོགས་ཐང་རྒྱལ་རབས་ཀྱི་ཅོང་ལུགས་སུ་བླུགས་པའི་ལག་རྩལ་དེ་བོད་བཙན་པོའི་དུས་སུ་དར་ཁྱབ་པ་དེ་ཡང་སྐབས་དེའི་བོད་མིས་ཤར་ཕྱོགས་ཀྱི་ལྕགས་རིགས་གཙོ་སྒྱུར་དང་ལུགས་རྒྱག་པའི་སྔོན་ཐོན་ལག་རྩལ་རྣམས་ལ་སློབ་སྦྱོང་བྱས་པའི་འབྲས་བུ་ཞིག་ཡིན་པ་ཤེས་ཐུབ།

མངོན་སུམ་གྱི་དངོས་པོ་གང་ཞིག་གི་ཐོག་ནས་བཙན་པོ་རིམ་བྱོན་རྣམས་ཀྱིས་

རྒྱ་བོད་མི་རིགས་ཀྱི་རིག་གནས་བར་འབྲེལ་བའི་རྨང་གཞི་ཇི་ཙམ་བཏིངས་ཡོད་པ། དེང་སྐབས་ཀྱི་ལོ་རྒྱུས་དཔེ་དེབ་དང་སློབ་དེབ་སོགས་ཡིག་ཚང་དུ་འཁོད་པ་བཞིན་དྲངས་ནས་རིམ་གྱིས་གླེང་བ་ལས་དངོས་དཔང་གང་ཞིག་གཞི་ལ་འཛིན་ནས་ལོ་རྒྱུས་གླེང་བ་ཆེས་ཉུང་བ་ཞིག་ཡིན།

མ་གཞི་ཙོང་གི་ཁ་ཡིག་གི་ནང་དོན་གཙོ་བོ་ནི་ཆོས་ལ་སྐུལ་བའི་བསྔོ་སྨོན་ཚིག་ཡིན་ཀྱང་། ཙོང་ཞེས་པའི་ཐ་སྙད་དང་། ཙོང་ལུགས་སུ་བླུགས་པའི་བཟོ་རྩལ་བཅས་རྒྱ་ནག་གི་རིག་གནས་ལ་གཏུགས་དགོས་པ་དང་། ཙོང་ལུགས་བཟོ་མཁན་ཕལ་ཆེ་བ་ཡང་རྒྱའི་དགེ་སློང་ཡིན་པས། ཙོང་དེ་དག་ནི་རྒྱ་བོད་མི་རིགས་དབར་རིག་གནས་ཀྱི་འབྲེལ་འདྲིས་བྱུང་བའི་དངོས་དཔང་ཞིག་ཡིན་པ་མ་ཟད། ཙོང་དེ་དག་གི་ཁ་ཡིག་རྣམས་ཕྱི་རབས་ལོ་རྒྱུས་མཁན་པོས་བཟོ་བཅོས་ཀྱི་སྒྱུག་རྩིས་མ་རིག་པའི་དཔྱད་གཞི་གལ་ཆེན་ཞིག་ཡིན་པས་ལོ་རྒྱུས་ལ་ཞིབ་འཇུག་བྱེད་པར་ཆ་འཕྲིན་མི་ཉུང་བ་ཞིག་མཁོ་འདོན་ཐུབ་ལ། དེས་བཙན་པོའི་དུས་སུ་བཞེངས་པའི་ཇོ་རིང་བཞིན། སྐབས་དེའི་ལོ་རྒྱུས་ལ་དཔང་རྟགས་ཁུངས་མ་ཞིག་བྱེད་ཐུབ།

མདོར་ན། རྫོམ་ཡིག་འདིའི་བརྗོད་བྱར་གྱུར་བའི་བཙན་པོའི་དུས་ཀྱི་ཙོང་ལྔ་པོ་དེ་དག་གིས་སྤུ་རྒྱལ་བཙན་པོ་ཁྲི་ལྡེ་གཙུག་བཙན་དང་ཁྲི་སྲོང་ལྡེ་བཙན། ཁྲི་ལྡེ་སྲོང་བཙན་བཅས་ཀྱི་སྐུ་དུས་སུ་རྒྱ་བོད་མི་རིགས་དབར་རིག་གནས་ཀྱི་འབྲེལ་བ་ཟབ་པོ་ཡོད་པ་མཚོན་ཐུབ།

གཉིས་པ། བསྟན་པ་སྔ་དར་དུས་ཀྱི་རིག་གནས་ལ་ཞིབ་འཇུག་བྱེད་པའི་རྒྱུ་ཆ་གལ་ཆེན་ཞིག་ཡིན་པ།

ཙོང་དེ་དག་བཞེངས་པའི་དགོས་པ་ལ་གཞིགས་ན། ཙོང་གི་སྒྲས་འགྲོ་བ་རིགས་དྲུག་སེམས་ཅན་ཐམས་ཅད་སྡུག་བསྔལ་བའི་ལམ་ནས་འདོད་པའི་ཐར་པའི་ཆོས་ཀྱི་སྒྲ་མཚོན་པར་བྱེད་ལ། མ་རིག་པའི་ལས་ངན་ནམ་ལོག་པའི་ལམ་ནས་འདྲེན་པའི་སྒྲ་ལྟ་བུ་ཞིག་མཚོན་གྱི་ཡོད། ཙོང་གི་ཁ་བྱང་དུ་བཟང་པོ་སྤྱོད་པའི་སྨོན་ལམ་གྱི་ཚིག་དང་ནང་ཆོས་ནམ་ནམ་ཞར་ཞར་དུ་དར་བར་སྤེལ་བའི་སྐུལ་ཚིག་དང་། རྒྱལ་འབངས་ཀུན་གྱི་ཆོས་ཀྱི་སྙིང་པོ་རྫོགས་ཏེ། མཐར་བྱང་ཆུབ་ལམ་དུ་བསྐྱོད་པའི་བསྔོ་སྨོན་འདེབས་པའི་ཚིག་ཤ་སྟག་ཡིན་པས། ཙོང་བཞེངས་པའི་ཕན་ཡོན་ཡང་ནང་པ་སངས་རྒྱས་ཀྱི་དགོངས་པའི་ལམ་ནས་བརྗོད་ཡོད།

དེ་ཡང་ཐོག་མར་བཙན་པོ་སྲོང་བཙན་སྒམ་པོའི་སྐུ་དུས་ནས་བོད་དུ་སངས་རྒྱས་ཀྱི་བསྟན་པ་ཚུགས་སྐབས་ཙོང་བཞེངས་པའི་སྲོལ་བྱུང་ཚུལ་གོང་དུ་གླེང་ཟིན་པ་དང་། གནའ་རབས་བོད་ཀྱི་ཙོང་གི་རིག་གནས་ཐད་འཕེལ་འགྱུར་ཇི་ལྟར་བྱུང་མིན་དེ་ཡང་བོད་དུ་རྒྱ་ནག་གི་ཐེག་པ་ཆེན་པོའི་རིག་གནས་ལ་འཕེལ་འགྱུར་ཇི་ལྟར་བྱུང་ཚུལ་དང་འབྲེལ་བ་དམ་ཟབ་ཡོད་པར་མངོན་ཏེ། དེ་ཡང་ནང་པ་སངས་རྒྱས་ཀྱི་བསྟན་པ་བོད་དུ་ཐོག་མ་དར་ཚུལ་ཐད་ཆོས་འབྱུང་ཕལ་མོ་ཆེར་གསལ་བ་ལྟར་ན། བཙན་པོ་ལྷ་ཐོ་ཐོ་རི་སྙན་ཤལ་གྱི་སྐུ་དུས་སུ《མདོ་སྡེ་ཟ་མ་ཏོག》དང་《སྤང་སྐོང་ཕྱག་རྒྱ་པ》སོགས་བྱུང་ནས་བསྟན་པའི་དབུ་བརྙེས་ཞེས་གསུངས། ཕྱིས་སུ་ཆོས་རྒྱལ་སྲོང་བཙན་སྒམ་པོའི་སྐུ་དུས་སུ་ད་ལྟ་སྤྱོད་བཞིན་པའི་བོད་ཡིག་འདི་གསར་དུ་གཏོད་

པ་དང་སྦྲགས་རྒྱ་དཀར་ནག་དང་ལི་ཡུལ་སོགས་ནས་རྒྱལ་བའི་བཀའ་དང་མཁས་པའི་བསྟན་བཅོས་དུ་མ་བསྒྱུར་ཞིང་། ལྷག་པར་དུ་ནང་ཆོས་དར་ཁྱབ་ཆེ་བའི་ཐང་རྒྱལ་རབས་དང་གཉེན་འབྲེལ་བྱུང་བས་སྐུ་གསུང་ཐུགས་རྟེན་དུ་མ་བོད་དུ་གདན་དྲངས་ཏེ། དེ་དག་བཞུགས་སུ་གསོལ་བའི་ར་ས་འཕྲུལ་སྣང་གཙུག་ལག་ཁང་དང་རྒྱ་སྟག་ར་མོ་ཆེའི་གཙུག་ལག་ཁང་། གཞན་ཡང་མཐའ་འདུལ་ཡང་འདུལ་གྱི་གཙུག་ལག་ཁང་སོགས་རྟེན་དང་བརྟེན་པ་མང་ཏུ་བཞེངས་པ་སོགས་སངས་རྒྱས་ཆོས་ལུགས་བོད་དུ་དར་བར་སྤེལ། དེ་བཞིན་རྒྱ་ནག་གི་བསམ་གཏན་ལུགས་སུ་འཛིན་པའི་ཧྭ་ཤང་དུ་མ་བོད་དུ་ཕེབས་ཏེ། དེའི་སློབ་མའི་གྲས་སུ་བཙུན་མོའི་འཁོར་དང་། བློན་པོ། རབ་བྱུང་བ་དུ་མ་བྱུང་བས། རྒྱ་ནག་གི་ཐེག་པ་ཆེན་པོའི་རིག་གནས་དེ་བོད་དུ་དར་ཁྱབ་བྱུང་ཡོད། དེར་བརྟེན་བོད་ཀྱི་བཟོ་བཀོས་དང་མཛེས་རྩལ་སོགས་ལ་རྒྱ་ནག་རིག་གནས་ཀྱིས་ཤུགས་རྐྱེན་ཆེན་པོ་ཐེབས་པ་མ་ཟད། བོད་མིའི་སེམས་ཁམས་དང་ལྟ་སྤྱོད་ལའང་བག་ཆགས་ཆེན་པོ་བྱུང་ཡོད། དེ་ལྟ་བུའི་རིག་གནས་སྤེལ་རེས་བྱེད་པའི་རྒྱབ་ལྗོངས་འོག བཙུན་མོ་དང་ཞང་བློན་སོགས་ཀྱི་སྡིག་གཤགས་དང་། དགེ་བ་སྒྲུབ་པ། བསོད་ནམས་ཀྱི་ཚོགས་བསགས་པ་སོགས་ཀྱི་ཆེད་དུ་བཙན་པོའི་དུས་ཀྱི་ཙོང་དེ་དག་བཞེངས་པར་མངོན་ཏེ། ཞང་ལྷ་སྦྲ་རྒྱལ་སྤྲིབས་ཕ་བུས་དགའ་ལྡན་བྱིན་ཆེན་གཙུག་ལག་ཁང་གི་ཙོང་བཞེངས་པ་དང་། བཙུན་མོ་བྱང་ཆུབ་བརྩན་གྱིས་ཡོན་བདག་གནང་སྟེ་སྟ་རྗེས་སུ་བསམ་ཡས་གཙུག་ལག་ཁང་གི་ཙོང་དང་ཁྲ་འབྲུག་གཙུག་ལག་ཁང་གི་ཙོང་བཞེངས་པ། ཞང་བློན་ཚེ་སྤོངས་ལྷ་བཟང་ཀླུ་དཔལ་གྱིས་བྲ་གཞོངས་གཙུག་ལག་ཁང་གི་ཙོང་བཞེངས་པ་བཅས་སོ།།

བཙན་པོ་ཁྲི་སྲོང་ལྡེ་བཙན་གྱི་སྐུ་དུས་སུ་ནང་པ་སངས་རྒྱས་ཀྱི་བསྟན་པ་དར་ཞིང་རྒྱས་པའི་གོ་སྐབས་དང་བསྟུན་ནས་ཚོང་ལུགས་སུ་བླུགས་པའི་སྲོལ་དེ་དག་ཆེས་ཆེར་དར་ཡང་། ཁྲི་སྲོང་ལྡེ་བཙན་གྱི་སྐུ་ཚེའི་སྨད་ཙམ་དུ་སྟོན་རྩེན་རྩོད་པ་བྱུང་ནས་ཐེག་པ་ཆེན་པོ་ཅིག་ཅར་གྱི་ལྟ་བ་འཛིན་པའི་རྒྱའི་ཧྭ་ཤང་རྣམས་ཕམ་ནས། བཙན་པོས་ཕྱིན་ཆད་བོད་དུ་སྟོན་མིན་གྱི་ཆོས་ལུགས་སྤེལ་མི་ཆོག་པ་དང་། བོད་དུ་ལྟ་བ་ཀླུ་སྒྲུབ་ཀྱི་ལུགས་དང་ཕ་རོལ་དུ་ཕྱིན་པ་དྲུག་ལ་སློབ་དགོས་པའི་བཀའ་ནན་དྲག་པོ་བསྒྲགས་པས། རྒྱའི་ཐེག་པ་ཆེན་པོའི་རིག་གནས་འདི་ཡང་བོད་ས་མཐོར་མུ་མཐུད་རྒྱུད་འཛིན་དང་གོང་འཕེལ་འགྲོ་བར་བཀག་འགོག་བྱུང་ནས་རིམ་བཞིན་ཉམས་ཉེས་བྱུང་བ་དང་། དེ་ནས་ཁྲི་སྲོང་ལྡེ་བཙན་དང་ཁོང་གི་སྲས་ཁྲི་ལྡེ་སྲོང་བཙན་ཡབ་སྲས་གཉིས་ཀྱི་སྐུ་རིང་ཙམ་ལ་ཚོང་བཞེངས་པའི་སྲོལ་དེ་རིམ་བཞིན་སླར་གསོ་བྱུང་ཡང་། བོད་སིལ་པོར་ཐོར་རྗེས་དགོན་སྡེ་ཁག་ཏུ་བོད་ལུགས་ཀྱི་དྲིལ་བུ་རྒྱལ་སློའི་ཐོག་ཏུ་བཏགས་པ་ལས་རྒྱ་ལུགས་ཀྱི་ཚོང་བཞེངས་པའི་སྲོལ་ནི་སྤྱིར་མཇལ་བར་དཀོན།

གསུམ་པ། བཙན་པོའི་དུས་ཀྱི་གཙུག་ལག་ཁང་གི་བཟོ་སྐྲུན་གྲུས་ལུགས་ཀྱི་མཚོན་བྱེད་ལྟ་བུ་ཞིག་ཡིན་པ།

བཙན་པོ་སྲོང་བཙན་སྒམ་པོའི་སྐུ་དུས་ནས་བོད་དུ་ཕོ་བྲང་བཞེངས་པ་དང་། གཙུག་ལག་ཁང་བཞེངས་པ་སོགས་བཟོ་སྐྲུན་གྲུས་ལུགས་ནང་རིམ་བཞིན་ཚོང་བཞེངས་པའི་གྲུས་སྐྱོལ་ཞིག་གྲུབ་པར་སེམས་ཏེ། དེ་ཡང་"ཡང་འདུལ་བཞི་ལ་འཕྱོང་བཏགས་པ་བརྒྱད་ལ། ཤར་སེང་གེ་དཀར་མོའི་དཔྲལ་སྟེང་དུ་རྡོ་རྗེ་འགྱུར་མེད་ཀྱི་ལྷ་ཁང་། དེ་ལ་འཕྱོང་མྱང་དགའ་ཚལ་གྱི་ལྷ་ཁང་། ལྷོ་སྟག་སྨུག་པོའི་མཆེ་སྟེང་དུ། བུམ་རྩེ་ལུང་གི་ལྷ་ཁང་། དེའི་འཕྱོང་དུ་ཀྲ་ཤ་ཀྲའི་ལྷ་ཁང་། ནུབ་བྱ་དམར་མོའི་མཆུ་སྟེང་དུ། མང་ཡུལ་བྱང་སྤྲིན་དང་། དེའི་འཕྱོང་དུ་མྱང་སྤྲིན་ལྷ་ཁང་། བྱང་རུས་སྦལ་ནག་པོའི་སྟེང་དུ། སྤྲ་བདུན་རྩེ་དང་དེ་ལ་འཕྱོང་གཉེན་གསལ་ལྷ་ཁང་བཞེངས"① ཞེས་བཙན་པོ་སྲོང་བཙན་སྒམ་པོའི་སྐུ་དུས་ནས་མཐའ་འདུལ་ཡང་འདུལ་གྱི་གཙུག་ལག་ཁང་བཞེངས་པ་དང་ཆབས་ཅིག་ཚོང་རེ་བཞེངས་ཤིང་། ཚོང་དེ་འཛོམ་སའི་ཁང་པ་ཡང་རེ་རེ་བསྐྲུན་ཏེ། ཚོང་ཁང་དེ་དག་གི་མིང་ལ་འཕྱོང་མྱང་དགའ་ཚལ་གྱི་ལྷ་ཁང་། འཕྱོང་དུ་ཀྲ་ཤ་ཀྲའི་ལྷ་ཁང་། འཕྱོང་དུ་མྱང་སྤྲིན་ལྷ་ཁང་། འཕྱོང་གཉེན་གསལ་ལྷ་ཁང་སོགས་མིང་མི་འདྲ་བ་རེ་རེ་ཐོགས་ཡོད། དེར་"འཕྱོང་"ཞེས་པ་"ཚོང་"གི་སྒྲ་དང་ཉེ་བ་དང་དོན་ནི་དངོས་པོ་ཁོག་སྟོང་ཞིག་བརྡུང་ན་གླང་པོ་ཆེའི་སྐད་གྲགས་པ་དེ་རང་ལ་གོ་བ་ཡིན། དེ་རྗེས་བཙན་པོ་རིམ་

①མཁས་པ་ལྡེའུ། 《རྒྱ་བོད་ཆོས་འབྱུང་རྒྱས་པ་》བོད་ལྗོངས་བོད་ཡིག་དཔེ་རྙིང་དཔེ་སྐྲུན་ཁང་། 1987ལོའི་ཟླ་6པའི་པར་གཞི་དང་པོ། ཤོག་གྲངས་271ལ་གསལ།

ཕྱིན་གྱི་ལོ་རྒྱུས་ནང་བོད་ཀྱི་ཡུལ་གྲུ་ཀུན་དུ་ལྷ་ཁང་དུ་མ་བཞེངས་སྐབས་ནང་ཆོས་ལ་དད་པའི་བཙུན་མོ་དང་ཞང་བློན་གྱིས་ཀྱང་རང་གཞན་གཉིས་ཀྱི་སྡིག་གཤགས་དང་བསོད་ནམས་ཀྱི་ཚོགས་གསག་པའི་ཕྱིར་ཡོན་བདག་གནང་སྟེ། ལྷ་ཁང་བཞེངས་པ་དང་ལྷན་དུ་ཅོང་ཞིག་ཀྱང་ལུགས་སུ་བླུགས་པའི་སྲོལ་ཞིག་དར་བ་དཔེར་ན། བཙུན་མོ་ཁྲི་རྒྱལ་མོ་བཙུན་གྱིས་བསམ་ཡས་གཙུག་ལག་ཁང་གི་ཅོང་དང་། ཁྲ་འབྲུག་གཙུག་ལག་ཁང་གི་ཅོང་བཞེངས་པ་དང་། ཞང་བློན་ལྷ་སྒྲ་རྒྱལ་སློབས་ཕ་བུས་ཐག་རིང་དགའ་ལྡན་བྱིན་ཆེ་གཙུག་ལག་ཁང་གི་ཅོང་བཞེངས་པ། ཞང་བློན་ཆེ་སྤོངས་ལྷ་བཟང་ཀླུ་དཔལ་གྱིས་བྱ་གཞོངས་གཙུག་ལག་ཁང་གི་ཅོང་སོགས་བཞེངས་ཡོད། ཡང་ཕོ་བྲང་བཞེངས་སྐབས་ཀྱི་བཟོ་སྐྲུན་གྱི་གྲུབ་ལུགས་ལ། "ས་ཕྱོད་ལ་ལྷ་སར་བྱམས་པ་ཆོས་འཁོར་གྱི་སྒོ་སྲུང་ཚངས་པ་དང་བརྒྱ་བྱིན་བཞེངས། ཤིང་ཕྱོད་ལ་གནམ་ཡངས་ཀ་བ་བཞི་རིན་པོ་ཆེས་བརྒྱན་ཏེ་ཕུལ། བྲིས་ཕྱོད་དུ་བེའུ་བུམ་བརྒྱ་དང་རྩ་བརྒྱད་སོགས། ལུགས་མའི་ཕྱོད་དུ་ཅོང་དྲིལ་ཆེན་ཕུལ"①ཞེས་བཙན་པོའི་ཕོ་བྲང་དང་དེ་བཞིན་བསམ་ཡས་གཙུག་ལག་ཁང་དང་འོན་ཤང་མདོ་དཔེ་མེད་དགེ་འཕེལ་གཙུག་ལག་ཁང་གཉིས་ཀྱི་བཟོ་སྐྲུན་གྲུབ་ལུགས་ནང་དུ་ལུགས་མའི་ཕྱོད་དུ་ཅོང་བཞེངས་པའི་གྲུབ་ལུགས་ཡོད་པ་བཅས། མདོར་ན་ཅོང་བཞེངས་པའི་སྲོལ་ནི་སྔར་བཙན་པོའི་དུས་ཀྱི་བཟོ་སྐྲུན་གྲུབ་ལུགས་ཀྱི་མཚོན་བྱེད་ལྟ་བུ་ཞིག་ཡིན།

---

①དཔའ་བོ་གཙུག་ལག་ཕྲེང་བས་བརྩམས། 《ཆོས་འབྱུང་མཁས་པའི་དགའ་སྟོན་》མི་རིགས་དཔེ་སྐྲུན་ཁང་། 2006ལོའི་ཟླ1པོའི་པར་གཞི་དང་པོ། ཤོག་གྲངས219ལ་གསལ།

བཞི་པ། བཙན་པོའི་དུས་ཀྱི་ལུགས་མགར་རིག་གནས་ཀྱི་མཚོན་བྱེད་ལྟ་བུ་ཞིག་ཡིན་པ།

བཙན་པོ་ཁྲི་ལྡེ་གཙུག་བཙན་དང་། ཁྲི་སྲོང་ལྡེ་བཙན། ཁྲི་ལྡེ་སྲོང་བཙན་ཡབ་སྲས་ཀྱི་སྐུ་དུས་སུ་བཞེངས་པའི་དགའ་ལྡན་བྱིན་ཆེན་གཙུག་ལག་ཁང་གི་ཅོང་དང་། བསམ་ཡས་གཙུག་ལག་ཁང་གི་ཅོང་། ཁྲ་འབྲུག་གཙུག་ལག་ཁང་གི་ཅོང་། བྲག་ཡེར་པའི་ཅོང་། བྱ་གཤོངས་གཙུག་ལག་ཁང་གི་ཅོང་བཅས་བཙན་པོའི་དུས་ཀྱི་ཅོང་དེ་དག་གི་ལུགས་མགར་གི་ཚད་ཇི་ཙམ་ལ་སླེབས་ཚུལ་བོད་ཀྱི་གནའ་རབས་ལུགས་མགར་གྱི་རིགས་པའི་གཞུང་ལུགས་གཞིར་བཟུང་དབྱེ་ཞིབ་བྱས་ན།

དེ་ཡང་《བཟོ་གནས་སྐྲ་རྩེའི་ཆུ་ཐིགས་》ལས"སྤྱིར་ཤེས་བྱ་བཟོའི་གནས་ལའང་རྣལ་མ་དང་རང་རྒྱུ་ཅན། བཟོ་ཁྱད། བཟོ་རྒྱུན་བཅས"①བཟོ་རྒྱུན་གྱི་འབྱུང་ཁུངས་དང་ཁྱད་ཆོས་ཐད་རྣམ་པ་བཞི་རུ་དབྱེ་ཡོད་ཅིང་། དེས་ན་ལུགས་མ་ལས་གྲུབ་པའི་གནའ་རབས་ཅོང་གི་བཟོ་རྩལ་དེ་བཟོ་རྒྱུན་གྱི་རྣམ་པ་བཞི་པོ་དེ་དག་ལས་གང་གི་ཁོངས་སུ་གཏོགས་སམ་ཞེ་ན། དེ་དག་ལས"བཟོ་ཁྱད"ཀྱི་ཁོངས་སུ་གཏོགས་པར་འདོད་ཅིང་། གཞན་རྣམས་ལ་མི་འཇུག་པ་རེ་རེར་བཤད་ན།

༡ བཟོ་དངོས་རྣལ་མ་ཞེས་པ་ནི་ཡུལ་གཞན་གྱི་བཟོ་ཡི་ཤན་མ་ཞུགས་པར་རང་རིགས་ཀྱི་རིག་པ་དང་ལག་རྩལ་ལས་བྱུང་བ་ཞིག་ལ་གོ་བ་ཡིན། འོན་ཀྱང་ཅོང་གི་བཟོ་རྩལ་རིག་གནས་ནི་ཐོག་མར་རང་རིགས་ཀྱི་སྣོ་གྲོས་ཀྱི་རྩལ་ཁོ་ན་ལས་བྱུང་བ་

①《བཟོ་གནས་སྐྲ་རྩེའི་ཆུ་ཐིགས་》དཀོན་མཆོག་བསྟན་འཛིན། ཀྲུང་གོའི་བོད་ཀྱི་ཤེས་རིག་དཔེ་སྐྲུན་ཁང་། 1994ལོའི་ཟླ་བ8པའི་པར་གཞི་དང་པོའི་ཤོག་གྲངས28ལ་གསལ།

ཞིག་མིན་ཏེ། ཙོང་གི་འབྱུང་ཁུངས་སྐོར་གོང་དུ་གླེང་ཟིན་པ་དང་། དེ་བཞིན་བོད་ཀྱི་བཟོའི་བསྟན་བཅོས་《མགར་གྱི་བསྟན་བཅོས》དང་《བཟོ་གནས་སྐྲ་རྩེའི་ཆུ་ཐིགས》སོགས་འབྲེལ་ཡོད་དཔྱད་གཞིར་ཙོང་གི་ལག་རྩལ་དེ་བོད་དུ་སྤར་ནས་ཡོད་པ་ཟུར་ཙམ་འཁོད་མེད་ལ། ཙོང་གི་བཟོ་རྩལ་འབྱུང་ཁུངས་ཐད་གོང་གི་ས་བཅད་དུ་ཞུས་པ་བཞིན། བོད་ཀྱི་དྲིལ་བུའི་བཟོ་རྒྱུན་དང་། རྒྱ་གར་འཕགས་པའི་ཡུལ་གྱི་དྲིལ་བུའི་བཟོ་རྒྱུན། ཁ་ཆེའི་ཡུལ་གྱི་ཁ་ཆའི་བྲ་གཡོག་གི་བཟོ་རྒྱུན། རྒྱ་ནག་ཙོང་གི་བཟོ་རྒྱུན་བཅས་ཡོད་པས"བཟོ་དངོས་རྣལ་མ"ཞེས་པའི་ཁུངས་སུ་མི་གཏོགས་པར་མངོན།

༢ རང་རྐྱ་ཅན་ཞེས་པ་ནི། རང་རིགས་ཀྱི་བཟོ་རྒྱུན་གཞི་རྩར་བཟུང་པ་ལ་བཟོ་རྒྱུན་གཞན་གྱིས་ཤན་ཞུགས་ཀྱང་རང་ལུགས་མ་ཤོར་བ་དང་། བཟོ་རྒྱུན་གཞན་གྱི་ལེགས་ཆ་བསྡུས་པ་དེས། སྔར་ཡོད་ཀྱི་ལག་རྩལ་དང་བསྟན་བཅོས་ཐམས་ཅད་ཇེ་བཟང་ཇེ་རྒྱས་སུ་སོང་ནས། དོན་ཅི་ཡང་མཚོན་ནུས་པའི་འཕྲུལ་སྒྲོ་ཚང་བའི་ལག་རྩལ་ལ་གོ་བས། བོད་ཀྱི་གནའ་རབས་ཀྱི་ཙོང་དེ་རྣམས་ལ་གཞིགས་ན། རང་རིགས་ཀྱི་བཟོ་རྒྱུན་གཞི་རྩར་གྱུར་པ་ལ་བཟོ་རྒྱུན་གཞན་གྱིས་ཤན་ཞུགས་པའི་ཁྱད་ཆོས་ཡོད་པས"རང་རྐྱ་ཅན"ཞེས་པའི་གོ་དོན་དང་ཕྱོགས་གཅིག་མཐུན་ཡང་། མི་མཐུན་པ་ནི་བོད་ཀྱི་ཙོང་གི་བཟོ་རྩལ་ལ་སྔར་ནས་བསྟན་བཅོས་ཞིག་གྲུབ་མེད་ལ། ལག་རྩལ་འཕྲུལ་སྒྲོ་ཚང་བ་ཞིག་མེད་པའི་དབང་གིས་བཟོའི་རྣམ་པ"རང་རྐྱ་ཅན"གྱི་ཁུངས་སུ་མི་གཏོགས།

༣ བཟོ་རྒྱུན་ཞེས་པ་ནི། རང་རང་གི་རིག་པ་དང་རྩལ་ལས་སྔར་མེད་ཀྱི་

སྲོལ་ཁྱད་པར་ཅན་ཞིག་གཏོད་པ་དང་། དེའི་བསྟན་བཅོས་དང་བཅས་པར་རྒྱུན་འཛིན་བྱེད་མཁན་ཡང་ཡོད་པའི་རྣམ་པ་ཞིག་ལ་གོ །ཡིན་ནའང་གནའ་རབས་བཙན་པོའི་དུས་ཀྱི་ཅོང་དེ་རྣམས་ཀྱི་བཟོ་རྩལ་ནི་རང་རིགས་ཀྱི་བློ་གྲོས་རྩལ་ལས་བྱུང་བ་མ་ཡིན་ཏེ། ཅོང་འགའ་ཞིག་གི་ཁ་ཡིག་ཏུ་རྒྱ་ནག་གི་དགེ་སློང་གིས་ལུགས་སུ་བླུགས་ཞེས་གསལ་པོར་འཁོད་པ་དང་། བཙན་པོའི་རྒྱལ་རབས་ཕྱིར་རྗེས་ཀྱི་ལོ་རྒྱུས་ཚ་རྒྱུན་རིང་མོའི་ནང་རྒྱུན་འཛིན་ཐུབ་ཡོད་པའི་རྗེས་ཤུལ་ཞིག་བོད་ཀྱི་བཟོའི་བསྟན་བཅོས་ནང་མཇལ་བར་དཀོན་པས། བོད་ཀྱི་བཟོ་རྩལ་རྣམ་གཞག་ལས་"བཟོ་རྒྱུན"ཀྱི་ཁུངས་སུའང་མི་གཏོགས་སྙམ།

དེས་ན་ཅོང་དེ་རྣམས་ཀྱི་བཟོ་རྩལ་གྱི་རྣམ་པ་ནི་"བཟོ་ཁྱད་"ལ་འཇུག་པ་ནི་《བཟོ་གནས་སྐྲ་རྩེའི་ཆུ་ཐིགས་》ལས་"སྔར་ཡོད་པའི་བཟོ་རྒྱུན་གང་ཞིག་གི་སྣང་གཞིའི་ཐོག་བཟོ་བོ་རང་གི་རིག་པའི་ལག་རྩལ་ལས་བཀོད་པ་དང་། ཉམས། ཁ་དོག་སོགས་ཀྱི་རྩལ་ལྷག་པར་ཐོན་པ་ཙམ་ལས་ད་དུང་བསྟན་བཅོས་མེད་ཅིང་བཟོ་སྲོལ་མ་ཆགས་པ་དེའོ་"①ཞེས་གསུངས་པ་བཞིན། བོད་ཀྱི་ཅོང་གི་བཟོ་རྩལ་ནི་གཞན་ལ་ལད་མོ་བྱས་པ་ཙམ་མ་ཟད། རང་རིགས་ཀྱི་གནའ་དུས་ནས་སྐུ་གསུང་ཐུགས་རྟེན་བཞེངས་པའི་བཟོ་རྒྱུན་གི་སྣང་གཞིའི་འོག་བྱུང་ཡོད་པ་ཞིག་ཡིན།

བོད་ཀྱི་ཅོང་ལུགས་སུ་བླུགས་པའི་ལག་རྩལ་དེ་ནི་རྒྱ་མི་རིགས་ཀྱི་རིག་གནས་ཀྱིས་བོད་ཀྱི་བཟོ་རིག་རིག་གནས་ལ་ཤན་ཞུགས་པ་གང་ཞིག །བཟོ་རྩལ་དེར་མི་

①《བཟོ་གནས་སྐྲ་རྩེའི་ཆུ་ཐིགས་》དཀོན་མཆོག་བསྟན་འཛིན། ཀྲུང་གོའི་བོད་ཀྱི་ཤེས་རིག་དཔེ་སྐྲུན་ཁང་། 1994ལོའི་ཟླ་བ8པའི་པར་གཞི་དང་པོའི་ཤོག་ངོས29ལ་གསལ།

རིགས་གཞན་གྱི་ཉེང་བཙུད་བླངས་ནས་འཕེལ་རྒྱས་བྱུང་བ་ཞིག་ཡིན་པ་མ་ཟད། རྒྱ་བོད་མི་རིགས་གཉིས་དབར་བཟོ་རྩལ་གྱི་ལག་ཤེས་སྤེལ་རེས་བྱེད་པའི་མཚོན་རྟགས་ཤིག་ཀྱང་ཡིན། ཅོང་དེ་དག་ནི་གཟུགས་ལྡན་གྱི་རིག་གནས་ཤུལ་བཞག①ཞིག་ཡིན་ཕྱིན། དེར་ལོ་རྒྱུས་རང་བཞིན②དང་། སྒྱུ་རྩལ་གྱི་རང་བཞིན། ཚན་རིག་གི་རང་བཞིན། དྲན་གསོའི་རང་བཞིན③བཅས་ཀྱི་གཞི་རྩའི་ཁྱད་ཆོས་ལྡན་ཡོད།

---

①འཛར་པན་གྱི་སྤྱི་ལོ1975ལོར་གསར་དུ་བཟོ་བཅོས་དཔར་འགྲེམས་བྱས་པའི་《རིག་གནས་ཤུལ་བཞག་སྲུང་སྐྱོབ་བཅས་ཁྲིམས་》ལས། གཟུགས་ལྡན་གྱི་རིག་གནས་ཤུལ་བཞག་ཅེས་པ་ནི། ལོ་རྒྱུས་རིན་ཐང་དང་སྒྱུ་རྩལ་རིན་ཐང་ཆེ་བའི་ཨར་སྐྲུན་དངོས་པོ་དང་། ཕྲིས་རིས། བརྐོས་བསྒྲལ། བཟོ་རྩལ་ཐོས་རྫས། ཡིག་གཟུགས་ཕྲིས་མ། རྩ་ཆེའི་དཔེ་གཞུང་། གནས་རབས་ཀྱི་ཡིག་ཚང་། གནའ་རྫས་དཔྱད་ཞིབ། དེ་བཞིན་རིན་ཐང་ཆེ་བའི་ལོ་རྒྱུས་བཅའ་དངོས་སོགས་ལ་ཟེར། འཕྲིན་ལས་ཆོས་གྲགས། 《དངོས་མེད་རིག་གནས་ཀྱི་ཤེས་བྱ་གནད་བསྡུས་》བོད་ལྗོངས་བོད་ཡིག་དཔེ་རྙིང་དཔེ་སྐྲུན་ཁང་། 2012ལོའི་ཟླ12པའི་པར་གཞི་དང་པོ། ཤོག་གྲངས། 10ལས་དྲངས།

②《དངོས་མེད་རིག་གནས་ཀྱི་ཤེས་བྱ་གནད་བསྡུས་》ཞེས་པ་ལས་ལོ་རྒྱུས་ཀྱི་རང་བཞིན་ཞེས་པ་ནི་ལོ་རྒྱུས་འཕེལ་རིམ་དུ་བྱུང་བའི་དམིགས་བསལ་ཆེ་བ་བཅས་འདུ་ཤེས་ཀྱི་རིན་ཐང་དེར་བརྗོད་ཡོད།

③《དངོས་མེད་རིག་གནས་ཀྱི་ཤེས་བྱ་གནད་བསྡུས་》ཞེས་པ་ལས་དྲན་གསོའི་རང་བཞིན་ཞེས་པ་ནི་རིག་གནས་ཤུལ་བཞག་དེར་དྲན་གསོ་བྱེད་འོས་ཀྱི་རིན་ཐང་ལྡན་པ་དེར་བརྗོད་ཡོད།

ལྔ་པ། བཙན་པོའི་དུས་ཀྱི་གནའ་ཡིག་ལ་ཞིབ་འཇུག་བྱེད་པའི་དཔྱད་གཞི་གལ་ཆེན་ཞིག་ཡིན་པ།

གནའ་རབས་ཀྱི་ཙོང་གི་ཁ་ཡིག་གི་ཁྱད་ཆོས་ནས་བརྗོད་ན། སྤྱིར་བཙན་པོའི་དུས་ཀྱི་བཀའ་གཙིགས་ཀྱི་རྡོ་རིང་གི་ཡི་གེ་དང་། ཁྲམ་བྱང་གི་ཡི་གེ། ཏུན་ཧོང་གཏེར་ཡིག་སོགས་དང་འདྲ་བར་སྣང་། དེར་ཕོ་བོས་ཙོང་གི་མ་ཡིག་ཁེར་རྐྱང་དུ་བརྟེན་ནས་རགས་ཙམ་གླེང་བར་བྱ་སྟེ།

༡ དབྱངས་བཤད་པ།

སུམ་རྒྱལ་དུས་ཀྱི་ཡི་གེ་བཀོད་པའི་ཙོང་བཞི་པོ་དེའི་མ་ཡིག་ནང་། གི་གུ་ལོག་པ་ཅན་ཨྀ་ཡིག་དང་གི་གུ་ཨི་ཡིག་གཉིས་ལྡན་གཅིག་ཏུ་བེད་སྤྱོད་པ་ནི། ཙོང་གི་མ་ཡིག་ལ་གནའ་ཡིག་གི་ཁྱད་ཆོས་མངོན་གསལ་དོད་ཤོས་ཤིག་སྟེ། ཛག་རོང་དགའ་ལྡན་བྱིན་ཆེན་གཙུག་ལག་ཁང་གི་ཙོང་གི་ཁ་ཡིག་ལ་གི་གུ་ལོག་པ7བསམ་ཡས་གཙུག་ལག་ཁང་གི་ཙོང་གི་ཁ་ཡིག་ལ་གི་གུ་ལོག་པ་ཅན6ཙམ་ཡོད་པ་དང་། ཁྲ་འབྲུག་གཙུག་ལག་ཁང་གི་ཙོང་གི་ཁ་ཡིག་ལ་གི་གུ་ལོག་པ་ཅན6ཡོད་པ། བྲག་ཡེར་པའི་ཙོང་གི་ཁ་ཡིག་ལ་གི་གུ་ལོག་པ་ཅན3ཡོད། གནའ་ཡིག་ཁྱད་ཆོས་དེའི་སྐོར་ལ་ས་སྐྱ་བསོད་ནམས་རྩེ་མོའི《ཡི་གེ་ཀློག་ཐབས་བྱིས་པའི་འཇུག་སྒོ》ལས་གི་གུ་ཕར་ཀློག་ཚུར་ཀློག་མཉམ་དུ་འབྲི་བའི་རྣམ་པར་བརྒྱ་སྦྱིན་མིག་བཅས་གསུངས་ལ། དེང་གི་བརྩམས་དེབ《བོད་ཀྱི་བཙན་པོའི་གནའ་རྫོམ་གཅེས་བསྡུས》ལས“དེ་ནི་ལྷའི་དབང་པོ་བརྒྱ་འབྱིན་གྱི་མིག་གཡས་ཡོན་གཉིས་དང་འདྲ་བའི་ཁྱད་པར་ཙམ་ལས་དོན་བྱེད

ནུས་པའི་ཐད་ཁྱད་པར་ཅི་ཡང་མེད་”①ཅེས་གསུངས་ཡོད་ཀྱང་། ཁོ་བོས་བསམ་ན་གི་གུ་དྲང་ཕྱོག་གང་ཞིག་སྤྱོད་པ་ནི་རྒྱུ་མཚན་གང་ཡང་མེད་པར་གང་བསམ་དུ་བཙན་པོའི་གཞུང་ཡིག་ལ་སོགས་ཏུ་བྲིས་པ་ནི་ཡིན་ག་ལ་སྲིད། དེ་ཡང་ཕལ་ཆེར་བགྱིས་པ་པོའི་སྐབས་ཐོབ་ཀྱི་ང་རོའི་དྲག་ཞན་མཚོན་ཐབས་ཙམ་མིན་ནམ་སྙམ། འོན་ཀྱང་ད་ལྟའི་བརྡ་སྤྲོད་ཀྱི་གཞུང་ལུགས་ཐོག་ནས་ང་ཚོས་དེར་ཚོས་ཉིད་རང་བཞིན་ཅི་ཡང་རྙེད་རྒྱུ་མེད་པས་བཏང་སྙོམས་དུ་བཞག་རྒྱུ་ལས་མ་འདས་སོ།

༢ མིང་གཞི་བཤད་པ།

སྔ་པ་གཅིག་གི་ཡི་གེ་ཕན་ཚུན་བརྗེས་པའི་ཁྱད་ཚོས་དེ་ཡང་གནའ་རབས་ཀྱི་ཅོང་བཞི་པོ་དེའི་མ་ཡིག་ནང་མང་ཙམ་མཐོང་རྒྱུ་ཡོད། དེ་ནི་ཡི་གེའི་སྐྱེ་གནས་ཕན་ཚུན་མཚུངས་པས་བགྱིས་པ་པོ་གང་དེའི་ང་རོའི་འགྱུར་བ་ལས་སྐབས་ཐོབ་ཏུ་སྒྱུར་བ་ཡིན་པའམ་ཡང་ན། བགྱི་པ་པོ་གང་དེའི་ཡུལ་སྐད་དང་བསྟུན་ནས་ཅི་བདེར་སྤྱད་པའང་ཡིན་ཤས་ཆེ། དེ་ནི་ད་ལྟའི་བརྡ་དག་ངོས་ནས་བཤད་ན་སྐྱོན་ལྟ་བུར་སོང་ཡང་སྐབས་དེར་སུམ་རྟགས་ཀྱི་གཞུང་ཚ་ཚང་བ་ཞིག་མེད་པས་དེ་དག་ནི་གནའ་ཡིག་གི་ཁྱད་ཚོས་ཤིག་ཡིན་ནོ།

༣ གོང་དུ་བཤད་ཟིན་པའི་དབྱངས་གསལ་གྱི་ཁྱད་ཚོས་ཕུད་ད་དུང་ད་དྲག་རང་སོར་བཞག་པ་དང་། ཕྲད་ཀྱི་ཐོབ་ཐང་། རྒྱན་གྱི་ཡི་གེའི་སྦྱོར་ཚུལ་སོགས་གནའ་ཡིག་གི་ཁྱད་ཚོས་དུ་མ་ལྡན་ཡོད་པས། དེར་ཡིག་ཚོགས་ཉུང་བའི་ཆེད་དུ་རེ་རེ་

①ཀོ་ཤུལ་གྲགས་པ་འབྱུང་གནས། 《བོད་ཀྱི་བཙན་པོའི་གནའ་རྫོམ་གཅེས་བསྡུས་》མི་རིགས་དཔེ་སྐྲུན་ཁང་། 2001ལོའི་ཟླ་བ6པའི་པར་གཞི་དང་པོ། 2006 ལོའི་ཟླ་བ10པའི་པར་ཐེངས་གཉིས་པ།

ནས་གླེང་བར་མི་འདོད། གལ་སྲིད་ཞིབ་པར་མཁྱེན་འདོད་ན་མཁས་དབང་དགེ་འདུན་ཆོས་འཕེལ་གྱི་《དེབ་ཐེར་དཀར་པོ་》དང་། སྐྱོག་སྟོན་རིན་ཆེན་བཀྲ་ཤིས་ཀྱིས་བརྩམས་པའི་《བརྡ་གསར་རྙིང་གི་རྣམ་གཞག་ལི་ཤིའི་གུར་ཁང་》 ཚབ་སྤྲེལ་ཚེ་བརྟན་ཕུན་ཚོགས་ལགས་ཀྱིས་མཛད་པའི་《ཕུ་བོས་ནུ་བོར་བཏམས་ཤིང་བསྟན་པའི་མདོ་ཞེས་པའི་རྩ་འགྲེལ་》 གཉའ་གོང་དཀོན་མཆོག་ཚེ་བརྟན་གྱིས་བརྩམས་པའི་《བོད་ཀྱི་བརྡ་རྙིང་བློ་གསར་འཇུག་པའི་སྒོ་》 གོ་ཤུལ་གྲགས་པ་འབྱུང་གནས་ཀྱིས་བརྩམས་པའི་《བོད་བཙན་པོའི་སྐབས་ཀྱི་གནའ་ཡིག་གཅེས་བསྡུས་》སོགས་གཟིགས་པར་འཚལ།

མདོར་ན་ཅོང་གི་ཁ་ཡིག་དེ་དག་ནི་བཙན་པོའི་དུས་ཀྱི་གནའ་ཡིག་ཞིབ་འཇུག་ལ་མཁོ་བའི་རྒྱུ་ཆ་རྩ་ཆེན་ཞིག་ཡིན་པ་གོར་མི་ཆག

ས་བཅད་དྲུག་པ། ཆིང་རྒྱལ་རབས་དུས་ཀྱི་བོད་ཀྱི་ཙོང་དྲིལ་གྱི་ལོ་རྒྱུས་རིག་གནས་སྐོར།

ཆིང་རྒྱལ་རབས་སྐབས་བོད་ཀྱི་ལོ་རྒྱུས་ཞིབ་འཇུག་ལ་མཁོ་བའི་དཔྱད་གཞི་གཙོ་བོ་ནི་ལོ་རྒྱུས་དེབ་ཐེར་དང་། རྣམ་ཐར་རྟོགས་བརྗོད་དེ་བཞིན་གོང་མ་རིམ་བྱོན་གྱིས་གནང་བའི་ཆེ་ལོ་དང་བཀའ་ཡིག་སོགས་ཡིན། སྐབས་བབས་ཀྱི་བརྗོད་བྱར་གྱུར་བ་ནི་དུས་རབས་18ནང་བོད་དུ་ལུགས་སུ་བླུགས་པའི་ཙོང་གཉིས་ཏེ། ར་ས་འཕྲུལ་སྣང་གཙུག་ལག་ཁང་གི་མཛོད་ཁང་ནང་བཞུགས་པའི་གནམ་བདག་མཆོད་ཙོང་དང་། ལྷ་ས་བར་མ་རིའི་སྟེང་གི་སྤྲིན་རིང་ལྷ་ཁང་གི་ཙོང་དེ་གཉིས་ཡིན། ཙོང་དེ་གཉིས་དངོས་དཔང་དུ་བཟུང་ཏེ་རྒྱལ་དབང་སྐུ་ཕྲེང་བདུན་པ་སྐལ་བཟང་རྒྱ་མཚོ་དང་། རྒྱལ་དབང་སྐུ་ཕྲེང་བརྒྱད་པ་འཇམ་དཔལ་རྒྱ་མཚོའི་སྐུ་དུས་སུ་བོད་དུ་ཡེ་ཤུའི་ཆོས་ལུགས་ཀྱི་གྲུབ་མཐའ་ཆེ་རིགས་གསུམ་གྱི་ཡ་གྱལ་གནམ་བདག་ཆོས་ལུགས་ཀྱི་ཆོས་པས་ལྷ་སར་ཐོག་མར་ཕྱི་གླིང་བའི་ཆོས་སྤེལ་བའི་ལོ་རྒྱུས་ལ་གསལ་རྟོགས་བྱ་རྒྱུ་དང་། མན་ཆིང་གོང་མ་ཆན་ལུང་དུས་དམག་དཔོན་ཆེན་པོ་ཧྥུ་ཁང་ཨན་མངགས་ཏེ་བོད་དམག་དང་མཉམ་དུ་གོར་ཁ་བཙན་འཛུལ་བྱེད་པར་འགོག་རྒོལ་བྱེད་པའི་ལོ་རྒྱུས་ལ་ཞིབ་འཇུག་བྱེད་པར་དཔྱད་གཞིའི་རིན་ཐང་ཆེན་པོ་ལྡན། ཙོང་དེ་གཉིས་ལས་ལྷ་ས་སྤྲིན་རིང་ལྷ་ཁང་གི་ཙོང་དེར་ཞིབ་འཇུག་གནང་བའི་དཔྱད་རྩོམ་འགའ་ཞིག་ཡོད་ཀྱང་ད་དུང་ཁ་གསབ་བྱ་རྒྱུ་འདུག་སྙམ། དེ་བཞིན་གནམ་བདག་མཆོད་

ཚོང་དེར་ད་བར་ཞིབ་འཇུག་གནང་བའི་འབྲས་བུ་མཇལ་རྒྱུ་མེད་ལ། མཚམས་སྦྱོར་གྱི་རྩོམ་ཐུང་ཞིག་ཀྱང་མཇལ་བར་དཀོན་པའི་རྣམ་པ་ཞིག་མངོན། དེ་ལྟར་ན། ས་བཅད་དེར་ཚོང་དེ་གཉིས་བཞེངས་པའི་ལོ་དུས་དང་། ལོ་རྒྱུས་ཀྱི་རྒྱབ་ལྗོངས་ཇི་ལྟ་བུའི་འོག་ཏུ་བཞེངས་ཚུལ། ཚོང་གི་བཟོ་བཀོད་ཀྱི་ཁྱད་ཆོས་དང་ཁ་ཡིག་མཚམས་སྦྱོར། ཁ་ཡིག་གི་ནང་དོན་དཔྱེ་ཞིབ་སོགས་རིམ་པར་སྤྲོད་པར་བྱའོ།།

དང་པོ། གནམ་བདག་མཆོད་ཙོང་།

ཙོང་གི་མིང་། གནམ་བདག་མཆོད་ཙོང་།

གནས་ཡུལ། ར་ས་འཕྲུལ་སྣང་གཙུག་ལག་ཁང་གི་མཛོད་ཁང་ནང་བཞུགས།

བཞེངས་དུས། སྤྱི་ལོ1724ཡས་མས།

བཞེངས་མཁན་ཡོན་བདག གནམ་བདག་ཆོས་ལུགས་ཀྱི་ཆོས་པ།

ཁ་ཡིག་གི་ནང་དོན། གནམ་བདག་ཆོས་ལུགས་ཀྱི་སྟོན་པར་བསྟོད་པ་ཕུལ་

བའི་ཚོག

གཅིག ཙོང་དྲིལ་བཞེངས་པའི་ལོ་རྒྱུས་རྒྱབ་ལྗོངས།

ད་བར་ཙོང་འདིའི་སྐོར་ལ་ངོ་སྤྲོད་གནང་བའི་དཔྱད་གཞིའི་ཡིག་ཆ་མེད་ལ་དཔྱད་ཞིབ་གནང་བའི་རྩོམ་ཡིག་ནི་དེ་བས་མཐོང་ཆོས་སུ་མ་གྱུར། འོན་ཀྱང་ཨིན་ཇིའི་ཞིབ་འཇུག་པ་ཨེ་ཏའ་མང་ · ཁན་ཏའ་ལའ་(埃德蒙 · 坎德勒)ཡིས་བྲིས་པའི་དཔེ་དེབ་《拉萨真面目》ཞེས་པའི་ཟུར་མཚན་ནང་ཙོང་འདིའི་ཁ་ཡིག་ཙམ་གསལ་ཡོད་ཀྱང་། དེའི་ནང་དོན་དང་ལོ་རྒྱུས་ཀྱི་རྒྱབ་ལྗོངས་གང་འདྲ་ཞིག་གི་འོག་ཏུ་བཞེངས་པའི་སྐོར་སོགས་གང་ཡང་གླེང་མེད། དེས་རྐྱེན་རང་ཉིད་ཀྱིས་ཙོང་འདི་ལ་དཔྱད་པ་ཞིབ་མོ་ཞིག་མ་བྱུང་ཡང་དཔྱད་གཞིའི་ཚུལ་དུ་རགས་ཙམ་གླེང་བར་འདོད་དེ། དེ་ཡང་ཙོང་དེའི་མ་ཡིག་ནང་དུ་ཕྱིན་རིང་ལྷ་ཁང་གི་ཙོང་བཞིན་དུས་གང་ཙམ་ཞིག་ལ་བཞེངས་པའི་ལོ་ཚིགས་འཁོད་མེད་ཀྱང་། འདིའི་མ་ཡིག་གི་ཡིག་རིགས་དང་དེའི་ནང་དོན་ལ་བསམ་གཞིགས་བྱས་ཚེ་ཙོང་འདི་ཉིད་ཕལ་ཆེར་བོད་ཁུལ་དུ་ཕྱི་རྒྱལ་གྱི་གནམ་བདག་ཆོས་ལུགས་(ཡེ་ཤུའི་ཆོས་ལུགས་ཀྱི་གྲུབ་མཐའ་རིགས་ཆེ་བ་གསུམ་གྱི་ཡ་གྱལ་)ཀྱི་ཆོས་སྤེལ་བས་བཞེངས་པ་མིན་ནམ་སྙམ།

དེས་ན་ཙོང་འདི་བཞེངས་པའི་ལོ་རྒྱུས་ཀྱི་རྒྱབ་ལྗོངས་ཤིག་ཤེས་དགོས་ན། གནམ་བདག་ཆོས་ལུགས་ཀྱི་ཆོས་སྤེལ་བས་ལྷ་སར་ཆོས་སྤེལ་བའི་ལོ་རྒྱུས་ལ་གཞི་རྟེན་འཛིན་རྒྱུ་དེ་ཡིན། དེ་ཡང་ཕྱི་རྒྱལ་གྱི་གནམ་བདག་ཆོས་སྤེལ་བ་ཆོས་ཐོག་མར་མངའ་རིས་ཁུལ་དུ་གུ་གེ་རྒྱལ་པོ་ཁྲི་བཀྲ་ཤིས་གྲགས་པ་བདེའི་རྒྱབ་སྐྱོར་འོག་མངའ་རིས་ཁུལ་དུ་གནམ་བདག་གི་ཆོས་སྤེལ་འགོ་ཚུགས་ཤིང་། 1626ལོའི་ཟླ་བ8པར་གནམ

བདག་ཆོས་ལུགས་ཀྱི་ཆོས་ཁང་དང་པོ་འདི་འཛུགས།① འོན་ཀྱང་སྐབས་དེར་ལ་དྭགས་རྒྱལ་པོས་དམག་དྲངས་ནས་གུ་གེ་རྒྱལ་རབས་ཡམ་ཉེས་སུ་བཏང་བས་གནམ་བདག་ཆོས་ལུགས་དེ་བོད་དུ་ཁྱབ་སྤེལ་གཏོང་བའི་རྒྱབ་རྟེན་མེད་པས་མུ་མཐུད་ཆོས་སྤེལ་བའི་གོ་སྐབས་མ་རྙེད། དེས་རྗེས་གཙང་པ་སྡེ་སྲིད་ཀྱིས་བོད་ལ་དབང་བསྒྱུར་བྱེད་པའི་དུས་གཙང་པ་སྡེ་སྲིད་ཀྱིས་རྒྱབ་སྐྱོར་འོག་གཞི་རྩེའི་ཁུལ་དུ་ཆོས་སྤེལ་བའི་གོ་སྐབས་ཤིག་རྙེད་ཀྱང་། སངས་རྒྱས་ཆོས་ལུགས་དང་ཞེན་ཆེ་བའི་སེར་སྐྱ་མང་ཚོགས་ཀྱི་ངོ་རྒོལ་འོག་སྤེལ་མ་ཐུབ། སྤྱི་ལོ1708ལོར་གནམ་བདག་ཆོས་ལུགས་ཀྱི་ཀཱ་པུ་ཚིང་ཆོས་ཚོགས་(卡普清教会)②ཀྱིས་ལྷ་སར་ཆོས་སྤེལ་འགོ་ཚུགས།③ དེར་འགོག་རྐྱེན་མང་པོ་ཕྲད་ཀྱང་སྐབས་དེར་རྒྱལ་བ་སྐལ་བཟང་བདུན་པས1724ལོའི་ཟླ་བ2པའི་ཚེས10ཉིན་ལ་གནམ་བདག་ཆོས་ལུགས་ཀྱིས་ལྷ་སར་གནམ་བདག་མཆོད་ཁང་དང་སྡོད་གནས་འཛུགས་བསྐྲུན་བྱེད་ཆོག་པའི་བཀའ་རྒྱ་བཏང་།④ དེ་བཞིན་གོང་མ་ཆེན་མོས་ཀྱང་བོད་ཀྱི་སེར་སྐྱ་དཔོན་རིགས་ལ་གནམ་བདག་ཆོས་ལུགས་པས་སྡོད་ཁང་དང་ལྷ་ཁང་བཞེངས་པར་འགོག་རྐྱེན་བྱ་མི་ཆོག་པ་དང་ཁྲལ་འུ་ལག་ཐམས་

①略论天主教在西藏的早期活动 王永红 西藏研究1989年第三期 61页。

②卡普清修会(Ordo Minorum S. Francisci Capucinorum),或译:圣方济各加布遣小兄弟会,又简称为加布遣小兄弟会。卡普清或加布遣,均为意大利文Cappuccio(顶风冒)的译音,因该会会员服饰附有顶风冒,故名为卡普情教会。引子《早期传教士进藏活动史》 伍昆明 中藏学出版社出版 1992年11月 第一版346页。

③略论天主教在西藏的早期活动 王永红 西藏研究 1989年第三期 63页。

④《早期传教士进藏活动史》 伍昆明 中藏学出版社出版 1992年11月 第一版 408-409页

བཅད་རྩ་ཆག་གཏོང་རྒྱུའི་བཀའ་རྒྱ་བཀྲམ①པས། གནམ་བདག་ཆོས་ལུགས་འདི་ཉིད་བོད་དུ་སླར་ཡང་སྤེལ་བའི་གསོན་ཤུགས་ཤིག་སྤྲིན་པས། སྤྱི་ལོ1725ལོར་གནམ་བདག་ཆོས་ལུགས་ཀྱི་ཆོས་ཁང་འཛུགས་འགོ་ཚུགས།②ལོ་རྒྱུས་ཀྱི་རྒྱབ་ལྗོངས་དེ་ལྟ་བུའི་འོག་གནམ་བདག་ཆོས་ལུགས་ཀྱི་ནང་ཚན་ཀཱ་ཕུ་ཚིང་ཆོས་ཚོགས་ཀྱིས་ལྷ་སར་ཆོས་ཁང་ཐོག་མ་དེ་སྐྲུན་ཐུབ་ཡོད། ཕལ་ཆེར་ཙོང་འདི་ཉིད་ཀྱང་ཆོས་ཁང་འདི་བཞེངས་པ་དང་ཆབས་ཅིག་ཏུ་ལུགས་སུ་བླུགས་པ་ཡིན་ཞེས་བརྗོད་ན་མི་འཐད་པ་མེད་སྙམ། གང་ལ་ཞེ་ན་ལོ་རྒྱུས་ཡིག་ཚགས་ནང་སྐབས་དེར་གནམ་བདག་ཆོས་པས་ལྷ་སར་བཞེངས་པའི་ཆོས་ཁང་དེ་ཙམ་ལས་གཞན་ཞིག་སྐྲུན་ཡོད་པ་ནི་མི་གསལ།

གནམ་བདག་ཆོས་ཁང་འདི་ཡང་གནས་ཚུལ་དུ་མའི་རྐྱེན་གྱིས་སངས་རྒྱས་ཆོས་ལུགས་ལ་དད་པའི་སེར་སྐྱ་མང་ཚོགས་ཀྱིས་ཆོས་ཁང་རྣམས་གཏོར་སྐྱོན་བཏང་བ་དང་། གནམ་བདག་ཆོས་ལུགས་པ་བོད་ཀྱི་ས་ཁོངས་ནས་ཕྱིར་འབུད་གཏོང་བ་སོགས་ཀྱི་བྱ་ཐབས་སྣ་ཚོགས་སྤེལ་བས་གནམ་བདག་ཆོས་ལུགས་ཀྱི་ནང་ཚན་ཀཱ་ཕུ་ཚིང་ཆོས་ཚོགས་འདི་ཉིད་ཀྱང་ཐལ་བའི་རྡུལ་དུ་བརླགས་ཏེ། དེ་དང་འབྲེལ་བའི་རིག་དངོས་ཀྱང་ད་ལྟ་ལྷ་སའི་གྲོང་ཁྱེར་དུ་མཐོང་དཀའ་བ་ཞིག་ཡིན།

གཉིས། ཙོང་དྲིལ་གྱི་རྗེ་སྲིད་རགས་བསྡུས།

ཙོང་འདི་ཉིད་ད་ལྟ་ར་ས་འཕྲུལ་སྣང་གཙུག་ལག་ཁང་གི་མཛོད་ཁང་ནང་དུ་

---

①《早期传教士进藏活动史》 伍昆明 中藏学出版社出版 1992 年 11 月 第一版 416－417 页

②《早期传教士进藏活动史》 伍昆明 中藏学出版社出版 1992 年 11 月 第一版 423 页 。

བཞུགས་ཤིང་། གནམ་བདག་ཆོས་ལུགས་པས་བཞེངས་པའི་དབང་གིས་ཙོང་འདིའི་མིང་ལ་གནམ་བདག་མཆོད་ཙོང་ཞེས་འབོད་ན་འགྲིག་སྙམ། ཙོང་འདི་ནི་རྒྱུ་ལི་མ་ལས་གྲུབ་ཅིང་དཔངས་ཀྱི་མཐོ་ཚད་ལ་སྨིད0. 68ཁ་ཞེང་ལ་སྨིད0. 40ཙོང་གི་དབུའི་མཐའ་སྐོར་རིང་ཚད་ལ་སྨིད1. 3ཞབས་ཀྱི་མཐའ་འཁོར་རིང་ཚད་ལ་སྨིད2. 1མཐུག་ཚད་ལ་སྨིད0. 08བཅས་ཡོད་ཅིང་། ཙོང་གི་ཞབས་ར་ནི་རྒྱ་གླིང་ཁ་འདྲ་ལ་དཔལ་འདབ་ཅན་གྱི་རྣམ་པ་མིན་སྟེ། རྒྱ་ནག་དང་ཕྱིའི་རྒྱལ་ཁབ་ཏུ་ད་ལྟ་མཐོང་རྒྱུ་ཡོད་པའི་དུས་རབས18 – 20བར་གྱི་ཙོང་གི་གཟུགས་དབྱིབས་དང་ཕན་ཚུན་བསྡུར་ན། གནམ་བདག་མཆོད་ཙོང་འདིའི་ཕྱི་གཟུགས་དབྱིབས་རྣམ་པ་གཅིག་མཚུངས་སུ་མངོན། དེས་ན་ར་ས་འཕྲུལ་སྣང་གཙུག་ལག་ཁང་གི་མཛོད་ཁང་ནང་བཞུགས་པའི་གནམ་བདག་ཆོས་ཙོང་དེར་པར་ལེན་མ་ཐུབ་ཀྱང་། ཙོང་དེའི་ཕྱིའི་གཟུགས་དབྱིབས་ལ་ངོས་འཛིན་བདེ་བླག་ཏུ་ཡོང་ཕྱིར། རང་གིས་སྔར་ཙོང་དེ་མཐོང་བའི་བག་ཆགས་བཞིན། ཙོང་དེའི་གཟུགས་དབྱིབས་དང་འདྲ་བའི་གནམ་བདག་ཆོས་ཙོང་གི་བརྙན་པར་ཞིག་གོང་དུ་དཔེ་མཚོན་དུ་དྲངས་ཡོད།

ཙོང་གི་ཁ་ཡིག་ནི་རྒྱ་བོད་གཉིས་ཀའི་ཡིག་རིགས་མ་ཡིན་པར་ཕྱི་རྒྱལ་གྱི་ཡིག་རིགས་ཤིག་བཀོད་ཡོད་པ་དང་། དེ་ལ་ད་བར་ཡིག་རིགས་གང་ཞིག་ཡིན་མིན་དང་ནང་དོན་ཅི་ཞིག་ཡིན་ཚུལ་ལ་དཔྱད་ཞིབ་གནང་བའི་དཔྱད་འབྲས་སྤྱིར་མེད་ཀྱང་། དབྱིན་ཇིའི་རྩོམ་པ་པོ་ཨེ་ཏྭ་མང་ཁན་ཏྭ་ལྷའི་《ལྷ་སའི་རྣམ་པ་དངོས་》①ཞེས་པའི་

①作者英 埃德蒙·坎德勒,译者伊建新《拉萨真面目》1989 年西藏人民出版社。

དཔེ་དེབ་ནང་། ཡིག་རིགས་དེ་ནི་ལ་ཏིང་གི་དབྱངས་གསལ་ཡི་གེར་(拉丁文)ངོས་འཛིན་པ་དང་། ཡང་དམངས་ཁྲོད་དུ་ཅོང་ཐོག་གི་ཡི་གེ་ནི་ཕྦུ་ཏོའི་ཡའི་ཡིག་རིགས་ཡིན་ཞེས་བརྗོད་ཀྱི་ཡོད། ཡང་སྙིང་ཡིག་རིགས་གང་ཞིག་ཡིན་མིན་ལ་དབྱེ་ཞིབ་ཞིག་བྱས་ན། ལ་ཏིང་གི་སྐད་ཡིག་མ་ལག་(拉丁语系)ནང་དུ་ཕྦུ་ཐོའོ་ཡའི་སྐད་ཡིག་(葡萄牙语)དང་། སི་ཕེན་སྐད་ཡིག(西班牙语)ཧྥ་རན་སིའི་(法兰西语)སྐད་ཡིག །དབྱི་ཐ་ལིའི་སྐད་ཡིག་(意大利语)སོགས་ཚུད་ཡོད་པས། ཅོང་འདིའི་ཁ་ཡིག་ནི་ལ་ཏིང་གི་དབྱངས་གསལ་ཡི་གེའི་ཁྱབ་ཁོངས་ལས་དབྱི་ཐ་ལིའི་སྐད་ཡིག་ཡིན་པར་ངོས་འཛིན་ན་འོས་སྙམ། རྒྱུ་མཚན་ནི་སྐབས་དེའི་གནམ་བདག་ཆོས་ལུགས་ཀྱི་ཆོས་སྤྱིལ་བ་ཕན་ཚུན་ཡི་གེ་གཏོང་ལེན་བྱེད་པའི་ཡི་གེ་དང་གོང་རིམ་ལ་སྙན་སེང་ཞུ་བའི་ཡི་གེ་སོགས་སྐབས་དེར་གཙོ་བོ་དབྱི་ཐ་ལིའི་སྐད་ཡིག་ཁོ་ན་སྤྱོད་ཀྱི་ཡོད་པས་ཅོང་འདིའི་མ་ཡིག་ཡི་གེ་ཡང་དབྱི་ཐ་ལིའི་སྐད་ཡིན་པར་སེམས།

གསུམ། ཅོང་དྲིལ་གྱི་ཁ་ཡིག་དང་དེའི་ནང་དོན་དབྱེ་ཞིབ།

ཅོང་འདིའི་ཁ་ཡིག་ཐོག་ལ་ཏིང་གི་དབྱངས་གསལ་ཡི་གེTE DEUM LAUDAMUSཞེས་འཀོད་ཡོད་པ་དང་དེའི་ནང་དོན་གང་ཞིག་ཡིན་མིན་ད་བར་ཤེས་རྟོག་ཐུབ་མེད། ཁོ་བོས་དེའི་སྐོར་གསལ་རྟོགས་ཡོང་ཕྱིར། 2011ལོའི་ཟླ་བ་དང་པོའི་ནང་རྒྱལ་ནང་གི་གྲགས་ཅན་སློབ་ཆེན་ཆེང་ཏུ་སློབ་གྲྭ་ཆེན་མོར་སློབ་སྦྱོང་དང་ཉམས་མྱོང་སྤེལ་རེས་དུ་ཕྱིན་པའི་གོ་སྐབས་དང་བསྟུན་ནས། ཅོང་འདིའི་ནང་དོན་གང་ཞིག་ཡིན་མིན་རྩད་གཅོད་བྱེད་སྐབས་ལ་ཏིང་གི་ཡིག་རིགས་ལ་རྒྱུས་མངའ་ཆེ་བའི་ཕྱི་རྒྱལ་གྱི་དགེ་རྒན་ཞིག་གིས་ཅོང་གི་ཁ་ཡིག་འདིར་གཟིགས་རྗེས། ཁོ་བོར་རྒྱུ་

སྐད་ཐོག་ནས་གསལ་བཤད་གནང་བྱུང་བ་གཤམ་གསལ།

"TE" ནི་ཚིག་གི་གྲུབ་ཆའི་ཕྱོགས་ནས་བཤད་ན་མིའི་མིང་གི་ཚབ་ཚིག་ཡིན་ཞིང་"ཁྱེད་" ཅེས་པའི་དོན་དུ་འཇུག་པ་དང་། "DEUM" ནི་ཚིག་གི་གྲུབ་ཆའི་ཕྱོགས་ནས་བཤད་ན་མིང་ཚིག་ཡིན་ཞིང་། "དཀོན་མཆོག་གམ་ལྷའི་དབང་པོ་" ཞེས་པའི་དོན་ཡིན་ལ་འདིར་གནམ་བདག་ཆོས་ལུགས་ཀྱི་དཀོན་མཆོག(上帝) ལ་གོ །"LAUDAMUS" ཞེས་པ་ཚིག་གི་གྲུབ་ཆའི་ཕྱོགས་ནས་བཤད་ན་བྱ་ཚིག་ཏུ་འཇུག་ཅིང་། "བསྔགས་བརྗོད་" ཞེས་པའི་དོན་ཡིན། དེ་རྣམས་ཚིག་གྲུབ་བྱས་ན་"དཀོན་མཆོག་ཁྱེད་ཉིད་ལ་བསྟོད་པ་ཕུལ་" ཞེས་པའི་དོན་ཡིན།

དེའི་ནང་དོན་དང་གོང་དུ་བརྗོད་ཟིན་པའི་ལོ་རྒྱུས་རྒྱབ་ལྗོངས་ལ་གཞིགས་ན་གནམ་བདག་ཆོས་ལུགས་ཀྱི་ནང་ཚན་ཀླུ་ཕུ་ཆིང་ཆོས་ཚོགས(卡普清教) ཀྱིས་ལྷ་སའི་ཁུལ་དུ་ཆོས་སྤེལ་བའི་ལོ་རྒྱུས་ཤིག་གསལ་བཤད་བྱས་ཡོད། མདོར་ན་ད་བར་དེའི་སྐབས་ཀྱི་ལོ་རྒྱུས་ལ་ར་སྤྲོད་བྱེད་པའི་རྗེས་ཤུལ་རྙེད་དཀའ་བས། ཅོང་འདི་ནི་སྐབས་དེའི་ལོ་རྒྱུས་ཀྱི་ཟུར་སྣ་འཛིན་པའི་དངོས་དཔང་གཅིག་པོ་དེ་ཡིན་པས། ཅོང་དེའི་ལོ་རྒྱུས་ཀྱི་རིན་ཐང་ཤིན་ཏུ་ཆེ་བ་རང་ཤུགས་ཀྱིས་ཤེས་སོ། །

གཉིས་པ། ལྷ་ས་སྐྱིན་རིང་ལྷ་ཁང་གི་ཅོང་།

ཅོང་གི་མིང་། ལྷ་ས་སྐྱིན་རིང་ལྷ་ཁང་གི་ཅོང་།

གནས་ཡུལ། ལྷ་ས་བར་མ་རིའི་སྐྱིན་རིང་ལྷ་ཁང་།

བཞེངས་དུས། ཆིང་གོང་མ་ཆན་ལུང་ཁྲི་ལོ58ལོ། སྤྱི་ལོ1793ལོ་ལ་བཞེངས།

བཞེངས་མཁན་ཡོན་བདག ཆིང་རྒྱལ་རབས་ཀྱི་དམག་དཔོན་ཧྥུ་ཁང་ཨན།

ཁ་ཡིག་གི་ནང་དོན། གོར་བོད་དམག་འཁྲུག་ནང་བཞུགས་མཁན་གྱི་དཔོན་དམག88ཀྱི་རུས་མིང་དང་། དཔོན་གནས་ཀྱི་མིང་།

གཅིག ཙོང་དྲིལ་བཞེངས་པའི་ལོ་དུས་ཀྱི་དཔྱད་པ།

ཐོག་མར་ཙོང་འདིའི་མིང་ལ་སྤྲིན་རིང་ལྷ་ཁང་གི་ཙོང་ཞེས་ཐོགས་པ་ཡང་། ལྷ་སའི་བར་མ་རིའི་①སྟེང་དུ་གཡུ་རྩེའི་རྒྱ་ཕིབས་ཅན་གྱི་རྒྱ་བཟོའི་ལྷ་ཁང་ཞིག་ཡོད་པ་དེ་ནི། སྔར་རྒྱ་ནག་གི་རྒྱལ་རབས་གསུམ་གྱི་ལོ་རྒྱུས་ནང་ཐོན་པའི་དྲག་དཔོན་ཀོན་ཡུན་ཆང་གི་གསོལ་མཆོད་བྱེད་སའི་ལྷ་ཁང་ཞིག་ཡིན། བོད་ཡིག་གི་གསོལ་མཆོད་ནང་དྲག་དཔོན་དེར་སྤྲིན་རིང་རྒྱལ་པོ་ཞེས། རྒྱ་ཡིག་གི་"云长"ཞེས་པའི་མིང་དེ་ཐད་བསྒྱུར་བྱས་པ་ཞིག་ཡིན་པ་དང་། བོད་སྐད་དུ་དེ་ལྟར་སྒྲོད་པའི་དབང་གིས་ཙོང་དེའི་གནས་ཡུལ་ལ་ལྟོས་ནས་སྤྲིན་རིང་ལྷ་ཁང་གི་ཙོང་ཞེས་ཐོགས་པ་ཡིན། ལྷ་སའི་གྲོང་མི་རྣམས་ཀྱི་ལྷ་ཁང་དེར་གེ་སར་ལྷ་ཁང་ཞེས་ཀྱང་འབོད། དེ་ཡང་"ལྷ་ཁང་གི་རྟེན་གཙོ་ནི་ཀོན་ཡུན་ཆང་བཞུགས་ཤིང་། ཐོག་མར་སྐུ་དེ་བོད་ཀྱི་ལྷ་བཟོ་བས་གེ་སར་ལ་དཔེ་བྱས་ནས་བཞེངས་པས"②བོད་འབངས་

---

①བར་མ་རི་ཞེས་པ་དེར་གནས་ཡིག་དང་དགོན་ཐོ་སོགས་ཏུ་འབྲི་སྲོལ་མི་འདྲ་བ་འགའ་ཡོད་དེ། བར་མ་རི། བོང་བ་རི། བྲག་མ་རི། བ་མ་རི་སོགས་སྣ་ཚོགས་ཡོད།

②《བོད་རང་སྐྱོང་ལྗོངས་ཀྱི་དགོན་སྡེའི་དཀར་ཆག་རགས་བསྡུས》སླང་ཏུ་ནོང་བུ་ཚེ་རིང་། ཀྲུང་གོའི་བོད་རིག་པ་དཔེ་སྐྲུན་ཁང་། སྤྱི་ལོ2012ལོའི་ཟླ9པའི་པར་གཞི་དང་པོ། ཤོག་གྲངས62ལ་གསལ།

རྣམས་ཀྱིས་དེ་ལྟར་འབོད་པ་ཡིན་སྐད། ལྷ་ཁང་དེ་ཡང་ད་ལྟ་བོད་དུ་ལྷག་པའི་ཀོན་ཏིས་ལྷ་ཁང་གཅིག་པུ་དེ་ཡིན།

ཅོང་འདི་ཉིད་ལུགས་སུ་བླུགས་པའི་དུས་ཇི་ཙམ་ཡིན་ཞེ་ན། ཅོང་དེའི་མ་ཡིག་གི་འཇུག་བྱང་ལས"乾隆五十八年春正月吉旦"ཞེས་ཅོང་དེ་བཞེངས་པའི་ལོ་ཚིགས་གསལ་པོ་འཁོད་ཡོད། ལོ་ཚིགས་དེ་སྤྱི་ལོར་བབ་ན་སྤྱི་ལོ1793ལ་ཡིན་ཏེ། ལོ་དེར་བོད་ཀྱི་ལོ་རྒྱུས་ནང་དོན་རྐྱེན་ཆེ་བ་གང་ཞིག་བྱུང་ངམ་ཞེ་ན། "ལོར་དེར་ཆིང་རྒྱལ་རབས་ཀྱི་དམག་དཔོན་ཧྥུ་ཁང་ཨན་གོར་བོད་དམག་འཁྲུག་ལས་རྣམ་པར་རྒྱལ་ཏེ་ལྷ་སར་སྦྲོར་བ་དང་དུས་མཚུངས་ལྷ་ས་བར་མ་རིའི་སྤྲིན་རིང་ལྷ་ཁང་དེ1792ནས་རྨང་གཞི་གཏིང་ཏེ། 1793ལོར་ཡོངས་སུ་ལེགས་གྲུབ་བྱུང་བའི་ལོ་ཞིག་ཡིན།"①ཞེས་འཁོད། དེར་གཞིགས་ན། སྤྱི་ལོ1793ལོར་དེར་བཀྲ་ཤིས་རྟེན་འབྲེལ་གྱི་དོན་ཆེན་གཉིས་ལྷན་དུ་འཛོམས་པའི་དབང་གི་དྲན་རྟེན་དུ་ཅོང་དེ་བཞེངས་པ་ཡིན་སྙམ། ལྷ་ཁང་དེའི་ནང་། དེ་དང་དུས་མཉམ་དུ་གོར་བོད་དམག་འཁྲུག་གི་དོན་རྐྱེན་བྱུང་རིམ་དང་། བློན་པོ་དང་དམག་དཔོན་ཆེ་རིགས་ཀྱི་མིང་དང་དཔོན་གནས་སོགས་ཀྱི་ནང་དོན་འཁོད་པའི་དྲན་གསོའི་རྡོ་རིང་ཞིག་ཀྱང་བཞེངས་ཡོད།

---

①拉萨《磨盘山新建关帝庙碑》及铜钟铭文重录与相关问题研究 陈祖军 赤列次仁 旺久 《西藏研究》2015 年 4 月 第二期 71 页

ལྷ་ས་བར་མ་རིའི་ཕྱིན་རིས་ལྷ་ཁང་བཞེངས་པའི་དྲན་གསོའི་རྡོ་རིང་།

གཉིས། རྡོང་དེ་བཞེངས་པའི་ལོ་རྒྱུས་རྒྱབ་ལྗོངས།

དེ་ཡང་རྫོང་འདི་དང་འབྲེལ་བའི་ལོ་རྒྱུས་རྒྱབ་ལྗོངས་ཐད་ཕྲལ་ཕྱུགས་ཀྱི་རྒྱུ་རྐྱེན་གཉིས་ཡོད་པར་སེམས་ཏེ། གཅིག་ནི་དུས་རབས་བཅུ་བདུན་གྱི་དུས་དཀྱིལ་ཙམ་ནས་མན་ཇུ་རིགས་ཀྱིས་ཀྲུང་གོ་ཡོངས་ལ་དབང་བསྒྱུར་སྐབས། མན་ཆིང་གི་གོང་མ་བདེ་སྐྱིད་རྒྱལ་པོ།(康熙) གནམ་སྐྱོང་རྒྱལ་པོ། (雍正) ལྷ་སྐྱོང་རྒྱལ་པོ་(乾隆)①ལ་སོགས་རྒྱ་ནག་གི་རིག་གནས་ལ་དད་ཞེན་ཆེ་བས། མན་ཇུ་རིགས་ཀྱི་རིག་གནས་ལ་ཤུགས་རྐྱེན་ཆེན་པོ་ཐེབས་ཡོད། དེ་ལྟ་བུའི་རིག་གནས་ཚུར་ལེན་བྱེད་པའི་ཊབས་རྒྱུན་ནང་། རྒྱ་ནག་གི་ཀོང་ཙེ་ལ་དད་མོས་དང་གསོལ་མཆོད་བྱེད་པའི་སྲོལ་དེ་ཡང་། གོང་མ་བདེ་སྐྱིད་ཀྱི་དུས་ཙམ་ནས་ཆིང་གི་དཔོན་དམག་མང་པོ་བོད་

①ཆིང་རྒྱལ་རབས་ཀྱི་གོང་མའི་མཚན་རྣམས་བཀའ་ཤག་སྲིད་གཞུང་གི་ཡིག་ཚང་ནང་། 顺台 ཐབས་སྐྱོང་རྒྱལ་པོ། 康熙 བདེ་སྐྱིད་རྒྱལ་པོ། 雍正 གནམ་སྐྱོང་རྒྱལ་པོ། 乾隆 ལྷ་སྐྱོང་རྒྱལ་པོའམ་འཇམ་དབྱངས་རྒྱལ་པོ། 嘉庆 བརྟགས་སྨོན་རྒྱལ་པོ། 道光 སྲིད་གསལ་རྒྱལ་པོ། 咸丰 སྲིད་སྐྱོང་རྒྱལ་པོ། 同治 ཀུན་སྐྱོང་རྒྱལ་པོ། 光者 འོད་གསལ་རྒྱལ་པོ་ཞེས་འབོད་ཡོད།

དུ་དྲངས་པ་དང་ཆབས་ཅིག་ཏུ་བོད་དུ་དར་འགོ་ཚུགས། རྒྱ་ནག་གི་གྲུས་སྲོལ་རིག་གནས་ནང་ལྷ་ཁང་དང་དགོན་སྡེ། མེས་པའི་མཆོད་པ་འབུལ་གནས་སོགས་བཞེངས་སྐབས་ཅོང་ཡང་བཞེངས་པའི་སྲོལ་ནི་དར་ཆེ་བ་ཡིན་ཏེ། ད་ལྟ་མདོན་གསུམ་མཐོང་ཆོས་སུ་གྱུར་བའི་རྒྱ་ནག་གི་གནའ་བོའི་ལྷ་ཁང་དང་དགོན་སྡེ་སོགས་ལས་ཤེས་ཐུབ། བོད་ལ་མཚོན་ན་མན་ཆེང་དཔོན་དམག་གིས་རྒྱ་ནག་གིས་ལུགས་སྲོལ་བཞིན། "སྤྱི་ལོ1733ལོར་མི་དབང་ཕོ་ལྷ་བས་གོང་མ་ཡུང་གྲེན་ལ་སྙན་ཞུ་ཕུལ་པའི་བཀའ་ཐེབས་བཞིན་གྲྭ་བཞི་ཐང་དུ་ཁང་པ་གསར་རྒྱག་བྱས་ནས་ལྷ་སར་བཅའ་སྡོད་དམག་དཔོན་ཅེའུ་ཏ་ལོ་ཞེས་པ་སོགས་སྲུང་དམག་ལྔ་བརྒྱ་དང་བཅས་དེ་གར་སྤོས་པ་ནས་བཟུང་གྲྭ་བཞི་ཡ་མོན་སང་དམག་སྒར་ཞེས་བྱུང་། ལྷ་མོ་ཁང་ཞིག་ཀྱང་བཞེངས་པའི་ནང་གོན་ཡུན་ཆང་གི་སྐུ་མི་ཚད་གཅིག་བཞེངས་ལ། ལྷ་ཁང་དེའི་ནང་དྲིལ་བུ་སྤྱི་ཁྲི་གང་ཙམ་ཞིག་ངོས་སུ་སྦྲིན་འབྲུག་དང་བོད་རྒྱ་མན་གསུམ་གྱི་ཡི་གེ་འཁོད་པ་ཞིག་བཞེངས་"①ཞེས་བར་མ་རིའི་སྦྲིན་རིང་ལྷ་ཁང་གི་ཅོང་འདི་ཡང་དེ་ལྟར་བཞེངས་པར་སྣང་།

རྒྱུ་རྐྱེན་གཉིས་པ་ནི།《དགའ་བཞི་བའི་མི་རབས་ཀྱི་བྱུང་བ་བརྗོད་པ་ཟློལ་མེད་གཏམ་གྱི་རོལ་མོ་》②ལས། "སྤྱི་ལོ1785ཤིང་འབྲུག་ལོར་གོར་ཁྱོགས་ནས་བོད་གཞུང་གྱིས་འབྲས་སྤྱོངས་པའི་རྒྱབ་གཉེར་ཤ་དག་བྱེད་པ་དང་གོར་བོད་མཐུན་འབྲེལ་

①《གྲོང་ཁྱེར་ལྷ་སའི་ལོ་རྒྱུས་རིག་གནས—ཁྲིང་གོན་ཚུས་》དེབ་དྲུག་པ། གྲོང་ཁྱེར་ལྷ་ས་སྲིད་གྲོས་ལོ་རྒྱུས་རིག་གནས་དཔྱད་ཡིག་རྒྱུ་ཆ་རྩོམ་འབྲི་ཨུ་ལྷན་ཁང་ནས་རྩོམ་འབྲི་བྱས། ཤོག་གྲངས81－82ལ་གསལ།

②དགའ་བཞི་ཁོང་ཉིད་དུས་སྐབས་དེའི་ལོ་རྒྱུས་ཀྱི་མི་སྣ་ཞིག་ཡིན་ལ་ཁོང་རང་དངོས་སུ་གོར་བོད་དམག་འཁྲུག་ནང་བཞུགས་སྡོང་བས་ཁོང་གི་རྣམ་ཐར་ལས་གསལ་བའི་སྐབས་དེའི་ལོ་རྒྱུས་དེ་ཡིད་རྟོན་རུང་བས་འདིར་དྲངས་པ་ཡིན།

ལ་བསམ་གཞིགས་མ་བྱུང་ཚུལ་དང་། གོར་ཁའི་རྒྱལ་པོ་པེ་སྲི་ཊ་ར་ཊ་ལ་བོད་ནས་མཐུ་གཏད་བྱས་པའི་རྐྱེན་གྱིས་འདས་ཚུལ། ལྷག་པར་བལ་རྒྱལ་སྲིད་དུས་ཀྱི་ཏམ་ཀ་ལྷད་ཅན་དང་། གོར་ཏམ་ལྷད་མེད་གཉིས་ལ་འཛའ་ཁྱད་དགོས་ཚུལ་ལན་མང་ཞུས་ཀྱང་གསན་དགོངས་མེད་པ་སོགས་ལ་སྐད་འདོགས་ནས་བོད་ལ་བཙན་འཛུལ་བྱས་རྗེས་”①ཞེས་འཁོད། གནས་ཚུལ་དེ་ལྟ་བུའི་འོག་ཏུ་ཆེང་གོང་མ་འཇམ་དབྱངས་ཀྱིས“པའ་ཨམ་པའི་གདོང་གོང་མ་རང་གི་མགུལ་བཞེས་མུ་ཏིག་འཕྲེང་བ་དང་། བཀའ་བཟང་པོ་ཕེབས་པར། ས་མཚམས་ཆུང་ངུ་ཞིག་ཏུ་འཛབ་ཀྲུན་གྱི་ཟིང་ཆ་ཕྲན་བུར་ཏཱ་ལའི་བླ་མ་ཐུགས་གཡེངས་གནང་མི་དགོས། ཆོས་ཀྱི་མཛད་པར་བརྩོན་པ་གནང་། ངེད་ཀྱི་དམག་མི་དང་ཕྱོགས་ལ་ནམ་ཡང་འཛད་རྒྱུ་མེད།”②ཅེས་རྒྱལ་དབང་སྐུ་ཕྲེང་བརྒྱད་པ་འཇམ་དཔལ་རྒྱ་མཚོར་བཀའ་ཁྱབ་གནང་བས། ཆེང་གོང་མས་དམག་

---

①《དགའ་བཞི་བའི་མི་རབས་ཀྱི་བྱུང་བ་བརྗོད་པ་ཟོལ་མེད་གཏམ་གྱི་རོལ་མོ》རྡོ་རིང་བསྟན་འཛིན་དཔལ་འབྱོར། སི་ཁྲོན་དཔེ་སྐྲུན་ཚོགས་པ་དང་སི་ཁྲོན་མི་རིགས་དཔེ་སྐྲུན་ཁང་། 2006ལོའི་པར་གཞི་དང་པོ། ཤོག་གྲངས་515 – 563ལ་གསལ།

②《བོད་ཀྱི་ལོ་རྒྱུས་རགས་རིམ་གཡུ་ཡི་ཕྲེང་བ》བོད་ལྗོངས་སྤྱི་ཚོགས་ཚན་རིག་ཁང་ནས་སྒྲིག་སྒྲོམ་བྱས། བོད་ལྗོངས་བོད་ཡིག་དཔེ་རྙིང་དཔེ་སྐྲུན་ཁང་། 2006ལོའི་པར་ཐེངས་གཉིས་པ། ཤོག་གྲངས་268ལ་གསལ།

དཔོན་“ ཧྥུ་ཁང་ཨན་ ”① ཆེད་དུ་མངགས་ཏེ། སྤྱི་ལོ1792ལོའི་ཟླ་བ12པའི་ཚེས12ལ་ལྷ་སར་འབྱོར། ལྷ་སར་ཉིན27རིང་བཅའ་སྡོད་བྱས་ནས།② སྐྱིད་རོང་དང་། རྫོང་ཁ། གཉའ་ནང་ཕྱོགས་སུ་དམག་ལ་ཐོན་ཁར། ལྷ་སར་ཡོད་པའི“ གྲྭ་བཞིའི་ སྒྲིན་རིང་ལྷ་ཁང་”③ དུ་མཆོད་པ་བཤམས་ཏེ། རྒྱ་ནག་གི་རིག་གནས་ནང་དགྲ་ལྷ་དང་སྲུང་མ་ལྷ་བུར་གྱུར་བའི་གོན་ཏི་(关帝) ལ་གཡུལ་ལས་རྣམ་པར་རྒྱལ་ཆེད་གསོལ་བ་སྨོན་ལམ་འདེབས་པའི་སྐབས་དེར། གྲྭ་བཞིའི་སྒྲིན་རིང་ལྷ་ཁང་དེ་ལོ་མང་ཉམས་གསོ་མ་བྱུང་བར་ཞིག་རོར་གྱུར་ཡོད་པས། དམག་དཔོན་ཧྥུ་ཁང་ཨན་གྱིས་ལྷ་ས་བར་མ་རིའི་སྟེང་སྒྲིན་རིང་ལྷ་ཁང་ཞིག་གསར་བཞེངས་བྱ་རྒྱུར་སྐབས་དེའི་

---

①མན་ཅིང་གོང་མ་ཆན་ལུང་སྐུ་དུས་སུ་གསེར་གྱི་ཀ་བ་ལྷ་བུའི་བློན་ཆེན་བཞིའི་གྲས། མན་ཀྲུའུ་ཤང་ཧོང་ཆིའི་(满洲镶黄旗) ཊ་ཤོག་ཏུ་གཏོགས་ལ། གོང་མའི་གཉེན་ཚན་ཡིན། ཆིང་ཆན་ལུང་སྐབས་སུ་ཧུའུ་པུའུ་ཞང་ཧྲུ་(户部尚书) དང་དམག་དོན་བློན་ཆེན། (军机大臣) གྱི་གོ་གནས་བསྐྱལ་ཞིང་། སྔ་རྗེས་སུ་ཡུན་ནན་དང་། ཀུས་ཀྲའོ། (贵州) མིན་ཀྲེ། (闽浙) ཀོང་ཉིས། (两广) བཅས་ཀྱི་སྤྱི་ཁྱབ་བྱས་ཤིང་། ཏཱ་ཞོལ་ཧྲི། (大学士) སོགས་ཀྱི་འཛམས་ས་རིམ་པར་ཐོབ། གོར་བོད་དམག་འཁྲུག་ནང་རྒྱལ་ཁ་ཆེན་པོ་ཐོབ་རྗེས། 《ཆུ་སླང་དཔྱད་མཚམས་དོན་ཚན་ཉེར་དགུ》ཞེས་པ་གཏན་འབེབས་བྱས་པ་སོགས་ཀྱི་བྱས་རྗེས་འཇོག་ཡོད།

②《西藏通史》清代卷（上） 邓锐龄 冯智主编 中国藏学出版社 2016 年 4 月第一版 314 页 。

③ཆིང་རྒྱལ་རབས་དུས་བོད་ལྗོངས་ཀྱི་ལྷ་ས། གཞིས་རྩེ། དིང་རི། རྒྱལ་རྩེ། ཀོང་པོ་ཐེའི་ཀྲོའོ། ཆབ་མདོ་སོགས་ཀྱི་འཇའ་མོ་དང་དམག་ལམ་སོགས་སུ་སྒྲིན་རིང་ལྷ་ཁང་མང་པོ་བཞེངས་ཡོད་ལ། ལྷ་ས་གྲོང་ཁྱེར་ནང་ཡང་། གྲྭ་བཞིའི་སྒྲིན་རིང་ལྷ་ཁང་། ར་མོ་ཆེའི་རྗེ་ཟམ་མདུན་གྱི་སྒྲིན་རིང་ལྷ་ཁང་། སྐྱིད་རས་ཁྲུལ་གྱི་སྒྲིན་རིང་ལྷ་ཁང་། བར་མ་རིའི་སྒྲིན་རིང་ལྷ་ཁང་བཅས་བཞི་ཙམ་ཡོད།

སྲིད་སྐྱོང་“ རྟ་ཚག་བསྟན་པའི་མགོན་པོར་” ①བཀའ་བགོས་དང་གྲོན་དངུལ་དངུལ་སྲང་བདུན་སྟོང་གནང་ནས་“ ལྷ་སའི་འཛམ་པའི་དབྱངས་ཀྱི་གནས་རིར་གྲགས་པའི་བར་མ་རིར་ཕྱི་ནང་བཀོད་ཁྲབ་དོ་དམ་མཛད་མི་རྒྱའི་སྐུ་ཚབ་ཕོགས་དཔོན་ཞིས་སན་ཐ་ཡེ་དང་། བོད་ཀྱི་སྐུ་ཚབ་མགྲོན་གཉེར་སྡེ་པ་སྟགས་རམས་པ་སྐལ་བཟང་རྣམ་རྒྱལ། ཨོད་བྲུང་སྡེ་པ་ནར་རག་པ་དང་། ལས་བྱ་ཕྱག་ནང་ཚེ་འཕེལ་སོགས་ཀྱིས་གཙོ་འགན་བཞེས་ཏེ། ” ②སྤྱི་ལོ1792ལོར་རྫང་གཞི་གཏིང་པ་དང་དུས་མཚུངས། དམག་དཔོན་ཧྥུ་ཁང་ཨན་གྱིས་དམག་དཔུང་ཆིག་ཁྲི་བདུན་སྟོང་ལྷག་ཙམ་འཁྲིད་ཏེ། བོད་དམག་དང་དཔུང་པ་མཉམ་གཤིབ་ཀྱིས་གོར་ཁ་བཙན་འཛུལ་པར་དྲག་རྫུང་ནན་པོ་བཏང་ནས་གོར་ཁ་ལས་རྣམ་པར་རྒྱལ་ནས་ཕྱིར་ལོག་ཕེབས་སྐབས། དུས་ཡུན་ཟླ་བ་དྲུག་ཙམ་གྱི་རིང་རྒྱ་ནག་གི་གནའ་བོའི་མཁར་གྱི་དབྱིབས་འདྲ་བའི་ད་ལྟའི་ལྷ་ཁང་འདི་བཞེངས་ཟིན།

ལོ་ཕྱི་མ་སྟེ་སྤྱི་ལོ1793ལོར་དམག་དཔོན་ཧྥུ་ཁང་ཨན་ནས་གཙོས་པའི་མན

---

①ཀུན་བདེ་གླིང་གི་རྟ་ཚག་སྐུ་ཕྲེང་གསུམ་པ་སྟེ། རྟ་ཚག་སྐུ་ཕྲེང་རིམ་བྱོན་གྱི་ནང་ནས་བོད་ཀྱི་རྒྱལ་ཚབ་དང་པོ་དང་། ཆོས་སྲིད་གཉིས་ཀའི་ཐོག་ནས་མཛད་རྗེས་དང་མཚན་སྙན་ཆེ་ཤོས་ཞིག་ཡིན། ཁོང་མདོ་སྟོད་སྤྱི་བོར་ཡབ་དར་ལ་ཚེ་རིང་དང་ཡུམ་ཟླ་བ་བུ་ཁྲིད་གཉིས་ཀྱི་སྲས་སུ་སྤྱི་ལོ1760ལོར་སྐུ་འཁྲུངས། ཁོང་གིས་བོད་ཀྱི་སྲིད་སྐྱོང་ལོ་ཉི་ཤུ་ཐམ་པ་གནང་རིང་སྲིད་ཀྱི་མཛད་ཕྱོགས་ཐད་རྫོན་གྱི་སྲིད་སྐྱོང་དེ་མོ་ཧོ་ཐོག་ཐུའི་སྲོལ་ལྟར་ཉམས་མེད་བསྐྱངས་ཞིང་། རྒྱ་བོད་མཐུན་སྒྲིལ་དང་ཞི་འཇགས་ཀྱི་ལས་དོན་ཐད་མཁས་པ་བཅས་སྐྱ་སེར་མཆོག་དམན་ཡོངས་ཀྱི་བསྟགས་བརྗོད་གུས་བསྐུར་ཞུ་ཡུལ་ཞིག་ཡིན། གསུང་རྩོམ་སྙིར་ལ《དཔལ་ལྡན་ལྷ་མོའི་ལོ་རྒྱུས་》《ལོ་གསར་ཆོས་གཏོར་གྱི་བཅའ་བསྒྲིགས་ལོ་རྒྱུས་》《ཡི་དམ་ཆོས་སྐྱོང་གི་གཏོར་བཟོའི་ཕྱག་ལེན་ཟིན་བྲིས་》སོགས་པོད་གསུམ་དེ་སྔར་ཀུན་བདེ་གླིང་དུ་དཔར་ཡོད་སྐད། སྤྱི་ལོ1860ལོར་སྐུ་གཤེགས། དགུང་ལོ51བཞུགས།

②《བོད་རང་སྐྱོང་ལྗོངས་ཀྱི་དགོན་སྡེའི་དཀར་ཆག་རགས་བསྡུས》སླང་ཏུ་ནོང་བུ་ཚེ་རིང་། ཀྲུང་གོའི་བོད་རིག་པ་དཔེ་སྐྲུན་ཁང་། སྤྱི་ལོ2012ལོའི་ཟླ9པའི་པར་གཞི་དང་པོ། ཤོག་གྲངས62ལ་གསལ།

ཇུ་རིགས་ཀྱི་དཔོན་དམག་རྣམས་ཀྱིས་གོར་ཁ་བོད་ནས་མཐར་སྐྲོད་ཐུབ་པའི་གཟི་བརྗིད་མངོན་ཆེད་དང་། སྤྱི་མཐུན་གྱི་མཆོད་པའི་འབུལ་གནས"ཀོན་ཏིས་ལྷ་ཁང་དེ་ཡང་ལེགས་གྲུབ་ཟིན་"①པའི་རྗེན་འབྲེལ་དུ་ཚོང་གི་ཐོག་དཔོན་རིགས་གོ་ཐོབ་ཡོད་པ་རྣམས་ཀྱི་དཔོན་གནས་དང་མིང་བཅས་བཀོད་པའི་ཚོང་ཆེན་པོ་དེ་བཞེངས་པ་ཡིན། ཚོང་དེ་རྒྱ་ནག་ནས་འཁྱེར་ཡོང་བ་ཞིག་ཡིན་ནམ། ཡང་ན་བོད་རང་དུ་ལུགས་སུ་བླུགས་པ་ཞིག་ཡིན་ཞེ་ན། དེའི་སྐོར་གྱི་དཔྱད་གཞི་ད་ལམ་མ་མཇལ་ཡང་། 《མཆོད་སྡོང་འཛམ་གླིང་རྒྱན་གཅིག་གི་དཀར་ཆག》ལ་གཞིགས་ན། དུས་རབས17པའི་དུས་དཀྱིལ་ཙམ་ནས། བཟོ་ལས་ཀྱི་སྒྲིག་གཞི་ཆགས་ཤིང་། པོ་ཏ་ལའི་རྟེན་དང་བརྟེན་པ་རྒྱུས་སྐྲུན་སྐབས་གསེར་དངུལ་ཟངས་ལྕགས་ཀྱི་ལག་ཤེས་ཕུལ་དུ་ཕྱུང་བ་ཡོད་ལ། རྒྱལ་དབང་སྐུ་ཕྲེང་བདུན་པ་སྐལ་བཟང་རྒྱ་མཚོའི་སྐུ་དུས་ཏེ། "སྤྱི་ལོ1754ལོར་ཞོལ་འདོད་དཔལ་བཟོ་གྲྭ་དེ་དངོས་སུ་བཙུགས་"②ཏེ། "སྣ་ཁ་གཉལ་ནས་བསྡུ་སྐོང་བྱས་པའི་ལུགས་པ་མི་གྲངས12"③ཙམ་གྱིས་ཆེད་དུ་ལུགས་བཟོའི་ལས་རྣམས་འགན་འཁུར་གནང་གི་ཡོད། ལར་ནས་ཚོང་དེ་བཞེངས་པའི་ལོ་

---

①ཀོན་ཏིས་ལྷ་ཁང་དེ་དང་ལྷན་དུ། བར་མ་རིའི་དབུ་རུ་རྒྱ་ཡི་ལྷ་ཁང་མཚོན་བྱེད་དུ་འཛམ་དབྱངས་ལྷ་ཁང་བཞེངས། རི་གཤམ་དུ་བོད་ཀྱི་དགོན་པ་བཞེངས། དགོན་དེར་གར་ཁ་བོད་ནས་མཐར་སྐྲོད་བཏང་སྟེ་དཔུས་གཙང་གི་སྡོངས་ཀུན་བདེ་ལ་འཁོད་པའི་གླིང་ཞེས་གོང་མ་ཆན་ལུང་གིས་པེན་གནང་། མིང་བསྡུས་ན་ཀུན་བདེ་གླིང་ཞེས་དགོན་པའི་མིང་དུ་ཐོགས།

②《དུང་དཀར་ཚིག་མཛོད་ཆེན་མོ》དུང་དཀར་བློ་བཟང་འཕྲིན་ལས། ཀྲུང་གོའི་བོད་རིག་པ་དཔེ་སྐྲུན་ཁང་། སྤྱི་ལོ2002ལོའི་ཟླ4པའི་པར་གཞི་དང་པོ། ཤོག་གྲངས1782ལ་གསལ།

③《བོད་ཀྱི་ལོ་རྒྱུས་རིག་གནས་དཔྱད་གཞིའི་རྒྱུ་ཆ་བདམས་སྒྲིག》འདོན་ཐེངས14བོད་ལྗོངས་མི་དམངས་དཔེ་སྐྲུན་ཁང་། ཤོག་གྲངས225ལ་གསལ།

སྐེ། སྤྱི་ལོ1793ལོར་ལུགས་ཀྱི་ལག་རྩལ་ལས་གྲུབ་པའི་བོད་ཀྱི་ཏམ་ཀ་ཐོག་མ་པར་འདེབས་བྱས་པ་དང་། 《བོད་ཀྱི་ལུགས་སྲོལ་གསར་འཛུགས་སྐོར་གྱི་རྩ་ཆེག་དོན་ཚན་ཉེར་དགུ》ལས"དངུལ་པར་རྒྱག་གི་དོ་དམ་ལ་རྩིས་དཔོན་གཉིས་དང་། རྩེ་དྲུང་གཉིས་བཅས་བསྐོ་བཞག་གནང་ཡོད་པ་"①བཅས་བཟོ་ལས་ཀྱི་སྒྲིག་གཞི་དང་། ལུགས་མཁན་གྱི་དོ་དམ། ལུགས་བཟོའི་ལག་རྩལ་གྱི་རྒྱང་གཞི་སོགས་ལ་གཞིགས་ན། སྒྲིན་རིང་ལྷ་ཁང་གི་ཙོང་འདི་འང་བོད་དུ་ལུགས་སུ་བླུགས་ནས་བཞེངས་པ་ཡིན་ཚོད་འདུག

གསུམ། ཙོང་དྲིལ་གྱི་ཟོ་སྦྱོད་རགས་བསྡུས།

ཙོང་འདི་ནི་ད་ལྟ་ལྷ་སའི་(བར་མ་རི་)བོང་བ་རིའི་སྒྲིན་རིང་ལྷ་ཁང་②དུ་བཞུགས་ཡོད་ཅིང་། སྔར་རིག་གསར་སྐབས་ལྷ་ཁང་དེར་གནོད་སྐྱོན་བྱུང་བས་སྐབས་ཞིག་བོད་ལྗོངས་རིག་གནས་ཅུས་ཀྱི་ཉར་ཚགས་གནང་། དེ་རྗེས2007ལོར་དགོན་པའི་རེ་འབོད་བཞིན་སླར་སྒྲིན་རིང་ལྷ་ཁང་དུ་བཞུགས་སུ་གསོལ་ཞིས་ཀུན་བདེ་གླིང་གི་དམངས་བདག་ཀྲུའུ་རིན་བྱམས་པ་ལགས③ཀྱིས་གསུངས། ས་ཡུལ་དངོས་ལ་བརྟག་དཔྱད་བྱས་ཏེ་བོངས་ཚད་དང་ཁ་ཞེང་འཇལ་སྐབས། ཙོང་འདི་ཉིད་ཀྱི་མཐོ་ཚད་ལ་སྨིད1.32དང་། ཁ་ཞེང་ལ་སྨིད1.08ཡོད་ལ། དེའི་ཕྱིའི་

---

①《བོད་ཀྱི་སྔ་རབས་ཁྲིམས་སྲོལ་ཡིག་ཆ་བདམས་བསྒྲིགས》བོད་ལྗོངས་བོད་ཡིག་དཔེ་རྙིང་དཔེ་སྐྲུན་ཁང་། 2011ལོའི་ཟླ6པའི་པར་ཐེངས2པ། ཤོག་གྲངས25ལ་གསལ།

②ཀོན་ཏི་ལྷ་ཁང་འདི་ཉིད་ད་ལྟ་ཕོ་བྲང་པོ་ཏ་ལའི་ནུབ་ངོས་དང་ལྕགས་པོ་རིའི་བྱང་ངོས་སུ་གནས་ཡོད་ལ། ཀོན་ཏི་ཞེས་པ་ནི་རྒྱའི《རྒྱལ་རབས་གསུམ་གྱི་རྟོགས་བརྗོད》ནང་གི་དྲག་དཔོན་关羽 ཟེར་བ་དེ་ཡིན་ཞིང་བོད་སྐད་དུ་སྒྲིན་རིང་རྒྱལ་པོ་ཞེས་བརྗོད།

③ཁོང་དགུང་ལོ14ནས་ཀུན་བདེ་གླིང་དགོན་པར་གྲྭ་བཙུན་གནང་ནས་ཞུགས། ད་ལྟ་དགོན་པའི་ཀྲུའུ་རེན་གི་འགན་བཞེས་གནང་མུས་ཡིན།

གཟུགས་དབྱིབས་ནི་རྒྱ་དུང་ཁ་འདྲ་ཞིང་། ཙོང་འདིའི་སྣེ་སྙིང་དུ་ཨ་ཡོང་གི་སྒྲོག་གུ་བཞི་ཡི་རྒྱན་པར་བྱས་ཡོད།

ཙོང་གི་ཕྱི་ངོས་སུ་རྩེ་ཤིང་དང་སྤྲོག་ཆགས། དཔེར་ན། འབྲུག་དང་སེང་གེ། དེ་བཞིན་སྟག་ཤོག་སོགས་ཡིག་ཚང་ནང་གི་ནོར་བུ་བཞི་རི་མོར་བཀོད་པ་དེ་དག་བཀོད་པ་ལེགས་པ། ཙོང་གི་དབུས་སུ་ཡི་གེ་ཉིས་བརྩེགས་ཀྱིས་མཐའ་བསྐོར་ཡོད་པ་དང་། ཙོང་འདི་ཉིད་བཞེངས་པའི་རྒྱུ་མཚན་ཡང་གོ་ཁྲ་ལས་རྒྱལ་རྗེས་དམག་འཐབ་དེའི་ཁྲིད་ཀྱི་རྒྱ་བོད་དང་མན་ཇུའི་དཔོན་རིགས་ཀྱི་མཚན་དག་བཀོད་དེ་ཁོང་ཚོའི་གཟི་བརྗིད་མངོན་པར་བྱ་རྒྱུ་དེ་ཡིན།

བཞི། ཙོང་གི་ཁ་ཡིག

ཙོང་འདིའི་ཁ་རིས་ནས་བརྗོད་ན། ཙོང་གི་དབུ་དང་། ལྟོ་བ། ཞབས་བཅས་སུ་རྒྱ་ཡིག་དང་ཀྲུང་གོའི་སྤྲོལ་རྒྱུན་གྱི་རི་མོ་བཀོད་ཡོད་ལ། ནང་དོན་ཐད་རྣམ་པ་གསུམ་དུ་དབྱེ་ཆོག་སྟེ།

༡ དབུ་སྙིང་གི་ཡི་གེ

དབུའི་མཚམས་སུ་རྒྱ་ཡིག་གི་ཡིག་འབྲུ་བཅུ་དྲུག་བརྐོས་ཡོད་པ་ནི། “皇图巩固 帝道遐昌 佛日增辉 法轮长转” ཞེས་དེ་བོད་ཡིག་ཏུ་ཕབ་ན། “གོང་མའི་ཆབ་སྲིད་སྲ་ཞིང་བརྟན། རྒྱལ་པོའི་ཐུགས་དགོངས་བསམ་དཀྱིལ་ཆེ། བསྟན་པའི་ཉི་འོད་རབ་ཏུ་འཕྲོ། ཆོས་ཀྱི་འཁོར་ལོ་མི་ཆད་འཁོར།” ཞེས་པའི་དོན་ཡིན་པས། ཐོག་མར་སྨོན་འགྲོའི་ཚུལ་དུ་སྨོན་ཚིག་དེ་དག་བརྐོས་ཡོད། ཡིག་གཟུགས་ནི་རྒྱ་ཡིག་གི “篆体” སྦྱད་ནས་བྲིས་པ་ཞིག་ཡིན་འདུག

རྒྱ་ཡིག་གི་པར་རིས་གཤམ་གསལ།

༢ ལྟོ་བའི་ཐོག་གི་ཡི་གེ

ཅོང་གི་ལྟོ་བའི་དཀྱིལ་མཚམས་སུ་གོར་ བོད་ དམག་ འབྲུག་ ནང་ བཞུགས་ སྒྲིང་ བའི་ ཞི་ སྣོན་ དང་ དྲག་ དཔོན་ བརྒྱད་ ཅུ་ གྱ་ བརྒྱད་ ཙམ་ གྱི་ དཔོན་ གནས་ དང་ རུས་ མིང་བཀོས་ཡོད་ཅིང་། མཇུག་བྱང་དུ་ཅོང་དེ་བཞེངས་པའི་ལོ་ཚིགས་བཅས་སྐྱ་རྗེང་དུ་བཀོས་ཡོད། ཡི་གེ་དེ་དག་ཀྱང་ཀྲུང་གོའི་གནའ་རབས་ཀྱི་རྒྱ་ཡིག་འབྲི་སྲོལ་བཞིན་དཀྱུས་སུ་གཡས་ནས་གཡོན་དུ་རིམ་པར་བྲིས་ཡོད། "དེར་ཡིག་ཕྲེང་75དང་ཡིག་གྲངས་770ཡོད། ཡིག་གཟུགས་ནི་རྒྱ་ཡིག་གི་ཡིག་གཟུགས་ལས"楷体"སྤྱད་ཡོད།"①ཅེས་འཁོད་ཡོད།

1. རྒྱ་ཡིག་ནང་དོན་དངོས་གཞི།

རྒྱ་ཡིག་གི་ཁ་ཡིག་དེར་ཆིང་གོང་མ་ཅཱ་ཆིང་ཁྲི་ལོ་གཉིས་པ། སྤྱི་ལོ1797ལོར་གྲུབ་པའི་《卫藏通志》དང་། བོད་རང་སྐྱོང་ལྗོངས་རིག་དངོས་དོ་དམ་ཨུ་ལྷན་ནས་བསྒྲིགས་པའི་《拉萨文物志》ཞེས་པའི་ལྷུགས་པར་ནང་། ཕབ་བཤུ་མཁན་གྱིས་བྲིས་ནོར་མང་བའི་རྐྱེན་གྱིས། བོད་རང་སྐྱོང་ལྗོངས་རིག་དངོས་སྲུང་སྐྱོབ་ཞིབ་

①拉萨《磨盘山新建关帝庙碑》及铜钟铭文重录与相关问题研究 陈祖军 赤列次仁 旺久 《西藏研究》2015 年 4 月 第二期 74 页

འཇུག་སོའི་ཡི་ཞིབ་འཇུག་པ་འགས་བསྐྱུར་ནས་དཔེ་བསྡུར་དག་གཞེར་གནང་བ་དེར་གཞིར་འཛིན་ཏེ་ཕབ་ན།

钦差御前大臣　太子太保　领侍卫内大臣　武英殿大学士　吏部尚书兼兵部尚书　一等嘉勇公大将军　福(福康安　)

钦差御前大臣　领侍卫内大臣　镶白旗蒙古都统　一等超勇公参赞大臣　海(海兰察)

钦差兵部尚书　都察院右都御史　四川总督参赞大臣　惠（在文献中有两种写法即:惠龄或惠琳)

钦差工部尚书　镶白旗汉军都统　总理西藏事务　和（和琳)

钦差副都统职衔　协理西藏事务　赛尚阿　巴图鲁　成（成德)

御前侍卫　镶红旗蒙古副都统　和隆武　巴图鲁　额尔登保

乾ཐི门头等侍卫衔　副都统职衔　西里图　巴图鲁　珠尔杭阿

乾ཐི门二等侍衔　哈什巴　巴图鲁　安禄

乾ཐི门二等侍衔　伊ཐི阿　巴图鲁　永德

乾ཐི门二等侍衔　多托里　巴图鲁　阿尼雅布

乾ཐི门二等侍衔　咱勒丹巴　巴图鲁　桑杰斯塔尔

总理营务翼长　镶蓝旗蒙古副都统　西朗阿　巴图鲁　德楞泰

三品卿衔　太常寺少卿兼军机处行走　方维甸

候补郎中兼军机处行走　长龄

候补员外朗兼军机处行走　巴哈布

内阁侍续兼军机处行走　杨揆

领队大臣　副都统　布龙　巴图鲁　岱森堡

领队大臣　副都统　法富哩　巴图鲁　乌什哈达

头等侍衔　副都统职衔　额腾额　巴图鲁　瓮郎尔海

四川建昌镇总兵　奋图哩　巴图鲁　穆克登阿

四川重庆镇总兵　圣勇巴　巴图鲁　袁国璜

四川松潘镇总兵　诸神保

四川川北镇总兵　彭承尧

福建建宁镇总兵　朱射斗

头等侍衔　努塔　巴图鲁　乌韶

二等侍衔　额腾依　巴图鲁　克兴额

二等侍衔　瑚东阿　巴图鲁　定西鼐

二等侍衔　色裕慎　阿结　乌勒瑚讷　巴哈

三等侍衔　托谟尔欢　巴图鲁　多隆武

三等侍衔　喀勒崇义　巴图鲁　达勒精阿

三等侍衔　色墨尔亨　巴图鲁　纶布春

三等侍衔　硕隆武　巴图鲁　们撤木保

三等侍衔　温春　穆克登佈　富兰　傅升　噶尔弟　富罕　三布鼐　诺托保　定札　华聘谟尔珲保　阿达　乌勒哈鼐　克色保　巴兰

蓝翎侍衔　巴延察　明喜　绰伦保　谟舆　鄂尔绥　亨坤　伍福纳　保班　格勒登车

哲克　楞格　富提　诺木齐　江定　富僧德　色克通阿　德济特　噶拉双福

前锋参领　哈齐咸　巴图鲁　七十五

前锋侍衔 察灵阿

副护军参领 长善

护军校时 依逊保 索多巴 巴桑 赫成额 噶塔鼐 音德 哲尔赓保、谟尔济保

提布克苏 台费英阿

按察侍衔 四川通省 盐茶道 林俊

四川分巡 松茂道 倭什布

候补知府 李宪宜

四川水利同知 李经文

四川东乡县知县 蒋曾煌

四川成都县知县 施鉴

2 རྒྱ་ཡིག་གི་མཇུག་བྱང་།

乾隆五十八年春正月吉旦

༣ ཞབས་ཀྱི་རི་མོ།

ཅོང་དེའི་ཞབས་ལ་ནང་སྐོར་དུ་ཀླུང་གོའི་སྲོལ་རྒྱུན་གྱི་རི་མོ་འགའ་རེམ་པར་བཀོས་ཡོད་པ་སྟེ། རྩ་དང་མེ་ཏོག་སོགས་སྐྱེ་དངོས་དང་། འབྲུག་དང་སེང་གེ་སོགས་སྲོག་ཆགས། སྨྱུ་གུ སྣག་ཚ། ཤོག་བུ། སྣག་ཀོང་བཅས་ཡིག་ཚང་གི་ནོར་བུ་རྣམ་བཞི། དེ་བཞིན་མིག་མངས་རྒྱུག་རིས། སྦྱོས་ཕོར་བཅས་ཀྱི་རི་མོ་བཟོ་བཀོད་ལེགས་ལ། གསོན་ཉམས་དོད་པ། ཟང་ཟིང་མེད་ཅིང་གྲལ་སྟར་བཀྲིགས་པའི་ངང་འབུར་དུ་བཀོས་ཡོད།

གོང་གི་མ་ཡིག་ལ་བལྟས་ན་མཚམས་འགར་ཧུས་ཕོ་ན་བཀོད་པ་ཡོད་པ།

དཔེར་ན། 福康安ལ་福 དང་ 海兰察ལ་海 ཞེས་པ་ལྟ་བུ་ཡིན། དེ་ཡང་དུས་པོ་ན་བཀོད་པ་ལས་མིང་མི་བཀོད་པའི་རྒྱུ་མཚན་ཡང་ཚོང་ལུགས་སུ་ བླུགས་པའི་དུས་ཡིག་ཚོགས་ཤུང་བའི་ཆེད་དུ་ཡིན་སྙམ།

ལྔ། ཚོང་གི་ཁ་ཡིག་གི་ནང་དོན་དབྱེ་ཞིབ།

༡ དམག་གི་ཐུ་གོག་གི་ཡོང་ཁུངས།

མན་ཇུའི་མི་རིགས་ནི་སོག་པོའི་མི་རིགས་དང་འདྲ་བར་འབྲོག་ལས་གཙོ་བོར་བརྟེན་ནས་ཐུ་ཚོའི་རྣམ་པར་གནས་པས། དམག་གི་སྒྲིག་གཞི་ཡང་སྤྱིར་གཅིག་མཚུངས་ཡིན། སོག་པོའི་དམག་གི་དར་ཚོ་ཆེན་པོ་བརྒྱད་ཀྱི་སྒྲིག་གཞི་བཞིན། མན་ཇུར་དམག་གི་ཐུ་གོག་ལ་དམག་དར་གྱི་ཁ་དོག་ལ་རྣམ་པ་བརྒྱད་དུ་དབྱེ་བ་ནི"镶黄旗 正黄旗 正白旗 镶蓝旗 正蓝旗 镶红旗 正红旗 镶白旗"བཅས་ཡིན། དེ་དག་ལ་ཡང་རིམ་པ་མཐོ་དམན་གཉིས་སུ་དབྱེ་སྟེ། མཐོ་བ་ནི"镶黄旗 正黄旗 正白旗"བཅས་གསུམ་དང་། ཐུ་གོག་གསུམ་པོ་དེ་དག་གོང་མ་རང་གིས་ཐད་ཀར་བཀོད་འདོམས་བྱེད་ཡུལ་གྱི་ཐུ་གོག་ཅིག་ཡིན།

དམའ་བ་ནི"镶白旗 正红旗 镶红旗 正蓝旗 镶蓝旗"བཅས་ལྔ་ཡོད། དེ་དག་ནི་གོང་མའི་གཅེན་གཅུང་དང་། བུ་ཕྲུག །དེ་བཞིན་贝勒 དང་ 贝子 ཡི་ཚོ་སོ་ཐོབ་པའི་ཞི་དྲག་སློན་ཆེན་གྱིས་དོ་དམ་བྱེད་པའི་ཐུ་གོག་ཡིན།① ཚོང་གི་ཁ་ཡིག་ལ་གཞིགས་ན་གོར་པོད་དམག་འཁྲུག་ནང་གོང་མ་ཆེན་ལུང་གིས་མངགས་

①《成都八旗驻防学校志校注》赵令志 《藏族历史与文化论文集》西藏人民出版社 2009 年第 1 版

གཏོང་བྱུས་པའི་དམག་མིའི་ཡོང་ཁུངས་ནི་གོང་མའི་གཙེན་གཙུང་དང་། བུ་སྤྲུག །

དེ་བཞིན་ 贝勒 དང་ 贝子 ཡི་ཆེ་ལོ་ཐོབ་པའི་ཞི་དྲག་སློན་ཆེན་གྱིས་དོ་དམ་བྱེད་པའི་

ཉུ་ཤོག་ལས་གོང་མ་རང་གིས་ཐད་ཀར་དོ་དམ་བྱ་ཡུལ་གྱི་ཉུ་ཤོག་བཏང་མེད་པ་ཤེས་

ཐུབ། དེ་ལས་དམག་མིའི་ཡོང་ཁུངས་གཙོ་བོ་ནི། ཆིང་རྒྱལ་རབས་ས་ཁོངས་ཀྱི་ཤར་

བྱང་། ནུབ་བྱང་། ལྷོ་ནུབ་ཀྱི་དམག་མི་ཡིན་ཞིང་། དེའི་ནང་མན་ཇུ་དང་། རྒྱ།

ཧོད། སོག ཨ་ལུན་ཁྲུན།(鄂伦春) ཏྭ་ཨོར་(达斡尔) བཅས་ཀྱི་མི་རིགས་དྲུག་

ཙམ་ཡོད།

༢ དཔོན་གནས་ཀྱི་རིམ་པ།

ཅོང་གི་ཁ་ཡིག་ནང་དཔོན་གནས་ཀྱི་རིམ་པ་སྣ་ཚོགས་གསལ་བ་སྟེ། 钦差御前大臣、太子太保领侍卫内大臣、武英殿大学士、吏部尚书、兵部尚书、工部尚书、一等嘉勇公大将军、领侍卫内大臣、都统、参赞、御史、乾清门二等侍卫、候补郎中、候补员外、军机处行走、总兵、知府、候补知府、头等侍卫、二等侍卫、三等侍卫、盐茶道、同知、护军校时、按察使卫

དཔོན་རིགས་དེ་དག་ནང་ཞི་དྲག་གཉིས་སྒྲུབ་མཁན་གྱི་ལས་བྱ་སྣ་ཚོགས་ཡོད་ཅིང་། རིམ་པ་དང་པོའི་སློན་ཆེན་ནས་རིམ་དགུ་པའི་བར་གྱི་སློན་པོ་ཡོད་ལ། རིམ་པར་མི་ཚུད་པའི་གོང་མའི་ཆེ་ལོ་ཐོབ་པའི་དཔོན་རིགས་ཀྱང་ཡོད་པ་ཤེས་ནུས།

དེ་བཞིན་ཅོང་གི་ཁ་ཡིག་ནང་"巴图鲁"ཞེས་པའི་མཚན་རྟགས་ཐོབ་པའི་སློན་པོ་༢༠ཙམ་ཡོད་དེ། "巴图鲁"ཞེས་པ་དེ་ནི་སོག་སྐད་ཡིན་ཞིང་བོད་སྐད་དུ་ཕབ་ན་དཔའ་བརྟུལ་ཞེས་པའི་དོན་ཡིན།

《 རྡོ་རིང་བསྟན་འཛིན་དཔལ་འབྱོར་གྱི་རྣམ་ཐར་》དང་《 མི་དབང་རྟོགས་བརྗོད་》སོགས་ནང་བོད་སྐད་དུ་“ བླ་ཐུར་” ཞེས་སྒྲ་རང་སོར་བཞག་ཡོད་ཅིང་། སོག་ཡིག་ལས་གཡར་བའི་ཚིག་ཞིག་ཡིན་ངེས་སོ། སྤྱིར་སོག་རིགས་དང་མན་ཇུ་རིགས་གཉིས་གྲུ་གུ་ལས་གྱེས་པའི་མི་རིགས་ཡིན་ལ། རིག་གནས་ཀྱི་རྩ་བ་གཅིག་ལ་གནས་ཤིང་། སྐད་ཁོངས་ཡང་ཨ་འར་ཐེ་སྐད་རིགས་(阿尔泰语系) ལ་གཏོགས་པས། ཆིང་རྒྱལ་རབས་ཀྱིས་བོད་ལ་དབང་བསྒྱུར་བའི་སྐབས་ཚོ་ལོ་དང་འཇའ་སའི་མཚན་རྟགས་མང་པོ་ཞིག་སོག་སྐད་ལས་གཡར་བ་ཡོད་དེ། དཔེར་ན། རྒྱ་མཚོ་ལ་ཏཱ་ལ། ནོར་བུ་ལ་ཨེར་ཏེ་ནི། ཡང་སྲིད་ལ་ཧུ་མན་ཏན། སྤྲུལ་སྐུ་ལ་ཧུ་ཐོག་ཐུ་ཞེས་དང་། གཞན་ཀང་ཞབས་ལ་ཨུ་སུག སྨན་པ་ལ་ཨམ་ཆི། ས་ཡུལ་ལ་ཆོལ་ཁ་སོགས་གཡར་ཚིག་མང་པོ་ཡོད་དོ།

མདོར་ན་ཅོང་འདི་ནི་ཆིང་གོང་མ་ཆབ་ལུང་དུས་ཀྱི་དཔོན་གནས་ལ་ཞིབ་འཇུག་བྱེད་པའི་དཔྱད་གཞི་གལ་ཆེན་ཞིག་ཡིན་ལ། རྒྱ་བོད་སོག་མན་བར་གྱི་རིག་གནས་ལ་འབྲེལ་འདྲིས་བྱུང་བའི་མཚོན་རྟགས་ཤིག་དང་། ལྷག་པར་དུ་གོར་ཁ་བོད་དུ་བཙན་འཛུལ་བྱས་པའི་དོན་རྐྱེན་ནང་རྒྱ་སོག་མན་ཇུ་བོད་བཅས་ཀྱི་དཔུང་པ་མཉམ་གཤིབ་ཀྱིས་ཕྱིའི་བཙན་འཛུལ་པ་མཐར་སྐྲོད་གཏོང་བའི་ལོ་རྒྱུས་ཀྱི་དཔང་རྟགས་ཞིག་ཀྱང་ཡིན། རིག་གནས་ཤུལ་བཞག་སྲུང་སྐྱོབ་རིག་པའི་ངོས་ནས་བཤད་ན་ཅོང་འདིར་ལོ་རྒྱུས་རང་བཞིན་དང་། སྒྱུ་རྩལ་གྱི་རང་བཞིན། ཚན་རིག་གི་རང་བཞིན། དྲན་གསོའི་རང་བཞིན་བཅས་ཀྱི་ཁྱད་ཆོས་ལྡན་ཡོད།

མཇུག་བསྡུ་བའི་གཏམ།

དེབ་ཆུང་འདིར་གླེང་གཞི་དང་ས་བཅད་དྲུག་བཅས་དོན་ཚན་བདུན་གྱི་ཐོག་ནས། བཙན་པོའི་རྒྱལ་རབས་དུས་སུ་བྱུང་བའི་ཅོང་ལྷ་དང་། དགའ་ལྡན་ཕོ་བྲང་གི་སྲིད་དབང་དུས་སུ་བྱུང་བའི་ཅོང་གཉིས་བཅས་ལ་རྒྱ་ནག་དང་བོད་ཀྱི་བཟོ་རིག་པའི་བསྟན་བཅོས་དང་། བོད་ཀྱི་ཆོས་འབྱུང་རྒྱལ་རབས། རྣམ་ཐར། གནས་ཡིག། ཕུན་ཏོང་ཤོག་དྲིལ་སོགས་དཔྱད་གཞིར་བཟུང་ནས་ཅོང་བཞེངས་པའི་བཟོ་རྩལ་ལ་ཞིབ་འཇུག་བྱས་ཡོད། ལྷག་པར་དུ་ཅོང་གང་དེའི་མ་ཡིག་དངོས་ལ་ཞིབ་པར་བརྟགས་ཏེ། ཅོང་བདུན་པོ་དེ་དག་གི་བཞེངས་དུས་ཀྱི་ལོ་ཚིགས་དང་། ཅོང་དེ་དག་བཞེངས་པའི་ལོ་རྒྱུས་རྒྱབ་ལྗོངས་སོགས་ལ་དཔྱད་ཞིབ་བྱས་ཡོད། ཅོང་དང་འབྲེལ་བའི་ཡིག་ཚང་རྣམས་འཚོལ་བསྡུ་གང་ལེགས་བྱས་ཐོག ཅོང་གང་དེའི་བཞུགས་ཡུལ་གྱི་དགོན་སྡེ་དང་གཙུག་ལག་ཁང་དུ་སྐྱོད་དེ་དེར་རྒྱུས་མངའ་ཡོད་པའི་གྲྭ་བཙུན་ཀུན་གྲུས་དང་མང་ཚོགས་ལ་བཅར་འདྲི་ཞུས་ནས། ཅོང་གང་དེའི་སྐོར་གྱི་ཆ་འཕྲིན་བསྡུ་རུབ་གང་ལེགས་བྱས་ཡོད།

དེབ་ཆུང་འདིར་ཕྱི་རབས་པ་རྣམས་ལ་དཔྱད་གཞིའི་ཚུལ་དུ། ཅོང་གང་དེའི་མ་ཡིག་ཁག་བསྡུ་རུབ་ཀྱིས། བོད་ཡིག་དང་། རྒྱ་ཡིག དབྱིན་ཡིག ལ་ཏིང་ཡི་གེ་བཅས་ཡིག་རིགས་བཞིའི་ཐོག་ནས་ཅོང་གི་ཁ་ཡིག་དག་མཚམས་སྦྱོར་བྱས་ཡོད་ཅིང་། ད་བར་དཔར་སྐྲུན་བྱས་པའི་དཔེ་དེབ་ནང་ཅོང་གི་མ་ཡིག་ཆ་མི་ཚང་བ་དང་ཡིག་ནོར་བྱུང་བ་སོགས་ལ་ཅོང་གི་མ་ཡིག་དང་བསྟུན་ནས་དག་སེལ་གང་ཐུབ་བྱས་ཡོད། དེ་བཞིན་ཅོང་སོ་སོའི་མ་ཡིག་གི་ནང་དོན་ལ་དབྱེ་ཞིབ་དང་བརྡ་དག་གོ་དཀའ་བ་རྣམས་

བཀྲོལ་ཏེ་སློག་པ་པོའི་སྤྱན་ལམ་དུ་ཕུལ་ཡོད། དེབ་ཆུང་འདིར་བོད་དུ་ཡོད་པའི་ཚོང་བདུན་ཙམ་ལས་བསྡུ་རུབ་དང་ཞིབ་འཇུག་བྱ་མ་ཐུབ་པས། ཕྱིས་སུ་བོད་ཀྱི་ཚོང་དྲིལ་བཙལ་རྙེད་ཐུབ་ན་སུ་མཐུད་ཞིབ་འཇུག་བྱ་རྒྱུའི་འདུན་པ་ཆེའོ།

མཇུག་ཏུ་སྤྱི་སྙོམ་གྱི་ཚུལ་དུ་ཕྱོགས་ལྔའི་ཐད་ནས་གླེང་བར་བྱ་སྟེ།

གཅིག རྒྱ་ནག་ཚོང་ལ་དུས་རིམ་མི་འདྲ་བ་གསུམ་གྱི་ནང་གཡུར་ཟའི་གྲུབ་འབྲས་ཐོབ་ཡོད་ཀྱང་། བོད་ཀྱི་ཚོང་དྲིལ་གྱི་ཞིབ་འཇུག་ནི་རྒྱ་ནག་དང་བསྡུར་ན། དུས་ཕྱི་ལ་གྲུབ་འབྲས་དམན་པ་སོགས་ཀྱི་སྣང་ཚུལ་མངོན་པས། དེའི་རྒྱུ་རྐྱེན་ལ་ཕྱོགས་བཞི་ནས་གླེང་སྟེ། དེར་ཞིབ་འཇུག་བྱ་རྒྱུའི་རིན་ཐང་མཚོན་པར་བྱས་ཡོད།

གཉིས། ཚོང་གང་ཞིག་ཡིན་རུང་ལུགས་བཟོའི་ལག་རྩལ་ལ་བརྟེན་ནས་བཞེངས་པར་ཁོ་ནར་ཟད་པས། ཐོག་མར་བོད་དུ་ལུགས་བཟོའི་ལག་རྩལ་གྱི་བྱུང་ཚུལ་ལ་བན་བོན་གཉིས་ཀྱི་དཔེ་རྙེད་དང་གནའ་རྫས་ཞིབ་འཇུག་གི་གྲུབ་འབྲས་ལ་གཞིགས་ན། ད་བར་ལོ་ངོ3000ལྷག་ཙམ་ཡོད་ཚུལ་བསྟན་ཡོད། ལྷག་པར་དུ་རྒྱ་ནག་དང་བོད་ཀྱི་ཡིག་ཚངས་ཆེན་པོ་རྣམས་ལ་བརྟེན་ནས། བཙན་པོ་འབྲི་གཉན་ལྡེ་རུའི་བང་སོའི་ནང་དུ་གསེར་གར་ལུགས་ཀྱི་སྐུ་བརྙན་དུར་རྫས་སུ་སྦས་ཚུལ་དང་། བཙན་པོ་སྲོང་བཙན་སྒམ་པོས་ཐང་ཐེ་ཙུང་ལ་ལུགས་བཟོའི་གསེར་གྱི་ངང་པ་ཞིག་མཚམས་སྐྱེས་སུ་བསྐུར་ཚུལ། བཙན་པོ་ཁྲི་ལྡེ་གཙུག་བཙན་གྱི་དུས་བོད་ཀྱི་མཐའ་མཚམས་ཧེན་ཁྲིས(云南滇池)ཟེར་བའི་མཚོའི་འགྲམ་དུ་བོད་དམག་གིས་ལུགས་བཟོ་ལས་གྲུབ་པའི་ལྕགས་ཀྱི་ཀ་བ་རིང་པོའི་ངོས་སུ་སྐབས་དེའི་དམག་དོན་ལོ་རྒྱུས་འཁོད་པ་ཞིག་བཙུགས་ཚུལ། བཙན་པོ་ཁྲི་སྲོང་ལྡེ་བཙན་གྱི་དུས་ཇོ་མོ་ཚེ་སྤོང་བཟས

བུ་ཚལ་གསེར་ཁང་རྡོ་རྗེ་དབྱིངས་ཀྱི་དཀྱིལ་འཁོར་གྱི་ནང་ཟུར་བཞིར་གསེར་གྱི་སེང་གེ་ལུག་ཙམ་པ་བརྒྱད་བཟོས་པ་དང་། འབྲོ་བཟའ་ཁྲི་རྒྱལ་མོ་བཙུན་གྱིས་དགེ་རྒྱས་གཙུག་ལག་ཁང་དུ་ཁོང་མོར་སྲུས་མི་མངའ། ཡབ་མེད་འབྲོ་ཡུལ་དུ་ཐག་རིང་བས་ཕྱིས་གསོ་མི་མི་འོང་ཞེས་མཆི་ནས་ལྷ་ལུགས་མ་བྱས་ཚུལ་སོགས་ལས་ལུགས་བཟོའི་ལག་རྩལ་དེ་སྲུ་རྒྱལ་བཙན་པོའི་དུས་སུ་དར་ཁྱབ་ཆེན་པོ་བྱུང་ཡོད་ཚུལ་བསྟན་ཡོད། ལུགས་བཟོའི་ལག་རྩལ་དེའི་རྨང་གཞིའི་འོག་བཙན་པོ་སྲོང་བཙན་སྒམ་པོ་དང་། བཙན་པོ་ཁྲི་ལྡེ་གཙུག་བཙན། །བཙན་པོ་ཁྲི་སྲོང་ལྡེའུ་བཙན། བཙན་པོ་ཁྲི་ལྡེ་སྲོང་བཙན་བཅས་བཙན་པོ་བཞིའི་སྐུ་དུས་སུ་བོད་ལ་ཅོང་བཞེངས་པའི་སྲོལ་བྱུང་ཚུལ་རིམ་པར་བསྟན་ཡོད་པ་དང་། རྒྱ་ནག་ཅོང་གི་རིག་གནས་དང་བོད་ཀྱི་ཅོང་དྲིལ་གྱི་རིག་གནས་གཉིས་ལས། ཅོང་ཞེས་པའི་ཐ་སྙད་དེ་རྒྱ་ཡིག་“钟”ཞེས་པ་ལས་བྱུང་ཡང་། དེའི་བཟོ་རྒྱུན་གྱི་ཡོང་ཁུངས་ཐད་བོད་ལ་སྔར་ནས་ཡོད་པའི་དྲིལ་བུ་ཆུང་ཆུང་ལུགས་སུ་བླུགས་པའི་ལག་རྩལ་གྱི་རྨང་གཞིའི་ཐོག །རྒྱ་གར་འཕགས་པའི་ཡུལ་དང་རྒྱ་ནག་ཡུལ་གཉིས་ཀྱི་ཅོང་ལུགས་སུ་བླུགས་པའི་ལག་རྩལ་རྣམས་དང་ལེན་བྱས་ཏེ། བཙན་པོ་སྲོང་བཙན་སྒམ་པོའི་སྐུ་དུས་ཙམ་ནས་བོད་རང་གི་ཅོང་དྲིལ་གྱི་བཟོ་རྩལ་ཞིག་གྲུབ་ཡོད་པར་བསྟན་ཡོད། བཙན་པོའི་སྐབས་ཅོང་དྲིལ་ལ་བརྡ་གཏོང་ཅོང་དང་། དྲིལ་གདང་ཅོང་། རྒྱལ་གྲུར་མའི་ཅོང་བཅས་རྣམ་པ་གསུམ་དང་། བསྟན་པ་ཕྱི་དར་དུས་སུ་ཅོང་གི་བཟོ་དབྱིབས་ལས་རྒྱུན་མེད་དྲིལ་བུ། དྲིལ་བུ་རྩེ་ལྔ་རྩེ་དགུ་ཅན། ཅོང་མགོ་ཟླུམ་བཅས་གསུམ་ཡོད་ཚུལ་བསྟན་ཡོད། ལར་ནས་བཙན་པོའི་དུས་སུ་ཅོང་བཞེངས་སྲོལ་ཡོད་པ་ནི་སྐབས་དེའི་གུས་སྲོལ་རིག་གནས་ལས་བྱུང་བ་

ཞིག་ཡིན་པའི་སྐོར་སོགས་ལ་དཔྱད་བརྗོད་བྱས་ཡོད།

བཞི། སྤུར་རྒྱལ་དུས་ཀྱི་ཅོང་ལྷ་པོ་དེ་དག་ལས། ཛག་རོང་དགའ་ལྡན་བྱིན་ཆེན་གཙུག་ལག་ཁང་གི་ཅོང་ནི་བཙན་པོ་ཁྲི་ལྡེ་གཙུག་བཙན་གྱི་སྐུ་དུས་བཞེངས་པ་དང་། བསམ་ཡས་གཙུག་ལག་ཁང་གི་ཅོང་ནི་བཙན་པོ་ཁྲི་སྲོང་ལྡེ་བཙན་གྱི་སྐུ་དུས་བཞེངས་པ། ཁྲ་འབྲུག་གཙུག་ལག་ཁང་དང་། བྲག་ཡེར་པའི་ཅོང་། བྱ་གཤོངས་ཀྱི་ཅོང་བཅས་གསུམ་པོ་ནི་བཙན་པོ་ཁྲི་ལྡེ་སྲོང་བཙན་གྱི་སྐུ་དུས་བཞེངས་པའི་སྐོར་དཔྱད་པ་བྱས་ཡོད། ཅོང་དེ་དག་གི་ཁ་ཡིག་ཐོག་གཙོ་བོ་བསྔོ་སྨོན་གྱི་ཚིག་བཀོད་ཡོད་ཅིང་། བསྔོ་སྨོན་ཚིག་གི་ནང་དོན་ཡང་ཕལ་ཆེ་བ། སྨོན་ལམ་གྱི་རྒྱལ་པོར་འཛིན་པའི་བཟང་པོ་སྤྱོད་པའི་སྨོན་ཚིག་མདོར་བསྡུས་ཤིག་བཀོད་ཡོད།

ཅོང་དེ་དག་ལས་བསྔོ་སྨོན་ཕུལ་བའི་དཔེ་མཚོན་ལྟ་བུ་ནི་ཛག་རོང་དགའ་ལྡན་བྱིན་ཆེན་གཙུག་ལག་ཁང་གི་ཅོང་དེའི་ཁ་ཡིག་ཡིན་ཞིང་། དེའི་ནང་བསྔོ་བའི་ཡུལ་དང་། ཡོན་བདག བསྔོ་བ་འབུལ་གནས། གང་ཞིག་བསྔོ་བའི་དངོས་པོའམ་རྒྱུ། གང་གི་ཆེད་དུ་བྱ་བ། ཡིག་མཁན། ཅོང་བཟོ་པོ་བཅས་ནང་དོན་བདུན་ཚང་ཡོད། ཅོང་གཞན་རྣམས་སུ་ནང་དོན་དེ་བཞིན་ཚང་བ་མེད་ལ། བྲག་ཡེར་པའི་ཅོང་ལྟ་བུར་བསྔོ་སྨོན་གྱི་ཡི་གེ་དང་གུ་ཧྱའི་ཡི་གེ་འདྲ་བ་བཀོད་ཡོད་པ་ལས། ཡོན་བདག་དང་ལུགས་བཟོ་མཁན་སོགས་ཀྱི་ཆ་འཕྲིན་གསལ་པོར་འཁོད་མེད། བྱ་གཤོངས་གཙུག་ལག་ཁང་གི་ཅོང་ལྟ་བུར་ཡི་གེ་དང་ཁ་རིས་སོགས་གང་ཡང་བཀོད་མེད། ཅོང་དེ་དག་རྡོ་རིང་དང་བསྡུར་ན་ལོ་རྒྱུས་ཀྱི་ཆ་འཕྲིན་ཉུང་ཀྱང་། ཅོང་དེ་དག་གི་བོད་ཀྱི་ལུགས་མགར་རིག་གནས་དང་། ཐང་བོད་གཉིས་བར་རིག་གནས་ཀྱི་འབྲེལ་བ། བཙན

པོའི་དུས་སུ་སངས་རྒྱས་ཆོས་ལུགས་དར་ཚུལ། དེ་བཞིན་སྐབས་དེའི་གྲུས་སྲོལ་རིག་གནས་དང་། བོད་ཀྱི་གནའ་ཡིག་ཞིབ་འཇུག་སོགས་ལ་མཁོ་བའི་རྒྱུ་ཆ་རིན་ཐང་བྲལ་བ་ཞིག་ཡིན་ནོ།

བཙན་པོའི་དུས་ཀྱི་ཅོང་དེ་དག་བཞེངས་མཁན་གྱི་ཡོན་བདག་ནི་བཙུན་མོ་དང་། ཡང་ན་ཞང་བློན་ཡིན་པ་ལས། བཙན་པོ་སོགས་ཀྱི་བཞེངས་པ་ནི་མེད་པ་དང་། ཅོང་བཞེངས་པའི་དགོས་པ་ཡང་། ཕྱོགས་བཅུའི་སངས་རྒྱས་དང་བཙན་པོར་བསྔོ་བ་ཕུལ་ནས། རང་གི་སྡིག་བཤགས་དང་བསོད་ནམས་འཕེལ་བའི་ཆེད་དུ་ཡིན་ལ། བློན་འབངས་རྣམས་ཆོས་ལ་བསྐུལ་བའི་ཆེད་དུ་ཡིན་པའང་ཤུགས་ལས་བསྟན་ཡོད། ལུགས་བཟོ་བ་ཕལ་ཆེ་བ་རྒྱའི་ཧྭ་ཤང་ཡིན་པ་བཅས་སོ།

༤། ཆིང་རྒྱལ་རབས་དུས་བོད་དུ་བཞེངས་པའི་ར་ས་འཕྲུལ་སྣང་གཙུག་ལག་ཁང་གི་མཛོད་ཁང་ནང་བཞུགས་པའི་གནམ་བདག་མཆོད་ཅོང་དང་ལྷ་ས་སྤྲིན་རིང་ལྷ་ཁང་གི་ཅོང་དེ་གཉིས་ནི་དུས་རབས18པར་བཞེངས་པ་ཞིག་དང་། ཅོང་སོ་སོའི་ཁ་ཡིག་བོད་ཡིག་མིན་པར་ལ་ཏིང་ཡིག་རིགས་ལས་དབྱི་ཐ་ལིའི་ཡི་གེ་དང་རྒྱ་ཡིག་བཀོད་ཡོད།

གནམ་བདག་མཆོད་ཅོང་དེ་ལས་དུས་རབས18ནང་། གནམ་བདག་ཆོས་ལུགས་ཀྱི་བྱེ་བྲག་ཀཱ་པུ་ཆིང་ཆོས་ཚོགས(卡普清教)ཀྱིས་ལྷ་སའི་ཁུལ་དུ་ཆོས་སྤེལ་བའི་ལོ་རྒྱུས་ཞིག་གསལ་བཤད་བྱས་ཡོད་པ་དང་། དེ་ཡང་ཅོང་འདི་ནི་སྐབས་དེའི་ལོ་རྒྱུས་ལ་ར་སྤྲོད་བྱེད་པའི་དངོས་དཔང་གཅིག་པོ་དེ་ཡིན་པས་དེར་དམིགས་གསལ་གྱི་རིག་དངོས་ཀྱི་རིན་ཐང་ལྡན་ཡོད། སྤྲིན་རིང་ལྷ་ཁང་གི་ཅོང་དེར་མཚོན་ན། ཁ་ཡིག

ཏུ་རྒྱ་ཡིག་གི་ལམ་ནས་གོར་བོད་དམག་འཁྲུག་ནང་བཞུགས་མཁན་གྱི་དཔོན་རིགས་ཀྱི་མིང་དང་དཔོན་གནས་སོགས་བཀོད་ཡོད། དེས་མན་ཆེང་གོང་མ་ཚན་ལུང་དུས་དམག་དཔོན་ཆེན་པོ་ཐུ་ཁང་ཨན་བོད་དུ་མངགས་ཏེ་བོད་དམག་དང་མཉམ་དུ་གོར་ཁ་བཙན་འཛུལ་ལ་འགོག་རྒོལ་བྱེད་པའི་ལོ་རྒྱུས་མཚོན་པར་དོན་སྙིང་ཆེན་པོ་ལྡན་པ་མ་ཟད། སྐབས་དེའི་དཔོན་རིགས་ཀྱི་མིང་དང་དཔོན་གནས་སོགས་ལ་ཞིབ་འཇུག་བྱེད་པར་དཔྱད་གཞི་མཐོ་འདོན་བྱས་ཡོད། དེང་གི་ཆར་དངོས་དཔང་དེ་རིགས་རིག་དངོས་ཤིག་ཡིན་པའི་ཆ་ནས་སྐབས་དེའི་ལོ་རྒྱུས་ལ་དྲན་གསོ་དང་ཕྱི་རབས་རྣམས་ལ་མི་རིགས་མཐུན་སྒྲིལ་གྱི་སློབ་གསོར་ཕན་ནུས་ཆེན་པོ་ལྡན་ཡོད།

མདོར་ན། དེབ་ཆུང་འདིར་བོད་ཀྱི་གནའ་རབས་ཙོང་དྲིལ་ལོ་རྒྱུས་རིག་གནས་ཀྱི་རྩ་བའི་སྒྲོམ་གཞི་ཞིག་ཙམ་སྒྲིག་བགྱིས་ཏེ། ལོ་རྒྱུས་ཞིབ་འཇུག་པར་དཔྱད་གཞི་ཞིག་མཐོ་འདོན་དང་། དེ་བཞིན་གནའ་རྫས་དེ་དག་ལ་སྲུ་མཐུད་ཞིབ་འཇུག་གནང་རྒྱུའི་འདུན་པ་དང་བཅས་རེ་ཞིག་རྫོགས་སོ། །

བོད་ཀྱི་རྡོ་རིང་དང་རྡོ་ཡིག་གི་གནས་ཚུལ་ཟུར་བཀོད་རེའུ་མིག

རྡོ་རིང་གི་མིང་།	རྡོ་གནས་ཡུལ།	རྡོ་བཞེངས་པའི་དུས་ཚོད།	རྡོ་བཞེངས་མཁན།	རྡོ་རིང་གི་ཡིག་རིགས།	རྡོ་རིང་གི་ཁ་ཡིག་ནང་དོན།	ད་ལྟའི་གནས་བབ།
ཇག་རོང་དཀར་ལྡན་བྱིན་ཆེན་གཙུག་ལག་ཁང་གི་རྡོ་རིང་།	ཀན་སུའུ་དཔའ་རིས་ཀྱི་ཇག་རོང་དཀར་ལྡན་བྱིན་ཆེན་གཙུག་ལག་ཁང་།	བཙན་པོ་མེས་ཨག་ཚོམ་གྱི་སྐུ་དུས་༧༠༩–༧༥༩ལོ་བར་དུ་བཞེངས།	ཞང་ལྷ་སྒྲ་རྒྱལ་སྒྲིབས་པ་བུ་གཉིས་ཀྱིས་ཡོན་བདག་བྱས་ཏེ་དགེ་སློང་ཆོས་ཕྱིན་གྱིས་ལུགས་སུ་བླུགས།	བཙན་པོའི་དུས་ཀྱི་གནའ་ཡིག	བཙན་པོ་གཅེན་ལྷ་བལ་པོ་དང་གཅུང་མེས་ཨག་ཚོམ་གཉིས་ཀྱི་ཆབ་སྲིད་བརྟན་ཅིང་སྐུ་ཚེ་རིང་བའི་དོན་དུ་བསྔོ་སྨོན་བྱེད་པའི་སྐོར།	དབར་ཞར་ཚགས་ཐུབ།
བསམ་ཡས་གཙུག་ལག་ཁང་གི་མཆོད་རྡོང་།	ལྷོ་ཁ་གྲུ་ནང་རྫོང་ཁོངས་ཀྱི་བསམ་ཡས་གཙུག་ལག་ཁང་དུ་བཞུགས་ཡོད།	བཙན་པོ་ཁྲི་སྲོང་ལྡེ་བཙན་གྱི་སྐུ་དུས་སྤྱི་ལོ་༧༧༩–༧༨༢བར་གྱི་ལོ་ཞིག	འཕྲོ་བཟའ་ཁྲི་རྒྱལ་མོ་བཙུན་ནམ་ཇོ་མོ་བྱང་ཆུབ་བཙུན།	བཙན་པོའི་དུས་ཀྱི་གནའ་ཡིག	དཀོན་མཆོག་གསུམ་ལ་མཆོད་པ་ཕུལ་བའི་བསྔོ་སྨོན་ཚིག	དབར་ཞར་ཚགས་ཐུབ།
ཁྲ་འབྲུག་གཙུག་ལག་ཁང་གི་མཆོད་རྡོང་།	སྣེའུ་སྟོད་ཁ་སྣེ་གདོང་རྫོང་ཁོངས་ཀྱི་ཁྲ་འབྲུག་གཙུག་ལག་ཁང་ནང་དུ་བཞུགས་ཡོད།	བཙན་པོ་ཁྲི་ལྡེ་སྲོང་བཙན་ནམ་སད་ན་ལེགས་མཇིང་ཡོན་（སྤྱི་ལོ་༧༥༩– ༨༡༧ལོ་བར）	འཕྲོ་བཟའ་ཁྲི་རྒྱལ་མོ་བཙུན་ནམ་ཇོ་མོ་བྱང་ཆུབ་བཙུན་གྱིས་ཡོན་བདག་བྱས་ཏེ་རྒྱའི་དགེ་སློང་རིན་ཆེན་གྱི་ལུགས་སུ་བླུགས།	བཙན་པོའི་དུས་ཀྱི་གནའ་ཡིག	ཆོས་ལ་བསྐུལ་བའི་ཚིག	བོར་བརླགས་སོང་ཟིན།

བྲག་ཡེར་པའི་མཆོད་རྟེན།	སྟོན་གྲོང་ཁྱེར་ལྷ་སའི་སྟག་རྩེ་རྫོང་ཤོངས་ཀྱི་བྲག་ཡེར་པའི་དགོན་པར་བཞུགས་ཡོད།	བཙན་པོ་ཁྲི་ལྡེ་སྲོང་བཙན་ནམ་སད་ན་ལེགས་མཛིང་ཡོན། ཕྱི་ལོ་༧༩༨ – ༨༡༥ ལོ་བར་གྱི་ལོ་ཞིག	མི་གསལ།	བཙན་པོའི་དུས་ཀྱི་གནའ་ཡིག་དང་རྒྱ་གར་གུ་པྟའི་ཡི་གེ་དང་འདྲ་བའི་གཟུགས།	འཕགས་པ་བཟང་པོའི་སྨོན་ལམ་གྱི་ཚིག	བོར་བརླགས་སོང་ཟིན།
ལྷ་རྩེ་བྲ་གསོངས་དགོན་གྱི་མཆོད་རྟེན།	གཞིས་ཀ་རྩེའི་ལྷ་རྩེ་རྫོང་ཤོངས་ཀྱི་བྲ་གསོངས་དགོན།	བཙན་པོ་ཁྲི་ལྡེ་སྲོང་བཙན་ནམ་སད་ན་ལེགས་མཛིང་ཡོན། ཕྱི་ལོ་༧༩༨ – ༨༡༥ ལོ་ཞིག	མི་གསལ།	ཡི་གེ་བཀོད་མེད།	ཡི་གེ་བཀོད་མེད།	ད་བར་ཉར་ཚགས་ཐུབ།
འབྲུག་ཡུལ་གྱི་མཆོད་རྟེན།	འབྲུག་རྒྱལ་ཁབ།	དུས་རབས་༨པ།	ཞིབ་འཇུག་གི་འཕྲོར་ལུས།	བོད་ཡིག	ཞིབ་འཇུག་གི་འཕྲོར་ལུས།	ད་བར་ཉར་ཚགས་ཐུབ།
ཚལ་གུང་ཐང་གཙུག་ལག་ཁང་གི་རྟེན།	ལྷ་ས་གྲོང་ཁྱེར་ཚལ་གུང་ཐང་དགོན།	ཤེས་རྒྱུ་མེད།	ཤེས་རྒྱུ་མེད།	ཤེས་རྒྱུ་མེད།	ཤེས་རྒྱུ་མེད།	བོར་བརླགས་སོང་ཟིན།
ནཱ་ལན་དྲའི་རྟེན།	ལྷ་ས་གྲོང་ཁྱེར་ལྷུན་གྲུབ་རྫོང་ནཱ་ལན་དྲའི་དགོན།	རོང་སྟོན་སྨྲ་བའི་སེང་གེས་དགོན་དེ་ཕྱག་མ་བཏབ་གོང་།	ཤེས་རྒྱུ་མེད།	ཤེས་རྒྱུ་མེད།	ཤེས་རྒྱུ་མེད།	བོར་བརླགས་སོང་ཟིན།
གྲྭ་བཞི་ལྷ་མོ་ཁང་གི་རྟེན།	ལྷ་ས་གྲྭ་བཞི་དགོན།	ཕྱི་ལོ་༡༧༣༣ ཡས་མས།	རྩེའུ་ཏ་ལོ་སོགས་པའི་ཆིང་གི་དམག་དཔོན།	ཤེས་རྒྱུ་མེད།	ཤེས་རྒྱུ་མེད།	བོར་བརླགས་སོང་ཟིན།

གནམ་བདག་མཆོད་ཚོང་།	ད་ལྟ་ལྷ་སའི་ར་ས་འཕྲུལ་སྣང་གཙུག་ལག་ཁང་གི་མཛོད་ཁང་ནང་དུ་བཞུགས།	གནམ་བདག་ཆོས་ལུགས་ཀྱི་ནང་ཚན་ཀཱ་ཕུ་ཆིང་ཆོས་ཚོགས་ཀྱིས་（卡普清教）ལྷ་སར་གནམ་བདག་ཆོས་ཁང་གཙུགས་པའི་དུས（ཕྱི་ལོ་༡༧༢༩）	ལྷ་སར་མངགས་གཏོང་བྱས་པའི་གནམ་བདག་ཆོས་ལུགས་ཀྱི་ཆོས་བྱེད་མི་སྣ།	ལ་ཏིང་དབྱངས་གསལ་ཡི་གེ（拉丁文）ལས་དབྱེ་བ་ཞིའི་ཡིག་རིགས་	གནམ་བདག་ཆོས་ལུགས་ཀྱི་དཀོན་མཆོག（上帝）ལ་བསྟོད་པ་ཕུལ་བའི་སྨོན་ཚིག	ད་བར་ཉར་ཚགས་ཐུབ།
ལྷ་ས་སྨིན་རིང་ལྷ་ཁང་གི་ཚོང་།	གྲོང་ཁྱེར་ལྷ་སའི་བར་མ་རིའི་རི་སྐེད་དུ་བཞེངས་པའི་སྨིན་རིང་ལྷ་ཁང་དུ་བཞུགས་ཡོད།	ཆིང་རྒྱལ་རབས་ཀྱི་གོང་མ་ཆན་ལུང་གི་ཁྲི་ལོ་༥༨ལོའི་དཔྱིད་ཀར་བཞེངས། ཕྱི་ལོ་༡༧༨༣ལོ།	བློན་ཆེན་ཧྲུ་ཁང་ཨན་དང་སྲིད་སྐྱོང་ཏཱ་ཚག་བསྟན་པའི་མགོན་པོ་སོགས།	རྒྱ་ཡིག	གོང་མ་ཆན་ལུང་དུས་ཀྱི་ཞི་དྲག་བློན་པོ་༢༢ཙམ་གྱི་མིང་དང་དཔོན་གནས།	ད་བར་ཉར་ཚགས་ཐུབ།

ཞར་བྱུང་།

འབྲུག་ཡུལ་དུ་བཞུགས་པའི་ཅོང་།

དཔྱེན་དགེ་ མའི་ ཁྲ་ ཨེར་སྣང་འམ་ ཨོ་ རྒྱན་ ཆོས་ འཕེལ་ གྱིས་ རྩོམ་ སྒྲིག་ གནང་།
《དཔལ་ལྡན་འབྲུག་ཡུལ་གྱི་ཚགས་རབས་མདོར་བསྡུས་》ཞེས་པ་ལས་བསྡུས།

The Votive Bell of dKon-mchog-gsum (Plate 6)

If the symbolic rôle of the myth has overshadowed the historical events that gave birth to it, we are still left with a single piece of epigraphic evidence that might yet provide conclusive proof of early contact between 'proto-Bhutan' and dynastic Tibet: the inscription on a large broken bronze bell in the tiny temple of dKon-mchog-gsum in Bum-thang. A bell however large is a transportable object and the oral legends told in the vicinity of the temple hold that the large fragment kept there is part of a complete Tibetan bell, stolen from Tibet and brought south over the Himalayas to Bum-thang where it was set up in this temple. Its chimes were so loud that they were heard in Tibet. An army came down later to recapture it but since it was too heavy for them to carry it was deliberately

smashed. The largest fragment was then recovered by the local inhabitants and put back in the temple.

The bell is in fact the fourth of the great *cong* to be found that were commissioned as votive offerings by members of the Tibetan royal family and installed in their earliest temples to proclaim to the world 'the sound of the *dharma*'. They appear to have been cast by foreign craftsmen of the T'ang dynasty employed for this purpose by the Tibetan royalty. Surprisingly enough, no such bells of the T'ang seem to have survived in China itself, although all the later temple bells of China belonging to this type preserve the characteristic shape and features of these bells in Tibet: side panels divided by vertical ribbing and an 'undulating' lower edge (most pronounced in our example here). The word *cong* is itself borrowed from the Chinese word for a bell (*chung*) and is applied by Tibetans only to these massive temple bells,[54] not the smaller variety which go by the name of *chos-sgra* ('*dharma* sound') in Bhutan. The latter usually have certain *mantra* cast in relief on their outer surface; this would explain why the custodian of dKon-mchog-gsum, on being asked what the fragmentary inscription on the *cong* was about, declared that it was part of a mantra, which it certainly is not. While the alignment of the text differs substantially from those on the bells at bSam-yas, Khra-'brug and Yer-pa (where they are found in between the vertical ribbing, not partly below as here) it is definitely a dedicatory formula such as we find on these Tibetan examples. Richardson, to whom we owe the most complete study (1954) of the three Tibetan *cong*, has confirmed that the only part that can be said to convey any sense at all in the available photographs of this example reads, on the bottom two lines, as follows:[55]

ta bstsis nas // cong mkhan li'u sta(n)g cong xx
bya xx na dang xg su blugs //

Both the *ki-gu* (in bstsis and li'u) are of the archaic reversed type. A line underneath indicates an uncertain reading. A cross indicates an illegible letter. The gap between sta(n)g and cong is formed by the single vertical 'rib' visible in Plate 6. The parenthesis around the n in sta(n)g suggests this syllable could be read as stag or stang. There are also a few syllables which can be made out elsewhere among which the following are worth mentioning: pas bka' stsar te (at the top) and: byang chub (below the garlanded lotus motif in the centre, partly visible in Plate 6).

The only certain meaning to be derived is that the name of the person who made the bell or who acted as overseer during its casting (the *cong-mkhan*) was either *Li'u-stag* or *Li'u-stang*. Taking *su* as the locative particle we might assume that the missing passage on the bottom line would have indicated the place where it was cast (*blugs*). Assuming that *stsar* is an odd form for *stsal* we might conjecture that the name of the person who 'ordered' (*pas bka'*

stsar te) the bell was given in the part missing at the top. Finally *Byang-chub* could just possibly be the name of somebody concerned in the business of commissioning the bell.

This tantalising state of affairs leaves us with no more than *Li'u-stag/Li'u-stang*, names that resemble many of those clearly applied in the Tun-huang documents to foreigners in Tibet, that is to say Chinese, Khotanese and other Central Asians. There was in fact a clan called Le'u, possibly of Chinese origin (Richardson 1977b: 24). The bell at bSam-yas was cast by 'the abbot, the Chinese monk Rin-cen' (Richardson 1954: 170-171). Our man, however, seems to have been a lay craftsman; the suffix *-mkhan* always seems to denote a professional specialist known for his particular skills. If he were a monk then would he not have had a Tibetan name such as this Rin-cen ? On the strong hypothesis that this *cong* must be the cousin or sister of the Tibetan examples we can suggest that she was cast in the latter half of the 8th century: while the bell of Yer-pa is undateable, those of bSam-yas and Khra-'brug were cast at the behest of 'Bro-bza' rGyal-mo-brtsan, one of the wives of *Khri* Srong-lde-brtsan (ruled 755 - 797). This lady took the name of Byang-chub when she became a nun and is referred to by this name in the Khra-'brug bell. There is not yet sufficient evidence to conclude that the *Byang-chub* in the dKon-mchog-gsum bell is the same person or indeed that this would refer to a person at all: *pyang-chub* on the Yer-pa bell figures as *bodhi* ('enlightenment'). It can still, however, stand as a possibility since this queen seems to have had a great regard for these bells and if two of these her favourite votive offerings have survived, why should not a third ? There is sufficient difference between the bells at bSam-yas and Khra-'brug to admit further variations issuing from the same source.

The bell thus carries great potential significance for the early history of the area: if the *cong* can be shown to belong to the temple where it is now found it would be the single and indisputable relic of Tibetan missionary activity south of the Himalayas in this early period. The connection between Tibet and Nepal at this time rests on a few scattered references in the contemporary inscriptions and literature, but it seems to have had nothing to do with religion (Tucci 1958: 287). The bell may therefore stand, together with the testimony of those texts, as the only conclusive evidence of Tibetan activity of any kind south of the main Himalayan range during the period of dynastic rule.

བོད་ལུགས་དྲིལ་ཆེན་པོ་འགའ་ཞིག

དིང་རི་གླང་འཁོར་དགོན་གྱི་དྲིལ་ཆེན་པོ།
ཕུར་བུ་རྡོར་རྗེས་སྒྲིག་རྩོམ་གནང་བའི་《ཞི་བྱེད་པའི་གྲུབ་མཐའ་སྤྱི་བཤད་》ལས་བསྡུས།

བཀྲ་ཤིས་ལྷུན་པོ་དགོན་གྱི་སྐུ་གདུང་ལྷ་ཁང་གི་དྲིལ་ཆེན་པོ།

བཀྲ་ཤིས་ལྷུན་པོའི་བྱམས་ཁང་གི་དྲིལ་ཆེན་པོ།

ཕོ་བྲང་པོ་ཏ་ལའི་འཕགས་པ་སྤྱན་རས་གཟིགས་ལྷ་ཁང་མདུན་གྱི་དྲིལ་ཆེན་པོ།

དཔྱད་གཞིའི་ཡིག་ཆ།

གཅིག བརྩམས་དེབ། 〔བོད་སྐད་ཡིག〕

一. 著作(藏文版)

༡ གཏེར་བདག་ཨོ་རྒྱན་གླིང་པས་གཏེར་ནས་བཏོན། སི་ཁྲོན་མི་རིགས་དཔེ་སྐྲུན་ཁང་པར་སྒྲིག་ལྟེ་
གནས་ནས་བསྒྲིགས་པའི《པདྨ་བཀའ་ཐང་》སི་ཁྲོན་མི་རིགས་དཔེ་སྐྲུན་ཁང་གི་༡༩༨༧ལོའི་པར་གཞི་དང་པོ་
དང་༢༠༠༦ལོའི་པར་ཐེངས་གཉིས་པ།

༢ དཔའ་བོ་གཙུག་ལག་ཕྲེང་བས་བརྩམས་པའི《ཆོས་འབྱུང་མཁས་པའི་དགའ་སྟོན་》མི་རིགས་དཔེ་
སྐྲུན་ཁང་གིས། ༢༠༠༦ལོའི་པར་ཐེངས་དང་པོ།

༣ ཉང་ཉི་མ་འོད་ཟེར་གྱི་བརྩམས་པའི《ཆོས་འབྱུང་མེ་ཏོག་སྙིང་པོ་སྦྲང་རྩིའི་བཅུད་》བོད་ལྗོངས་བོད་
ཡིག་དཔེ་རྙིང་དཔེ་སྐྲུན་ཁང་། ༡༩༨༨ལོའི་ཟླ་བ་༣པའི་པར་གཞི་དང་པོ། ༢༠༡༠ལོའི་པར་ཐེངས་གཉིས་པ།

༤ དཀོན་མཆོག་བསྟན་འཛིན་གྱི་བརྩམས་པའི《བཟོ་གནས་སྐྲ་རྩེའི་ཆུ་ཐིགས་》ཀྲུང་གོའི་བོད་ཀྱི་ཤེས་
རིག་དཔེ་སྐྲུན་ཁང་གྱིས་༡༩༩༤ལོའི་ཟླ་བ་༨པའི་པར་ཐེངས་དང་པོ།

༥ སྦ་གསལ་སྣང་གིས་བརྩམས་པའི《སྦ་བཞེད་》མི་རིགས་དཔེ་སྐྲུན་ཁང་གིས་༡༩༨༠ལོའི་པར་གཞི་
དང་པོ་དང་༡༩༨༢ལོའི་པར་ཐེངས་གཉིས་པ།

༦ དགེ་འདུན་ཆོས་འཕེལ་སོགས་ཀྱིས་བརྩམས་པའི《གནས་ཡིག་ཕྱོགས་བསྒྲིགས་》སི་ཁྲོན་མི་རིགས་
དཔེ་སྐྲུན་ཁང་། ༡༩༩༨ལོའི་ཟླ་བ་༨པའི་པར་གཞི་དང་པོ།

༧ དགེ་འདུན་ཆོས་འཕེལ་སོགས་ཀྱིས་བརྩམས་པའི《དགེ་འདུན་ཆོས་འཕེལ་གྱི་གསུང་རྩོམ – དེབ་
གསུམ་པ་》བོད་ལྗོངས་བོད་ཡིག་དཔེ་རྙིང་དཔེ་སྐྲུན་ཁང་། ༡༩༩༠ལོའི་ཟླ་བ་༤པར་གཞི་དང་པོ་དང་
༢༠༠༨ལོའི་ཟླ་བ་༡༢པར་ཐེངས་གཉིས་པ།

༨ བོད་ལྗོངས་བོད་ཡིག་དཔེ་སྐྲུན་ཁང་གི་སྐྲུན་པའི《བསམ་ཡས་དཀར་ཆག་དད་པའི་སྒོ་འབྱེད་》བོད་
ལྗོངས་བོད་ཡིག་དཔེ་སྐྲུན་ཁང་། ༢༠༠༠ལོའི་ཟླ་བ་༡༠པའི་པར་གཞི་དང་པོ།

༩ ས་སྐྱ་བསོད་ནམས་རྒྱལ་མཚན་གྱིས་བརྩམས་པའི《རྒྱལ་རབས་གསལ་བའི་མེ་ལོང་》མི་རིགས་དཔེ་
སྐྲུན་ཁང་ནས་༡༩༨༡ལོའི་ཟླ་བ་༥པའི་པར་གཞི་དང་པོ། ༢༠༠༥ལོའི་པར་ཐེངས་༦པ།

༡༠ ཆབ་སྤེལ་ཚེ་བརྟན་ཕུན་ཚོགས་སོགས་ཀྱིས་རྩོམ་བསྒྲིགས་གནང་བའི《བོད་ཀྱི་ལོ་རྒྱུས་དེབ་ཐེར་ཁག

ལྗ་》གངས་ཅན་རིག་མཛོད་དེབ་༩པ། བོད་ལྗོངས་བོད་ཡིག་དཔེ་རྙིང་དཔེ་སྐྲུན་ཁང་གིས་༡༩༩༠ལོའི་པར་གཞི་དང་པོ་དང་༢༠༠༥ལོའི་པར་ཐེངས་གཉིས་པ།

༡༡ བཀྲ་ཤིས་འོད་ཟེར་གྱིས་བརྩམས་པའི་《མགར་གྱི་བསྟན་བཅོས་》མི་རིགས་དཔེ་སྐྲུན་ཁང་ནས་༡༩༨༨ལོའི་ཟླ་བ་༤པར་པར་བསྐྲུན།

༡༢ གྲོང་ཁྱེར་ལྷ་ས་སྲིད་གྲོས་ལོ་རྒྱུས་དཔྱད་ཡིག་རྒྱུ་ཆ་རྩོམ་འབྲི་ཨུ་ཡོན་ལྷན་ཁང་ནས་༡༩༩༤ལོར་རྩོམ་འབྲི་བྱས་པའི་《དགའ་ལྡན་དགོན་པ་དང་བྲག་ཡེར་པའི་ལོ་རྒྱུས་》གྲོང་ཁྱེར་ལྷ་སའི་ལོ་རྒྱུས་རིག་གནས། དེབ་གཉིས་པ། བོད་ལྗོངས་ཤིན་ཧྭ་པར་འདེབས་བཟོ་གྲྭ་ནས་པར་བཏབ།

༡༣ གྲོང་ཁྱེར་ལྷ་ས་སྲིད་གྲོས་ལོ་རྒྱུས་དཔྱད་ཡིག་རྒྱུ་ཆ་རྩོམ་འབྲི་ཨུ་ཡོན་ལྷན་ཁང་ནས་༡༩༩༤ལོར་རྩོམ་འབྲི་བྱས་པའི་《གྲོང་ཁྱེར་ལྷ་སའིལོ་རྒྱུས་རིག་གནས་སྟག་རྩེ་རྫོང་》གྲོང་ཁྱེར་ལྷ་སའི་ལོ་རྒྱུས་རིག་གནས། དེབ་དང་པོ། བོད་ལྗོངས་ཤིན་ཧྭ་པར་འདེབས་བཟོ་གྲྭ་ནས་པར་བཏབ།

༡༤ གྲོང་ཁྱེར་ལྷ་ས་སྲིད་གྲོས་ལོ་རྒྱུས་དཔྱད་ཡིག་རྒྱུ་ཆ་རྩོམ་འབྲི་ཨུ་ཡོན་ལྷན་ཁང་ནས་༡༩༩༤ལོར་རྩོམ་འབྲི་བྱས་པའི་《གྲོང་ཁྱེར་ལྷའི་ལོ་རྒྱུས་རིག་གནས་ཁྲིང་ཀོན་ཆུས་》གྲོང་ཁྱེར་ལྷ་སའི་ལོ་རྒྱུས་རིག་གནས། དེབ་དྲུག་པ། བོད་ལྗོངས་ཤིན་པར་འདེབས་བཟོ་གྲྭ་ནས་པར་བཏབ།

༡༥ ཤར་ཡུལ་ཕུན་ཚོགས་ཚེ་རིང་གིས་བརྩམས་པའི་《ཆོས་འབྱུང་མཁས་པའི་དགོངས་རྒྱན་》བོད་ལྗོངས་མི་དམངས་དཔེ་སྐྲུན་ཁང་གྱིས་༢༠༠༣ལོའི་པར་གཞི་དང་པོ་དང་༢༠༠༣ལོའི་པར་ཐེངས་དང་པོ།

༡༦ ཤར་ཡུལ་ཕུན་ཚོགས་ཚེ་རིང་གིས་རྩོམ་སྒྲིག་གནང་བའི་《བོད་ཀྱི་ལོ་རྒྱུས་ཞིབ་འཇུག་ལ་ཉེ་བར་མཁོ་བའི་ལོ་རྒྱུས་དོན་ཆེན་རེའུ་མིག་ཐུས་པ་ཀེ་ཏ་ཀ་ཞེས་བྱ་བ་བཞུགས་སོ་》མི་རིགས་དཔེ་སྐྲུན་ཁང་གྱིས་༢༠༠༥ལོའི་པར་གཞི་དང་པོ་དང་༢༠༠༥ལོའི་པར་ཐེངས་གསུམ་པ།

༡༧ གོ་ཤུལ་གྲགས་པ་འབྱུང་གནས་ཀྱིས་རྩོམ་སྒྲིག་བྱས་པའི་《བོད་བཙན་པོའི་སྐབས་ཀྱི་གནའ་རྩོམ་གཅེས་བསྡུས་》མི་རིགས་དཔེ་སྐྲུན་ཁང་གྱིས་༢༠༠༡ལོའི་པར་གཞི་དང་པོ་དང་༢༠༠༦ལོའི་པར་ཐེངས་དྲུག་པ།

༡༨ དཔང་འདུས་ཚེ་རིང་སོགས་ཀྱིས་གཙོ་སྒྲིག་གནང་བའི་《ཀྲུང་གོའི་ལོ་རྒྱུས་རིག་གནས་གྲགས་ཅན་གྲོང་ཁྱེར་ལྷ་ས་》བོད་ལྗོངས་མི་དམངས་དཔེ་སྐྲུན་ཁང་གྱིས་༢༠༠༢ལོའི་པར་གཞི་དང་པོ་དང་༢༠༠༢ལོའི་པར་ཐེངས་དང་པོ།

༡༩ གོང་བ་བློ་འབུམ་རྒྱལ་གྱིས་བརྩམས་པའི་《སྤུ་རྒྱལ་བཙན་པོའི་སྐབས་ཀྱི་བརྡ་རྙིང་ཡིག་ཆ་སློབ་གསར་སྟོང་གི་འཇུག་སྒོ་》མི་རིགས་དཔེ་སྐྲུན་ཁང་ནས་༢༠༠༦ལོའི་པར་གཞི་དང་པོ་དང་༢༠༠༦ལོའི་པར་ཐེངས་དང་པོ།

༢༠ སྐྱོགས་སྟོན་རིན་ཆེན་བཀྲ་ཤིས་ཀྱིས་བརྩམས་པའི་《བརྡ་གསར་རྙིང་གི་རྣམ་གཞག་ལི་ཤིའི་གུར་ཁང་》མི་རིགས་དཔེ་སྐྲུན་ཁང་གིས་༡༩༨༡ལོའི་པར་གཞི་དང་པོ་དང་༡༩༨༢ལོའི་པར་ཐེངས་གསུམ་པ།

༢༡ མཁས་པ་ལྡེའུས་བརྩམས་པའི་《ལྡེའུ་ཆོས་འབྱུང་རྒྱས་པ་》གངས་ཅན་རིག་མཛོད་དེབ་༣པ། བོད་ལྗོངས་བོད་ཡིག་དཔེ་རྙིང་དཔེ་སྐྲུན་ཁང་གིས་༡༩༨༧ལོའི་པར་གཞི་དང་པོ་དང་༡༩༨༧ལོའི་པར་ཐེངས་གཉིས་པ།

༢༢ བཙུན་པ་ཚུལ་ཁྲིམས་རིན་ཆེན་གྱིས་བརྩམས་པའི་《བོད་ཀྱི་རིག་གནས་ལྔའི་རྣམ་གཞག་》མི་རིགས་དཔེ་སྐྲུན་ཁང་། ༢༠༠༦ལོའི་པར་གཞི་བཞི་པ་དང་༢༠༠༦ལོའི་པར་ཐེངས་གཉིས་པ།

༢༣ བསོད་ནམས་སྐྱིད་ཀྱིས་བརྩམསཔའི་《བོད་ཀྱི་རྡོ་རིང་ཡི་གེ་དང་དྲིལ་བུའི་ཁ་བྱང་》མི་རིགས་དཔེ་སྐྲུན་ཁང་། ༡༩༨༤ལོའི་པར་ཐེངས་གཉིས་པ།

༢༤ རྗེས་དཀར་ཨོ་རྒྱན་བསྟན་འགྲུས་ཀྱིས་བརྩམས་པའི་《སྔགས་ཆས་ཀྱི་རྣམ་བཤད་》ཀྲུང་གོ་བོད་རིག་པ་དཔེ་སྐྲུན་ཁང་། ༢༠༠༦ལོའི་པར་གཞི་དང་པོ་དང་༢༠༠༦ལོའི་པར་ཐེངས་དང་པོ།

༢༥ ཁ་སྣང་བཀྲ་ཤིས་ཚེ་རིང་གིས་གཙོ་སྒྲིག་གནང་བའི་《བོད་ཀྱི་ཡིག་རྙིང་ཞིབ་འཇུག་》མི་རིགས་དཔེ་སྐྲུན་ཁང་། ༢༠༠༣ལོའི་པར་གཞི་དང་པོ་དང་༢༠༠༦ལོའི་པར་ཐེངས་དང་པོ།

༢༦ རྒྱལ་བ་ལྔ་པ་ཆེན་པོས་བརྩམས་པའི་《བོད་ཀྱི་དེབ་ཐེར་དཔྱིད་ཀྱི་རྒྱལ་མོའི་གླུ་དབྱངས་》མི་རིགས་དཔེ་སྐྲུན་ཁང་། ༡༩༥༧ལོའི་པར་གཞི་དང་པོ་དང་༡༩༨༨ལོའི་པར་ཐེངས་བཞི་པ།

༢༧ ས་པཎ་ཀུན་དགའ་རྒྱལ་མཚན་སོགས་ཀྱི་བརྩམས་པའི་《རོལ་མོའི་བསྟན་བཅོས་》མི་རིགས་དཔེ་སྐྲུན་ཁང་། ༡༩༨༦ལོའི་པར་ཐེངས་དང་པོ།

༢༨ ནམ་མཁའི་ནོར་བུ། 《ཞང་བོད་ལོ་རྒྱུས་ཏི་སེའི་འོད་》ཀྲུང་གོའི་བོད་ཀྱི་ཤེས་རིག་དཔེ་སྐྲུན་ཁང་།

༢༩《བཟོ་རིག་ཉེར་མཁོ་བདམས་བསྒྲིགས་》པོད་དང་པོ། ཆབ་སྤེལ་ཚེ་བརྟན་ཕུན་ཚོགས། བོད་ལྗོངས་བོད་ཡིག་དཔེ་རྙིང་དཔེ་སྐྲུན་ཁང་།

༣༠《དགའ་བཞི་བའི་མི་རབས་ཀྱི་བྱུང་བ་བརྗོད་པ་ཟོལ་མེད་གཏམ་གྱི་རོལ་མོ་》རྡོ་རིང་བསྟན་འཛིན་དཔལ་འབྱོར། སི་ཁྲོན་དཔེ་སྐྲུན་ཚོགས་པ་དང་སི་ཁྲོན་མི་རིགས་དཔེ་སྐྲུན་ཁང་། ༢༠༠༦ལོའི་པར་གཞི་དང་པོ།

༣༡《བོད་རང་སྐྱོང་ལྗོངས་ཀྱི་དགོན་སྡེའི་དཀར་ཆག་རགས་བསྡུས་》གླང་ཏུ་ནོར་བུ་ཚེ་རིང་། ཀྲུང་གོའི་བོད་རིག་པ་དཔེ་སྐྲུན་ཁང་། སྤྱི་ལོ་༢༠༡༢ལོའི་ཟླ་༩པའི་པར་གཞི་དང་པོ།

༣༢ འཕྲིན་ལས་ཆོས་གྲགས།《དངོས་མིན་རིག་གནས་ཀྱི་ཤེས་བྱ་གནད་བསྡུས་》བོད་ལྗོངས་བོད་ཡིག་དཔེ་རྙིང་དཔེ་སྐྲུན་ཁང་། ༢༠༡༢ལོའི་ཟླ་༡༢པའི་པར་གཞི་དང་པོ།

༣༣《ཏུན་ཧོང་ནས་ཐོན་པའི་བོད་ཀྱི་ལོ་རྒྱུས་ཡིག་ཆ་》དབང་རྒྱལ་དང་བསོད་ནམས་སྐྱིད་ཀྱིས་བསྒྱུར་ཅིང་བཀྲལ། མི་རིགས་དཔེ་སྐྲུན་ཁང་ནས་༡༩༩༢ལོའི་པར་ཐེངས་དང་པོ།

༣༤《བོད་ཀྱི་སྤྱི་རབས་ཁྲིམས་སྲོལ་ཡིག་ཆ་བདམས་བསྒྲིགས་》བོད་ལྗོངས་དཔེ་རྙིང་དཔེ་སྐྲུན་ཁང་། ༢༠༡༡ལོའི་ཟླ་༦པའི་པར་ཐེངས་༢པ།

༣༥《དག་ཡིག་གསར་བསྒྲིགས་》མཚོ་སྔོན་མི་རིགས་དཔེ་སྐྲུན་ཁང་། ༡༩༧༩ལོའི་པར་གཞི་དང་པོ་དང་པར་ཐེངས་དང་པོ།

༣༦《བོད་རྒྱ་ཚིག་མཛོད་ཆེན་མོ་》མི་རིགས་དཔེ་སྐྲུན་ཁང་། ༡༩༩༣ལོའི་པར་གཞི་དང་པོ་དང་༢༠༠༩ལོའི་པར་ཐེངས་བདུན་པ།

༣༧《དུང་དཀར་ཚིག་མཛོད་ཆེན་མོ་》ཀྲུང་གོའི་བོད་རིག་པ་དཔེ་སྐྲུན་ཁང་། ༢༠༠༢ལོའི་པར་གཞི་དང་པོ།

༣༨ བོད་ལྗོངས་སྤྱི་ཚོགས་ཚན་རིག་ཁང་ནས་སྒྲིག་རྩོམ་བྱས་པའི་《བོད་ཀྱི་ལོ་རྒྱུས་རགས་རིམ་གཡུ་ཡི་ཕྲེང་བ་》སྟོད་ཆ། བོད་ལྗོངས་དཔེ་རྙིང་དཔེ་སྐྲུན་ཁང་།

༣༩ ཀུན་མཁྱེན་འཇིགས་མེད་གླིང་པ།《གཏམ་གྱི་ཚོགས་ཐེག་པའི་རྒྱ་མཚོ་》བོད་ལྗོངས་བོད་ཡིག་དཔེ་རྙིང་དཔེ་སྐྲུན་ཁང་།

༤༠ ཆབ་འགག་རྟ་མགྲིན་གྱིས་བརྩམས།《བོད་ཡིག་རྗེ་རིང་ཞིབ་འཇུག་》བོད་ལྗོངས་མི་དམངས་དཔེ་སྐྲུན་ཁང་། 2012ལོའི་ཟླ4པའི་པར་གཞི་དང་པོ།

༤༡ ས་སྐྱའི་དཔེ་རྙིང་བསྡུ་སྒྲིག་ཞུ་ལྷན་ནས་བསྒྲིགས། 《ས་སྐྱའི་ཆོས་འབྱུང་གཅེས་བསྡུས་》(དེབ་ལྔ་པ་) ཀྲུང་གོའི་བོད་རིག་པ་དཔེ་སྐྲུན་ཁང་།

གཉིས། བརྩམས་དེབ།〔རྒྱ་སྐད་ཡིག〕

二. 著作(汉文版)

1. 王尧:《吐蕃金石录》,北京:文物出版社 1982 年第 1 版.

2. 王尧:《吐蕃简牍综录》,北京:文物出版社 1985 年第 1 版.

3. 庚华:《钟玲象征文化论》,辽宁民族出版社 2004 年 8 月第 1 版.

4. 西藏自治区社会科学院编:《国外藏学研究译文集》(第四辑),

西藏:西藏人民出版社 1988 年第 1 版.

5.(意)杜齐:《西藏考古》,西藏:西藏人民出版社 2004 年第 2 版.

6.(美国)李方桂 柯蔚南著 王启龙译:《古代藏族碑文研究》西藏人民出版社 2006 年 7 月第 1 版.

7. 伍昆明:《早期传教士进藏活动史》北京:中国藏学出版社 1992 年第 1 版.

8. 后晋 刘昫《旧唐书·吐蕃传》(旧唐书·列传第一百四十六 吐蕃上).

9. 刘基文《古青古铜收藏艺术》河北大学出版社.

10. 袁柯校注 山海经校注. 上海古籍出版社 1980 年出版.

11.《太平御览》卷五七五 乐部十三,北京 1985 年中华书局出版.

12.《西藏通史》清代卷(上) 邓锐龄 冯智主编 中国藏学出版社 2016 年 4 月第一版.

13.《中国古代青铜器》傅璇琮主编 中国商业出版社.

14.《藏传佛教寺庙考古》宿白 文物出版社 1996 年 10 月第一版.

15《成都八旗驻防学校志校注》赵令志《藏族历史与文化论文集》西藏人民出版社 2009 年第 1 版.

16. 英 埃德蒙·坎德勒,译者伊建新《拉萨真面目》1989 年西藏人民出版社.

གསུམ། དཔྱད་རྩོམ། (བོད་སྐད་ཡིག)

三. 论文和学术报告(藏文版)

༡ བསྟན་འཛིན་ཚེ་རིང་།《བོད་གནའ་རབས་ཀྱི་ཚན་རྩལ་སྐོར་གླེང་བ》བོད་ལྗོངས་ཞིབ་འཇུག ༢༠༠༢ལོའི་དུས་དེབ་དང་པོ།

༢ སྒྲོལ་མ་འཚོ། 《དགོན་ཞང་རྡོ་རིང་ལས་བྱུང་བའི་ཐང་བོད་བར་གྱི་འབྲེལ་བ་མདོར་བསྡུས་གླེང་བ་》བོད་ལྗོངས་ཞིབ་འཇུག་༡༩༩༩ ལོའི་དུས་དེབ་གཉིས་པ།

༣ ཤེས་རབ་གོ་ཆ།《བོད་ཀྱི་གནའ་རབས་རྡོ་རིང་》བོད་ལྗོངས་སློབ་ཆེན་མའི་རིག་དེབ་༢༠༠༩ ལོའི་དུས་དེབ་དང་པོ།

༤ སྐལ་བཟང་ཕུན་ཚོགས།《དགོན་ཞང་རྡོ་རིང་གི་ལོ་རྒྱུས་དོན་སྙིང་དང་ཞིབ་འཇུག་གི་རིན་ཐང་སྐོར་རགས་ཙམ་གླེང་བ》བོད་ལྗོངས་ཞིབ་འཇུག་༡༩༩༧ ལོའི་དུས་དེབ་བཞི་པ།

༥ སྟོབས་ལྡན། 《ཤོག་དྲིལ་ཡིག་རྙིང་ལས་འཕྲོས་ཏེ་དབུ་ཅན་དང་དབུ་མེད་གཉིས་ཀྱི་དབྱིབས་གཟུགས་བྱུང་འཕེལ་ཐོག་མའི་དཔྱད་པ་》བོད་ལྗོངས་ཞིབ་འཇུག་༢༠༠༩ ལོའི་དུས་དེབ་གཉིས་པ།

༦ རིག་འཛིན་བསྟན་སྲུང་།《བོད་ཀྱི་ཡིག་གཟུགས་འབྲི་སྟངས་སྔོན་ནས་ཡོད་མེད་དང་ཡིག་གཟུགས་ཀྱི་འཕོ་འགྱུར་ལ་དཔྱད་པ་》བོད་ལྗོངས་ཞིབ་འཇུག་༢༠༠༧ ལོའི་དུས་དེབ་དང་པོ།

༧ འཇམ་དབྱངས།《བསམ་ཡས་ཀྱི་རྡོ་རིང་དང་དྲིལ་བུའི་སྐོར་གླེང་བ་》བོད་ལྗོངས་ཞིབ་འཇུག་༡༩༨༤ ལོའི་དུས་དེབ་བཞི་པ།

༨ 《བཙན་པོ་ཁྲི་ལྡེ་གཙུག་བརྟན་སྐབས་ཀྱི་ཧག་རོང་དགའ་ལྡན་བྱིན་ཆེན་གཙུག་ལག་ཁང་གི་དྲིལ་བུའི་ཁ་བྱང་》ལྷ་མཆོག་རྒྱལ། 《བོད་ལྗོངས་ཞིབ་འཇུག་》༢༠༡༡ ལོའི་དུས་དེབ་དང་པོ།

བཞི། དཔྱད་རྩོམ། 〔རྒྱ་སྐད་ཡིག〕

四. 论文和学术报告(汉文版)

1. 崔正森:《活说佛钟》,《五台山研究》,2002 年第 4 期.

2. 孙敏:《洛阳出土的先秦青铜乐器略述》,《洛阳师范学院学报》2004 年第 6 期.

3. 关晓武:《青铜编钟的发展脉络》,《中国科技史料》第 22 卷 2001 年第 1 期.

4. 高凯军:《关于永乐大钟若干问题的探讨》,《中国历史文物》2004 年第 2 期.

5. 庚文:《论先秦时期钟的使用功能》,《西南民族大学学报》(人文社科版总 25 卷)2004 年第 5 期.

6. 关晓武:《20 世纪中国青铜编钟研究及其制作应用》,《内蒙古师范大学学报》(自然科学汉文版)2008 年第 5 期.

7. 华觉明:《从陶寺铜铃到中华钟》,《清华大学学报》(哲学社会科学版)2000 年第 5 期.

8. 庚华:《中国少数民族钟玲文化初探》,《中央民族大学学报》(哲学社会科学版),2005 年第 4 期.

9. 陈双新:《青铜钟镈起源研究》《中央音乐学院(季刊)》2002 年第 2 期.

10. 何周德:《磨盘山关帝庙铜钟》《西藏研究》(汉语版)1986 年第 4 期.

11. 何周德:《桑耶寺综述(下)》《西藏研究》(汉语版)1988 年第 4 期.

12. 吕桂珍:《藏学文献研究综述》《西藏研究》(汉语版)1998 年第 4 期.

13. 西藏民族学院编:《藏族历史与文化论文集》 西藏人民出版社 2009 年 8 月第 1 版.

14. 王永红:《略论天主教在西藏的早期活动》《西藏研究》(汉语版)1989 年第 3 期.

15. 《拉萨曲贡》遗址考古报告.

16. 拉萨《磨盘山新建关帝庙碑》及铜钟铭文重录与相关问题研究 陈祖军 赤列次仁 旺久 《西藏研究》2015 年 4 月 第二期.

ལྔ། བརྩམས་དེབ། 〔 དབྱིན་ཡིག 〕

五. 著作(英语版)

1.《A CORPUS OF EARLY TIBETAN INSCRLPTIONS》【H. E RICHARDSON ROYAL ASLATIC SONCIETY 1985】

《བོད་བཙན་པོའི་དུས་ཀྱི་ཚོང་དྲིལ་ཞིབ་འཇུག》ཅེས་པའི་ཆེད་རྩོམ་འདི་ནི་རྩོམ་པ་པོ་རང་ཉིད་བོད་ལྗོངས་སློབ་གྲྭ་ཆེན་མོའི་བོད་ཀྱི་ལོ་རྒྱུས་ཀྱི་ཞིབ་འཇུག་སློབ་མར་གྱུར་པ་ནས་བཟུང་ད་བར་མུ་མཐུད་ནས་ཞིབ་འཇུག་རྒྱུན་མ་ཆད་པར་བྱས་པའི་འབྲས་བུ་ཞིག་རེད། སྤྱིར་ཚོང་དྲིལ་བྱེ་བྲག་པ་སོ་སོར་བོད་རིག་པའི་མཁས་པ་དང་ཞིབ་འཇུག་པ་རྣམས་ཀྱིས་ཞིབ་འཇུག་བྱས་པའི་འབྲས་བུ་མི་ཉུང་བ་ཞིག་ཡོད་མོད་ཚོང་དྲིལ་ཆེ་རིགས་སྤྱི་ལ་ཉུང་ཆ་ཚང་ཞིང་ཞིབ་ཚགས་པའི་སྒོ་ནས་ཞིབ་འཇུག་བྱས་འབྲས་ཉུང་ཟད་དཀོན་པའི་ཚུལ་དུ་སྣང་། དེ་བཞིན་ཕྱིས་སུ་བྱུང་བའི་བོད་ཀྱི་བཟོ་རིགས་ཀྱི་བསྟན་བཅོས་རྣམས་སུ་ཡང་སྤར་གྱི་ཚོང་དྲིལ་དེ་དག་དང་འབྲེལ་བའི་ལོ་རྒྱུས་དང་། བཟོ་རྩལ། བྱེད་ནུས་སོགས་ཀྱི་སྐོར་འཁོད་པ་ཡང་ཤིན་ཏུ་ཉུང་། ཆེད་རྩོམ་འདིའི་ནང་བོད་བཙན་པོའི་དུས་སྐབས་ཀྱི་ཚོང་དྲིལ་གཞི་རྩར་བྱས་པ་གང་ཞིག་ཕྱིས་ཀྱི་ཚོང་དྲིལ་གྲགས་ཆེ་བ་འགའ་ཞིག་གིས་ཟུར་བརྒྱན་ཏེ་དེ་དག་གི་ལོ་རྒྱུས་རྒྱབ་ལྗོངས་དང་། བཟོ་རྩལ། བྱེད་ནུས། དབྱེ་བ་སོགས་ལ་ཕྱོགས་ཡོངས་ནས་ཞིབ་འཇུག་གནང་ཡོད། དེས་ན་ཆེད་རྩོམ་འདིས་མ་འོངས་པ་ན་ཚོང་དྲིལ་སྤྱི་ལ་ཞིབ་འཇུག་རྣག་ཐོག་གཙག་འཕེལ་དང་བདེན་དོན་ཨ་ཏུ་སྟེར་བཏོན་བྱེད་པར་ངན་རྒྱུགས་བཟང་འདྲེན་དང་བེའུ་ལྷོང་ཁྲིད་ཀྱི་ནུས་པ་གང་ལེགས་ཐོན་ངེས་གཉིས་ད་དུང་མུ་མཐུད་ནས་སློབ་སྦྱོང་དང་ཞིབ་འཇུག་གིས་ཚད་མཐུད་ཡོ་བསྒྲུང་དང་ཀྱོང་ཁ་འབུར་སྟོན་ཡོང་བའི་ལེགས་སྨོན་དང་བཅས།

བོད་ལྗོངས་སློབ་གྲྭ་ཆེན་མོའི་རིག་གཞུང་སློབ་གླིང་གི་དགེ་མིང་འཛིན་པ།
ཞབས་ཤར་ཟླ་བ་ཚེ་རིང་གིས་སྤྱི་ལོ་༢༠༡༨ ལོའི་ཟླ་༧ ཚེས་༡༥ ཉིན།

བོད་ཀྱི་གནའ་རབས་ཅོང་དྲིལ་ཞིབ་འཇུག

རྩོམ་པ་པོ།	ཉི་བསྟན།
རྩོམ་སྒྲིག་འགན་འཁུར་བ།	ལྷག་པ་བཀྲ་ཤིས།
དཔེ་སྐྲུན་ཚན་པ།	བོད་ལྗོངས་བོད་ཡིག་དཔེ་རྙིང་དཔེ་སྐྲུན་ཁང་།
འགྲེམས་སྤེལ་ཚན་པ།	བོད་ལྗོངས་ཤིན་ཧྭ་དཔེ་ཚོང་ཁང་།
པར་འདེབས་ཚན་པ།	ལྷ་ས་གྲོང་ཁྱེར་མེང་ཤིན་པར་འདེབས་ཚད་ཡོད་ཀུང་སི།
དེབ་ཚད།	880 × 1230 1/32
པར་ཤོག	7.875
པར་གཞི།	2018ལོའི་ཟླ་12པར་པར་གཞི་དང་པོ་བསྒྲིགས།
པར་ཐེངས།	2018ལོའི་ཟླ་12པར་པར་ཐེངས་དང་པོ་བཏབ།
པར་གྲངས།	01－3,000
དཔེ་རྟགས།	ISBN978－7－5700－0178－1
རིན་གོང་།	སྒོར་ 22.00